中国旅游协会推荐教材 旅游管理专业新视野教材

射彦君 ◎ 主编

餐饮管理

（第二版）

李 虹　王焕宇 ◎ 编著

中国旅游出版社

《旅游管理专业新视野教材》
编审委员会

主　　任：谢彦君

委　　员（按姓氏笔画排序）

　　　　　王　　斌　大连外国语大学经济与管理学院　院长、教授
　　　　　王　　颖　辽宁对外经贸学院国际商学院旅游管理系　主任、教授
　　　　　王小军　沈阳大学工商管理学院　院长、教授
　　　　　尹力军　呼伦贝尔学院旅游管理与地理科学学院　教授
　　　　　石长波　哈尔滨商业大学旅游烹饪学院　院长、教授
　　　　　毛金凤　沈阳师范大学旅游管理学院　院长、教授
　　　　　刘建军　内蒙古财经大学旅游学院　副院长、教授
　　　　　孙洪波　辽东学院旅游管理学院　院长、教授
　　　　　陈　　才　海南师范大学旅游学院　副院长、教授
　　　　　邹本涛　渤海大学旅游学院　副院长、教授
　　　　　张润生　中国旅游出版社　副总编辑
　　　　　张树青　北华大学旅游管理系　主任、教授
　　　　　宿伟玲　大连大学旅游学院　院长、教授
　　　　　谢春山　辽宁师范大学历史文化旅游学院　副院长、教授
　　　　　谢彦君　东北财经大学旅游与酒店管理学院　院长、教授

再版序言

《旅游管理专业新视野教材》初版于2005年，至今已过十个年头。其间，出版社曾有过修订再版的动议，但终因一些因素的影响而未果。这次再版，给了这批教材进一步完善的机会，也算是一件好事。我们寄希望于它能够在原有的基础上有一个更大的进步，更加适合21世纪中国旅游高等教育的需要。

我一直主张，教材是大学教育的基本建设之一，也是影响大学教育质量的根本元素之一，甚至在某种情况下可能是最重要的影响因素。对于旅游高等教育而言，很多教育问题其实都可以归根或溯源于教材方面，因为它既是这个领域科学研究所积累的知识的集成式存在形态，也是教育工程实施的蓝本。前者体现了旅游科学界工作成果的总结，后者体现了旅游教育界工作过程的起点和依据。身在旅游教育流程中的施教者和受教者，其工作的效率、效果离不开教科书的质量。所以，教材建设可谓大学教育的重中之重。

然而，毋庸讳言，旅游管理专业的大学教育在其繁荣的背后还是存在一些问题的，有些问题可能还很严重，其中就有教材建设问题。这种情况的细节可以存而不论，造成这种状况的社会根源可以存而不论，就连我们在每一次教材编写过程中能在多大程度上提升教材的品质也可以存而不论，但完全失察于这些问题的性质和程度，完全在功利心的驱动下采取鸵鸟策略来对待旅游管理专业教材建设方面所存在的问题，则无论如何是不可取的。因此，借此机会，笔者还是想利用这一角之地，谈谈这方面的问题，其主旨是希望旅游教育界的同人在使用本专业的任何一套教材时，都能够更多地立足于一种超越的境界，本着一种探索的精神，敢于采取一种批评的态度，能够在教学过程中建设性地、开放性地利用现有的这些教材。旅游管理学科正处于其幼年阶段，教材的幼稚病显而易见，在这种情况下，倘若过于倚重教材甚至完全视某一本教材上白纸黑字的条条为金科玉律的话，对于这样一个稚嫩的学科来说，恐将大大影响教育质量，从而也会影响本专业领域人才的职业发展历程。

旅游管理专业的教材建设究竟存在什么问题？对此学界同人所见虽有不同，但往往都各有其高明之处。如果避开一些根源性、体制性和机制性的问题不谈，仅就技术层面来看，那么，教材建设所存在的问题与高等教育的定位策略是密切相关的。

关于本科层次旅游管理高等教育的定位问题，一直是一个争论不休而且始终不能达成基本一致性认识的问题。这种状况不仅是旅游管理专业自身的长期困惑，其实也是中国高等教育一直以来教育指导思想混乱的局部折射。其中最为重要的一个方面，即关于大学教育中的理论与实践的关系问题，长期以来未曾获得理论上的解决，导致高等教育的行政主管部门一直摇摆于"学术型"和"应用型"之间，从而不断地制造人工的"一刀切"行政局面，使得中国半个多世纪以来的高等教育如同玩跷跷板游戏一般，不断地在"理论"与"实践"、"理论"与"应用"、"学术型"与"应用型"这两端颠来倒去。其实，这种局面的根本在于，并没有真正把握高等教育的本质：教育过程到底是理论教育还是实践教育？这是所有问题的核心，明确了这个根本点，相应的施政纲领也就会顺应规律并取得应有的成效。

从本质上来说，一切教育，尤其是高等教育，作为知识的传授过程，都是理论教育过程，而非实践教育。如果以某种极端的形式来表述的话，那么，可以说，实践就是实践，实践仅仅是实践，实践教育不存在于教育过程中，而仅仅存在于实践过程中。同理，大学教育没有实践教育，只有教育实践。大学所实施的专业教育，都是在提供专业领域的理论教育。延伸到可能被某些人视为错误而在我看来仅仅是一种极端表述而已的观点，那就是，甚至连研究生层次的专业学位教育（如MBA、MTA教育），都应该明确是从事理论教育的过程。在这里，恐怕不需要再唠叨"什么是理论"这样的基本问题了，我们只需要重提任何人也否认不了的一个事实就可以了：理论来源于实践，理论用于指导实践，但理论不同于实践。换言之，理论是一种知识形式，实践是一种生命状态，两者的差异是根本性的。将正确的理论恰当地应用于实践，会极大地提升人类生命状态的能力和质量，这就是理论的应用价值，这一事实本身也再次明确了理论与实践的区别和联系。在旅游高等教育乃至中国整个高等教育中，当前存在的错误认识是：不管学科的成熟度（即理论的体系化程度）如何，都同时并存着两种教育类型，即理论教育和实践（应用）教育。这种错误思想导致了教育实践的扭曲，其根本点在于，混淆了作为教育之目标的"理论"与作为教育之工具、方法、手段、路径的"实践性教学"（诸如案例教学、情境化教学，总之是"理论联系实践"的教学方式）之间的关系，以至于在不分学科知识深度（如经济学与旅游管理两个学科在理论深度上的巨大差异）的前提下，就把转向

"应用型大学"、实施"应用型教育"以及编写"应用型教材"等一系列误导教育实践的观念和主张贯彻到全国各类高校当中。此类错误教育思想所导致的教育实践方面的荒唐理念和实践,可谓不一而足。本人曾亲历一事:有某出版社曾邀我主编一套针对二本和三本院校旅游管理本科专业的应用型教材,被我拒绝,但此事足可见人们对"应用型"教育理解偏颇到何种程度。因此,从根本上来看,教材建设领域在对待理论与应用的关系这个问题上所流行的舍本逐末、绝源逐流的做法,其实是教育定位问题的一种反映。试想,那种没有理论的应用,究竟能应用个什么呢?

基于这种认识,我提出旅游管理专业本科教材建设的几点建议:

第一,突破理念局限,向着"理论化"方向努力,吸收旅游管理研究领域的最新科研成果,打造一批有理论分量的本科教材。理论总是体现在范畴和命题层面,只有借助于一些新范畴、新命题的提出及其体系化,理论作为一个知识体系才能得以确立。在我的课堂经验中曾有一例,可以用来说明理论知识与单一事实知识之间的区别:我曾不止一次问过所教过的学生,蚊子有几条腿?答案中除了没有1条腿、3条腿的之外,几乎说几条腿的都有。接着,我告诉大家:"所有的昆虫,都是6条腿。"这时,大家似乎恍然大悟,大有松了一口气的样子。我告诉学生,这后一个结论,就是昆虫学家的一个科学命题,是一种理论结论,它的特点是抽象表述,表达了从特殊到一般的知识转化过程和结果。昆虫学专业教育的目标,就是告诉学生这个一般性的理论结论,而不是逐个去考证个别事实;但好的教学方式,可能会借助于野外观察的方式(实践教学)来让学生获得这个理论知识。这就体现了"理论教学是目的、实践教学是方法"的教育理念。就目前的旅游管理类本科教材的内容构成来看,缺少的是抽象的理论,充斥的是个别的事实甚至带有极大局限性的对策或行动策略。这样的教科书,在科学性上已经大打折扣了。

第二,旅游管理专业本科教材的建设,也要与人才培养的专业定位和人才规格层次定位相呼应,立足于专业方向,限定在普通高等教育层次,力图在这个经纬交叉点上建立起本科旅游管理专业教材的定位基点。在旅游管理专业的高等教育领域,与旅游学研究的情况相对应的一种糟糕情况是,也同样存在着"泛化"的取向:比如,旅游管理专业的课程设置框架泛化,以至于可以开设旅游医学、旅游保险学、旅游交通学等莫名其妙的课程,并把"旅游××学"作为设置旅游管理专业课的基本思路,殊不知这种以交叉性学科为主的专业课设置思路(名为"交叉",实为"戴帽"),已经在埋没旅游管理专业的"专业特性";再比如,每一门课程的内容框架泛化，以至于每一门课都搞前后、左右、上下的关联，让人感觉每一门课的内容中都包容着别一门课的内容，重复度极高。如果再联系到旅游管理专业的授课教师同时承担多门课程（我所知道的是一人最多承担20门，其中有14门专业课程，而通常都在5门左右）这一事实，那么，不难想象，旅游管理专业教科书在内容框架上的彼此缺乏区分度，其实是教师与教材之间长期形成的一个互为因果的循环关系的反映。这种因果链条如果不主动去打破，那么，旅游管理专业本科教育过程中存在的低效率和差效果的局面，必将会持续下去。此外，还存在着普通本科教育因近年来教育主管部门着力推行的就业导向的教育思想而催生出来的"向两边看齐、唯独失却自我"的教育倾向：普通本科专业教育盲目向高职高专教育学习，并将其美称为"应用型"教育模式，或者片面强调研究型教育。以上种种，都是近年来旅游管理普通本科教育因教育思想混乱所引发的教育实践问题。因此，旅游管理专业的教材建设，必须建立在深刻理解作为专业教育和普通本科教育这两个定位维度的根本特性的基础上。

第三，旅游管理专业的教材建设，还应该瞄准人才培养的能力目标来加以组织、建设。其实，大学人才培养的目标往往是复合型的，但每个专业必然有其主导或突出的主体目标，旅游管理专业也不例外，否则，就不成其为专业教育和大学教育。就旅游管理专业而言，依个人浅见，其人才培养的能力目标宜理解为一个"五层金字塔"结构的能力组合，是一个分类、分层的组合结构。具体结构如下：

塔尖层级：对应于专业核心能力，即学习本专业必须具备的最根本能力。由极有限、但必需的课程来加以培养。这一层级是能够在本体论意义上回答"什么是'旅游管理专业'"这一"专业"核心问题，带有学科知识的纵向区分功能。一般地，用以构造一个专业与其他专业根本区分度的课程，是这个专业独特的、专属的少数几门核心基础课。就当前中国旅游管理本科教育层次而言，最为迷失的就是这一层级。这种迷失的表现是：在旅游教育界，人们很难就几门核心基础课程达成基本的共识。

塔檐层级：对应于专业发展能力，即学习本专业必须具备的专业核心能力。由有限的，但必需的、能形成专业核心能力的重要课程来加以培养。就当前中国旅游管理专业普通本科教育层次而言，应属于那些能够构成旅游管理专业基本特色和独特知识保护带的"自足性分支学科"，即可以表述为"××旅游学"形态的知识内容。毋庸讳言，目前此类课程的建设是比较弱的，甚至是有结构性缺欠的，也是旅游教育界未来应积极、自觉地加以巩固和拓展的知识领域。只有这一层级与塔尖层级的完美结合，才能构筑旅游管理专业独特的知识样貌，其学科独立性才能得以彰显。

塔腰层级：对应于专业拓展能力，即学习本专业应该具备的专业巩固能力。由有限的，但相关的、能助成专业延展能力的相关课程来加以培养。在旅游管理普通本科教育当中，传统上是由"旅游××学"+各类旅游企业管理的分支学科构成这一层级的主体课程，其发育程度相对较好，但因其长期位于塔尖、塔檐两个层级之间而导致了本专业特色的迷失，这是值得警觉和应予调整、复位的。

塔座层级：对应于专业转换能力，即学习本专业应该具备的专业转换能力。由一些体现本校特色和优势、与本专业有所关联的"院校平台课"来加以培养。通常，一些财经和管理类大学会通过设立诸如统计学、经济学、管理学、会计学、财政学等平台课程来培养学生的专业转换能力，或者通过大类招生等办学模式来达到这一目标。其他一些以外语或文史类为特色的大学，也可能在其平台课的设置中寻求旅游管理专业中的外语或人文特色。

塔基层级：对应于人生成就能力，即作为本科教育层次毕业生的基本能力。由一些能体现大学教育层次、养成本专业人才所需要的综合品质的大学共同课来培养。本层级的课程几乎不带有专业色彩，但却充分展现了层次水平，是构成大学生和非大学生在普通人文及自然科学知识领域上层级区分的基本课程。

以上所论，无非个人的区区之见，未必得体。正如本人在第一版序言中曾指出的那样：教材建设实际上是科学研究成就的反映，是与学术论文、学术专著相关联的知识链条。教材内容的深刻性、系统化程度以及整体协调性，是一个学科长期积累的结果。就旅游管理专业而言，在短短的三四十年的历史中，是不可能一下子达到完善的程度的。好在我们身在其中的每个人，都在为这个目标而努力，而最终呈现给世人的究竟是一个怎样的结果，那也只好留待教材的使用者批评、指正了。

是为序。

谢彦君
2016 年 3 月 7 日
于灵水湖畔

目 录

第一章 餐饮管理概述 1
  第一节 餐饮业及其基本特征 2
  第二节 餐饮经营管理的内容与特点 7
  第三节 餐饮业发展中存在的问题及发展趋势 11

第二章 菜单设计与分析 27
  第一节 菜单内容与设计 28
  第二节 菜品选择与菜单分析 33

第三章 餐厅选址及规划 49
  第一节 餐饮企业选址 50
  第二节 餐饮企业（餐厅）命名 53
  第三节 餐厅设计布局 55

第四章 餐饮原料采保管理 69
  第一节 采购管理 70
  第二节 入库和出库管理 80
  第三节 库房储存管理 89

第五章 厨房生产管理 102
  第一节 厨房组织结构及岗位职责 103
  第二节 厨房生产管理的内容 108
  第三节 厨房生产流程管理 116
  第四节 食品卫生与安全管理 126

目　录

第六章　餐饮价格管理 …………………………………………… 139
　　第一节　菜品成本核算 ………………………………………… 140
　　第二节　餐饮产品价格管理 …………………………………… 155

第七章　餐饮销售管理 …………………………………………… 170
　　第一节　餐饮销售内容 ………………………………………… 171
　　第二节　餐饮促销实施 ………………………………………… 173

第八章　宴会服务管理 …………………………………………… 188
　　第一节　宴会概述 ……………………………………………… 189
　　第二节　宴会设计 ……………………………………………… 195
　　第三节　宴会的组织与控制 …………………………………… 206

第九章　餐饮服务管理 …………………………………………… 219
　　第一节　餐饮日常管理工作 …………………………………… 220
　　第二节　餐厅人员安排 ………………………………………… 224
　　第三节　餐饮物资管理 ………………………………………… 226
　　第四节　餐饮客史档案管理 …………………………………… 230

第十章　餐饮创新 ………………………………………………… 239
　　第一节　观念创新 ……………………………………………… 240
　　第二节　管理创新 ……………………………………………… 248
　　第三节　经营创新 ……………………………………………… 255
　　第四节　菜肴创新 ……………………………………………… 261
　　第五节　服务创新 ……………………………………………… 265
　　第六节　营销创新 ……………………………………………… 268

第十一章　绿色餐饮 ……………………………………………… 279
　　第一节　绿色餐饮的概念及特征 ……………………………… 280
　　第二节　绿色餐饮的原则 ……………………………………… 281
　　第三节　绿色餐饮的实施 ……………………………………… 285

第十二章 餐饮文化 …… 298
第一节 餐饮文化的内涵 …… 299
第二节 物质文化 …… 302
第三节 精神文化 …… 304
第四节 菜品文化 …… 308

主要参考文献 …… 324
后　　记 …… 326

第一章 餐饮管理概述

【学习目标】

通过本章的学习,了解餐饮业的概念、基本特征、作用,熟悉餐饮生产与管理的内容与特点,掌握我国餐饮业发展中存在的问题及未来发展趋势。

【内容结构】

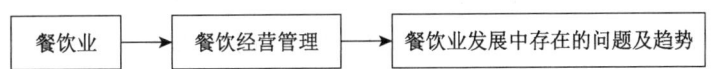

【重要概念】

餐饮业 餐饮生产 餐饮管理

第一节　餐饮业及其基本特征

餐饮业是指利用餐饮设备、场所和餐饮原料为客人提供餐饮产品和服务的生产经营性服务行业。

广义的餐饮业既包括宾馆、度假村内部的餐饮部，也包括酒楼、公寓、企事业单位的餐厅、商业和交通等公共场所里的餐饮店及各类餐饮经营实体。如机场里的餐饮、商场里的餐饮楼层、西餐厅、快餐店、火锅店、食街小吃、咖啡厅、茶餐厅等都属于餐饮业的范畴。狭义的餐饮业主要是指星级酒店、高档酒楼、度假村、娱乐场所的餐饮部，本书中所研究的餐饮经营管理的对象主要是指狭义的餐饮业。

一、餐饮业基本特征

（一）对旅游业和国民收入的依赖性

餐饮业是旅游业中食、住、行、游、购、娱六大要素的重要组成部分，其发展规模和速度在一定程度上依赖于旅游业的发展水平。一个国家、一个地区、一个城市的旅游业越发达，各种类型的客源越多，对餐饮产品的需求量就越大，需求的种类就越多，对餐饮业的推动力就越强。同时，随着国民收入水平的不断提高，人们的社会交往活动越来越频繁，当地居民和社会各界人士对餐饮产品的需求量也越来越大。餐饮消费与消费者的个人收入成正比，在一些发达地区，人们的餐饮消费提升的比例甚至高于收入增长的比例。因此，在选择餐饮投资地点时，该地区旅游业的发展状况或国民收入水平的高低是关键的决定性因素。

（二）产品生产及消费的同步性

一般商品的生产、销售、消费是可以发生在不同的时间、不同的地点，每个过程都可以是独立、分离的。而餐饮生产与消费则不同，大部分餐饮产品的生产是从客人入座点菜后开始的，也是产品销售和客人消费的开始。没有客人进入餐厅消费，就没有餐饮产品的生产。餐饮产品是当场生产、销售与消费的，许多餐饮产品不但对生产环节提出了准确要求，甚至在品尝时间上都要求与之同步，错时或延时食用都会影响菜品最佳效果。如铁板系列、烤肉系列等菜肴，制作与品尝只有同步进行才能体验到这些菜的真正魅力。这种产、供、销的同时性，给餐饮产品生产与服务质量的控制提出了更高的要求。

（三）发展变化的快速性

旅游业是众多行业中比较有活力的行业，而餐饮业又是旅游业中最具动态的因素之一，由于中国居民收入水平的增加、生活节奏的加快、消费观念的更新，推动餐饮行业迅速变化发展。它的发展变化主要是随着消费者的发展变化而随时进行的，且无规律可循。有时人们餐饮需求的变化是在短时间内就可能出现的，今年流行的餐饮形式，明年可能就被淘汰；今天喜欢吃的菜肴，同一个人明天再吃可能就会魅力大减。当今人们在"吃"方面的要求越来越高，希望常吃常新，吃出品位、吃出文化、吃出健康。为了适应这一变化，餐饮企业必须采取一系列措施，改变传统的经营方式，及时捕捉消费者的新需求，不断创新，更新菜品，以吸引消费者，留住忠诚顾客。

（四）影响因素的多样性

由于餐饮业受影响因素较多，政治、经济、自然灾害、国民收入、生产技术、经营环境、产品供应、节假日、客人消费喜好等都会影响着餐饮的经营，从而造成其稳定性较差，任何一个因素的变化，都会影响餐饮业的发展，甚至会造成重创或毁灭性的打击。如"非典"、禽流感等类似的单一因素就造成行业经营整体受阻；中央"八项规定"的出台、反腐措施的实施，使过去在餐饮业中占有高比重的公款消费销声匿迹。由此可见，餐饮经营具有明显的脆弱性，餐饮企业应有较强的预防能力和快速的应对机制。

（五）消费水平明显的不均衡性

餐饮消费具有明显的不均衡性，这种不均衡性主要体现在两个方面：一是消费时间的不均衡。客人的餐饮消费不是平均消费，一年当中有消费的高低峰，如春、秋季多举办婚宴，逢年节多外出就餐消费，每当家庭中有大事或庆贺之事时，多采取举家在餐厅消费的方式；就是一天当中，消费也不均等，中午、晚上客人较多，营业额较高，早餐用餐客人相对较少。二是消费额度的不均衡。餐饮消费的额度是不能以人数累计来计算的，不同客人消费的额度有很大差异。从几元钱到几百元甚至上千元的消费差异都可能出现，就是同样的客人在不同次的消费中也会有明显差别，如早餐可能简单、经济，晚上宴请可能丰富、上档次、高消费；还经常出现接待多日的单点消费营业额不及一次宴会消费总额的现象。客人消费的不均衡性使企业经营难度加大，因为这种不均衡既无规律可循也无法准确识别，所以经营者应做好人员、原材料等储备与临时的应对措施，尤其是当客人集中消费高峰或高消费客人来临时，不应错过盈利的最佳时期，从而弥补日常经营中的不足。

（六）产品高度的可模仿性

不同于其他行业，餐饮业产品不具有专利性，可模仿度较高，无论是餐厅主题、装潢、菜品设计，还是餐饮服务及营销，都是直截了当地展现在所有人面前，专业人士只要前往餐饮企业，就可以一目了然、触类旁通，将别人的东西直接位移到自己的餐厅中，甚至在借鉴的基础上延伸性地发挥。尤其是菜品生产，以手工制作为主，高科技含量低，容易被剖析、仿制。因此，餐饮企业很难创造出独一无二的特色。这也是制约或影响餐饮业发展的一个重要因素。一个餐厅一个新项目或新产品的推出需要经过大量长期的准备工作，从最初的市场调查、消费需求分析，新菜品的筛选、学习借鉴，再到菜肴创新、反复尝试，最终做成一款新产品推入市场，这个过程有时很漫长，甚至很艰辛，但如此的努力，在短时间内就可能被别人快速模仿或照搬，从而出现当一个企业推出特色产品之后，一夜之间家家都可制作，造成各家都能做、各家无特色的局面。如川菜在全国的盛行，出现了各个饭店都能做麻婆豆腐、水煮鱼的现象，至于是否正宗，那就另当别论了。由于餐饮产品的模仿度高，这对餐饮企业来说提出了更高的要求，要想长期立于不败之地，就要不断创新，独领风骚，这也是当今消费者的一个需求趋势。

（七）餐饮消费的多功能性

随着人们生活水平的提高、社会活动的扩大，人们外出就餐解决温饱问题的功能越来越弱化，到餐厅就餐更多的目的是要实现社会功能，如结交朋友、商务谈判、庆贺庆祝、聚会沟通、信息发布、节庆相聚、婚庆典礼、生日祝寿、大型宴请等。总之，在当今的中国，人们的一切社会活动都自然而然，甚至无可避免地与餐饮消费进行结合，"民以食为天"，当个人、家庭、组织等有重要的事情或出现关键的环节时，都离不开餐饮消费，似乎缺少这一环节，事情做得就不够完美，留有遗憾。餐饮消费的多功能性起到的作用是其他消费无法取代的，因此，应充分认识到餐饮业的这一特征，做好充足应对性的经营策略。

二、餐饮业在国民经济中的作用

（一）体现经济发展的水平

餐饮产业可以说是一个国家经济发展的缩影，对于国家的经济和民生有重要的衡量作用。餐饮企业经营状况与国家经济发展息息相关，共同起伏，当一个国家经济形式较好，国民收入较高时，这个国家的餐饮业一定显示出蓬勃的发展态势；当经济下滑、民生吃紧时，餐饮业一定是很萧条的，由此可见，餐饮业是经济发展的晴雨表。

（二）刺激国民消费的主要手段

由于餐饮业与人们生活的结合度越来越高，在日常生活中越来越成为百姓的主流消费，尤其是随着国民收入的增加、消费观念的转变，餐饮消费在人们日常消费中所占的比例呈逐年上升趋势。餐饮业零售额对社会消费品零售总额的增长贡献率一般都在18%左右，拉动社会消费品零售总额增长2~3个百分点。消费者在餐饮上的消费具有主动性和体验性，是一种自觉行为，从而出现了到餐厅就餐经常化、常态化，餐饮业已经成为经济增长的助推器。

（三）带动相关行业的繁荣

餐饮业的发展，需要大量的基础设施、生产技术设备、物资用品和各种食品原材料等，这必然会促进轻工、建筑、装修、交通、食品原材料和副食品生产等相关行业的繁荣。具体而言，可以促进上游生产制造业的繁荣，例如食品加工业、陶瓷业、餐饮设备制造业等；可以引领横向相关行业的方向，例如装潢业、广告业、印刷业、劳动人员培训服务业、环保处理业等；可以带动下游企业的发展，如餐饮顾问公司、餐厅清洁消毒公司等。行业的繁荣会促使国民经济的繁荣。

（四）促进大批人员就业

就业是当前及今后我国社会发展面临的突出问题。扩大就业的根本出路是发展经济，主要途径是发展服务业。虽然餐饮服务技术含量低，产品附加值不高，在经济社会中的贡献无法与高新技术等产业相比，但却具有劳动密集型、人员需求量大的优势，是安置就业的重要渠道。一般的餐饮服务不需要太高的技能，不需要太多的投资，入门费比较低，投入少、就业多，特别适宜于城镇下岗再就业人员和农村剩余劳动力等群体，这对于解决我国当前日益突出的就业矛盾和"三农"问题具有重要的现实意义。餐饮服务业是劳动力最密集的服务业之一，不论是厨房或卖场，都需要大量人力投入。虽然少部分有中央厨房的业主能够以自动化设备取代人力，但对绝大多数的经营者而言，厨房仍是劳动力密集区。所以，餐饮业发展的越快越迅速，对人员需求量就越大。

（五）弘扬民族文化，增加旅游吸引力

中国不仅具有源远流长的饮食文化，而且历来就有追求美食的传统和习惯，对吃饭这件事特别重视、情有独钟。中华民族不但创造了世界第一餐饮的美誉，而且也将饮食文化发挥得淋漓尽致。历史悠久、颇具特色的中国饮食文化在世界享有很高的美誉和知名度，是中华民族一项宝贵的财富资源。

大力发展餐饮业，广泛宣传饮食文化，可以不断提升中国旅游在国际市场上的吸引力，也可以激发国内居民的旅游热情。当前旅游消费需求正处于快速增长时期，旅游消费成为国民经济新的增长点，这些都是与餐饮业的快速发展分不开的。随着我国对外开放步伐的加快，大批海外人士前来旅游观光、探亲访友、从事科学考察活动，在此期间，他们离不开对异域饮食风味的品尝，以领略当地人民的生活情趣。餐饮业以其高超的烹饪艺术、独具特色的饮食产品、丰富的饮食文化为他们提供了风味独特、环境优美和服务优良的餐饮产品。餐饮业在满足海外人士饮食需求的同时，也吸收了大量的外汇，将其他国家的国民收入转化为我国的国民收入，从而对国民经济的发展起到了积极的推动作用。

三、餐饮工作性质及特点

（一）餐饮工作性质

餐饮工作性质主要表现在它的系统性和综合性。餐饮工作是一项系统性的工作，这个系统包括采购、验收、储存、发放、生产、服务、核算等环节，其中任何环节出现问题，都会给餐饮企业带来影响。餐饮工作又是一项综合性的工作，它既包括生产，也包括零售工作，还包括服务工作。餐饮工作一方面要对饮食进行生产和零售，另一方面又要提供饮食服务。

（二）餐饮工作特点

1. 工作时间长

餐饮工作是为就餐客人提供服务。看似客人简单的用餐，但这背后需要餐饮从业者

做大量的前期准备工作，即便是客人用餐结束后，也需要相应的收拾整理工作。这些工作的完成都是以长时间的工作为代价的，餐饮从业者的工作时间是不能完全以小时为标准的，由于工作需要，提前到岗、延时下班的事会经常发生，所以，工作时间长是一种普遍的现象，一天连续工作十几个小时是经常的。例如遇到大型宴会，就需要提前几天加班准备；遇节假日客人消费高峰、临时性的客人接待等情况都需要厨师和服务人员加班工作；虽然规定了营业结束时间，但有时客人消费没有结束，相关人员就得留下来为客人服务，加班几小时甚至到凌晨的情况经常发生。

2. 劳动强度大

餐饮从业者看起来有忙有闲，但真正忙起来的时候，每个人都需要承担大量的超负荷工作，劳动强度特别大，有时甚至是挑战身体的极限，尤其是这些高强度的工作需在规定的有限工作时间内完成，需要从业者有良好的身体素质和充分的心理准备，在需要的时候能承担高强度的工作。"上班是条龙，下班是个熊"是对餐饮人员的详细描述，如大型宴会，厨师从原材料的准备到菜肴的制作都需要迅速及时，有时连吃饭、上厕所的时间都得牺牲；服务人员需要将几十桌甚至上百桌的餐椅从库房运到餐厅，摆放整齐，提前摆台，餐中不停地为客人上菜、斟酒、撤盘，等用餐结束后再将桌椅等相关设备运回库房，有时这些工作需要独立完成，这对服务员尤其对女服务员来说确实是个挑战。

3. 专业技术性强

餐饮业是以手工加工为主的行业，餐饮产品的制作主要是通过厨师的加工、制造来完成的，尤其是中餐，每道菜的质量主要是通过色、香、味、形来体现的，这其中凝聚着加工者专业的技术创作。厨师对菜肴的搭配、加工和烹饪的技艺，面点师对花色面点的制作和创造性的发挥，无一不展示着不同的技术水平。同是一盘鱼香肉丝，不同的刀工师傅切出来的肉丝长短粗细是不一样的；同是一份宫保鸡丁，不同师傅做出来软、脆程度及口感也是有差异的，这些专业技术水平需要在日常工作中不断提升，好的厨师制作的菜肴会使客人"赏心悦目"。

4. 具有一定的风险性

与酒店其他部门的工作相比，餐饮工作对身体有一定的伤害，存在风险性。首先是后厨厨师，他们每天的工作都与水和火接触，热油、热汤无时不在，工作中稍有不慎就会带来身体伤害，尽管十分注意，但烫伤对厨师来说也经常出现；在菜肴制作时，都是高温作业，尤其在盛夏，如在"蒸笼"中作业，常会导致血压升高、心率加快，极易出现肾功能受损。另外，中餐烹饪向来讲究煎、炸、烹、炒，而这些烹调方式可能会产生大量油烟，并散布在厨房狭小的空间内，长时间吸入油烟、废气，使厨师大多出现肥胖、脂肪肝、肺病等症状。服务人员工作中也存在着一定的风险，长时间地站立容易得静脉曲张；由于工作时间紧张，不能按时就餐，很容易得胃病；在给客人上菜时，热汤、铁板、石锅等类别的菜肴容易造成烫伤，餐饮从业者在为人们奉献美味可口的食物时，身心健康也受到了很多因素的困扰。

5. 服务具有直接性

餐饮服务的直接性，是餐饮服务的显著特征。由于服务人员在客人眼前是面对面地服务，决定了服务人员的态度、服务水平、技艺技巧毫无遗漏地完全展示在客人面前，使客人一目了然，服务人员要直接承受失误与差错，无法掩饰，即便是立即纠正、马上弥补，在客人的心里也已经留下不良印象。为此，餐饮业服务人员应牢固树立"无缺点服务"意识，尽量减少工作中的失误，这种服务的直接性对餐饮服务人员提出了更高的要求。

第二节 餐饮经营管理的内容与特点

一、餐饮经营管理的内容

（一）对企业资源进行有效配置

餐饮经营管理无论是效益目标还是品牌目标都是为了直接或间接地获得经营收入。餐饮企业经营管理的内容不能只局限在菜肴制作和厨房管理环节上，而是应该把可利用的各种资源整合起来，通过有效地利用人力、物力、财力等生产要素，给资源赋予更大的价值，以此实现餐饮企业的经营目标。

1. 人力资源配置

人力资源配置是指餐饮企业管理者要根据餐饮企业规模，对人员数量进行有效配置；根据餐饮经营类型，构建相应的人员结构；根据餐饮经营内容，配置与之相适应的人员。

2. 财力资源配置

财力资源配置是指餐饮企业管理者根据本企业的规模，对资金的投入数量作决策；根据企业类型，对资金使用的结构作决策。

3. 物力资源配置

物力资源配置是指餐饮企业管理者根据生产品种及数量，对食品原料采购量做出决策；根据餐饮企业类型，对厨房设备配备作决策；根据餐饮企业经营风格，对餐厅的装潢设计风格作决策；根据餐饮企业档次，对餐厅的餐具、家具的档次作决策。

（二）对工作各环节进行有效管理

餐饮工作是一项系统性的工作，它主要包括八个环节，任何一个环节出了问题都会给餐饮企业造成损失。因此，作为餐饮管理者必须对每个环节进行有效管理。餐饮工作的八个环节如下：

1. 制定菜单

即根据餐饮企业的经营范围、生产能力及目标市场的消费特点和饮食需求确定菜单上的菜品，在此基础上制定出能够迎合广大顾客消费水平的菜单。

2. 食品原料的采购

即要根据菜单上的菜品，对其原料进行采购。在采购工作中，要以原料质量好、价格合理为基准。

3. 食品原料的保管

即对库存食品原料的保管。食品原料的保管要采用科学的管理方法，确保食品原料的质量不变。

4. 食品原料的发放

即对库房中的食品原料，根据厨房生产的需要进行发放。在食品原料的发放过程中，要遵守库房食品原料的发放管理制度，确保食品原料的无差错发放。

5. 食品原料的粗细加工

即对食品原料进行摘、洗、涨发、宰杀、整形等。在食品原料的粗细加工工作中要认真按照操作规程进行操作，降低原料的折损率。

6. 餐饮食品的生产与加工

即根据客人所点食品的种类对食品原料进行煎、炒、烹、炸、炖、蒸、煮、调等工作。在食品的生产与加工过程中，要严格按照操作规程进行操作，除了保证食品的质量外，还要使其成本控制在限定的范围内。

7. 餐饮产品的销售

即通过向客人介绍或展现餐饮产品，吸引客人对餐饮产品的购买。在餐饮产品销售中，应注意服务及环境与本企业特色产品的协调。

8. 餐饮成本核算

即餐饮企业对每一经营周期（如一天、一周、一个月、一个季度、一年）的餐饮食品成本、费用成本进行核算，以此来判断餐饮企业的盈亏状况。通过餐饮成本核算可以发现餐饮工作各环节中出现的漏洞，并给予及时解决。

（三）对现代化经营手段的引进

传统餐饮业是以手工操作为主的劳动密集型产业，科技含量低，效率低，这是制约我国餐饮业向高档次、高水平发展的重要因素。餐饮企业经营手段现代化不仅有利于提高企业劳动效率，而且还将从根本上改变我国餐饮企业小作坊式的生产模式，使餐饮企业向现代化大企业经营模式转变。

相关行业的发展促进了餐饮业的发展，如食品原料加工越来越精细，半成品越来越普及，使得餐饮业原料的来源越来越符合餐饮企业的需求；种植业技术的提升，能够不受季节影响供应品质与数量稳定的蔬菜；保存设备与技术的提升，使冷冻或外卖食品的品质与口味越来越与消费者需求相吻合；餐饮机械设备的发展加快了烹饪工业化的进程。现代管理者不仅要对本企业内部的人、财、物进行管理，还要积极引进现代化的经营手段。

餐饮企业现代化经营手段的引入主要包括两个方面的内容：一是新技术、新设备的引入；二是计算机管理软件的引入。

1. 引进新技术、新设备

餐饮企业新技术、新设备的引进，在目前阶段可分为两部分：一部分为厨房生产的基础设施设备。现代化的基础设施设备是现代餐饮企业应具备并且应不断充实和完善的，如冷冻、冷藏设备（库房），保温设备，洗碗机，垃圾处理设备，基本的安全卫生设备等。另一部分是现代化厨房的加工设备。现代化厨房加工设备是改进厨房生产经营的基本设施，一方面可从较为先进的地区和国家引进，另一方面可从同行业中较为先进的企业引进。

2. 引进计算机管理软件

计算机技术应用于餐饮业，在世界发达的国家和地区已十分成熟。目前我国餐饮管理软件也相继问世，并且已经应用于餐饮企业的管理之中。餐饮管理软件的使用，大大提高了管理效率与管理水平，解决了传统管理手段难以解决的问题。计算机管理软件的引入应根据本企业的实际情况有针对性地引入，因为现在市场上餐饮管理软件类别很多，有些管理软件本企业可能不需要适应。

二、餐饮经营管理的特点

（一）管理的复杂性

在酒店行业中，餐饮业的管理最为复杂、最为专业、最为艰难。究其原因，与餐饮管理的内容繁多、岗位多杂、人员构成多样有着直接的关系，管理本身就是无处不在的，只要有经营，各个环节就存在着管理。一方面餐饮经营涉及的环节众多，包括采购、验收、储存、生产、销售和成本等管理环节，每一个环节都有很多因素影响着企业的产品质量、成本和收入；另一方面体现在餐饮企业内部设置的岗位多，包括管理岗位和生产岗位，每一个岗位都有较强的专业性，任何一个岗位出现问题，都会对餐饮企业的声誉造成影响。仅以人员管理为例，有前台服务人员和后厨加工人员的管理之分。而前台服务人员又分为领位、接待、服务、传菜、酒水、收银等岗位人员。后厨加工人员又分为冷菜、热菜、加工、面案、洗碗、勤杂、采购、保管等工种，其中每一个加工工种又有初加工、切配、墩工、灶工等级之分，而人员管理只是餐饮管理的一个方面，还有生产管理、销售管理、采购验收等诸多内容，每一项管理工作都具有纷繁复杂的管理内涵，这对餐饮管理者的业务素质和综合素质都提出了更高的要求。

（二）成本的不易控制性

第一，体现在生产过程中。由于餐饮产品构成的多样性决定了成本的不可控制性，其管理具体包括菜单制作、原材料搭配组合、采购、验收、保管、储存、拣洗、拆卸、涨发、切配、灶炉制作等诸多环节，而每一环节都很关键，都与成本控制密不可分，其中任何一个管理环节有漏洞、控制有误，都会增加餐饮成本，这是餐饮经营管理中的难点和核心问题，也是最能展现餐饮管理者水平的一项管理内容。针对这项管理，应事无巨细、全面控制，从小事、细节入手，力争做到无遗漏点，不然稍有忽视就可能造成成本失控。如原材料保管中腐烂变质现象的出现、原料准备过程中损耗率的控制、原料的再次利用问题等都是餐饮成本控制的具体问题。

第二，体现在人员管理上。餐饮成本的不易控制性不但体现在加工环节，也体现在人员的控制和内部的管理上，首先，加工者应牢固树立成本控制的观念并用于自己工作中的具体环节；其次，由于餐饮使用的原材料都是可食用品，尤其一些高档稀有的原材料，往往就是相关人员渴望得到的，这就容易出现丢失或被盗的现象，这也是目前管理不到位的餐饮企业，成本不易控制的一个主要原因，应引起管理者重视。

第三，体现在内部管理上。餐饮成本控制还与内部管理控制有直接关系，水电等能源的消耗、设备的使用寿命与报废、产品的加工方法等，都与成本的高低直接挂钩。为此，餐饮管理者应狠抓内部管理，严格各项制度，从规范化的管理中降低成本。如休息时间要杜绝长流水、长明火现象，用原料的自然解冻代替流水解冻，定期对设备进行维修和保养等，都不失为降低成本的有效措施。

（三）收入的高弹性

衡量餐饮管理的一个重要指标就是餐饮收入的高低。然而，餐饮收入却具有高弹性，也就是说一个餐饮企业里的不同餐饮收入可能有很大差异，就是同类的餐饮企业，同样的经营模式与产品，收入也可能出现天壤之别。有的可能不断扩张、连锁开店、收入激增；有的可能入不敷出，勉强经营，最终倒闭。在实际经营中，餐饮收入与地理位置、接待人数、客人消费能力、档次、产品特色、消费环境、菜品的价格、座位的周转率、一次性可容纳的就餐人数等有着密切的关系，为此餐饮经营者应充分认识到餐饮经营管理这一特性，拓展思维，勇于思考，大胆尝试，想尽办法为改善、提高经营收入而努力。如多承揽大型宴会、承揽各类会议、举办多种主题的美食节，抓住节庆消费的有利时机，扩大营销，寻找与众不同的经营策略，创新独特的产品等，这都是增加收入的有效手段。

（四）质量认定的主观性

一般商品质量的认定都具有明确或具体的标准，且这一标准生产者和消费者在认可程度上基本一致，但餐饮产品却例外，尽管餐饮企业在生产每种产品时都有固定的标准，但由于产品的评价是客人在享用后进行的，产品事先无法品尝，就会出现客人的期望与实际感受有所出入，甚至差异较大的情况。每当这时，消费者就会根据自己的心理满足程度对产品进行评价，在评价时也往往会不公平、不客观，常带有很强的主观性，甚至客人的评价标准与制作标准相违背，如给北方客人做正宗的川菜，客人会感到又麻又辣，难以接受；对情侣客人提供跟桌式频繁的服务，客人会感到很不自由，有被监视的感觉，这对于餐饮企业来说提出了挑战，也是日常经营中常出现的投诉问题。对此，餐饮企业应注重观察和了解客人细致的需求，特别是与规范不一致的个性要求，力争使自己提供的产品与客人的需求相吻合。

（五）专业化程度高

餐饮管理千头万绪，专业性特别强。这是由餐饮产品构成的多样性和生产过程的复杂性所决定的。餐饮产品由食品、服务、环境等构成，食品又由菜肴、面点、饮品构成，而不同菜肴都由多种不同原材料以不同方式组合而产生，餐饮的生产过程又由几十个环节、诸多岗位人员的专业化加工共同合作而完成，每一道菜肴的产生，每个环节都有不同专业化的标准。所以，作为一名餐饮管理者，必须熟悉和精通所有岗位人员操作标准，才能在工作中得心应手、游刃有余，否则，会使自己处于一种尴尬的境地。餐饮管理者的专业知识不但要广还要精，要懂得管理学、市场学、营销学、心理学，在业务上应为本餐厅出类拔萃者，才能起到良好的监督指导作用。

第三节　餐饮业发展中存在的问题及发展趋势

一、我国餐饮业发展存在的问题

（一）结构失衡，大众化餐饮供应不足

餐饮业目前在我国表现为高档餐饮势头强劲，大众化餐饮供应不足。随着人们生活水平的提升，生活节奏加快以及消费观念的改变，越来越多的百姓告别厨房，在外就餐并消费已成为餐饮消费的主体。但大众餐饮尤其是最贴近民生消费需求的早餐供应却十分缺乏，虽已受到许多地方政府的关注，但收效甚微，尤其在北方，供需矛盾十分突出。这主要与餐饮企业的经营思想有关，较低的消费和有限的客流，使早餐的利润较低，大部分餐饮企业感到与正餐相比，得不偿失，故而尽管有如此大规模的市场需求，但缺少餐饮企业的重视与开发。尽管外卖、送餐等便民餐饮快速发展，小南国、海底捞等大众餐饮店深受消费者青睐，但无论从数量上还是满足普通消费者不断提升的质量需求上，目前的餐饮业都还是有一定差距的。很多餐饮企业还没有走出高大上的经营模式，真正接近平民百姓需求的大众化餐饮还有很大的空缺。

（二）缺少具有国际竞争力的品牌

我国餐饮产业集中度不高，人力、资本和技术资源没有得到充分合理的利用；产业技术不规范，生产技术以师傅带徒弟的模式或传递为主，缺乏技术的标准化和规范化；企业生产经营分散、封闭，没有形成产业化规模，与国际知名餐饮公司相比，中国餐饮企业的企业规模、盈利能力、管理水平和经验都有较大的差距。越来越多的国际知名餐饮品牌加速了进入中国的步伐，它们既快又多地在中国扩张，给中国餐饮业带来了极大的冲击。尽管我国也有进军海外市场的餐饮企业，如海底捞、全聚德、眉州东坡、黄记煌等,但真正像麦当劳、肯德基、必胜客等"餐饮航母"在海外站稳脚跟,能够规模化、连锁化发展的企业几乎没有,这与美食王国的称呼很不相称。

(三) 标准化程度低、量化管理有待加强

追溯中国餐饮业的历史,尽管有上千年的历史,但由于缺乏准确的加工标准和具体的量化管理,越来越成为中餐与西餐对抗的绊脚石,并成为中餐制作的一个软肋。

由于没有明确的标准,便出现同一道菜不同的厨师,因为对菜肴的理解不同,技术水平不同,制作出来的菜品口感差别很大,就是同一个厨师在不同的时间做同一道菜,由于精力、体力、心情等的差异,也会出现口感上的差别。总之,中餐制作不但随意性较强,还没有准确的评价标准。现有的标准也大多是笼统的表述,如糖醋鱼在菜单上多标注酸甜口,但酸到什么程度?甜到什么程度?只能由每个厨师根据自己的理解去发挥了。要想解决这一问题,一个行之有效的办法就是进行量化管理。然而,在量化方面,中餐做得也远远不够,中餐制作中量的标准常常具有弹性,比如盐3~5克,2克之间的差异在制作中会产生很大的口感波动。还有热炒至八分熟即可,八分熟是什么样的?大火急炒2分钟,什么样的火属于大火?就不像肯德基的食品制作都有具体明确的尺度,如薯条的制作,要求油温350°F,薯条烹炸2分45秒,2分15秒抖篮,倾斜45°滴油5秒,倒"U"形撒盐2次颠簸4次。

此外,难以实施量化管理的原因还有设施不配套的问题。中餐的加工设备大多缺乏定量功能,这在某种程度上也放纵了厨师的随意性,中餐的加工完全是凭厨师的感觉,尤其是用大勺去取舀调料,必会造成差异。在标准化和量化管理方面,西餐的制作值得我们学习。

(四) 行业法律规范建设滞后

与国外餐饮业相比,我国餐饮行业的行规行标、法律法规建设相对滞后。目前,我国餐饮业缺乏规划引导,在快速发展中存在盲目、无序和低水平发展的现象。尚未建立适用于餐饮业的国家级法规,缺乏系统严格的市场准入制度和强制性标准,市场竞争缺少行业规范,导致行业市场秩序混乱。餐饮企业的标准参差不齐,内容不全面,技术知识含量低,缺乏全国统一性。迄今为止,餐饮业的规范行规行标仅有《餐饮企业经营规范》《早餐企业经营规范》等为数不多的几个,而且大多是从针对保护消费者的角度而制定的,行规行标的建设明显不足,与餐饮业发展的速度相比显得苍白和乏力。

(五) 监督监管力度不够,机制欠缺

监管队伍力量十分薄弱,人力资源严重不足,承担的监管任务与配备的人员不相适应,监督的力量没有随着经济的发展、餐饮业数量的增加而得到加强,其日常监督执法工作很难开展,目前已有的监管主要停留在星级酒店和高档餐馆的层面,在基层餐饮业监管无法做到横向到边、纵向到底,不能保证监管高覆盖率的要求,同时由于一些问题

责任难以断定和归属，造成相关部门相互推诿，难以及时有效地打击违法违规行为。

餐饮业监管监督检测手段和能力滞后。在餐饮业监管工作中，监管机构和人员缺少先进齐全的检验检测设备，尤其是快速检验检测设备奇缺，导致一些影响餐饮安全的产品和问题既不能立即得到有效检测，又不能即时得到严格监管和处理。餐饮监管机制不健全、缺乏完整系统的监管体系和监管机制，大多采取的是突击式的检查，对查出的问题也多采取象征性的罚款，没有从根本上杜绝问题再发生，从而造成很多问题企业存在侥幸心理、投机的做法，反而加大了监管的难度和工作量。

（六）从业人员素质较低

传统观念认为餐饮业是伺候人的工作，社会地位低下，很多人不愿意进入餐饮行业。同时，较低的经济收入和高负荷的劳动强度也阻碍了劳动力的供给。目前餐饮从业者收入低是行业普遍问题，长时间、超负荷的强体力劳动，再加之客人越来越高的要求，使餐饮工作者不但要有高超的技艺，还要有强大的心理承受能力和抗挫折能力，由于这种艰苦的付出和严格的要求与现有的收入不匹配，从而造成高素质的人员难以留住，从业人员整体素质低、学历差，多为初高中人员，这与餐饮业这一高度专业化、规范化的行业要求有很大的差距。

（七）人员流动率较高

目前，困扰餐饮企业人力资源管理的一个突出问题是人员流动率高，尤其是一些高素质、高学历的人员流动率更高，这给餐饮企业带来了诸多不利的影响。一是带来了大量的成本损失。因为人员的频繁更换必将带来培训的重复进行，而培训成本是一项较大的成本支出。二是影响了质量。菜品质量的提高是在人员相对稳定的前提下对专业人员进行长时间的训练和培养中完成的。因为在人员更替的过程中容易产生质量问题。三是业务受损。高管的跳槽可能会带走商业机密，基层人员的流动可能会带走客源。四是影响士气。一部分员工的流失会对其他在岗人员的情绪及工作态度产生不利的影响。这是因为一部分员工的流失可能会刺激更大范围的人员流失，特别是当人们看到流失的员工得到了更好的发展机遇或因流动而获得更多的收益时，留在岗位上的人员就会人心思动，工作积极性受到影响。也许从前从未考虑过寻找新的工作的员工也会开始或准备开始寻找新的工作。五是增加管理难度。跳槽的员工离开后，对在岗的员工容易产生不良影响，他们会向企业要求更高的待遇和报酬，甚至以离职相要挟，使餐饮企业的人力资源管理处于两难的境地。

（八）企业较少承担社会责任

纵观世界上凡是成功的企业大多具有强烈的社会责任感和良好的道德意识。在这方面，中国的餐饮业差距较大，主要是餐饮企业缺乏社会责任，忽略经济发展与环境污染的关系，使得餐饮环境问题成为当前城市环境监督管理的热点、难点。

餐饮业的环境污染主要有污水、油烟、异味、噪声及热污染等。经调查，餐饮业排放的污水中含有大量的过氧化物和废油脂，且未经任何处理直接排入城市下水管网，常引起下水道堵塞，污水外溢；厨房排放的油烟、异味，大都呈无组织排放，对环境构成很大的危害；噪声超标的现象十分普遍，风机、排风扇、空调等排放的噪声严重影响了周围居民的正常生活、工作和学习。餐饮业具有规模小、数量多、分布广的特点，与生活区混杂，处于热闹地段，多租用住宅楼底层为营业场所，因而餐饮业的"三废"污染对周围生活环境的影响很大。目前，餐饮业的油烟污染和噪声污染已成为居民投诉的热点，且此类投诉处理难度大，重复投诉率较高。

饮食关乎人们的身体健康、生命安危和社会的和谐稳定，食品安全问题、诚信问题将成为影响我国餐饮行业科学规范发展和餐饮企业可持续发展的关键因素。近几年来，我国餐饮行业的食品安全事件在各种媒体中频频曝光，此起彼伏，反映出我国餐饮企业社会责任的缺失或淡漠。

（九）厨师培养制度有待改革

中国传统厨师培养制度自古至今基本采用的是师傅带徒弟式的一对一传授，一个厨师的培养需要几年甚至十几年才能完成。这种单传式的培养模式：一是培养的速度太慢，与快速发展的餐饮业对厨师数量的需求不同步。二是差异较大，不同的师傅带出来的徒弟有很大差别，就是专攻一个菜系的厨师，由于跟的是不同的师傅学习，师傅之间的差别也造成了徒弟的差别。三是观念陈旧，一个徒弟跟师傅学习多年，出徒了，尽管"多年的媳妇熬成了婆"，但师傅长期对其思想的渗透、技术的传授，在其脑子里已经根深蒂固，从观念中就难以接受新师傅，更拒绝进行创新，把对菜肴的创新看成不正宗，盲目地遵守传统做法，不去考虑如何把就餐者的新需求融入传统烹饪中。这种现象在星级酒店的厨师中普遍存在。

中国餐饮业要想发展，主要是厨师的问题，而厨师培养制度的改革是首要的问题。现在一些烹饪学校或厨师培训机构已经在这方面做了大胆的改革和尝试，对培训者实行集中培训、普遍指导、公开交流，但改革之路还很漫长，还有很多工作需要总结完善。

（十）定位不准，盲目跟风

餐饮经营的定位十分关键，定位决定着该餐厅的经营风格、目标群体、消费档次，准确的市场定位是餐饮企业成败的关键因素，当然，需要做充分的调查和论证，也需要较多的前期投入。但目前中国餐饮企业却缺乏这方面的功课，急功近利，希望立即见效、马上收益。故此中国餐饮行业十分热衷于模仿，基本上时兴什么做什么，集体模仿，集中开店，导致"火爆跟风死"的餐饮现象经常出现。

二、餐饮业发展趋势

（一）经营更加大众化

随着国家政策的调整、反腐力度的加大、公款消费的遏制、人们饮食消费观念的改变，中低档消费将成为餐饮市场的主流。由于餐饮大众化需求的增加，推进了餐饮业快速转入大众化经营的发展道路，使一大批规模庞大、价格实惠、菜肴特色突出、更贴近百姓不同水平消费需求的餐馆如雨后春笋般涌现出来，如海底捞、吉祥馄饨、呷哺呷哺等。由于餐饮市场竞争激烈，迫使那些高星级饭店餐饮也不得不放下架子，走上了大众化经营的道路。许多饭店餐饮利用它们自身幽雅的就餐环境和独特的服务品牌，创建食街、大众美食广场，提供各地风味小吃，明码实价、价格适当，使一般工薪族都可接受，从而达到吸引顾客的目的。

目前饭店餐饮也出现了大众化经营的趋势，就是向大众消费者提供家庭快餐服务。通过饭店餐饮外卖服务于千家万户，在外卖的基础上，又衍生出一种新的实体——无店铺饭店，只需一间办公室，一个原料加工车间，无须餐位店堂，应顾客预约，以标准化的菜单向顾客提供上门服务，在顾客家中厨房现场烹制，这样做既省去了顾客烦琐的家务劳动，又能使其足不出户就可品尝到饭店高水平的美味佳肴，而且价格便宜，颇受消费者欢迎。家庭筵席的发展使饭店餐饮大众化经营的道路越走越宽。

（二）客源更加当地化

以往到餐馆就餐的客人以外地客人居多，尤其是大饭店里的餐厅，就餐的客人基本上都是住店的客人，外面的客人很少主动进入饭店餐厅就餐。但随着人们生活水平的提高、社交活动的增多、消费观念的转变以及生活、工作的需要，人们现在举行结婚庆典、商务活动、社交、团体聚会和迎来送往等活动都要选择到餐厅就餐的方式进行，包括平常百姓到餐厅消费也成为一种常态。这就使餐馆所接待的客源绝大部分是本地顾客，当地客人已成为餐饮消费的主体客人，很多餐饮经营单位主要收入都是以当地客人的宴会消费来实现的。以婚宴为例，过去人们结婚从节俭的角度出发常常在家里或小餐馆操办，在人们的观念中也不接受到大饭店办婚宴的做法。现在，时代不同了，随着消费观念的转变，消费水平的提高以及人们对婚礼仪式的重视，选择到大饭店或高档酒楼办婚宴已成为趋势，甚至要提前半年或一年预订，在结婚的高峰期，常常看到一个酒店办多家婚宴的现象，而这些婚宴消费者基本上都是当地客人，他们是餐饮经营的支撑客源。当然，接待本地顾客与接待外地顾客是有区别的。接待外地顾客，顾客到本店就餐的频率可能不高，或者仅一次。虽然餐馆每天提供着同样的菜品和同样的服务方式，对于外地顾客而言，都是新鲜的；但对于本地顾客则不同，本地顾客也许会因长期不变的菜品和服务方式而感到厌倦，从而选择其他餐馆。餐饮业这一发展趋势，对餐饮企业提出了更高要求，促使餐饮企业必须在求变中生存发展。

（三）产品更加特色化

由于餐饮市场竞争的加剧，迫使餐饮企业必须不走寻常路，另辟蹊径，寻找与众不同的经营特色来增加对消费者的吸引力。特色是餐饮经营的标志，随着当今求新求异的餐饮消费趋势的流行，人们在选择餐饮消费的时候，常常把特色作为首选因素，所以只有把餐饮产品办出特色，才能在餐饮市场中有竞争力，才能生存和发展。餐饮产品特色既包含食品特色，也包括服务和就餐环境特色。在各种档次餐饮场所林立的今天，墨守成规服务，没有自己特色产品，必然在竞争中被淘汰出局。事实上，只有餐饮企业的产品表现出足够的特色，才能使消费者在众多的餐饮产品中易于识别，从而达到更高的购买率。但需要指出的是，形成自己的餐饮产品特色并不是为特色而特色，而是为了满足和适应消费者求新猎异的心理。餐饮产品的特色化设计要充分尊重并理解顾客的需求，既要掌握客人的共性和基本需求，又要分析客人的个性和特殊需求。尤其是菜品的特色化设计还须以品质取胜，并结合最新的饮食趋势，探索菜品新路子，不断推出新产品，使顾客有更多的选择。

（四）饮食更加健康化

现代人对健康越来越重视，特别是肥胖症、糖尿病、心血管病等现代病的猛增，使人们逐渐意识到病从口入的危害性。进餐时，讲究改善食物摄入比例来调节饮食，越来越关心所吸收的热量和营养，更加注重养生，普遍忌讳过多的脂肪，在餐饮消费中更为挑剔和苛求。此外，地沟油、添加剂、农药蔬菜等问题不断曝光，也使得食客对于食品安全问题更为关注，那些不经过化肥催熟、不用农药灭虫、不使用抗生素抗病的、没有被化学物质污染过或接触过的健康食材，越来越成为消费者追求的饮食目标。

餐饮企业应及时关注并尊重宾客这种崇尚健康可口的自然美味和乡野天然绿色食材的需求，并用客人的这种消费理念指导菜品的经营，使自己的产品开发与客人的需求相吻合甚至是同步开发，只有这样，才能展示出自己的实力和长久的生命力。

为客人提供健康化的饮食产品，在原材料选择上精心挑选绿色原材料，这只是实现饮食健康化的前提条件。此外，更应该投入大量精力在饮食产品的制作上，注意营养的搭配，即按照人体的不同需求，根据各类食品中营养元素的类别含量和每个人的适应性进行搭配，不仅需要营养齐全、比例合理，而且还能有效达到膳食平衡的目的，使其在功能上更具竞争力。如针对女性食客，可以推荐莲藕菜系。莲藕含有大量淀粉、蛋白质、维生素 B、维生素 C、脂肪、碳水化合物，以及钙、磷、铁等多种矿物质。中医认为，生食藕能凉血散瘀，熟食能补心益肾，具有滋阴养血的功效，可以补五脏之虚，强壮筋骨，补血养血，再加上烹调形成的酸甜口味，是极符合女性喜好的。

（五）服务更加人性化

随着餐饮消费的经常化，外出就餐已成为一种常态，从而使客人见识越来越多，享受到更多的规范化之外的服务，在个人需求上也就越来越成熟，客人更加看重个性化需求的满足程度，并将此作为自身价值和被重视程度的体现。规范化服务的吸引力已经逐渐减弱，客人更加关注人性化服务，如亲情服务、爱心服务、无干扰服务、贴身管家服务、超前服务等。餐饮服务已经成为一门艺术，人们不再只追求温饱，而在享受美味的同时，希望得到舒适的服务和"温馨如家"的个人感受。

人性化服务是餐饮企业竞争的必然产物，也是社会发展、消费需求提高的必然结果，是目前餐饮企业提高服务质量，增加吸引力的重要手段。在餐饮服务工作中，应细心观察客人的超规范之外的需求并根据客人各有侧重的个性需求，提供差异化的服务，这样才能体现出自身的魅力，赢得更多的回头客。人性化服务意味着当客人进入餐馆时，有一种备受关照的感受。这些关照体现在餐饮服务人员的服务中、就餐环境的设计中。人性化服务要求服务员要对自己的目标客人加以分析，了解客人的心理。要做到人性化的服务并非易事，要求服务员在服务过程中分析研究客人的个性和特殊要求，给予客人一对一、面对面的针对性服务。例如，服务员在点菜写单时通过与客人交谈，了解客人中有糖尿病患者，点菜员就应该适时介绍酒店的无糖产品；如见客人是宴请宾客，主要碍于面子或为表示热情好客，往往会一次性点很多菜肴，服务员应主动提醒，当客人点到一定数量时可以建议其不够再点，这样做不仅节省了资源、杜绝了浪费，而且客人会真切地感受到该餐饮企业确实是从客人的角度出发，真正为客人着想。

（六）环境更加品位化

现代顾客进入餐厅不仅追求美食的享受，还要品味环境文化，对就餐环境品位的重视常常成为消费者选择就餐地点的首选因素，尤其是一些高消费或具有重要意义的宴请，就餐环境的好坏是宴请者必考虑的一个环节。这就要求餐饮企业在充分考虑菜品市场定位的同时，还应兼顾到餐厅环境的营造，如装潢、灯光、音响、颜色、餐具、桌椅及员工服装等方面，使餐厅环境既要与本企业的文化相匹配，更要体现出相应的品位。例如北京前门全聚德烤鸭店（该店是中国北京全聚德烤鸭集团的起源店），创建于1864年，以经营传统挂炉烤鸭蜚声海内外，是京城著名的老字号。据说在历史上康熙、乾隆、慈禧都非常喜欢吃烤鸭，该店有效利用这一说法，将老北京的宫廷文化引入店中，专门修建了帝王厅、燕京八景宴会厅，这些厅堂全部仿宫廷装修，实行A级服务，专门接待双高客人（高标准、高身份的客人），令客人享受到特有的皇家待遇。

（七）销售更加灵活化

当今随着餐饮业竞争的加剧，很多餐饮企业不仅注重店内消费的销售与跟踪，而且能够及时转变观念、与时俱进，捕捉客人的各种需求，以变应变。定制差异化的营销策略，使有各种需求的人随时随地就餐由原来的梦想变为可能。而且新兴的餐饮营销手段更为时尚、快捷、便利，更符合年轻人这一庞大消费群体的需求。如使用美团、大众点评等网上团购销售，这种方式会给提前预订消费的客人提供价格上的优惠；美团外卖、百度外卖、饿了么这种专门做外卖的网站销售，会给客人提供及时的送餐上门服务；通过扫描二维码的营销方式，刺激客人更多地关注餐饮企业最新信息；通过就餐客人在朋友圈中发送本餐饮企业的信息和产品介绍或者通过一定数量的集赞活动或正面评价，给予客人一定的奖励或折扣；还有在支付手段上更为灵活、便捷，现在客人在餐饮消费除现金支付外，还可以使用网银支付、微信转账、支付宝支付等无线支付方式，使客人即使身上不带现金，只要有一张银行卡或手机在身就可以随时支付，而且这些灵活化的现代营销方式在餐饮业中所占比重也越来越大。

此外，更多餐饮企业也不断放下架子，降低身份，主动出击，采取走出去的方式进行销售。如有的企业考虑到客人家庭就餐的专业化制作要求，推出厨师走进家庭的活动，甚至让专业厨师走出酒店，自带原料进入客人家庭中现场烹制，使客人即时用餐，这种销售方式在年节的家庭聚会中需求量较大；另外，一些高端酒店受到国家政策方面的影响，开始走平民化线路，进军政府和事业单位食堂，推出商务套餐，还有的酒店推出年夜饭套餐、生日宴、婚宴等各种促销手段使其占据并赢得了一定的客源市场。

未来的餐饮营销手段会更加灵活、实用。不远的将来客人在网上定制菜肴，选择个性的分量和产品的组合等定会成为现实。

（八）管理更加现代化

餐饮信息化就是利用计算机及计算机网络技术，用平板电脑、触摸屏及无线点菜器代替手工作业作为服务终端，以网络作为数据传输渠道，以餐饮信息化管理软件作为管理平台，将餐饮企业的前台营业、团队接待、客史档案、采购、库存、财务、数据统计、会员管理、人员考核、连锁管理等工作进行系统管理，从而达到稳定安全、准确高效地管理企业的目的。例如一些餐饮企业采用 iPad 点餐的方式，将菜品的成品图片、价格、制作原料、烹饪方式、营养价值，甚至菜品典故等呈现给顾客，使客人可以清楚、直观地了解菜品的详细信息，同时以最快的速度将客人的需求以电子信息的形式传递给各个菜品制作的环节，摆脱了传统人工点餐过程中客人因不了解菜品反复询问、因不好意思不问价格的尴尬情形，同时解决了人工信息传递失误、服务流程不规范、服务的随意性较大的问题，节约了企业人力成本，有助于员工将更多的精力用于对客人的直接服务，提高服务质量，增进顾客满意度。

当今的餐饮企业管理中，传统的记账式人工管理已经被淘汰，取而代之的是逐步采用了电子计算机、现代通信技术等先进的管理手段，大大提高了管理效率和水平，使管理工作真正做到准确、及时、经济、高效。许多专业计算机软件公司制作了餐饮管理软件，这些软件可以帮助我们对餐饮企业进行管理，可以有效地帮助餐饮企业对库存产品进行统计、销售数量进行预测、销售记录进行保存、人均消费额进行统计、建立顾客数据库、跟踪记录顾客的生日与喜好等。

互联网在餐饮经营管理中正在成为不可或缺的管理助手，并且互联网的功能还在扩大。例如，优惠券的印制、发放成本越来越昂贵，一些餐饮集团发现电脑技术能帮它们降低成本。它们在网站上做一个网页，告诉浏览者，把网页上的优惠券打印出来，然后带到餐厅就能得到相应的折扣优惠。另外，浏览者只要填写个人资料并注册，当他们到餐厅时就能获得折扣。互联网对餐饮经营管理的影响将越来越大。

（九）竞争更加白热化

餐饮业的持续快速发展，使得餐饮企业间的竞争已从单纯的价格竞争、产品质量竞争，发展到产品与企业品牌的竞争，文化品位的竞争；从单店、单一业态竞争，发展到多业态、连锁化、集团化的竞争；从国内企业之间的竞争，发展到国内企业与外资企业的竞争。

餐饮业的竞争主要表现在两大方面：一方面，社会餐馆与饭店餐饮的竞争。以往社会餐馆因其"小打小闹、不成规模"而成为"市井餐饮""廉价餐饮"的代名词，而星级饭店则以规模较大，设施齐全，环境幽雅，服务水平专业化、规范化，可以和娱乐、客房产品等结合，推出系列组合套餐，形成配套服务等优势，而使自己独领风骚，占据了霸主的地位。时至今日，社会餐馆无论是从规模上还是形象上都发生了深刻的变化，它们以灵活的经营机制、有效的成本控制、随行就市的价格体系、鲜明的产品特色、快速翻新的菜点、便捷的采供和服务模式，跻身于现代餐饮市场，对饭店餐饮造成了较大的冲击，争夺了大部分饭店客源。有的城市甚至出现了往日名噪一时的高档宾馆、星级饭店的餐饮辉煌不再的局面，取而代之的是一批生意红火、个性鲜明、富有经营特色的社会餐馆。面对如此强大的竞争压力，许多星级饭店开始进行重新定位，以明晰其目标客源。有的饭店（主要是四星级以上的饭店）选择实施精品战略，使高档餐饮更具品位；有的饭店则选择走出象牙塔，走进下里巴人的生活。如珠海某一五星级的食街，本着"源于大众、服务大众"的经营宗旨，推出南北小吃、家乡小炒，一些原先不登大雅之堂的小菜被厨师做得精细、雅致，深受欢迎，被大众称为"五星级大排档"。与此同时，为了巩固和扩大自己的竞争优势，许多社会餐馆则向专业化、规范化方向努力。由此形成了饭店餐饮和社会餐饮相互竞争的局面。

另一方面，国内外餐饮企业的竞争。随着对外开放步伐的加快，国内外交流的频繁，国人走出国门已成为平常之事，对国外的餐饮业呈现出强烈的好奇心和强烈的尝试欲望，我国餐饮业也面临着国际餐饮业的挑战。首先，面临国际著名品牌的竞争和挑战。国外大型餐饮公司以丰富的菜品和独特的文化进入中国，它们比我们更能够吸引消费者、引导消费者、同化消费者，它的模式简单，可复制性强，加上其产品本土化及主题餐厅策略的推出，对我国餐饮经营理念、服务质量、文化氛围、饮食结构、从业人员素质要求等产生深刻影响。面对这样来势汹汹的"洋快餐入侵"，中国餐饮业将面临巨大挑战。其次，与国外餐饮行业标准相比，我国餐饮行业的行业标准、法律法规建设相对落后。长期以来，适用于餐饮业活动的行业法规、标准的不完善和缺失，直接影响到企业的服务水平。另外，面临人才流失的危险。来自外的餐饮企业，将以各种手段、优惠条件、雄厚的资金实力、宽松的工作环境、科学的管理手段来吸引餐饮技术、管理、服务、文化等方面的人才，我国餐饮业面临专业人才流失的挑战。

（十）文化更加鲜明化

餐饮业的竞争，归根到底是一种文化竞争，越是民族的越是世界的，越是世界的越是有生命力。纵观成功的餐饮企业之所以获胜的根本原因，其中起决定主导作用的往往就是文化因素。文化因素是餐饮企业的灵魂，是制胜的法宝，是企业独树一帜的标志。

餐饮企业中文化因素的体现要有鲜明的民族特色，即体现出中国的民族风，这也是中餐的魅力所在，它可以通过各种途径和方式体现出来，大到餐厅的装修风格、设施设备的选用、菜肴的特色制作、服务人员服装的选择和搭配，小到一碗一勺的配备、一个菜名的选用、一个菜肴典故的传说、一个菜肴饰品的点缀。总之，对中餐而言，文化因素无处不在，由于文化因素具有鲜明的特征，不像餐饮其他因素一样容易模仿，所以各餐饮企业可以打造自己不同的文化品牌，越是文化特色鲜明的餐饮企业带给消费者的印象越深刻，也越有吸引力。如北海公园的仿膳饭庄，可以说是明清文化和满族风格的再现。它的建筑是模仿古代皇宫，端庄古朴；厅内装饰均以龙凤为主题，餐具采用标有"万寿无疆"字样的仿清宫瓷器或银器，服务人员身着清宫服饰，菜品设计上突出满族的宫廷风味和老北京特色，如满汉全席、宫门献鱼、豌豆黄等。因鲜明体现了宫廷文化的特征，被北京市旅游局定点为重点体验中国文化的涉外餐馆，也是我国领导人多次接待如美国前总统尼克松、前国务卿基辛格，日本前首相田中角荣等外国政要的主要场所。

目前，中国餐饮业想要走向世界，占据餐饮市场的有效份额，必须主打文化特色品牌，这也是中餐对外宾的吸引力所在，特色中餐是涉外旅游的一个亮点和外国人来中国消费的重要目标。

 案例分析1

餐饮业的多元化营销之路——一个营销人士的自述

接受老板的安排带着老美去了腾格里塔拉自助餐厅，吃了蒙古特色的自助餐，确实有了一种不一样的收获和体验。对餐饮业的品牌创新和营销策略有了更为强烈的兴趣，而且对于中国餐饮未来的发展更是多了几分信心。

1. 品牌的差异性。一听到名字就知道其区别于一般的餐饮公司，虽然第一次没记住这个名字，但是至少我知道它是蒙古特色的。

2. 餐饮业娱乐性。席间配有歌舞表演，是带剧情的，场面挺恢宏。老外朋友看得是赞不绝口。尽管听不懂，但是从演员的服饰到舞蹈表演还是能感受到民族风情，另外每次更换主题时两旁电子屏幕上都有中英文字幕，感觉还挺人性化的。席间我看到很多老外，有的是老老少少一家子来的。大厅座席基本坐满，服务人员服务态度也非常好。我曾经在水木锦堂铁板烧餐厅体验过这种餐饮娱乐交叉的感觉。如今又在腾格里塔拉体会到，但是二者截然不同。水木锦堂强调小众的商务宴请，很有私密性和情调，非常安静和惬意，适合约会、谈生意，而且是专门的厨师为你服务，可以欣赏铁板师傅技艺的表演，一楼火锅可以体验拍拖的格调。而腾格里塔拉则属于热闹的聚会，大气磅礴，在这里可以体验特色的美食和精彩的歌舞节目，顾客更是在边吃边赏状态下体验到了聚会的欢愉。二者虽然风格迥异，但共性也很明显，就是将餐饮和娱乐结合，给顾客带去一种美好的体验。

3. 吃和玩交融性。在腾格里塔拉自助餐厅，因为晚上不太饿，尽管它的东西挺全，中西餐都有，主要以蒙古特色的东西为主，但我也就挑了几样墙壁上告诉你不可不品尝的美食，总体上还不错，有些特色。另外其他的食品，很多自助餐都有，我也没吃出太大的差距。实际上来到这种场合，与其说吃饭还不如说是看表演，体验边吃边玩的乐趣。所以个人认为对于餐饮业来说玩和体验逐渐占据更大的比重，尽管吃也很重要，但是当吃真的很难做到差异的时候，玩绝对能玩出各式各样的差异出来。

4. 互动的完美性。无论你是做什么行业的，时刻要铭记的一件事就是如何使你的品牌、产品、服务与消费者或是顾客互动起来。因为只有具备有来有往的互动，消费者才能从知道你到喜欢你，进而彻底爱上你并且忠诚于你。否则在产品大量同质化的今天，在有众多选择的情况下，消费者凭什么给你机会？

①小礼品大回味：歌舞表演结束的时候，所有演员会走下来，给每位顾客敬酒，献哈达，酒杯是镀银的，下面写着腾格里塔拉，哈达上面也有腾格里塔拉字样。顾客可以带走。一个哈达和小酒杯就把顾客美得屁颠屁颠的。因为绝大多数顾客是生平第一次收到哈达，这种体验定会转化为很好的口碑。当时我的老美朋友和一个在美国工作的美籍华人都忍不住让我向经理索要名片，并说下次回国要带更多人前来体验。所送的东西没有多大成本，但它确实成为让你能够记着它、时刻想起它的一个要素。

②主动与顾客联系：据我的老板跟我讲，因为他以前在这里订过一回餐，所以他经常会收到腾格里塔拉的问候短信、节假日的问候以及一些优惠活动的通知。我想这不就是客户关系管理吗？跟老顾客保持长期的联系，这也是高端餐饮业以后不得不重视的一个顾客管理和营销手段。打电话预订，留下联系方式，来过一次统统记录下来，形成顾客数据库，依靠长期的联系，频繁地刺激顾客的记忆，保持自己的品牌在顾客心中的地位。

③巧妙获取顾客信息：席间还有抽奖活动，拿一个箱子，你只需将你的名片放入箱中，就能够有幸被抽中大奖——烤全羊。我一看这活动就暗暗发笑，英雄所见略同。跟我曾经给一家服务型公司提供的手法如出一辙，用奖品换取客户信息，你扔一张名片试试运气，商家拿你的名片如获至宝，因为有了这个信息他才好跟你玩互动啊。

④提供互动平台：演出结束后，所有演员站在台上，鼓励顾客上去跟演员合照留念。大家的热情再度被激发。纷纷上去合影。其中我看到很多服务人员走到有老外的桌边，邀请老外上去拍照。场面好不热闹。

⑤真情告白定质化服务：演出结束后，进入点歌阶段，每首歌100元，还可以点舞，为同桌的客人送祝福。开始进入定质化服务阶段。每首歌唱完，歌手会下来给点歌桌的客人敬酒。我的老板点了一首《青藏高原》歌曲，送给外国友人，并要求酒店人员用英文说一些祝福，他们按照要求做了，女歌手唱歌时，我的老板跑上去一同高歌，娱

乐气氛烘托到了高潮。老外更是觉得有趣，连照带录，兴奋异常。服务人员素质也不错，看到顾客上去唱，拼命鼓掌，并跑到台上献给我老板一个哈达。

总之，腾格里塔拉的互动做得不错，在有来有往的活动当中，使顾客融入进来，加深了顾客的印象，塑造了难忘的体验。

5. 名人的效应性。演出结束后我看到墙壁上有拳王霍利菲尔德的相片，就问他们老霍也来过啊。一个经理模样的人走过来跟我说，他们这里经常有名人来，如李瑞环、巴特尔、倪萍、白岩松等。而且对这里的特色都是称赞有加的。当我翻译给老美听时，老美更高兴了，直夸这次中国行的体验超乎想象。而我却想，这家老板挺聪明的，用名人充当意见领袖，起到客户见证的作用，这势必能吸引和带动更多的名人来这里体验，而名人的体验又会形成长期的影响力要素左右大众消费群体的决定。这种方式在互联网时代很容易形成强势的口碑效应，胜过代言人和广告传播的效果。最终能够形成营销势能，进而引爆一种流行。

总而言之，通过一次餐饮体验，印证我多年来酝酿的想法，这是一个专业化和多元化的时代，任何一个行业都不要单纯地讲专业化，专业化的过程势必要隐藏多元化的属性和做法。尤其餐饮业，口味这东西绝对不是吸引顾客的有力武器，在口味替代性多元化的今天，人们对口味的依赖，绝对不会产生毒品对于吸毒人群那样的瘾。相比起大脑和心理的愉悦，嘴上的一时舒服显得地位越来越弱了，多元感觉带来的顾客体验越来越受到重视。一言以蔽之：无论你相信与否，一个餐饮多元化的时代已经到来。

来源：范文之家，http://www.fwjia.com/canyinziliao/0406/257153.html

案例讨论题

1. 通过本案例中对餐饮业多元化营销之路的分析，你有哪些启示？
2. 结合此案例，你认为餐饮业未来的发展还有可能呈现怎样的趋势？

 案例分析2

品牌餐厅 2017 年发展策略

麦当劳中国宣布"未来2.0"战略，种种自我颠覆让人大呼"不认识"，升级版餐厅居然推出了专人"嘘寒问暖"的服务；深耕三、四线城市20年的德克士，在2017年发展策略中明确表示要反攻一线，和全家便利店、康师傅私房牛肉面等兄弟品牌跨业态共享会员积分的玩法，让人眼前一亮；"外婆家"在其副牌哺哺拉面的发布会上透露，以后要"两条腿走路"。

确实，没有成功的企业，只有时代的企业。能看懂大牌们的新玩法，你就找到了时代的机会点。

麦当劳：“未来2.0餐厅”亮相，这次要"自我颠覆"

2016年12月9日，麦当劳"未来2.0"餐厅首次亮相。麦当劳选择了其26年前进入中国的第一家餐厅——深圳光华餐厅作为其升级2.0概念餐厅的首个样板店。相比普通餐厅，2.0版餐厅采取了数字化、全渠道的点餐模式，双点式柜台将点餐区和取餐区分开，顾客完成点餐后，在取餐区等候，电子屏幕显示备餐状态并提示取餐。移动支付服务也更加完善，无论使用柜台或触屏自助点餐机，顾客都可以选择不同的无现金支付方式，包括银行卡、Apple Pay、支付宝、微信支付、QQ钱包等。

不过，相比硬件升级，更让人感到惊喜的，一是个性定制化产品，二是"服务大使"。消费者可以在触屏自助点餐机定制属于自己的汉堡和甜品，可自由调整产品需求，如饮料去冰、汉堡去酱及调整肉类等。标准化之外，第一次将个性化作为卖点。还有麦当劳第一个可以自选的甜品吧台，用15种精选配料个性化定制甜品：缤纷新地、华夫筒或意式甜品爱芙卡朵（affogato）。

"服务大使"是在未来2.0餐厅特别增加的人性化服务，主要做三种"新工作"，送餐、指引、关怀。每天服务生到岗后，会根据对当天运营情况的预估进行岗位分工。送餐员负责为需要送餐到桌的顾客取餐、送餐；指引员在触屏自助点餐机旁，协助顾客点餐下单；关怀员，负责"二次关怀"，他们与用餐的顾客聊天，随时发现顾客需求并进行解决处理。

"2.0餐厅是对传统餐厅的颠覆"，麦当劳中国首席执行官张家茵同时宣布了麦当劳的"2.0"战略，预计2017年上半年，全国十多个城市的约1000家餐厅将完成"未来2.0"餐厅硬件升级，占全国门店40%以上。

显然，未来2.0餐厅完全颠覆了以往麦当劳自己引领的洋快餐标准化模式，主要体现三个方面，数字化的硬件、个性化的产品和人性化的服务。在设计"未来2.0"时，麦当劳做了大量的市场调研，与消费者沟通，也做了很多反思——有哪些是顾客希望改善的？答案是：不用排长队、轻松、享受的用餐环境。

当很多人都在说洋快餐不行了的时候，我们看到麦当劳在2016年7月首次举办"麦麦全席"，致力于引领菜单变革；此次的未来2.0餐厅，致力于提升顾客体验。不论顾客是否买账，至少麦当劳让大家看到了它的决心和行动。而首家未来2.0餐厅选择麦当劳在内地的第一家餐厅，似乎也表明了麦当劳对未来的希望，"重新开始"。

德克士：反攻一线，"兄弟连"携手打天下

2016年12月8日，在云南昆明，德克士举办了一次媒体沟通会。天津顶巧餐饮咨询服务有限公司执行长苏明瑞表示，德克士2017年的发展策略是深化"舒食+"——他称之为"英雄再英雄"。

舒食理念被苏明瑞认为是德克士区别于其他西式快餐的地方，表现在满足中国胃、美味均衡、舒适的就餐环境。2011年德克士就提出了舒食概念，2015年70%~80%的餐厅已经升级为舒食餐厅，2016年启动"舒食+"升级计划，2017年的一项重要任务是进行"舒食+"的店型升级。

打造智慧餐饮新模式是德克士品牌升级的下一步。比如，会根据消费者的消费数据给他贴上标签，包含手枪腿达人、价钱敏感者，为消费者提供个性化的服务。苏明瑞介绍称，集享卡会员全国有2300万，数据每2分钟更新，他们有会员交易平台、会员沟通平台、BI的数据分析。

"我们的集享卡是可以共用的，可以去'全家'买东西，也可以去'康师傅私房牛肉面'买东西，同时在那里的消费也可以积分，所以集享卡是共用的积分制度，跨业态、跨餐饮和便利店。"苏明瑞还透露，德克士2016年新开店100多家，2017年还将维持这个速度，新开店预计100~200家，将重返一线城市。

中餐普遍都在收缩，包括比较强劲的一些品牌，德克士是基于什么确定这样一个开店速度？能实现吗？"我们是从三四线城市发展起来的，慢慢地从三四线城市、二线到一线，再到特一线城市，有先后的顺序，但是我们还是希望把所有的品牌定位成全国品牌，只是发展的出发点不一样，发展的时间不一样。"苏明瑞是这么回答的。

德克士之所以敢于反攻一线，一年开出一两百家店，归根结底在于深耕三四线多年积累的强大的本土化内功。无论是"满足中国胃"的产品策略——比如一线城市套餐里的薯条改成沙拉，还是90%的加盟体系——要知道麦当劳特许经营不超过40%，而肯德基不到10%，都在证明这个"千年老三"强大的本土化功力。

"外婆家"："两条腿走路"，一条是"引进来"

2016年12月7日，在哺哺拉面（北京王府井店）发布会上。哺哺中方负责人张斌透露了"外婆家"的下一步动作。外婆家为寻求多元化发展引进了自己认可的海外餐饮品牌，以给国内用户带来原汁原味的海外味道。计划两条线发展：一条是自建品牌，比如"炉鱼"餐厅、"蒸年青"餐厅之类的；另一条线是引进小众非连锁且有潜力的海外餐饮品牌，开类似于海外餐饮平台的买手店（品牌名字还在注册中），由外婆家亲自挑选并独家买断餐饮品牌，合作模式跟哺哺一样。计划每个品类只引进一个代表品牌。哺哺是一个开始。

张斌说，因为日本餐饮的发展程度较高，且其产品更易被中国顾客接受，所以"外婆家"把日本餐饮品牌作为首选。预计2017年4月底在上海太古汇开一家餐饮买手店，店内会有好几个海外餐饮品牌同时经营，包括哺哺。会根据不同商场、购物中心的需求以及已有品牌的情况，做适当的餐饮品牌调整，争取每个店都有不同的新鲜感。

来源：http://mp.weixin.qq.com/s/BGSkervrcy3VWqdf8oHvUw

案例讨论题

1. 结合案例，分析餐饮企业为什么要制定新的发展策略，这些策略会给企业的发展带来哪些新的契机。

2. 以上案例引进了哪些现代化经营手段?

案例分析 3

改 4 次菜单,终成"景区名片"

在很多创业者眼里,如果有机会在一个城市的美食街开一间店铺,那相当于躺着就能把钱赚了。可事实上真的如此吗?本篇的主人公的确很幸运,在成都的宽窄巷子开了一家店,如今 8 年了,一直屹立不倒。但他刚开始一点都不顺利,也是栽了很多跟头后爬出来的,偶然看到机会又乘胜追击、深入摸索才得门道。希望他的故事能给大家启发。

以为人流量大就能卖套饭,结果没人感兴趣

2008 年,祁凌云的"听香"在宽窄巷子起步。那个时候,"听香"还叫"一溪云"。祁凌云说,这是为了适应成都人的休闲随性。最初,祁凌云想依靠大量的人流量(游客)取胜。所以,开店之初,便设计了两个盈利板块——餐品+酒吧。餐品主推均价 30 元左右的套饭。不过,开业后祁凌云发现,酒吧业态确实不错。可是餐品的销量却少得可怜,甚至出现一到饭点客人就走的情况,饭点一过,酒吧、外场又坐满了人。一个月之后,祁凌云放弃了套饭。

以为装修小资就卖西餐,结果白白扔了六七万

在停止套饭的销售后,有朋友给祁凌云支招,说听香的环境实际上挺适合卖西餐的。因为其装修是古朴中带着时尚、小资,特别适合游客歇脚品茗、饮酒。应利用好这种情调性,朋友的建议听起来不无道理。

但是,上了一个月西餐之后,发现根本卖不动。祁凌云觉得可能消费者对菜品需要有一个适应过程,再坚持看看。可经营到三四个月时,因为销量低,店里光西餐菜品的原材料就扔了六七万元。西餐也宣告失败。

无心插柳,小徒弟试水川菜小炒销量暴涨

第二次菜单改革失败后,祁凌云基本已经放弃了对餐品的改造。这时候,餐厅一个小徒弟自告奋勇:想炒点川式小炒来卖。

祁凌云没有拒绝,小徒弟就自己打印了一张 A4 纸的菜单,列了几个家常川菜。没想到,菜品一出来,点单就火爆了。一个月之后,厨房已经承载不了消费者的点单需求,祁凌云硬是将一个 20 平方米的厨房扩建了 6 倍,成了一百二三十平方米的大厨房。

祁凌云后来分析:巷子里的大部分消费者是游客,之前自己卖的套饭也好西餐也罢,都是很多城市司空见惯的,而唯独特色川菜,游客不是在哪儿都能品尝到的。

乘胜追击,发掘更多特色川味小吃

在改卖川式小炒后,尽管餐品销售有了较大增长,但是在整个餐厅的销售占比上,菜品也没有超过20%。

这时，经历了3次菜单修改的祁凌云也琢磨出了一些门道。他认为，既然游客喜欢特色的川式小炒，那如果把四川出名的小吃全搜罗来，给到达不了四川各地的游客一个集中展示，岂不是效果更佳？

于是，祁凌云就开始挖掘四川各地的特色小吃，包括峨眉的鳝丝、邛崃的鸡片、乐山的豆腐脑等。最后，菜单彻底变成了川式特色休闲美食。对于到宽窄巷子来的消费者而言，这里就是一个精品小吃的集结地，最终全面满足了消费者的需求。现在，餐厅的酒吧、菜品销售各占一半，完全实现了"两条腿走路"的盈利平衡。

深入挖掘消费需求，重新定位

在完成4次菜单改造升级后，祁凌云开始重新思考餐厅的消费群体特性。祁凌云发现，旅游地的消费者都是以家庭、情侣为主。这种消费群体的消费特点是女性多为主导。所以，祁凌云便把品牌定位成：成都幸福女人的休闲蜜地。

确定这一精准定位后，祁凌云便开始在整个餐厅的休闲生活、娱乐状态的布局上下功夫：除了营造小资做派，还挖掘了众多四川小地方的特色菜品。听香的餐后演出还网罗了成都圈内各色风格歌手，不插电民谣。

定位女性主题，只需要在商品、服务以及女性需求上下功夫即可。围绕"成都幸福女人的休闲生活"的缩影去创造一个场景，在这样的场景里，不止全国各地的游客，甚至成都本地消费者都会想来体验一下。

来源：http：//wwwbuild.net/cytbnc/572333.html

案例讨论题

1. 本案例体现出餐饮业的哪些基本特征？
2. 此案例使你对餐饮经营管理有哪些启发？

思考与练习

1. 怎样理解餐饮业的基本特性？
2. 餐饮业在国民经济发展中的作用如何？
3. 去拜访一位星级酒店的餐厅经理，了解餐饮经营管理的内容有哪些？
4. 餐饮经营管理有哪些特点？
5. 餐饮工作特点有哪些？
6. 举例说明我国餐饮业发展中存在的问题。
7. 结合你的观察和消费体验，谈谈除教材外，中国餐饮业还呈现哪些发展趋势。

第二章 菜单设计与分析

【学习目标】

通过本章的学习，了解菜单的种类、内容并能依据菜单设计的原则合理设计菜单，掌握菜品选择的原则，能熟练运用 ABC 分析法和 ME 分析法对菜单进行分析。

【内容结构】

【重要概念】

菜单　　ABC 分析法　　ME 分析法

菜单是餐饮企业将自身能够提供的具有各种不同口味的食品、饮品等，根据人们的用餐习惯分类排列，供顾客点菜时使用的餐饮食品的目录和说明书，是餐饮企业开展市场营销活动的纽带和桥梁。一份有营销力的菜单能反映出餐饮企业经营特色、衬托餐厅气氛、为餐饮企业带来经营利润，同时作为一种艺术品可为顾客留下深刻的印象，甚至成为收藏的珍品。

第一节　菜单内容与设计

菜单是餐厅提供的所有商品的总目录，包含餐厅中一切与餐饮产品、价格及服务有关的信息资料，它是客人消费选择和餐饮生产的主要依据，也是餐饮经营管理的重要内容。

一、菜单的种类

菜单的种类繁多，可按不同的标准进行划分：

（一）按客人用餐时间划分

1. 早餐菜单

为客人享用早餐所准备的菜单。早餐菜单一般注明供应时间，内容较为简单，食品、菜品及酒水种类也较少。中式早餐一般以风味小吃主食为主，配有各式粥品及清淡小菜；西餐则一般以美式早餐和欧陆式早餐为主。

2. 正餐菜单

正餐菜单又称午、晚餐菜单，是最能体现饭店餐饮的经营特色及风格、客人使用量最大的菜单。正餐菜单中菜式安排顺序通常按进餐顺序和原料分类排列，要求品种齐全、价格多样、设计美观、富有特色，各种菜式搭配平衡，并选择一些能代表本餐厅特点的特色菜加以重点推销，应该能反映出餐厅经营定位及档次。

（二）按客人用餐方式划分

1. 零点菜单

零点菜单适用于各式点菜餐厅，也是最常见、使用最广泛的一种菜单形式。零点菜单的特点是菜单的每一道菜都标明价格。零点菜单的菜肴种类繁多，价格多样，能迎合不同层次宾客的需求。而且所有菜式分别标价，宾客只须选择自己喜欢的菜肴，可随意组合，任意选用。

2. 团队菜单

团队菜单是一种套餐菜单。菜单内容按一定的标准进行搭配，每餐花色品种不重复，主要适用于团体、会议等短期内多次在一个餐厅就餐的客人用餐。

3. 宴会菜单

为各式不同宴会有针对性设计安排的菜单。宴会菜单要求呼应主题、讲究规格、符合宴会档次、菜肴搭配合理。宴会菜单往往制作精美、造型独特，通常为一次性的，特别是那些有纪念意义宴会上的菜单，如国宴菜单等，往往被客人带走，留作纪念。

4. 特荐菜单

特荐菜单一般为辅助正餐菜单之用，用于扩大营业收入。餐厅通常根据不同季节、不同节日和不同场合进行主题推销或采取每日/每周厨师特荐菜单的形式。菜单的形式多样，既可以是单独菜单形式，也可以是小卡片形式附加在菜单中，还可以是巨幅宣传广告张贴在墙上。

5. 客房送餐菜单

客房送餐菜单是对因某种原因不能或不愿去餐厅就餐，或在开餐时间以外要求在房间内用餐的客人提供的菜单。该类菜单中一般列出饭店各餐厅中较容易烹制和制作速度快的菜肴，适用于早、晚餐及夜宵。

（三）按市场特点划分

1. 固定菜单

固定菜单是一种菜式内容标准化而不做经常性调整的菜单。它通常是饭店针对顾客构成复杂多变、流动性大、人数众多的特点，本着以不变应万变的原则而使用的，大多饭店都采用这种菜单。此种菜单相对稳定，一经合理制定，便能长期使用，至少在数月之内是固定不变的。

2. 循环菜单

循环菜单是以一定天数为周期循环使用的菜单。这类菜单适合于旅游饭店团体餐厅、长住型饭店的餐厅，以及企业和事业单位食堂使用。使用循环菜单的饭店必须按照预定的周期天数制定多套菜单，每天使用一套。循环菜单周期的长短一般根据客人的就餐天数决定，一般接待旅游团队、会议团队的菜单以短期几天为一个周期；接待度假、疗养等长住客人的菜单则以周、旬、月为一个周期，以避免相同的菜式经常地重复出现。

3. 即时菜单

即时菜单是根据某一时期内原料的供应情况而制定的菜单。这种菜单的编制依据是菜品原料的可得性、原料的质量和价格以及厨师的烹调能力。即时菜单一般没有固定的模式，使用时间较短或每天更换，常与固定菜单或循环菜单合用。

（四）按菜单定价方式划分

1. 零点菜单

零点菜单即菜单的每一道菜都标明价格，中西餐都普遍采用这种菜单（同前）。

2. 套菜菜单

套菜菜单是以包价形式出售的一种事先制定餐饮的消费标准，然后再根据标准进行主食、菜肴等组合搭配的一种菜单形式。有以桌定标准或以人定标准两种，是团体或宴会就餐中使用最常见的菜单形式。

3. 混合式菜单

混合式菜单是零点菜单与套菜菜单的结合，它综合了二者的特点与长处。混合式菜单的菜品以套菜形式为主，同时欢迎宾客再随意选择点菜，单独付款。这样客人既有了一定的自由选择机会，餐厅同时也增加了收入。

二、菜单内容与设计

（一）菜单的内容

1. 菜品的名称和价格

菜品的名称和价格会直接影响顾客对菜品的选择。尤其是未曾尝试过的菜品，往往会凭这菜品的名称去挑选，此时菜单上菜品的名称会使顾客在头脑中产生一种联想，而这种联想就是顾客对菜品产生的期望值。顾客对就餐是否满意在很大程度上取决于他们就餐后是否感觉达到了这个期望值，同样，顾客对菜单上菜品的价格也会产生联想，而这种联想就是价格高的菜品应当是质量好的菜品，或者是分量多的菜品。正因如此，我们对菜品名称的设计和价格的制定要做到真实——名副其实。

（1）菜品名称要真实。菜品名称应该好听，但必须真实，名称不能太离奇。例如在赵丽蓉和巩汉林表演的小品《打工奇遇》中，"群英荟萃"实际上就是萝卜开会。这种故弄玄虚而离奇的名字，有对顾客欺骗之嫌。总之，菜名名称应简洁，大多数的菜名应能反映出主料、烹调方法、口味等菜肴的主体内容，如红烧海参、麻婆豆腐。

（2）菜品价格要真实。菜单上的价格应该与实物供应相符。如果餐厅加收服务费，则必须在菜单上注明，若有价格调整要立即更换菜单而不能在原菜单上涂改，否则会使顾客产生被欺骗的感觉。更不允许出现"时价""现价"等没有明确价格的菜单。

（3）菜品的质量要真实。即原料的质量和规格要与菜单的介绍相一致。

2. 菜品介绍

菜品介绍的主要内容有：

（1）投料标准介绍。主料、配料投入量的介绍，一般以克为单位。

（2）烹调方法的介绍。尤其是独特的烹调方法，在菜单中应有介绍。如盐焗鸡，很多客人对盐焗这一烹调方法很生疏，菜单中就应该有相应的介绍，其烹调方法就是把经调料腌渍的原料用刷过油的纸包裹起来，然后埋入炒热的大盐粒中，用盐的余热把原料焗熟。

（3）口味特点的介绍。

（4）菜肴分量或数量的介绍。这主要是指那些单一原料或按数量计量的菜品，如酱牛肉一份多少克，煎鱼一份多少条鱼等。如某饭店的"海鲜大咖"这一菜品，在菜单中明确注明该菜品包括虾爬子10只，大青虾15只，华盖蟹4只，海螺4只，鲍鱼4只，小龙虾12只，烤鸭片鱼2.5斤，夏威夷贝4只，巴哨4只，花蚬子1斤，配以土豆片、藕片、豆芽、西兰花等蔬菜，使客人明确地了解菜品量的多少，有利于根据用餐人数确定点餐的数量，提升点餐速度和消费者的满意度。

（5）特殊菜名的解释。由于中餐文化因素的融入，使一些菜名与内容不完全吻合或有很大的差异，容易使客人仅凭对菜名的理解产生误导性地点菜，尤其对外宾来说，一些以典故或传说为代表的菜名，要进行相应的说明，不然会出现令客人厌恶或拒绝品尝的现象，像"夫妻肺片""童子鸡"等容易产生歧义的菜名，当菜单以外文的形式展现时，一定要准确。如"夫妻肺片"有的菜单翻译为 Husband and Wife's lung slice（丈夫和妻子的肺切片），这种翻译会使客人产生恐惧感，拒绝点用。其实菜品中既没有肺片，更不可能是丈夫和妻子的肺切片，之所将这一道菜称为"夫妻肺片"是源于由一对夫妻以牛心、牛舌、牛肚、牛肉为主料，进行卤制，切片后再配以辣椒油、花椒面等辅料制成红油浇在上面。因此，这道菜准确的翻译应为 Sliced Beef and Ox Tongue in Chili Sauce。

3. 告示性信息

每张菜单都应提供一些告示性信息。告示性信息必须十分简洁。告示性信息一般有以下内容：餐厅的名字、特色风味、地址、电话、商标记号、营业时间等。有些餐饮企业的菜单还附有简易地图，列出该餐厅在城市中的地理位置；有的餐厅还在菜单上标明加收的费用。例如，"所有价目均加收10%的服务费"。

4. 机构性信息

大型餐饮企业的菜单上应有介绍餐饮企业的历史背景和餐厅特点、连锁机构、发展现状等内容的信息，这是餐饮企业让顾客了解本企业，展示本企业规模和实力的最佳途径。

5. 特殊菜品推销

特殊菜品是指能使该餐饮企业扬名的菜、特色菜、特殊套餐、每日时菜等。

特殊菜品推销主要有两大作用：第一，可以对畅销菜、名牌菜做宣传；第二，对高利润但不太畅销的菜做推销，使它们成为畅销菜。特殊菜品在菜单上的推销方式一般有两种形式：一是在菜单上印有特殊菜品的彩色照片并标明，以增强顾客对特殊菜品的购买欲望；二是单独制作特殊菜品菜单，放在每个餐桌上，以此表现该类菜品的特殊性。

（二）菜单设计

1. 菜单内容的安排

菜单内容的安排，应遵循一定的规律，具体要求如下：

（1）菜单的内容按就餐顺序排列，中餐菜单的排列顺序一般是冷菜、热菜、汤菜、主食、酒水饮料；西餐菜单的顺序一般是开胃品、沙拉、汤、主菜、三明治、甜点、饮品。

（2）主菜应该尽量列在醒目的位置，单页菜单应列在单页的中间，双页菜单应该列在右页，三页菜单应该列在中页，四页菜单应该列在第二页或第三页上。

（3）特色菜或点评较高的菜，应有所标明或单列，且放在显眼的位置。

（4）重点推销的菜，应处于菜单重点推销区。不同菜单重点推销区是不同的，单页菜单的上半部分，双折菜单的右上角，三折菜单的正中。

(5) 分类别排列。按照肉类、海鲜类、时蔬类等分类排列。

2. 菜单设计的原则

在菜单设计时应体现以下五项原则：

(1) **顾客导向原则**。菜单上列出的菜品是顾客就餐时购买决策的依据。在菜单设计时，要充分考虑企业主体顾客的收入水平、餐饮喜好等因素，力求在菜单中既体现出对客人消费需求的准确判断，又能够最大限度地引导客人消费。例如：餐饮企业如果是以中档收入且喜欢吃广东菜的顾客为主体，则菜单上所设置的菜品就应当是中档粤菜，而不要将烤鸭、涮羊肉等京菜系列的菜编在菜单中；以享受型高收入的顾客为消费主体，菜单则应提供一些做工精细、服务讲究的高档菜品；以流动性人群为主要顾客，菜单上应设计制作简单、价格适中、服务迅速的菜品；以学生群体为主要顾客，菜单上的品种应经济实惠、菜量要大。

(2) **营养导向原则**。随着现代人们对健康营养饮食的重视程度不断提高，饮食营养越来越成为人们选择菜品的重要因素，甚至是首要因素。为此，餐饮企业在设计菜单上的菜品时，要从专业的角度充分考虑多种菜品及菜品组合后的充足营养供应以及蛋白质、碳水化合物、脂类、维生素、无机盐、水等营养成分的合理搭配。例如：注意增加以高蛋白质营养为主的豆类菜品和维生素丰富的蔬菜类菜品等。如台湾某酒店根据中国人的养生之道，创造出养生药膳蛋糕系列，让顾客在享受美食的同时，也享受着健康，因此，他们获得了极大成功。

(3) **品种适当导向原则**。不同餐厅菜单上的花色品种应有明显的区别，品种数量要适当，一般应分类排列，按比例搭配。对顾客喜爱程度高，应重点推销的品种以安排3~5种为宜。同时，应将常年菜、季节菜、时令菜结合起来，价格水平一般应高、中、低档搭配，采取两头小、中间大的原则，即高、低档菜的比例要小于中档菜的比例，中档菜应占50%以上；套菜菜单则根据客人需求，安排多种档次、多款式菜单。这样，可以既刺激客人消费，又适应不同档次客人的多种需求。

(4) **能力导向原则**。在对菜单上的菜品设计时，还要考虑到本企业对菜品的生产能力和食品原料的获得能力。有些菜品因其制作的特殊性，要求生产人员必须掌握这种特殊菜品的生产技术，而没有这种技术就无法生产，例如需要特殊烹饪技术的北京烤鸭。在设计菜品时，应考虑本企业的厨师的专长和水平，要选择一些能发挥他们专长的菜品，不能选择他们能力所不及的菜品。

(5) **竞争导向原则**。在菜品设计时，要充分考虑竞争对手的情况，最好采取差别化的战略，紧紧围绕顾客的需求，创造本企业的特色菜品，以增强企业在餐饮市场中的竞争力。所谓特色菜品指"人无我有、人有我优、人优我精、人精我绝"的代表性菜品。例如北京某著名饭店首创的"御福翅泡饭、御福黄金鲍、御福皇帝汤、御福坛八珍"等八个新品牌受到了广大顾客的认同，这些名牌菜品的收入占了该店全部收入的45%，该店因此上了一个新台阶。

3. 菜单设计的基本要求

递送到顾客面前的菜单，其形式可以说五花八门、各式各样，但每个餐厅其菜单的设计制作必须要恰如其分地反映出本餐厅的经营特点与风格。通常菜单的设计要艺术美观，应注意以下几个方面：

（1）设计要美观。一份设计精美的菜单，不仅可以提高人们就餐的情绪，还会对就餐的氛围起到烘托的作用，从中也反映出餐厅的档次和风格，令就餐者印象深刻，甚至被带走收藏。

（2）使用照片和色彩。照片和色彩的使用要适宜，过少单调不美观，过多则会增加成本。一般来说照片主要用于突出重点推销菜肴。这是目前菜单设计的一种时尚和需求，赏心悦目的照片搭配，和谐的色彩运用，会使菜单更直观、更具美感、更具吸引力地展示在客人面前。

（3）材质要匹配。菜单制作材料的质地应与餐厅的规格档次相匹配，不能反差太大，总的原则是菜单的质地应与餐厅的档次成正比，但无论质地如何，当菜单出现污损时要及时更换；否则会使客人厌恶反感，餐饮企业不可因小失大。

（4）字体要合适。一份设计精美的菜单，字体的选择十分重要。菜单的字体应大方、清晰、美观，便于阅读，尤其是重点推销的菜肴字体应醒目、有区别。应考虑字号的大小、行间距大小、是否需要加粗字体，各种字体要大小协调、疏密得当。

（5）样式尺寸要协调。菜单样式选择、尺寸的大小应与餐厅的面积、规格，餐桌的大小、座位空间协调一致。如果餐厅的面积较大，档次较高，菜单的制作就应该精美、大方；如面积较小，档次一般，菜单就应该简朴。

除上述几点外，菜单设计中菜单式样选择可以根据餐厅的特色，菜品数量的多少及主要客人的审美特点而定。

第二节　菜品选择与菜单分析

一、菜品选择

菜品选择是菜单设计的首要内容，在对菜单上的菜品进行选择时，既要考虑菜品的获利大小、目标顾客的需求、体现企业实力的招牌菜，还要考虑菜品的平衡问题。菜品选择应遵循以下原则：

（一）毛利较大的菜品

菜品的选择应使餐饮企业获取可观的毛利。由于餐饮产品价格形成的特殊性，即：

菜品价格=原料成本+毛利

因此,毛利与售价和原料成本相关。在原料成本不变的情况下,提高菜品的售价会使毛利提高;在价格确定之后,降低原料成本,同样会使毛利提高。如果用提高价格来提高毛利,会因菜品的价格过高而难以出售。提高毛利的较好办法就是降低原料成本,因此我们要选择原料成本较低的菜品。当然,毛利大的菜品不一定是时尚菜、特色菜,有些大众化的原材料粗料细作,经过精细加工之后,毛利率也会很高。如成都某餐厅,将五六元一斤的花生米,精细加工,加入调料、蛋液、生粉拌匀,下锅炸成带有酥脆外壳的下酒小菜,一斤花生可出六份菜,每份售价22元,这道原材料很便宜的花生米作为佐餐,每天的销售量达五十份以上,有较高的毛利润。原料的成本不仅要考虑原料的进价,还要考虑加工和切配的折损率的高低。因为有些原料进价较低,但经过初加工后,所剩净料的成本却很高,不能达到提高毛利的目的。

(二) 适应目标顾客需求的名品菜

餐饮企业是通过满足顾客的需求来获得收益的,因此菜单上的菜品首先是目标顾客所需求的菜品。在目标顾客需求的菜品中,少不了要选择名品菜。因为名菜品是各个菜系经过时间的沉积和烹饪技术的凝练而产生的,在一定的区域范围内具有极高的知名度,并且很多目标顾客就是因为这些名品菜而到此就餐的。如以经营川菜风味为主的餐馆,菜单上要有"麻婆豆腐"这道川菜中的名品菜;以经营粤菜为主的餐馆,菜单上要有粤菜中的名品菜"菠萝咕咾肉";以经营苏菜为主的餐馆,菜单上要有苏菜中的名品菜"松鼠鳜鱼"等。各菜系中的名品菜可以大大吸引顾客的购买欲望,从而使企业的收入和利润得以提高。

(三) 体现企业实力的招牌菜

招牌菜是指餐饮企业为了招徕和稳定顾客群体所独创的具有特色的拳头菜品。招牌菜能体现企业的实力,使餐饮企业与众不同而吸引顾客。招牌菜需要餐饮企业管理者和生产者具有良好的创造性和想象力。选择招牌菜可从以下两方面着手:一是要突出餐饮企业特色。餐饮企业在长期的经营实践中,总结摸索出了一套既符合其实际又有别于其他企业风格的烹调新工艺或菜式,所以,拟定菜单时要尽量纳入这种烹调新工艺或新菜式,突出企业的特色,如某四川饭店厨师在水煮类菜品的制作中较有实力,该饭店的菜单中更多地呈现出水煮系列的菜肴,如水煮鱼、水煮肉、水煮牛蛙、水煮鸡等。二是要挖掘厨师专长。每个厨师有其独到的技术或擅长制作的菜品。譬如有的擅长制作鱼菜,有的擅长制作素菜,有的擅长制作工艺菜,有的擅长制作功夫菜。拟定筵席菜单时,要充分考虑这种因素,挖掘企业厨师的拿手菜,发挥各自的专长,丰富菜单菜点的内容,提高菜单菜点质量,如沈阳某饭店的厨师制作熏制食品的技艺比较出色,在该饭店的菜单中熏猪蹄、熏鸡爪等熏制菜品就是招牌菜,也是客人点用率高到几乎每桌客人必点的菜肴。

(四) 能促使菜单平衡的菜品

无论是零点菜单还是套餐菜单,菜单上各类菜品应体现以下几个平衡。第一,菜品的价格要平衡。同类菜品的价格要有高、中、低档之分,以满足顾客对价格的不同需求。如鱼类菜品,根据原料的不同,可分为不同的价格档次。第二,原料搭配要平衡。各类菜品应该由使用不同原料的菜品所组成,以适应不同口味顾客的饮食需要。例如主菜类应有以肉、鱼、蛋、家禽、蔬菜为主要原料的多个品种,因为这种设计主要考虑顾客中会有人不喜欢肉类或家禽类的菜品。使用不同原料搭配,可使更多的顾客能选择到自己喜欢的菜品。第三,烹调方法及质地和口味要平衡。在各类菜品中应有使用不同烹调方法制作的菜品,如炸、炒、煮、蒸、炖等;成品的质地要生、老、嫩、滑、脆搭配。第四,口味要平衡。口味要酸、甜、苦、辣、咸搭配。第五,菜品营养要平衡。选择菜品时要注意各种营养成分的合理搭配。例如不能只选蛋白质丰富的肉菜,还应搭配些蔬菜。在选择菜品时,还要注意使节食者有营养丰富的菜品可选,使素食者选的菜品也具有丰富的营养。

(五) 能占领客源市场的菜品

尽管一个餐厅特色菜是其经营的标志,也是吸引顾客的主要手段,但特色菜往往数量有限,有时也未必是客人的最爱。在菜单设计时,既要充分体现对消费者个性需求的重视,同时也不能忽视就餐者也有共性消费的需求,以特色菜带动消费,在特色菜之外,要考虑需求量大、客人点餐率较高的菜品,很多餐饮企业就是用此类菜来占领客源市场的。

事实上,客人在选择特色菜品的同时,更多地还会选择一些适合自己的、喜欢的菜肴,这一类客人比较喜欢的菜肴往往容易占领客源市场,应成为菜品选择的重点,以此提高营业额和利润率。

二、菜单分析

设计好的菜单并不是一成不变的,而是要在经营过程中以科学分析方法为依据,不断地调整和完善,即菜单分析。所谓菜单分析就是利用科学分析方法,把菜单中的每种菜品进行定位,是否畅销、是否赢利,然后根据分析的结果对菜品进行调整,对每种菜品是保留还是删除做出决策。菜单分析的方法主要有以下两种:

(一) ABC 分析法

1. ABC 分析法的基本原理

菜单 ABC 分析法是对菜单上菜品在某一段时间里销售额情况进行分析的一种方法。它根据各菜品销售额的多少,将它们划分为 A、B、C 三组。A 组是当前的主力菜品,也可称为"重点菜品",菜品销售额占 70%;B 组可能是过去,也可能是未来的重点菜品,也可称为"调节菜品",菜品销售额占 20%;C 组是销售额低的菜品,一般包括滞销的菜品、新开发的尚未打开销路的菜品或某些招牌菜品,这一部分菜品又可称为"裁减菜品"或"灰姑娘菜品",菜品销售额占 10% 以下。通过分析,对菜品采取以下推销战略:A 类菜品重点推销,B 类菜品给予适当重视,C 类菜品则给予一般性的照顾。

2. ABC分析法的步骤

（1）统计某时间段各菜品的销售份数，乘以单价，计算出各菜品的销售总额。即：

$$各菜品销售总额 = 该菜品销售份数 \times 单价$$

（2）计算这一时间段各菜品销售总额占该时间段全部菜品销售总额百分比。即：

$$各菜品销售总额占全部菜品销售总额百分比 = \frac{该菜品销售总额}{全部菜品销售总额} \times 100\%$$

（3）按百分比大小，由高到低排列序号。

（4）按序列求出累计百分比。

（5）按上面的比例划分出A、B、C三组菜品。

采用ABC分析法对菜单进行分析，可以确定今后销售中应当加强推销的菜品以及应当裁减的菜品，调整厨房烹调作业使之更合理化，研究如何开发新菜品。

3. ABC分析法的运用

实例分析： 某酒店中餐厅过去一周菜品销售记录资料如表2-1所示，（为计算方便，表中仅列举了11种菜品）。请用ABC分析法对菜单进行分析。

表2-1　中餐厅第12周部分菜品销售记录

序号	品名	单价（元）	销售份数	销售额（元）	占销售总额百分比（%）	序列号	累计百分比（%）	分类
a	天都小炒	13.00	200	2600	4.07	8	95.37	C
b	滑炒肉丝	12.50	1100	13750	21.51	1	21.51	A
c	软炸里脊	13.50	910	12285	19.22	2	40.73	A
d	盐水笨鸡	16.00	50	800	1.24	10	99.02	C
e	叫花子鸡	22.00	70	1540	2.41	9	97.78	C
f	麻婆豆腐	12.00	400	4800	7.51	5	77.96	B
g	野味素烧	12.50	800	10000	15.64	3	56.37	A
h	葱烧海螺	12.00	360	4320	6.77	6	84.73	B
i	干煎黄鱼	18.00	500	9000	14.08	4	70.45	B
j	绣球金鱼	21.00	30	630	0.98	11	100.00	C
k	清炒虾仁	20.00	210	4200	6.57	7	91.30	C
	合计			63925				

首先，根据表2-1中统计数据计算每一种菜品销售额占菜品销售总额的百分比。因为每一种菜品销售额等于该菜品销售份数乘以其单价，根据表2-1中统计数据计算出每一种菜品销售额。然后将每一种菜品销售额除以过去一周菜品销售总额便得出每一种菜品销售额占菜品销售总额百分比。如软炸里脊占销售总额19.22%，盐水笨鸡占1.24%。而后将这些百分比按从大到小的顺序排列。如软炸里脊排在第2位，盐水笨鸡排在第10位。

其次，按排列序号的顺序依次计算累计百分比。如排在第1位的滑炒肉丝，其累计百分比就是其本身占菜品总销售额的百分比,即 21.51%。而排在第 2 位的软炸里脊,其累计百分比就等于其本身占菜品总销售额的百分比加上第 1 位的滑炒肉丝累计百分比,即 19.22%+21.51%=40.73%。第 3 位菜品的累计百分比则等于 40.73%+15.64%=56.37%。以此类推,可求出其他菜品的累计百分比。

最后,将位于前 70% 的菜品列为 A 类,包括 b、c、g。位于 70%~90% 的列为 B 类,包括 i、f、h。处于后 10% 的列为 C 类,包括 k、a、e、d、j。

A 类是餐厅的主打菜品,应予以保留和加强。B 类为可调节菜品,餐厅可根据菜品的市场发展趋势,在适当的时候加强 B 类中处于上升趋势菜品的推销,为替补 A 类菜品做好准备。而对于 C 类菜品中由于口味、季节、价格、营养等因素作用,销路不佳的菜品,应予以坚决淘汰;对尚处于 C 类中的新开发菜品则应加强宣传促销,提高其销售量,使其在今后的排序中进入 B 类或 A 类。

(二) ME 分析法

1. ME 分析法的基本原理

菜单 ME 分析法是根据客人喜好和盈利程度进行分析的一种分析方法。通过 ME 分析法,把被分析的菜品划分为四种类型,即畅销且高利润的菜品、畅销但低利润的菜品、不畅销且低利润的菜品、不畅销但高利润的菜品。通过分析,确定菜单上菜品哪些应当保留,哪些应当删掉。

2. ME 分析法的步骤

第一,选取被分析菜品的类别。如,是分析汤类,还是分析主菜类(大菜)。

第二,收集与被分析菜品有关的原始数据(该项数据来自客人的订菜单),这些数据包括被分析菜品的单价、销售份数和销售额。

第三,根据被分析菜品的单价、销售份数、销售额计算出该菜品的销售数百分比和销售额百分比。

第四,根据销售数百分比和销售额百分比计算出顾客欢迎指数和销售额指数。

第五,根据顾客欢迎指数和销售额指数分析被分析菜品的销售情况。

第六,制定菜单的调整策略。

其中,顾客欢迎指数表示某菜品受顾客喜欢程度,以顾客对各菜品购买的相对数量来表示。顾客欢迎指数的计算是将被分析菜品类别中的某菜品占该类菜品的销售数百分比除以该类菜品中各菜应售百分比,即:

$$顾客欢迎指数 = \frac{某菜品销售数百分比}{各菜品应售百分比}$$

$$各菜品应售百分比 = \frac{100\%}{被分析菜品的项目数}$$

销售额指数表示菜品盈利情况的高低。销售额指数的计算是将被分析菜品类别中某

菜品占该类菜品销售额百分比除以该类菜品中各菜品应售百分比,即:

$$销售额指数 = \frac{某菜品销售额百分比}{各菜品应售百分比}$$

不管被分析的菜品项目有多少,任何一类菜品的平均欢迎指数都为1,超过1说明是顾客喜欢的菜品,超过得越多越受欢迎。把顾客欢迎指数高的菜肴定为畅销菜。同样,不管被分析的菜品项目有多少,任何一类菜品的平均销售额指数都为1,超过1说明是高利润的菜品,超过得越多说明利润越高。在具体的操作中,既要关心各菜品的受欢迎情况,也要关心各菜品的盈利情况。因为,受顾客欢迎的菜品,不一定会给企业带来利润,而那些高利润的菜品,在销售量很低的情况下,同样也不会给企业带来较好的利润。

菜单上的任何菜品,通过ME分析法,都会落到图2-1中的某一象限中,从而会清楚知道应该采用什么策略对菜单进行调整。

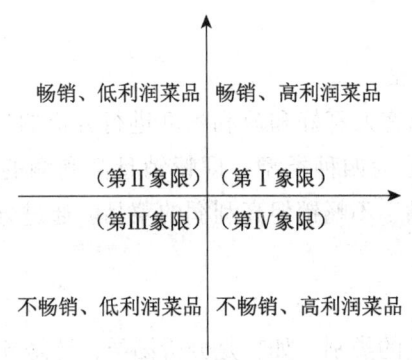

图 2-1 菜品分析四象限

(横坐标为销售额指数;纵坐标为顾客欢迎指数)

3. 制定菜单调整策略

(1)畅销、高利润菜品。既受欢迎,又有盈利,在菜单中保留。

(2)畅销、低利润菜品。一般可用于薄利多销的低档餐厅中。如果价格和盈利不是太低而顾客又较欢迎则可以保留,以便起到吸引顾客的诱饵作用,使顾客在点用此类菜时可能选用其他菜肴,从而产生连带消费。但有时盈利很低而又十分畅销的菜,也可能转移顾客的注意力,挤掉那些盈利大的菜品的生意,如果这些菜品明显地影响盈利高菜品的销售,就应果断地取消。

(3)不畅销、高利润菜品。可用来迎合一些高消费的客人。由于菜品毛利润大,如果不是特别不畅销,则可以保留,但是如果连续在较长时间内销售量一直很低,则该菜品应该取消,以免影响菜单的吸引力。

(4)不畅销、低利润菜品。一般应取消,但有的菜品如果顾客欢迎指数和销售额指数都接近0.8以上,又在营养平衡、原料平衡和价格平衡上有需要的,仍可保留。

4. ME 分析法的运用

实例分析：某西餐厅菜单上的汤类菜品有五种，各菜品的销售份数、顾客欢迎指数和销售额指数如表 2-2 所示，用 ME 分析法对菜单进行分析。

表 2-2 汤类菜品销售数据统计菜单销售

菜单	销售份数	销售数百分比（%）	顾客欢迎指数	价格（元）	销售额（元）	销售额百分比（%）	销售额指数
法式洋葱汤	60	26	1.3	10	600	16.1	0.8
新鲜蔬菜汤	30	13	0.65	8	240	6.5	0.3
牛尾清汤	20	9	0.45	16	320	8.6	0.4
奶油鸡汤	80	35	1.75	20	1600	4.3	2.2
酸辣牛肉汤	40	17	0.85	24	960	25.8	1.3
总计/平均值	230	20	1		3720	20	1

通过计算可以得出：

（1）法式洋葱汤为畅销低利润菜品，考虑到销售额指数为 0.8，可起薄利多销的作用，保留；

（2）新鲜蔬菜汤和牛尾清汤为不畅销低利润菜品，在菜单上应该取消；

（3）奶油鸡汤为畅销高利润菜品，保留该菜，并加强宣传；

（4）酸辣牛肉汤为不畅销高利润菜品，考虑到顾客欢迎指数为 0.85，保留该菜品，加强宣传促销。

案例分析 1

试论饭店点菜菜单设计的依据

点菜菜单，又称零点菜菜单，是饭店餐饮部或社会餐馆为宾客提供的菜点品种与价格的一览表。它是最常见、使用最广泛的一种菜单形式。其特点是菜单上每一道菜点都标明价格，且价格档次比较开阔，能适应不同层次宾客的需求，另外，点菜菜单既是宾客与餐饮部之间的媒介，又反映了一家饭店的餐饮经营特色与等级水平。而菜单设计是餐饮经营的起点，也是餐饮管理的主要内容。所以，搞好饭店点菜菜单的设计，对提高饭店的餐饮服务质量及餐饮经营管理水平具有十分重要的作用。

餐饮管理人员如不顾市场需求，也不考虑本饭店的技术力量、原料供应等因素去设计一份美好的菜单固然轻而易举，但其结果却不可避免地给饭店经营带来混乱。显然，点菜菜单的设计受饭店内外各方面因素的制约。

一、市场需求

任何一家饭店，不论其规模、类型或等级，都不能同时具备满足所有宾客需求的能力与条件。所以，饭店的餐饮部必须选择一群或数群具有相似特点的宾客作为目标市场，以便更好地满足这些特定宾客群体的需求。所以，菜单设计首先应明确餐厅的特定的目标市场，掌握目标市场的特点和需求，如谁是本餐厅的宾客？其口味特点如何？等等。

要想掌握市场需求，就须事先进行市场调研，弄清下述有关目标市场的问题：①目标市场宾客的年龄结构；②性别比例；③宗教禁忌；④饮食习俗；⑤旅游目的；⑥消费水平等。

只有明确了上述问题，才可针对目标市场的需求着手设计餐厅的点菜菜单。

二、食品成本与获利能力

点菜菜单上的菜点是为销售而生产的，因而供需双方均须考虑菜点的成本与价格。菜点分析是餐饮部获取利润的首要环节，必须加以重视。一般来说，点菜菜单上某一菜点的销售情况与获利能力不外乎下列四种情况：①既畅销又高利润；②不畅销但高利润；③虽畅销但低利润；④不畅销又低利润。

就上述四类菜点分析，一类菜点显然是多多益善；二类菜点一般为高成本菜肴，一旦销售则获利颇丰，故为维持餐厅的档次应列入菜单；三类菜点的获利能力虽低，但其畅销会影响其他菜点的销售，故应从菜单上撤换或调整其售价；四类菜点获利能力虽低，但它不畅销，一般应取消，但如果为使菜单显得更加丰富多彩，不妨保留该类菜点。

三、食品原料的供应情况

一般来说，凡列入菜单的菜点品种，餐厅必须无条件地保证供应，这是一条相当重要却易被忽视的餐饮管理原则。所以在菜单设计时应充分掌握各种原料的供应情况。

（1）原料的市场供应关系。某些原料的市场供应颇不稳定，而本饭店又无固定的货源供应点，则使用该原料的菜点一般不列入固定的点菜菜单。

（2）原料供应受季节的影响。某些季节性较强的原料如春笋等，一般也宜不列入固定的点菜菜单。

（3）原料供应受原材料产地及饭店地理位置的影响。一般来说，菜单上菜点所用的原料最好是就地采购。如必须异地采购，则应与供货单位协作好，以保证能长期、不间断地供应原料。

另外，饭店的地理位置也至关重要，如位于市中心，采购较为便利，则原材料供应较为充足；如位于交通不甚方便之处，则对原料的供应肯定会有一定的影响。

四、菜点的花色品种

所有餐厅都应供应能够诱人食欲的菜点，如果饭店的长住宾客或餐厅的常客较多，那么丰富的花色品种更是餐饮管理人员一项重要任务。而要设计多样的花色品种并非一件易事，但同时也给菜单设计者提供了充分发挥想象力和技术专长的机会。

（1）不同的加工烹饪方法可以烹制出形形色色各具神韵的菜点品种；

（2）原料的不同搭配可烹制出花色众多的菜点品种；

(3) 菜点的色泽搭配变化无穷,不同的调味也可增加花色品种,而不同造型的菜点配以不同造型色泽绚丽的围边,可使菜点更加丰富多彩。

五、食物的营养成分

菜单设计者不仅要知道各种食物的营养成分,了解各类宾客就餐的营养和热量需求,还应懂得该选用什么原料,如何搭配才能烹制出符合营养科学且满足宾客需求的菜点。

现阶段的宾客随着生活水平的提高,对餐饮的需求也越来越高,他们不仅要求吃饱吃好,而且要求饮食科学,讲究膳食的营养水平,这是菜单设计者面临的新课题。

六、厨房设备条件及员工技术水平

菜单设计还应考虑厨房设备及技术力量的局限性,因为这两者在很大程度上影响和限制了菜单上菜点的种类和规格。

(1) 菜点的种类、规格需符合设备的生产能力、厨师的烹调水平和服务员的服务水平。

(2) 菜单上各类菜点之间的比例必须合理,以免造成某些设备使用过度而另一些设备却得不到充分利用甚至闲置的现象;或是某些厨师忙得应接不暇,而某些厨师却无事可做。

在点菜菜单的设计过程中,除考虑上述六方面的因素外,还需注意下面两点:

(1) 不敢创新,模仿其他饭店的菜点;

(2) 不顾市场需求,而以菜单设计者自己的嗜好来设计菜点。

充分考虑上述诸因素,经过不断努力和探索,就一定能设计出各方均满意的菜单。

案例讨论题

1. 寻找一份星级酒店的菜单,分析该菜单设计体现了本案例菜单设计中的哪些依据。

2. 你认为菜单设计中,还应遵循哪些原则?请用实例说明。

案例分析2

韩式火锅"二人锅"餐厅菜单设计心得:降低顾客选择成本,提升营业额

菜单的设计直接决定了一家餐馆的营收状况,即使两家店拥有相同的顾客数、客单价,但由于菜品的排序、搭配、定价策略不同,最后所赚得的利润也会完全不同。

以韩式火锅二人锅餐厅为例,店铺的面积在200平方米左右,单店月流水100万元,北京五道口店每次菜单升级都是在同步韩国当下最流行的潮流美食,这次菜单的3.0的升级,客单价并没有提高,但营业额增长了20%以上,毛利约提高了2%。这和新菜单了解顾客的喜好,从而带来客流量增长密切相关。来看看二人锅创始人梁静对菜单设计的心得。

1. 设计越性感,图片越大,顾客食欲感越强

客人进店才只是第一步,怕就怕他们随便翻翻菜单便走掉了,所以,诱客也要靠菜单视觉设计的"性感"程度。起初,二人锅学习了呷哺呷哺,用餐垫纸来做菜单,但后来发现展示空间有限,放不下太多图片,产品认知度较低。

梁静算了一笔账,一本菜单的成本是20元,菜单每两个月更换一次,假如一个店用40本,那么平均每个月花费400元,比用餐垫纸还省钱,于是决定改为面积更大、视觉效果更好的折页式菜单。"最开始我们用的是三折叠的菜单,然后放好多个锅的小图片,后来才发现图片越大,食欲感才越强。"梁静说。

呷哺呷哺刚推品牌的时候,餐垫纸上很多菜品和套餐组合都是用菜品的实物图来体现的,以让顾客认识产品。现在呷哺呷哺的餐垫纸上产品的实物图已经减少了很多,但顾客同样会了解呷哺呷哺卖的是什么。

2. 尊重视觉习惯,爆品越显眼,选择成本越低

客人其实并不知道自己会点什么菜,商家更应该在第一时间给他们抛出最大惊喜,即人无我有的产品,降低选择成本。

菜单设计要尊重人的视觉习惯,二人锅现在的菜单是四折,但人们通常会先打开菜单,让其以三折面貌呈现。而这三折所要呈现的,就是二人锅主推的,具有爆款潜质的产品。因为人们习惯从左往右看,中间为视觉最突出点。所以当菜单被打开时,一定是镇店之宝首尔大王章鱼锅率先跳出来。展示的图片要非常大,一页只出现一个菜品。

这个章鱼锅是别处吃不到的,即使毛利并不高,也要众星捧月。同时,图片对章鱼做了拟人的卡通化处理,写上"点我"两字,进一步触发点单冲动。

通常,客人看完中间页,就会从左往右看,左侧页面就是二人锅想推的第二关注点——两款套餐。"这两款套餐我既然推了,那么毛利就是相对符合我们的标准甚至之上,假如我们的标准毛利是65%,那这个组合会在68%~70%我才愿意去推。"梁静说。

注意用来聚客的套餐不要过分追求高毛利,因为要用它来带客流。其实,只要把配菜换成低成本的,毛利自然提高,但这样造成的结果是跟其他类似餐饮企业的差异化不足。因此,宁可放弃高毛利,用其他菜品吸引用户。再看菜单的右侧页面,是为了给不喜欢章鱼锅的客人其他选择。其中呈现的这几款锅不完全是按照毛利高低来排,而是以消费者喜好度来分。例如已经有几款锅搭了五花肉了,下面几款再搭的话口味就会趋于单一;菜单上已经有几款辣的锅了,就要上至少一款不辣的,否则会给顾客留下这家店的口味全是辣的印象,从而流失了不吃辣的顾客。这一切都是为了尽可能覆盖到更多的消费者,寻求最大公约数。

3. 主打产品销售额占比不到一半,产品结构一定有问题

二人锅把锅类产品控制在10~12款,这一方面是考虑到供应链,另一方面也是怕顾客选不过来。锅类(含套餐)的销售占比为二人锅整体销售额的60%左右。这是个合格的占比。"如果主打产品的销售额占比没超过一半,说明产品结构一定有问题。"梁静说。锅类产品和套餐的毛利率并不算高,在65%~70%,为了毛利平衡,就需要用其他

占销售额40%的辅助类产品来贴补，如沙拉、炸物和饮料，共有15~20款。

梁静算过账，虽然锅类毛利不算高，但65%的毛利乘以60%的销量，配合上辅助类产品70%的毛利率乘以占比40%的营业额，餐厅整体毛利是可以平衡的。因此，在二人锅，如果两位客人单点了一个锅，而非套餐，服务员就会推荐辅助类的产品，比如加一个炸物，一个沙拉。在任何餐馆，沙拉都是毛利最高的，毛利率在70%~75%，炸物类则是65%~70%，这类小吃占总营业额的30%。饮料类毛利更高，能达到80%~85%，占整个营业额10%，夏天饮品销售量会高一点，冬天则会低一点。

4. 菜单标注"必点"，销量嗖嗖涨

菜单已经精简到只剩十余款产品了，如何进一步降低顾客的选择成本？

答案就是直接在主打菜品上加"必点"。这种做法始于"西贝"餐饮集团，其创始人贾国龙曾向华与华营销咨询有限公司董事长华杉介绍说一款菜如何如何好吃，说了很多，最后华杉总结就是两个字：必点。结果销量有立竿见影的提升。二人锅主打女性客群，芝士年糕火锅又是女生偏爱的口味。此前没加引导性词汇时，这款产品销量只是一般，加了"女神必点"之后销量还真的提高了，见图2-2。

图2-2 二人锅餐厅菜单

对餐厅而言，菜单是与消费者沟通的最直接触点，反映的是餐厅经营者的经营思路和产品思维。翻开菜单那一刻，消费者的体验之旅正式开启，菜单的每一个细节，其实都是在创造惊喜、招徕顾客停留。

一份好的菜单，能对消费者进行恰当的引导，提振食欲，还能控制好毛利率。

来源：http://mp.weixin.qq.com/s/yyhQdynTlENmxHbhwr28mg

案例讨论题

1. 本案例体现了菜单设计的哪些原则？
2. 通过以上案例，你对菜单设计中如何提升菜品吸引力还有哪些建议？

"菜单瘦身"新方法

今年,餐饮业流行做"减法"。当然,"减法"只是表象。确立差异化品牌认知、提升后台运营效率、拓展利润空间,才是背后餐饮老板们的真正目的。然而,你的"减法"做成功了吗?很多人减来减去,只是把菜单上的菜品减少了,却没有卖出爆款,利润更没有丝毫增加。

郭家大院品牌创始人郭才宝做"减法"的亲身经历——总菜品少了3/4,利润却提高了20%,招牌菜一次涨价40元,顾客却觉得客单价低了。

一、减数量不能减品类

做任何减菜单和菜品优化、定位的时候,千万不能忘掉以客户为中心。郭家大院的亲身经历就是痛苦的经验。

我们之前的菜单基数大,当从205道菜减到120道时,顾客几乎没有感知,因为减掉的100多道点单率非常低,很多顾客平时也"看不见"。从120道菜减到75道菜时,我们减得忘乎所以,忘了要"以客户为中心"。只将毛利高、操作简单的菜留下,毛利不高、制作比较复杂的菜,即使点击率不错、顾客喜欢,也减掉了。

当时有一道牛蛙的菜,因为牛蛙利润不高、厨房操作麻烦,就减掉了。后来仙林店店长反映,一天就有三桌客人因为没这道菜走了。然后公司对此做了调查分析,发现其实当时顾客不是没牛蛙吃走掉的,而是觉得菜品少,想吃牛蛙却没有,顾客要的是牛蛙这个品类,怎么做并不十分在意。于是在第三次减菜单时,特别调整了品类,把牛蛙、牛肉这些顾客喜欢吃的品类加上去了。

顾客提意见,大多是其直观感受,不明白意见背后的原因,反而会误导公司的发展方向。你要学会摸清顾客意见背后的心思。减菜单的情况下,品类越全越好。不能让顾客在点菜时,发现自己想点的品类压根没有,顾客会觉得这家餐厅的菜少、没什么可吃的。

2007年创立的"郭家大院",在2016年进行了重新定位和菜单优化,更名为"郭家大院幸福鱼头",菜单从原本的205道减到57道,此后,毛利率从52.3%提升到了71.1%,营业额同比提高了25%以上。

二、把顾客喜欢但毛利低的菜品做"隐形"处理

还有一个问题就是,有人会担心,品类的增加影响毛利率怎么办?

那就把这些菜放到菜单的角落做"隐形"处理,特别喜欢这些菜的顾客总会找到,不喜欢的就会忽略、不点,这样设计以后毛利率就能保证了。

这里还要说到饮料。饮料区放毛利率高的鲜榨果汁和自制酸奶,果粒橙、酸奶这些

饮料备着就好，不用放上菜单，顾客如果点的话再拿。

三、和招牌菜同品类的统统舍弃

菜品的数量是越少越好。但是舍弃哪些呢？

顾客点菜，一般不会点两道同一个品类的菜。郭家大院的主打菜是鱼头，那我们必然会舍弃菜单上其他鱼类菜品，不管之前卖得好还是不好。比如之前不少顾客是冲着我们的一道烤鱼来的，但在定了鱼头做主打菜后，坚决地把烤鱼砍掉了。会不会影响客流？我坚信，只要把鱼头做好，因为烤鱼走了两桌，就会因为鱼头来五桌、十桌。经过半年的验证，营业额、利润的提高都证明了这一点。

四、主打菜提价而客单价降低

郭家大院的主打菜是幸福鱼头，每个5斤多，原价88元。减菜单后，我们把鱼头的价格提升到120多元。当然，鱼头从采购源头到烹饪、装盘，品质都做了相应的提升。提价差不多40元，当时公司很多人反对，认为主打菜提价这么多，会影响顾客接受度。但我很坚定这个调整，因为只有高售价才能保证高品质。后来也证明了我这个坚持是对的。

这里分享一个经验：顾客感知最强的，不是单个菜品的价格，更不是主打菜品的价格，而是他自己吃出的"客单价"。10个人在郭家大院幸福鱼头吃饭，一顿饭花了700元，他会觉得很划算，如果花了1200元，就会觉得贵。

五、毛利率是设计出来的

为提高毛利率，有些餐厅会对服务员做培训，为了鼓励服务员推销还会给服务员一定的提成。这样也能提高毛利率，但并不是真正有效地提高了毛利率，毛利率提高是可以设计出来的。

减菜单的终极目的是提高利润，但具体在菜单上应该怎么保证毛利率？就看你菜单的整体结构是什么样的，怎么布局。郭家大院的菜单有6页，主打菜鱼头和7道特色菜（有些店是9道）占了2页。主打菜和特色菜占到菜单的1/3页数，不能低于这个比例。

为什么？首先介绍主打菜，"幸福鱼头"怎么吃？怎么吃出幸福感？都是靠设计出来的。

再说特色菜，特色菜有两个特点：一是好吃；二是毛利率高、售价低。为什么这么做？因为我们的主打菜鱼头提价了，怎么降低客单价呢？用顾客比较喜欢的菜做特色菜，跟主打菜做搭配，就可以了。

怎样让顾客主动点特色菜？菜单上做大篇幅的强调推荐、不同页面的重复出现，暗示顾客特色菜好吃，点这些菜准没错。

六、菜单排版的4个维度

菜品的分类，一定要打破常规，而且现在点菜一般不是先点冷菜再点热菜。

（1）菜品排列上要荤素搭配、冷热分开，间隔排序。举例来说，菜单一页上三个菜的话,第一个是炒菜,第二个可以是炖菜或者冷菜。

(2) 价格排序,由低到高。点菜的人一般是付钱的人,从低到高更容易被人接受。

(3) 突出利润高、售价低的单品。也是为了拉低客单价同时保证高利润。

(4) 菜单排版要"插花排"。冷菜尽量还在前面,但不是传统的冷、热菜分开,而是把各品类插花排版。

来源:http://mp.weixin.qq.com/s/ZxvwNLuLlvt0WLFm3wZVZw

案例讨论题

1. 谈谈郭家大院的菜单设计的哪些做法启发了你?能否在课堂中与同学进行交流?
2. 你在消费中发现了有特点的菜单设计吗?请介绍出来。

案例分析 4

菜单与餐饮企业

如果把餐饮企业比作一个人,品牌就是长相,食材就是人品,店面装修就是穿着,而菜单就是一个餐饮企业的修养。在菜单里,可以看见做事的态度、做人的高度,甚至操盘者的心态。

以孟非的"孟非的小面"、张嘉佳的"从你的全世界路过"和韩寒的"很高兴遇见你"三个明星餐饮品牌为例,进行一一说明。

从菜单表现看品牌定位

孟非的"孟非的小面"第一家店,一大特色便是郭德纲赠送的对联:"三杯老酒早晚方便,一碗小面老少咸宜。"这句接近白话的对联,就表达了"孟非的小面"定位是大众消费。但是,"孟非的小面"价格并不算亲民,属于偏高的那种。比如,招牌重庆小面,售价28元。从菜单上看,基本上是两个价格,要么28元,要么35元。比如清汤抄手28元;香菇炖鸡面35元。

韩寒的"很高兴遇见你"餐厅在一开始,就定位打造轻奢餐,人均在150元左右。食材都是进口的,阿根廷大虾和黑胡椒蟹透露出浓浓的东南亚风情,据说主厨之前一直任职米其林三星餐厅。以上海一家"很高兴遇见你"的体验为例,产品、环境、服务等都还是相当让人惊艳的,菜单也是惊艳细节之一。

张嘉佳的"从你的全世界路过"餐厅定位是主题餐厅,是给粉丝朝圣的。这个餐厅是张嘉佳和朋友都市放牛、朴尔敏合开的餐厅,张嘉佳最初希望这是一家有"世界观"的餐厅,从创意菜品,到陈设、餐具,不少地方都花了心思。比如抱枕上印有张嘉佳的爱狗、怀旧摆件,而三楼则是"张嘉佳的书房"。据说,为了这个餐厅,正在拍电影《摆渡人》的张嘉佳还特意向剧组请假,从上海赶回南京和都市放牛一起考了厨师证。

从菜单差异看餐厅态度

菜单是一个餐饮企业的修养。这三家明星餐厅的菜单,分别代表了三种不同的态度。

孟非"孟非的小面"的菜单设计,中规中矩。双面、三折叠的设计,看似没有创新,但遵从消费习惯,简单明了。在菜品的设计上,有招牌、有特色、有推荐、有常规产品,形成了以汤面为主,同时搭配米饭、蒸菜、饮品等主次分明的格局。这就可以让消费者在极短时间内快速下单,提高翻台率。

韩寒"很高兴遇见你"餐厅的菜单有创意和创新。菜单引入了手绘风格,给人清新感。菜品的创新则是将中西餐饮深度整合。比如北京味儿的鸭馅饼,老美风格的宫保鸡丁意大利面,黑松露低温蒸蛋,都是中西餐融合的代表产品。

张嘉佳"从你的全世界路过"餐厅的菜单设计也是颇费心机,表面像一个航空信封。

(1) 四折叠长联菜单。"从你的全世界路过"的菜单,四折叠,这意味着你分不清谁是正面谁是背面。一下子就打破了秩序感,让你不知道哪张是哪张。单独看单页,是清晰的。每一页,左侧是张嘉佳的优美文字,右边是菜品价格。如果你跨页点餐,就会分不清哪页是哪页。唯一方法就是把菜单横着排到桌面上,你能相对清晰地看到你点了什么菜。

(2) 在菜名上用故事描述。比如标价111元,以"从你的全世界路过"命名的招牌菜,在菜名之下,配上126个字的解释。如"这是一道永远在变化的菜肴,定期精选世界各地爆款美食,路过你的味蕾;本店主打:11种会走路的原料和11种秘制调料,11就是徒步,愿相爱的人并肩前行;你可以尝试找一找7荤4素的奇妙组合:牛蹄猪蹄马蹄,鹅掌鸭掌仙人掌,鹰爪虾八爪鱼龙爪菜,鸡腿菇和狗腿鱼"。文字写得如此有韵律,听起来很是动人,但是我相信很多人还是不知道这是一道什么菜,主要食材是什么。

来源:http://mp.weixin.qq.com/s/H4-4W-9sjdF432EvSztCZQ

案例讨论题

1. 你更欣赏哪家餐厅的菜单设计?为什么?
2. 你对以上案例中的三个餐厅或类似的餐厅还有更多的了解吗?请介绍出来。

思考与练习

1. 结合你所去过的餐厅,说一说你看到的菜单种类有哪些。
2. 现在好多餐厅都是到食品展台,看实物去点菜,你认为传统的菜单还有存在的必要吗?说说你的观点。
3. 一份完整的菜单应有哪些基本内容?

4. 菜单设计应体现哪些原则?

5. 你认为菜单上菜品的介绍应是体现菜名与价格的简单介绍,还是要包括烹调方法、原料产地、口味特点等详细的介绍?说说你的观点。

6. 菜单的设计要艺术美观,应注意哪些方面?

7. 某餐厅以不断推出新菜品吸引顾客而小有名气。每更新一次菜单(每月进行一次,但每周都有小变动),该餐厅都要运用ABC分析法对菜单进行分析,决定各种菜品的取舍。以下为过去一个月餐厅各菜品销售情况记录(见表2-3),(为计算方便,表中仅列举11种菜品)。请用ABC分析法对菜单进行分析(保留两位小数)。

表2-3 餐厅5月份部分菜品(围碟类)销售记录

序号	品名	单价(元)	销售份数	销售额(元)	占销售总额百分比(%)	序列号	累计百分比(%)	分类
a	五彩凉皮	12.00	200					
b	朝鲜泡菜	8.00	1100					
c	老醋萝卜皮	8.00	910					
d	山楂蜜饯	14.00	50					
e	酱牛肉	24.00	70					
f	清凉三丝	12.00	400					
g	花生脆果	16.00	800					
h	淹青虾	20.00	360					
i	杂果拼盘	16.00	500					
j	白菜大拌	18.00	30					
k	拌蚕蛹	22.00	210					
	合计							

8. 某餐厅要对菜单上的特色菜进行分析,经统计各菜品一个月的销售情况如下(见表2-4),请用ME分析法对菜单进行分析(保留两位小数)。

表2-4 某餐厅部分特色菜肴的销售记录

菜单	销售份数	价格(元)
西湖醋鱼	107	48.00
葱烧海参	83	58.00
油爆大虾	64	66.00
松仁鲜贝	39	38.00
五色鱼丝	66	46.00

第三章 餐厅选址及规划

【学习目标】

通过本章的学习,能在目标市场分析的基础上熟知餐饮企业经营场所选择的原则,了解餐饮企业命名的原则与技巧,掌握并运用餐厅设计与厨房规划知识进行实践。

【内容结构】

【重要概念】

目标市场　营业区域

第一节　餐饮企业选址

一般来说，要使企业保持长期稳定的经营，避免将有限的资源分布得过于分散，集中投资力量而不使经营范围过大，就必须在投资前进行全方位的深入细致的市场调研，并根据目标市场顾客的需求和特征来确定经营范围，选择适合企业经营的市场区域。

一、目标市场分析

目标市场是指经过客源市场细分后，餐饮企业准备以相应的产品去满足其需要的一个或几个细分的市场，即餐饮企业当前和今后一段时期内主要的客源市场。

顾客是市场的主体，是企业经营的出发点和归宿，餐饮企业必须依靠充足的客源来维持其一定的销售额并发展自身。为此应将市场进行细分，其目的是为了准确选择合适的目标市场，使企业经营有广泛的客源做支撑，以此维持企业长久的生命力。

（一）餐饮目标市场应具备的条件

1. 有一定的需求规模

选择目标市场的首要条件就是有没有需求以及需求的规模有多大，包括现实需求规模和潜在需求规模。最为理想的是这两个需求的规模都很大，如果不能兼有的话，必须存在一种需求规模，至于立足于哪一种需求规模作为选择依据，需要在开业前经过充分的预测和论证。世界著名的餐饮企业"麦当劳"在开设网点上，其策略就是立足于现实需求的规模"不为天下先"，它总是要等到一个地区的商业繁荣之后，达到了一定的需求规模，再去开设网点。再如全球最大的咖啡连锁店"星巴克"则立足于潜在需求规模选址，基于发展的眼光及整体规划的考量。因为现在不成功并不等于将来不成功。星巴克全球最大的咖啡店是位于北京丰联广场的星巴克店，当初该店开业时，客源远远不能满足该店如此大面积的需要。因此，经营前期一直承受着极大的经营压力，但随着周边几幢高档写字楼的入住率不断提高及政府对朝外大街的改造力度不断加大，丰联店成为该地区的亮点，该店的销售额一直排名北京市场前列。

2. 未被竞争者完全控制

餐饮企业除了分析细分市场的需求态势之外，还必须了解细分市场中的竞争状况，即竞争者是否已完全控制该市场以及潜在竞争情况等。如果该细分市场尚未被竞争对手完全控制，尚有进入空间，企业进入市场后可通过充分发挥自身优势或运用各种策略来占据一席之地并不断扩大客源市场；如果竞争者几乎已经完全控制了该细分市场，那么除非本企业竞争实力足够强大，进入市场后能与竞争者正面竞争并有取胜的把握；否则，企业不要盲目入市，风险太大。

3. 与企业经营能力相适应

企业选择目标市场，既要考虑该细分市场的客观条件，更要分析企业自身对该细分市场的适应能力和驾驭能力。可谓知己知彼才能百战百胜，只有当细分市场与企业的人力、物力、财力、技术能力及经营管理水平等主观条件相适应时，才能将该细分市场作为企业的目标市场。

（二）餐饮目标市场范围的确定

任何一个餐饮企业所服务的区域都是有限的。分析并确定不同地区消费者的需求特点、需求量及其发展趋势，有利于餐饮企业选择最适合于自己的目标市场区域和辐射市场区域即目标市场的范围。它主要由下列因素来决定：

1. 餐饮企业所处的位置

一般以商业中心、交通中心、居民区、旅游中心、文化中心、大专院校等人流集中地作为餐饮企业经营地点。但这也不是选址的唯一因素，有时还可以通过顾客与餐饮企业的距离来确定选址的位置。一般来说一个餐饮企业的市场范围，应确定为目标客人能在10分钟到达的距离。从目前国内外餐饮市场的调查来看，餐饮企业80%的顾客都在这个区域内。

2. 市场现状

即目前是否已有与本餐饮企业相同的经营企业；如有的话，数量是多少；针对的客源是否一样？经营状况如何？对消费者的满足程度；现有的市场潜力如何等这些都是必须了解的市场现状内容。

3. 餐饮企业的可进入性

即消费者到饭店就餐空间跨距有多大、交通便利度、行程距离、车辆进出方便程度、文化、风俗差异、当地经济发展程度、消费能力、对本企业产品的接受程度等都是影响餐饮企业可进入性的主要内容。对于质量稳定、知名度高、市场信誉好的品牌，容易在新开辟的市场中立足站稳，如麦当劳、肯德基等品牌店可进入性较高；而一般的产品想要在新址开业，并取得成功，则需要好的产品做保障。

4. 市场影响力

一般说来，影响力大、知名度高的餐饮企业服务覆盖面广、区域大。选址的范围较广，成功的可能性较大，市场影响力受下列因素影响。①餐饮企业的经营规模。一般来说规模越大，容纳客人越多，影响面就越广，市场区域也就越大。②餐饮企业产品的独特性。餐饮企业经营的菜品越具特色，垄断性越高，市场区域就越大。如某餐饮企业经营的品种在本市独此一家，那么它会吸引全市范围的客人前来就餐。③餐饮企业的经营历史。从目前来看，越是历史悠长、年代久远的餐饮企业在市场上的影响力就越高，即便是同一产品，消费者也更愿意选择传统老店。如消费者去北京吃烤鸭，会选择全聚德；想吃火锅，会首选东来顺。

5. 客源状况

客源是餐饮企业的命脉,一个餐饮企业除了目标定位准确外,要想成功经营,还要有强大的客源作支撑和保障,分析客源状况就是分析企业的未来,因此,餐饮企业在选址的同时,也必须考虑开业后客源的状况,如客源的数量、消费水平、消费倾向、持续性等。

二、餐饮企业经营场所选择的原则

餐饮企业的选址是一项复杂的工程,在营业区域已确定的基础上,还应确定具体的经营场所。选择经营场所应遵循一定的原则:

(一) 目标市场原则

任何餐饮企业,都要根据其目标市场,选择适当的地点,建立相应的规模,选择相应的设施设备和相应的经营内容和服务档次。餐饮经营场所选择的是否成功直接决定目标顾客的满意程度。餐厅的地理位置、规模档次、设施设备、餐饮内容和服务都应以目标客源市场作为出发点,餐饮选址应尽可能地方便目标客源,并且与目标客源所属的地区相吻合。如果餐厅主营快餐,那么理想区域是流动人口较多的商业购物区、大中专院校附近、主要交通干道附近等场所;如果其用餐环境较为雅致、菜肴精美、讲究服务和用具,那么此类餐厅应开在高档住宅区、金融机构等所在地区,主要针对的客源市场是商务宴请、社交活动以及高收入者。

(二) 容易接近原则

餐饮企业应选择在交通便利的商业区、经济区、文化区。一般情况下,餐饮企业距离繁荣的商业区越近,该餐厅被选择的概率也就越大。开餐馆的地理位置当然以选择靠近交通主干线的街面为更好,或者选在城市主要繁华商业街。要尽可能设置规模相当的停车场,方便顾客来往。用餐者的车辆有宽敞的地方停放,既方便又有专人管理,顾客用餐时会心里踏实。

(三) 具有可见度的原则

餐饮企业的可见度是指餐饮企业位置的明显程度,也就是说无论顾客从哪个角度看,都可以获得对餐饮企业的感知。这种感知来源于企业突出的形象特征,如餐饮企业所依托的标志性建筑(北京仿膳饭庄的宫廷式建筑)、标识(麦当劳的黄金拱门)等,顾客从远到近,都能获得对餐饮企业的规模和外观的感知,其可见度往往会影响到餐饮企业的吸引力。

(四) 综合配套原则

现代餐饮企业经营,一般都与休闲娱乐、住宿等相关行业配套,配套的方式一般有两种:一是自身配套。即大型餐饮企业既有餐饮又有娱乐和休闲设施乃至住宿的综合企业。二是与附近设施配套。即将地址选择在有住宿和娱乐设施或购物中心的附近,形成一种互补的经营方式。同时还要注意与周围环境配套，如卫生环境、建筑物、美化环境以及绿化环境等。

（五）投资预期目标原则

餐饮企业在选择地点时，除考虑外部因素外，还应考虑自身的条件，如经营品种、方式等。要以能实现预期投资目标的地点来衡量地理位置的优越程度，如在繁华的商业街上（地理位置好、租金高）开一家中高档餐饮企业，其销售额和利润远不如快餐企业高（顾客主要来自购物者和商场服务员）。作为餐饮企业来说地理位置的优势主要体现在有较好的销售额和利润率，并能达到或超过投资预期回报率。

第二节　餐饮企业（餐厅）命名

名称是餐饮企业（餐厅）识别系统的核心，代表着一个餐饮企业的形象。一个好的名称最起码的要求是，写出来好看好认，叫起来响亮好听，想起来寓意深刻、回味无穷。

一、餐厅名称设计的原则

从可口可乐、麦当劳等世界名牌的标准名称来看，表现出四大共同特点，即简明扼要，朗朗上口，意向准确，诱发联想。餐饮企业名称设计应注意以下原则：

（一）一致性原则

一方面，名称要与客源层次和餐厅档次一致。如果确定经营档次是豪华餐厅，面向高层次顾客，并且餐厅的装饰、菜品和服务，都是按第一流的标准设计和实施的，那么餐饮企业就应取一个高贵、豪华的名称。另一方面，还要与建筑风格相一致。如经营西餐厅，西式的建筑可取外国名，如北京"马克西姆"餐厅。

（二）简明性原则

餐厅名称应简短明快。按中国人的习惯，餐厅的名字最好是2~3字，这样顾客称呼上口，用词响亮，笔画少，容易记忆。如餐饮百年老店"全聚德""东来顺"。

（三）文化性原则

餐饮企业的命名，要能创造一个浓厚的文化意味，使客人一看到餐厅的名称就能产生一系列的文化联系，这一原则在中餐厅命名中较为常用。如"川人百味"，使客人一见到就联想到巴蜀地区的地域文化和饮食文化。

（四）独特性原则

餐厅的名称应有独特性，避免和其他餐饮企业名称雷同。与众不同的名称能增强企业的吸引力。如最近风靡全国的"麻辣诱惑"店，独特的名称也吸引着客人前往。

（五）长远性原则

一旦名称选定，就不宜轻易更改，这对树立餐饮企业形象起着至关重要的作用。同时，餐饮企业也要注意保护自己的名称。要及时进行商标注册，一般包括服务商标和产品商标两种，否则就会有自己付出了很大劳动和辛苦设计的店名被他人抢注的可能。

二、餐厅取名的技巧

（一）以标志性地名来命名

以地名命名的餐厅，使客人一看到名称就能准确地判断出餐厅经营的风味特色，或感受到融融乡情，或产生美好的联想，以此吸引客人前来消费。如"兰州拉面""上海餐厅""丽江斑鱼火锅"等。

（二）以经营特色或主营菜品属性来命名

这是一种直接指明经营内容的取名方法，便于消费者从名称上了解经营的内容，多适用于经营特殊菜品或风味菜的餐馆取名。如"水煮鱼大全""铁锅灶台鱼""满宝馄饨"等。

（三）以美好愿望和表达意境来命名

如"豪享来西餐厅""鸿运餐厅""食全食美酒楼""随园酒家"。以这种方式取名的餐饮企业较多，而且也最能体现取名的美好愿望和追求的意境。

（四）以历史名人或典故来命名

如"太白酒家""孔乙己饭庄"等。以历史名人和典故命名的餐饮企业，要求在环境装饰、装潢风格、外观设计以及经营内容上与历史相一致，否则会给人不伦不类的感觉。这种命名的方法如果运用得恰当，会在顾客中起到特殊的广告效应。但这种借古代名人的名字做企业名称时，常会引起在名称商标上的侵权纠纷。同时我国传统的餐饮企业在名称后多以居、坊、府等来代表饭店、餐馆，所以要灵活运用、合理搭配。

（五）以文学名句的寓意来命名

如"鹿鸣酒家"取自曹操《短歌行》中的"呦呦鹿鸣，食野三草，我有嘉宾，鼓瑟吹笙"的著名诗句，用鹿鸣寓意热情周到，待客如宾。"杏花村酒楼"使人联想到"借问酒家何处有，牧童遥指杏花村"的诗句，于是会酒兴大添、食欲大开。

（六）以具有时代特点的词汇命名

这种命名方法无规律可循，但易于让人们识别，可能很另类，也可能很文艺。一方面是一些具有特色的、提供单一产品的餐饮店使用，往往吸引的是一些文艺青年、时尚人群，如"黄太吉"煎饼、"西少爷"肉夹馍、"雕爷牛腩""食全食美""独一无二"等。另一方面，一些大品牌餐饮企业在开发新品牌时也往往采用，如外婆家餐饮连锁机构旗下，目前拥有"外婆家""指福门""第二乐章""金牌外婆家""炉鱼""锅小二""Uncle5"七大知名品牌。这时它不光是店名，更是品牌，因为每个品牌都延续了主品牌对时尚、品位、健康理念的理解和追求。

第三节　餐厅设计布局

现代餐饮企业是由两个功能区域组成的营业场所，即厨房与餐厅。厨房是准备原料和烹制菜肴的区域，其中包括库房、冷藏室、消毒间、清洗间、面点房、保温柜、粗加工区、精加工区、炉灶区、备餐间等。餐厅是接纳顾客用餐的场所，其中包括：迎宾台、多功能厅（龙凤厅）、雅座区、单间、烹饪表演区、休息区、舞台、海鲜池、酒吧区、更衣室、餐具柜、卫生间等。

一、餐厅的设计

（一）餐厅设计的原则

完美、合理的餐厅设计不是单纯地在材料上追求昂贵，而是要通过装饰布置、色彩线条来体现风格。餐厅设计要注意从以下几方面来考虑：

1. 经济性原则

要求设计出的餐厅在同档次中投资较少，而从投资空间获取最大的收益。由于餐厅面积的利用程度直接影响接待能力和营业收入，所以各种设计布置不应占据太多营业空间。

2. 安全性原则

安全性是指餐厅内布局合理、实用，要保证用餐区内顾客、服务员、产品和设备的流动畅通，无安全隐患。具体包括在用餐区要为员工提供安全的工作空间，为顾客提供公共通道，保证用餐区的环境卫生整洁。

3. 高效性原则

要求用餐区的设计与布局便于员工高效率地工作。如用餐区设备、设施的维修方便，费用较低；用餐区高效节能，如可以最大限度地进行自然采光，或者可以与饭店大堂共享喷泉流水等室内景观，既充分利用了餐厅营业空间，同时也给客人带来了乐趣。

4. 功能性原则

餐厅设计要为顾客提供舒适的环境，餐厅设计应满足功能需要。主要体现在以下几个方面。①在餐厅入口处设立引座台和收款台，便于控制进出，结账收款，并设衣帽间。②将餐厅分为若干小区，在营业低峰时可以关闭若干座位。③餐桌规格要有大有小，以便招待人数不同的各批顾客。④10%的座位可设计成火车座式，供单身顾客使用。⑤餐厅里应设食品陈列柜。⑥大约每100个座位设一服务台，用于为顾客提供水、咖啡，换台布，置放从餐桌上撤换的餐具等。⑦使用可变灯光调节装置，以便创造不同的用餐气氛。

(二) 餐厅空间的安排

目前,餐厅在店面设计与布置上往往采用开放式的做法,如大型的落地玻璃会使餐厅更加透明化,使人一望即能感受到餐厅内用餐的气氛;同时注重餐厅门面、展示窗的布置、招牌文字的醒目和简明等。

1. 餐厅的空间划分

餐厅内部的设计与布局应根据餐厅空间的大小决定。由于餐厅内部各部门所需占用空间的要求不同,所以在进行整个空间设计与布局规划时,要做到统筹兼顾,合理安排。既要考虑到客人的安全性与便利性,营业各环节的机能、实用效果等诸因素;又要注意全局与部分间的和谐、均匀、对称,体现出浓郁的风格情调,使客人一进入餐厅就能在视觉和感觉上强烈地感受到形式美与艺术美,得到一种感官享受。餐厅的空间设计通常包括以下几个方面:①流通空间(通道、走廊、座位等);②管理空间(服务台、办公室等);③调理空间(配餐间、展示厨房、备餐间等);④公共空间(休息室、就餐区、洗手间)。

2. 餐厅的空间分隔形式

餐厅空间分隔的总体原则是使客人既能享有相当隐蔽的空间,又能感受整个餐厅的气氛。由于陈设的简繁以及空间曲折、大小、高低的不同变化,能产生出形态繁多的空间分隔。餐厅的空间分隔常用以下几种形式。①隔断分隔。可采用软隔断、通透隔断、矮墙隔断进行区域分隔。软隔断即用垂珠帘、纬幔、折叠垂吊帘等把餐厅进行分隔。软隔断富丽、高档,可以根据实际需要进行调整和收纳。通透隔断通常是指屏风式博古架、花窗墙隔断等。这种隔断既能将空间进行有效分割,又具有光线、视觉的通透作用,还能表现出传统的文化气息,一般用于大厅的隔断。矮墙分隔空间,使就餐者在心理上产生了一种自我受到保护的感觉。人们既享受了大空间的共融性,又保持了一定心理的隐密。②灯具分隔。利用灯具对餐厅进行空间划分有一种隔而不断的感觉。灯具的布置起到了空间分区的作用,对于西餐厅和酒吧来说,是室内环境设计的常用手法。灯具分区的特点是,既保持了大的整体空间的气魄,又在顾客的心理上形成分隔。灯具分隔通常与天棚分区相结合使用。③层次分隔。通过将餐厅室内的地面局部提高或局部下降,将餐厅划分为不同区域。一般以升高用得较多,用台阶作为联系的道路,通过突出地面,暗示出两个空间区域,高低分隔,错落有致。

(三) 餐厅气氛的营造

餐厅气氛是餐厅设计中的一项重要内容,它直接影响着餐厅对顾客的吸引力。餐厅的气氛包括两个部分:一种为有形气氛,如位置、外观、景色、内部装潢、构造和空间布局等;另一种是无形的气氛,如服务人员的态度、礼节、仪容仪表、能力所体现的一种氛围。

1. 体现主题

餐厅有形气氛与餐厅的其他设计工作应共同组成一个有机整体，反映餐厅经营的主题思想。如某餐厅名称为"60 年代"，它的主题思想就是对 20 世纪 60 年代的回忆，在气氛营造上，以缝纫机、座钟、小人书等环境布置为特色。

2. 符合消费者心理需求

随着餐饮消费功能的不断增加，人们外出就餐目的的不断丰富，环境气氛的布置越来越成为消费者选择餐饮消费的重要因素，有时消费者对环境气氛的选择重于对菜肴品种的选择，如商务洽谈的客人喜欢选择雅致的就餐环境；情侣客人多喜欢浪漫的就餐环境；年轻的客人喜欢个性、时尚的就餐环境。餐厅在气氛营造上，应对客人的心理需求有所满足。

3. 光线的设计

光线是餐厅气氛设计应该考虑的最关键因素之一，因为光线系统能够决定餐厅的格调。餐厅使用光线的种类很多，如烛光、白炽光、荧光以及彩光等，不同的光线有不同的作用。光线的设计与选择应与餐厅的格调和气氛相吻合，或起到衬托或点缀的作用。

4. 色彩的选择

色彩是气氛中可视的重要因素。它是设计人员用来创造各种心境的工具，不同的色彩对人的心理和行为有不同的影响。在餐厅气氛设计过程中，要想提高顾客的流动率，最好使用鲜艳的色彩，如红绿相配的颜色；反之，要想延长顾客的就餐时间，就应该使用柔和的色调渲染气氛，从而使顾客延长逗留时间。

5. 音效的衬托

现代的研究已经证实，音乐确实对顾客的活动有一定的影响。明快的音乐会使顾客加快就餐；相反，节奏缓慢而柔和的音乐会给顾客一种放松、舒适的感觉，从而能延长顾客的就餐时间。因此，不同种类的餐厅要根据具体需要进行不同的背景音乐设计。

餐厅音乐的设计应与餐厅的经营风格、环境布置、主体客源需求等相一致，不能盲目追求流行音乐。音量的控制也应适当，以不影响客人就餐与交谈为准。如西餐厅最好选择钢琴曲，中餐厅选择琵琶、古琴等为背景音乐。

（四）餐厅家具的选择

餐厅家具主要有餐桌、餐椅、沙发、茶几、衣架、备餐桌等。其中的餐桌、餐椅的选择尤为重要。桌椅设计布局，是根据餐饮类型、厨房特色来进行的，对整个餐厅的经营影响很大。桌椅的颜色、质地、风格、品质等要同餐厅总体设计相一致。要按餐厅面积的大小、座位的需要数量做适当的配置，使有限的餐厅面积能最大限度地发挥其运用价值。

1. 舒适的餐椅

餐椅的选择首要是满足客人坐的需要，其次才是满足美感要求。所以椅子的设计，首先要有舒适感,其关键在于座面要符合人体坐姿的自然曲线。另外,靠背的支撑必须切中人体上部的着力部位。日本学者的研究表明,当座面高度为40厘米时,腰部的肌肉活动最强烈,腰部不易疲劳。另外,椅子的高度应该比小腿的高度低2~3厘米。

2. 适宜的餐桌

餐厅中座席的配置一般要根据用餐人数、桌子形状来确定合适的座席数,做到既不使客人感到拥挤局促,又不使其感到相互间的疏远。①选择圆形餐桌,一般按直径15~20厘米/人的比率来计算餐位数。如:直径110厘米的餐桌安排5~7个餐位,直径250厘米的餐桌安排12~14个餐位,或以圆台大小与人数关系以每人占60厘米边长为最低限来确定餐位。②选择长方形餐桌,一般根据用餐人数来确定不同的餐桌宽度和长度。如长方台:2人台宽60~65厘米、长72~85厘米;6人台宽75~90厘米、长130~160厘米;8人台宽80~100厘米、长160~180厘米。

(五) 餐厅辅助性营业设施的设立

餐厅中常设有一些为餐厅经营活动服务、便利客人的公共设施。

1. 接待室

接待室的设立是为了在餐厅客满时,客人不必站立等候,可以在设备设施齐全、舒适的休息室待位。接待室提供给客人一定的消遣的、可以打发时间的设施和用品,如电视机、报纸、杂志等。如接待室空间宽敞,必要时还可作为小型会议场所。

2. 衣帽间

衣帽间通常设在靠近餐厅入口处,由专门服务人员管理客人的厚重衣物、帽子和手杖等用品。

3. 洗手间

评价一个好的餐厅是从装潢最好的洗手间开始,因为任何人都可以由洗手间的整洁程度来判断该餐厅对于整体卫生的重视程度,所以应引起特别注意。总的来说,洗手间的设置应做到:①洗手间应与餐厅设在同一楼层,避免客人上下不便;②洗手间的标记要清晰、醒目(中英对照);③洗手间切忌与厨房连在一起,不宜设在餐厅中间或者正对大门的地方,以免使客人产生不良的联想,影响客人的食欲;④洗手间的空间能容纳3人以上;⑤洗手间应设在排水方便的地方;⑥附设的酒吧应有专用的洗手间。

二、厨房的规划

(一) 厨房设计的要求

1. 处理好厨房与餐厅的关系

厨房是为餐厅服务的,属于餐饮经营的后台,应该尽量缩短从食品制作地点到餐厅内最远处餐桌之间的距离。厨房与餐厅的布置应在同一楼层,而且避免距离太远,以便于快速地将菜品传递到餐桌。厨房与餐厅应减少上下楼,以免造成服务事故。

2. 以厨房工作流程为核心进行布局

在厨房内部应合理地缩短厨房工艺流线，减少劳动强度，减少运输中餐具的破损可能。①食品原料从储藏库取出，一直到食品服务到餐桌全过程要流水作业。最理想的设计是餐厅与厨房直接相连，所有业务单元都分布在同一层面。②厨房工作中心的布局要紧凑。共同使用的设备要处在相对中间位置，这种安排能使饭店节省营业费用。③当餐厅层面积有限，不能容纳全部厨房面积时，则可移出库房、冷库、点心间到上、下楼层，但此时要求它们与主厨房有良好的垂直交通联系。

3. 安全的工作环境

厨房的厨师主要是通过使用能源来完成菜肴的制作，而煤、水、电、汽等主要能源具有较大的危险性，从安全的角度，在设计时尽量科学规范，避免不合理的因素，例如煤气周围应减少电源的设计，电路的走向与布局应精心设计，电线的规格应与电器的功率相匹配，还应该考虑到长远的未来发展需求。

4. 满足厨房的卫生安全要求

厨房设计要遵循厨房卫生标准及员工安全规则。①厨房设计布局和机械设备安装必须有利于实施高标准的卫生、安全、防火措施。②建筑物应该密封的部位必须严实密封，以防止尘埃灌入及蚊、蝇、蟑螂、鼠等侵入。③各种柜体设计时，要注意应能开启的则必须能够开启，以利清洁打扫。④各种机器设备应可以方便地拆卸、移动。⑤餐饮企业还应依照消防条例，安装消防器材，建造疏散消防楼梯，以确保餐饮企业财产及宾客、员工人身安全。

5. 厨房布局应干湿分家、冷热分家

点心制作、备餐间等要求干燥，洗碗间、蒸饭间则十分潮湿，设计规划时应使它们远离或避免相互干扰。热食品热服务，冷食品冷服务，冷盆间、厨房冰箱与烹调区域应冷热分家，避免相互影响。

6. 选用便于清洁的地面、墙面材料

厨房卫生的重要性决定了厨房卫生工作的经常性，周期性打扫厨房已成为每个厨房的规章制度。厨房水冲的机会很多，地面排水坡度应适当加大，地面排水沟比地漏更为实用。

7. 防止厨房油烟与噪声对餐厅的影响

厨房的通风、排风处理不当会导致油烟弥漫到餐厅，影响前台客人用餐。现代厨房设计均采用厨房比餐厅空气压力低的方法来解决此问题，并用增加换气次数（使换气次数在60~70次小时）的方法，将烹调部分的油烟与洗涤部分的热量迅速排至室外。同时，为了防止噪声对餐厅的影响，餐厅与厨房之间可以通过备餐间的转折或过厅来过渡，备餐间、过厅起到声锁的作用。

8. 交通方便、通畅

厨房、库房与供应口应有方便、通畅的通道。第一，餐厅和厨房的通道必须妥善布局,以避免宾客和服务员,服务员和厨师的行动路线相互交叉和碰撞。厨房与餐厅之间的连接处应当分别设有进、出两个通道。第二,厨房操作单元合理布局,可以避免厨工互相碰撞,各操作点(炉灶、工作台等)的位置也应根据操作特点和出菜先后次序排列。

9. 餐饮设施面积必须充裕,并留有发展余地

在进行设计规划时,应充分考虑餐饮企业各功能部门如食品验收、储藏、粗加工、烹制、服务、洗涤、客用和员工用卫生间、存物间、衣帽间、办公室、电话间、锅炉房、空调、音响、照明等设施都有足够的面积。同时在征用或购置土地时,除满足目前规模需要,还应尽量留有适当余地,以便将来增建其他设施。新设施不仅能够提高生产效率,而且还可以降低人工成本,保证生产质量。

10. 良好的工作环境

良好的工作环境有助于员工充分发挥工作效率,免除不必要的疲劳和不适。员工工作效率的发挥可受诸多环境因素和条件的影响,如温度、湿度、通风、照明、墙壁、天花板和地板的强度和颜色、机器噪声以及工作空间等。因此,餐饮设施的设计布局除了上述各点外,还必须从员工角度考虑,顾及员工的实际能力,尽量创造舒适的工作环境。

(二) 厨房设计要点

1. 厨房高度

根据建筑设计规范要求,烹调加工间室内净高不低于3米,一般要求在3.6~4米。储藏室可以适当低一些,这一高一低错落间可以用来装天窗通风口。

2. 厨房地面

厨房地面应采用耐磨、不渗水、耐腐蚀、防滑、易清洗的材料,并使地面有一定坡度,易于排水,下水口设有防鼠设施。

3. 厨房墙面

厨房墙壁力求平整,没有裂缝,没有凹凸,没有暴露的管道。墙面采用瓷砖之类的可洗物质铺面,以便清洗,高度且不低于2米。

4. 厨房天花板

厨房天花板以平顶式为原则,屋顶需涂抹抗水白漆,以防灰尘等不洁物的下落。

5. 厨房门窗

厨房门应方便进出,特别是能方便货物车或餐具车的出入;窗口面积不小于地面面积的1/6。

6. 厨房排水沟

排水沟深度适当,防止逆流,出口处应有防鼠虫侵入的防范装置。

7. 厨房通道

通道至少宽1.1米,便于员工操作及行走。

8. 厨房照明

良好的厨房照明包括下列因素：厨房灯的安装必须注意避免产生阴影，而灯光的亮度也必须适当。厨房照度通常为：整个厨房 30 英尺（约 9 米）烛光，关键地方 70 英尺（约 21 米）烛光，安全地带 15 英尺（约 4.6 米）烛光。另外，在选择灯具时应该考虑便于清洁和维修的因素。

9. 排烟设施

在经营高峰期时，厨房的烟水汽能快速地排放出去，另外排烟管道应与排烟设施相匹配。

10. 电器设施

厨房的电器设施种类多，用电量大，如冰箱、冰柜、烤箱、烤炉、微波炉等，应按区域合理布局，避免相互干扰。

（三）厨房区域划分及布局

1、厨房区域划分

厨房布局依据产品和工作流程，通常把厨房系统分成三个区域，每个区域再布局各自所需设置的部门，从而构成整个厨房体系。这三个区域是：（1）食品验收、储藏及加工区域。包括进货口、验收处、干货库、冷藏库、粗加工间。加工间布局在这个区域是合适的，可以根据加工的范围和程序，确定其规模的大小。（2）烹饪作业区域。包括冷菜间、点心间、配菜间、炉灶间、冷藏处、干货间、办公室。冷菜间、点心间、办公室应单独隔开，配菜间与炉灶间可以不分隔。（3）备餐洗涤区域。包括备餐间、清洗间、餐具储藏间，小型餐饮企业可以不进行分隔。

2. 厨房布局的类型

常见的厨房布局主要有以下几种。①L 形布局，通常沿墙壁设置成一个犄角形。适合饼房、面包房布局。②直线形布局，是将设备一字排列，工作流程从起端直线流向另一端终点。适合大型、机械化高的厨房或初加工厨房。③U 形布局，是将设备的摆放和工作流程设计成 U 字形。适合冷菜间等相对较小的厨房工作间。④平行状布局，是将设备分成两排，面对面平行排列或背对背平行排列。适合烹调加工热菜的工作间。

案例分析 1

肯德基选址商圈的划分与选择

地点是饭店经营的首要因素，餐饮连锁经营也是如此。连锁店的正确选址，不仅是其成功的先决条件，也是实现连锁经营标准化、简单化、专业化的前提条件和基础。因此，肯德基对快餐店选址是非常重视的，选址决策一般是两级审批制，通过两个委员会的同意，一个是地方公司，另一个是总部。其选址成功率几乎是百分之百，是肯德基的核心竞争力之一。

1. 划分商圈。肯德基计划进入某城市，就先通过有关部门或专业调查公司收集这个地区的资料。有些资料是可以免费收集的，有些资料需要花钱去买。把资料收集齐了，就开始规划商圈。商圈规划采取的是记分的方法，例如，这个地区有一个大型商场，商场营业额1000万元算1分，5000万元算5分，有一条公交线路加多少分，有一条地铁线路加多少分。这些分值标准是多年平均下来的一个较准确的经验值。通过打分把商圈分成好几大类，以北京为例，有市级商业型（西单、王府井等）、区级商业型、定点（目标）消费型，还有社区型、旅游型等。

2. 选择商圈。即确定目前重点在哪个商圈开店，主要目标是哪些。在商圈选择的标准上，一方面要考虑餐馆自身的市场定位，另一方面要考虑商圈的稳定度和成熟度。餐馆的市场定位不同，吸引的顾客群不一样，商圈的选择也就不同。在这方面，麦当劳的选址标准也很独特，与肯德基市场定位相似，顾客群基本上重合，所以在商圈选择方面也是一样的。可以看到，有些地方同一条街的两边，一边是麦当劳，另一边就会是肯德基。此外，商圈的成熟度和稳定度也非常重要。肯德基一定要等到商圈成熟稳定后才进入，例如说这家店3年以后效益会多好，对现今没有帮助，这3年难道要亏损？肯德基投入一家店要花费好几百万元，当然不冒这种险，一定采取比较稳健的原则，保证开一家成功一家。

3. 要确定这个商圈内，最主要的聚客点在哪里。例如，上海的淮海路是很成熟的商圈，但不可能淮海路上任何位置都是聚客点，肯定有最主要的聚集客人的位置。肯德基开店的原则是：努力争取在最聚客的地方和其附近开店。过去古语说"一步差三市"。开店地址差一步就有可能差三成的买卖，这跟人流动线（人流活动的线路）有关，可能有人走到这里，该拐弯，则这个地方就是客人到不了的地方，差不了几步路，但生意差很多，这些在选址时都要考虑进去。人流动线是怎么样的，在这个区域里，人从地铁出来后是往哪个方向走，等等，这些都派人去掐表，去测量，有一套完整的数据之后才能据此确定地址。

4. 选址时一定要考虑人流的主要流动线会不会被竞争对手截住。例如某个社区的马路边有一家肯德基店，客流主要自东向西走。如果往西100米，竞争者再开一家西式快餐店就不妥当了，因为主要客流是从东边过来的，再在西边开，大量客流就被肯德基截住，效益就不会好。

案例讨论题

1. 肯德基的选址对餐饮经营者有哪些借鉴意义？
2. 通过对你熟悉城市肯德基选址进行实际调查，对比与案例介绍的是否相吻合。

案例分析 2

鹿港小镇餐厅提升桌椅利用率做法值得借鉴

大部分的房租都是涨了容易降了难,而且是逐年上涨的,这是餐厅经营者遇到的一个棘手的问题,往往显得束手无策,但"鹿港小镇"餐厅转变观念,提升桌椅利用率的做法值得借鉴。

细心的餐饮人或许发现,在餐厅里面,有一些桌子和椅子特别受客人喜欢,但有一些却是客人很少去碰的,尤其是某个角落里的某个位置。鹿港小镇认为,很少使用的座位虽然不占餐桌面积,但是却占餐厅的经营面积。

商务聚餐、朋友聚会、情侣约会,对桌子的需求是不一样的。一个餐厅设计之初的桌椅数量及配比,其实在一定程度上就拒绝了一部分人进店。如图 3-1 所示为某餐厅来客统计。

某餐厅来客数平均每单人数:

◆门店面积:465㎡ ◆AC:200元 ◆固定租金/月:20万元

每单人数	现状 单数	现状 占比	调整后 单数	调整后 占比	桌椅配比	现状 单数	现状 占比	调整后 单数	调整后 占比
1	5	2%	5	2%	2人桌	18	30%	34	50%
2~3	160	65%	172	66%	4人桌	30	50%	22	32%
4~5	60	24%	60	23%	小圆桌/6人	6	10%	6	9%
6~8	15	6%	15	6%	大圆桌	6	10%	6	9%
8~10	6	2%	6	2%	总桌数	60	100%	68	100%
10人以上	2	1%	2	1%					
合计	248	100%	260	100%					

	现状	调整后
翻台率	4.1	3.8
sales/月	1.488	1.560
租金%	13.4%	12.8%

排队等位	2~3人桌总桌数
3~5min	5
5~10min	3
15min	2
20min	1
30min	1
合计	12

结论:
餐厅在选址时,可根据翻台率及桌数,来决定门店面积大小,继而倒推出投资回报率。

图 3-1 某餐厅来客数平均每单人数

以图 3-1 中的餐厅做范例,这家店有 400 多平方米,年租金 200 多万元,大概有 120 个座位。该餐厅认为,装修时设计了多少桌子,就会产生相应的那么多营业额。其实没这么简单。

鹿港小镇经过一段时间的数据分析发现,每单 2~3 人的比例是比较高的,占比

65%，4~5人的占比24%。然后他们就把桌椅配比作了调整，4人桌和2人桌的比例调高了。最后面积是一样的，座位数增加了。增加了以后，翻台率会降下来，但最后营业额是升高的，因为每一张桌子的使用效率提高了。这样平均下来，营业额反而是156万元（之前是148万元），这样租金占比就少了。

所以说，纯粹跟甲方谈租金是比较难的，相比之下去找营业额非常好、租金非常贵的餐厅，去重新考量他们的桌椅配比相对容易。这个钱花得不会很多，调整桌椅配比后利润大多是会提升的。

案例讨论题
1. 鹿港小镇餐厅提升桌椅利用率做法给了你怎样的启示？
2. 你还了解哪些提高餐厅利用面积以提升营业额的做法？分享给同学们。

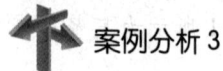
案例分析3

中心厨房和"卫星"厨房

我国饭店厨房生产管理是在传统小生产方式的基础上发展起来的，它存在着四个弊端：

1. 厨房建筑面积大，占用投资多。现行厨房建筑面积是以餐厅面积为基础确定的。由于厨房多，每个厨房都需要留出食品原材料粗加工、细加工、配菜、橱柜、冰箱、炉灶烹制、出菜等活动空间，必然加大建筑面积。从建筑投资看，厨房建筑要求高。地面建筑、墙面材料、通风、照明、排油烟、上下水、煤气管道、收油装置等设施，每个厨房都是小而全，必然增大建筑投资。

2. 厨房设备重复配置，利用率较低。现行厨房小而全的管理方式，使每个厨房都必须配备较为齐全的橱柜、冰箱、砧板、炊具和食品原材料粗细加工的各种设备和用具。这就使企业的厨房设备重复配置。

3. 厨房生产能力过剩，劳动效率较低。现行厨房小而全的管理方式，每个厨房内部分工较细。粗加工、细加工、厨师长、大厨、主厨、副厨、头砧、二砧、管事部等人员配备齐全。结果，造成厨房生产能力过剩，工时利用不足，形成人力资源浪费。

4. 食品原材料综合利用不足，有较大损失或浪费。

针对现行厨房小而全的生产管理方式，饭店饮食产品生产管理改革应建立中心厨房和卫星厨房（概念见第五章厨房组织结构），以适应现代涉外饮食产品社会化生产的需要。

采用中心厨房和卫星厨房的管理体制，其管理机构的构建主要在中心厨房。企业食品原料的采购、储存、库房领料、发料等主要为中心厨房服务。厨房成本核算也主要集中在中心厨房。中心厨房内部设食品原料粗加工车间、细加工车间、配菜装袋、发货和成本核算等部门。

在中心厨房内部形成专业化分工，食品原材料加工管理形成流水作业，厨师长负责全面指挥，生产调度员掌握各卫星厨房菜单花色品种和制作要求，分派加工任务。领发料室负责鲜活原材料采购申请和从库房领料，发到加工车间，其票据直接送成本核算。粗加工车间根据食品原材料种类和加工要求不同，负责拣洗、涨发、拆卸和初步加工。细加工车间根据各卫星厨房的饮食风味，配备一定数量专门技术的厨师，按照各卫星厨房的风味特点、花色品种要求，采用切、片、拍、剁等加工方法，对食品原材料进行综合利用，形成满足卫星厨房烹饪要求的主料和配料。部分需要精加工的特殊产品，只做初步加工，其精细加工处理，交卫星厨房厨师现场加工处理。配菜室根据营养配餐要求和标准烹饪方法配菜装袋，发料室同时设对外销售点，在满足各卫星厨房需要的前提下，将加工好的剩余食品原材料向社会出售，成本核算组则重点制定和管理食品原材料粗细加工的出料率标准，做好盘菜成本核算，保证食品原料的综合利用。

中心厨房建立后，卫星厨房的管理机构做相应调整，厨房内设厨师长和上灶厨师，只配主厨，留少量精细加工的案板、刀具。收盘洗碗可多用临时工，冷菜和面点成立相对独立的卫星厨房，其食品原材料加工仍主要由中心厨房承担。冷荤成品刀工处理则在卫星厨房进行。这样，卫星厨房的人员配备可以大大减少，食品原材料加工的各种机械设备和工具都主要集中在中心厨房，也形成专业化分工和流水作业。

采用中心厨房和卫星厨房的管理体制，需要建立几项管理制度：

1. 生产任务联系制度。中心厨房承担食品原材料加工，卫星厨房负责饮食产品炉灶烹饪。各餐厅的菜单设计和调整，应在饮食部经理的领导下，会同中心厨房和卫星厨房共同确定。中心厨房的生产调度员每天必须掌握各卫星厨房的菜单和生产任务的轻重，并根据其产品风味和花色品种加工食品原材料，保证卫星厨房生产需要。

2. 成本价格管理制度。采用中心厨房和卫星厨房管理体制，饮食产品成本核算主要在中心厨房。中心厨房的成本核算员必须根据菜单设计，掌握各种原材料的出料标准，制定盘菜成本用料标准。按单位产品主料、配料标准装袋，形成半成本价格。卫星厨房在此基础上，只需加上调料成本和毛利，即可直接定价，工作简单无须再设成本核算员。但在发料时，必须附盘菜成本核算单，以便各卫星厨房掌握定价标准，并形成制度。

3. 冷荤面点管理制度。冷荤面点是为各卫星厨房服务的。企业只需设一个冷荤厨房和面点厨房，与中心厨房配套，其所需食品原材料净料直接从中心厨房领取，使用的米、面及部分干货则直接从库房领取，但冷荤和面点厨房必须掌握各卫星厨房的菜单和销售需要，以保证生产供应。

4. 生产加工外卖制度。中心厨房在满足各卫星厨房食品原材料需要的基础上，应设置半成品销售门市部，将加工好的剩余食品原材料和综合利用的半成品向社会出售。冷荤面点厨房在满足各卫星厨房需要的前提下也应设置销售门市部,向社会出售冷荤和面点制品。

案例讨论题

1. 通过案例,对中心厨房和卫星厨房的优势进行分析?
2. 对 2~3 家酒店的厨房管理模式进行调查,并对原因和结果进行分析。

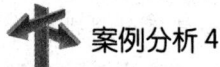
案例分析 4

厨师按级上灶

为了提高菜肴质量,最大限度地调度员工积极性,我们实行了厨师按级上灶的方法。具体做法是:

将所有灶位分为头灶、二灶、三灶、四灶……每个灶位由相应级别的厨师上灶。头灶、二灶两个灶位上灶厨师的级别必须在二级以上,主要烹制传统名菜、风味特色菜、宴会菜以及客人特殊要求的菜肴。其中,头灶必须是厨房内级别最高的厨师。如果头灶厨师因故不能上灶,则由厨房厨师长代之,其他厨师不能替代。确保这些灶位制作名、特、优菜肴。三灶、四灶,分别由三级、四级厨师上灶。这两个灶位的厨师主要负责中、低档次的鱼、肉类菜肴的制作。因为三、四级厨师已有一定的烹饪实践经验,出手也较快,能做到在较短的时间内出菜。五灶以下灶位为一般厨师上岗学习灶位。这些灶位的厨师主要负责蔬菜、普通点心和炒米饭等。其目的是锻炼低级厨师的手势,掌握火候等技术,逐步达到熟练的程度。

以上为厨师按级上灶的主要做法。为使这一做法顺利实施并收到效果,还采取了以下的相应措施。

1. 菜点出厨房,由厨师长把质量关

厨师长对出厨房的菜点质量把关,是实行厨师按级上灶制度的重要环节。菜点在与客人见面时要符合规格,应做到各灶位厨师制作的菜点出厨房必须经厨师长检验。色、香、味符合要求,才能由服务员送上餐桌。对不符合规格的菜点,厨师长要让厨师重新制作,并由厨师长追究厨师的责任。同时,要求划菜人员配合厨师长把好质量关,发现不符合规格的菜肴,及时与厨师长取得联系,让厨师长重新制作。

2. 对各灶位提出不同的要求

充分发挥各灶位厨师的技术特长,并最大限度地发挥厨师的技能,是实行厨师按级上灶制度的基础。首先,在班头安排上,要保证满足中晚两个饭口的需要,所有灶位厨师必须上一班制日班,负责两顿饭口菜点制作。尤其是二级以上的高级别厨师必须担任班头,这样既能使他们有充足的时间实践烹饪技术,又能保证各灶位菜点的质量。其次，高级别厨师不应搞杂务工作，使他们有充足的时间钻研技术。那么，应怎样要求高级别厨师钻研技术呢？

（1）要求高级别（二级以上）厨师参加食品研究小组。作为研究小组成员，参加活动，对创新菜品种、特色菜和一般菜点的质量进行分析研究，相互交流厨艺。

（2）参加菜肴质量分析会，就菜肴质量的状况及存在的问题进行分析。

（3）高级别厨师都会有给三级以下厨师上课培训的任务。这样，备课的过程，也就是他们钻研、提高的过程。高级别厨师不做杂务工作，还能使他们具有充沛的精力，在灶位上操作时，能保持最佳技术状态。

其次，对三级以下的厨师进行岗位培训，培训的主要方式为：

（1）每天饭口高峰时间过后，由高级别厨师在低级别厨师的灶位旁施教，讲解具体操作要领。施教时间内的菜点质量，由高级别厨师负责。

（2）利用每天两个饭口之间的工余时间培训。主要采取看录像上课，请高级别厨师、厨师长讲课，请卫生员上食品卫生知识课等形式。

这样，对不同级别的厨师提出不同的要求，并有针对性地采取一些行之有效的做法，使他们上灶后，都能较好地发挥各自的技术特长。

3. 严格奖惩制度

实行严格的奖惩制度，是实行厨师按级上灶制度的关键，厨房工作的所有内容按岗位责任到人。头灶、二灶的厨师，一个月里无质量事故或无差错，可酌情嘉奖。具体考核办法为：①根据厨师长对其掌握的情况；②根据餐饮部对其菜点质量抽查的情况；③根据客人的反映情况。对以上三方面情况汇总，作出是否有事故或差错的评估。其他灶位的厨师，一个月里，有特殊成绩的也酌情嘉奖，无特殊成绩的一般不嘉奖。具体考核办法为：①平时抽查菜点质量的情况；②灶位检查操作的情况；③厨师长按岗位职责考核的情况；④不定期到餐厅听取客人反映的情况。将以上四个方面的情况进行汇总，作出是否有特殊成绩的评估。这样，一方面能使菜点的质量稳定在优质的水平上；另一方面，也能鞭策中、低级别厨师积极钻研业务，争取升级。此外，为确保各灶位的技术水平，按级上灶的厨师，两个月里若连续发生责任事故，在对其进行必要的处罚时，可建议有关部门给予降低厨师级别的处罚。降级以后若要恢复原级别，则需重新参加晋级考试。

厨师按级上灶的优点：

（1）菜肴质量有明显的提高。名菜和传统风味菜的质量能得到保证，菜肴的色、香、味可不断得到提高。

（2）出菜速度加快。可保证每道菜上菜时间间隙的合理性。同时，出菜时间缩短了，加快了餐厅翻台周转的速度，使餐厅能接待更多的客人。

（3）厨房可确立以厨师长为中心的管理机制。实行厨师按级上灶，厨师长本应发挥的管理效能应能得到充分的体现。一是厨师长按规定实行按级派灶，改变了过去随意"拉郎配"式的派灶方式，可使厨师主动且自觉地按分配的灶位操作。"小师傅灶上掌勺，老师傅灶下休息"的现象能得到改观。二是质量差的菜点，厨师长可直接责任到人，改变了小师傅烧高档菜出差错，厨师长有苦难言的状况。三是厨房管理处于良性循环后，厨师长腾出了一定精力考虑管理上的问题，厨师长重在组织与指挥的作用能得到较好的发挥。

（4）能调动厨师钻研业务的积极性，按级上灶，奖罚分明，客观上形成了是否有本事必须全拿出来的工作环境，厨师的工作成绩一目了然。

案例讨论题

1. 明确厨房各岗位人员的职责？
2. 与本案例进行比较，调查了解身边的酒店厨师管理的方法。

 思考与练习

1. 餐饮目标市场应具备哪些基本条件？
2. 影响餐饮目标市场范围确定的因素有哪些？
3. 餐饮企业经营场所选择应遵循哪些原则？
4. 光顾一家餐厅，用PPT形式展示你看到的设计，总结其遵循哪些餐厅设计原则。
5. 请依据餐厅取名的技巧，为即将筹备的一家餐厅取个名字。
6. 餐厅常用的空间分隔形式有哪些？
7. 餐厅气氛的营造有哪些方式？
8. 厨房设计的要求有哪些？
9. 厨房设计要点有哪些？
10. 厨房布局的类型有哪些？

第四章　餐饮原料采保管理

【学习目标】

通过本章的学习，了解原料采购、入库、出库、储存管理的主要环节，掌握相关专业知识和基本制度，为学习原料的成本控制和质量管理打下基础。

【内容结构】

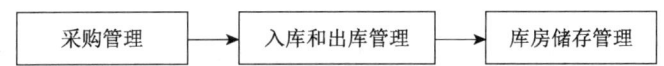

【重要概念】

采购规格书　入库验收　四号定位法　五五摆放法　ABC 分类法　库存卡片法

第一节 采购管理

清代诗人袁枚提到"一席佳肴"时说:"司厨之功居其六,买办之功居其四。"可见,古人对原料采购的高度重视。对当今的餐饮企业而言,原料采购仍具有更大的意义。

首先,食品原料的采购供应管理是餐饮管理的重要环节,也是衡量餐饮销量水平和管理效果的主要内容和标准。采购管理在餐饮管理中占有高比重。其次,原料采购是成本控制的首要环节。原料成本在餐饮收入中所占比重较大,有时甚至会超过50%。如果采购不慎,经营就会陷入窘境。采购成本的下降,将带来税前净利润的明显增加。原料成本占营业额比重越大的企业,采购管理的效果越明显。再次,原料采购直接影响了餐饮产品质量。原料质量不合格,厨师加工的菜肴质量就不合格,顾客就容易投诉。最后,原料采购为餐饮生产提供了物质保证。采购部门要根据企业的生产和销售的要求,准确、及时、合格地提供各种原料,以确保企业正常经营。

一、采购的组织形式

(一) 餐饮原料采购的特点

1. 季节性强

由于餐饮食品的原材料受生产季节影响较大,从而决定了很多原材料采购季节性明显,最佳生产收获季节往往就是最佳采购季节。如阳澄湖大闸蟹的最佳捕捞时间为每年的9月下旬,这时也是采购的黄金季节,此时会采购到最新鲜最佳的原材料。

2. 价格波动性大

餐饮原材料的生产、供应及采购受影响的因素较多。如季节、气候、运输、保管及人为的因素等都会使价格产生波动,甚至波动性较大,这种价格的不稳定也对采购提出了更高的要求,应在保质的前提下,争取低价位采购。

3. 专业技术性强

餐饮采购涉及采购原料品种广泛多样,因原料生物化学属性不同,其采购的标准也无法固定统一,这对采购者的专业技术水平要求较高,非一般人能胜任的,尤其是像海参等海鲜产品及木耳、蘑菇等干货的质量判断更具专业性。

4. 临时性采购多

餐饮原料的采购和准备都在根据以往客人需求的前提下进行的,即使原料准备再充分也不可能完全满足所有客人的需求,总是会出现客人的一些特殊需求不在采购范围内。如客人提出想吃餐厅没有准备的原料或虽然有这种原料但数量或质量与客人要求不符。此时,为了满足客人的需求,就要临时应急性地快速采购,这种情况在餐饮经营中也会经常出现。

5. 政策性强

在采购餐饮原材料时,需要采购员具有较强的政策水平,了解国家相关的法律和规定,不能出现盲目追求采购奇异原料而违法的行为。如受国家保护的珍稀动植物食品,即使有客人需要,采购员也应遵循国家法律不可采购,因为这种买卖属违法行为。

(二) 采购的组织形式

1. 采购部统一采购

对于一个大型饭店来说,一般在财务部下设专门的采购部,相当于饭店中的一个二级部门,负责饭店全部物资的采购。采购部中一般设置专项小组或专人负责不同的餐饮原料采购,并向采购部负责人汇报工作。餐饮部只是提出采购的申请和要求,由采购部统一采购。该方式有利于饭店整体的统一管理和控制,有利于采购制度和程序的执行,采购时比较规范,采购成本、采购资金的管理比较严格;但采购周期较长,灵活性、便利性不足,不适合餐饮生产和销售灵活多变的特点,有时显得过于僵化。

2. 餐饮部独立采购

为了避免采购部统一采购的弊端,一些饭店赋予了餐饮部更大的自主权,尤其是那些餐饮收入所占比重较大的饭店。具体来说,有的饭店由餐饮部负责所有餐饮原料的采购工作,餐饮部设专职采购员,采购员随时向餐饮部负责人汇报工作。另外,餐饮部和采购部也可以分工采购,由餐饮部负责鲜活原料或一些临时的、应急的原料采购,采购部负责可存储原料和其他物品的采购。无论如何,采购员的采购活动都要接受采购部和上级财务部的监督和检查。这种方式有利于根据餐饮业务情况,灵活及时地采购,更加符合原料质量标准和使用要求;但不利于监管和控制,容易出现财务漏洞。

3. 集团统一采购

对于企业集团来说,为了降低成本、提高竞争力,一般倾向于采用统一采购的方式,有时还对成员企业提供统一配送服务。一般来说,在集团总部会有一个采购部,代表成员企业统一对外进行采购,包括联系供应商、谈判、签订合同、付款等。各个成员企业也会设置自己的采购部,负责统一采购以外的采购工作,也包括与总部的联系和沟通等。许多饭店集团在集团总部设有"中央采购中心",负责集团采购工作的全面管理。例如,2006年4月,国内首家饭店集团中央电子采购网在金陵饭店集团正式运行,旗下34家酒店联合采购,其中中央采购中心年采购的商品将近1000种,年采购量在2亿元人民币以上,占所有采购商品的30%~40%,这部分采购每年降低大概平均8%的采购费用。这种方式有利于降低采购成本,提高采购效率,减少中间环节,减少谈判、签订合同等交易费用,还适合于一些专用原料、特殊原料的定制;但由于成员饭店较多,可能出现内部采购程序复杂、灵活性不足的问题。

(三) 采购的方式

由于餐饮经营的复杂性及餐饮产品的多样性,决定食品原料的采购必须采取灵活多样的采购方式。

1. 公开市场采购

公开市场采购,是指采购部门获得若干家供应商的报价后,对原料质量、价格、供货条件等进行比较，选择合适的供应商。一般来说，每种原料应取得三家以上供应商的报价，该方式适用于采购次数频繁、往往需要每天进货的原料。例如，采购豆制品时，可以选定几个合适的供应商，分别报价后，再决定由谁供货。

2. 异地采购

在餐饮经营中，大量的原料都在本地就近采购。但由于原料价格、质量、供应数量等方面的地区差异，使得异地采购更能节约采购成本，能够保证大宗采购的质量。这里的"异地"一般指的是原料产地或集散地。例如，采购人工养殖的水产品，如果距离不远，可以考虑到产地采购。该方式适用于山珍野味、菌类、海鲜、干货、调料、肉类等价格较高的原料，采取此种方式的前提条件是需要进行充分的市场调研，切实了解本地和外地的市场行情，并选择合适的时机进行采购。这种通过本地采购与异地采购相结合的采购方式，可以更有效地降低餐饮经营成本。

3. 招标采购

"招标"又称"公开竞标"，它是现行常见的一种正式的采购方法，适用于大型企业或企业集团。招标与投标是指交易活动中的两个主要步骤。招标，是指饭店为采购原料，通过发布招标公告或者招标邀请书等方式，公布特定的标准和条件，明确选定方法，公开或者书面邀请供应商参加投标，再按照规定的程序当众开标，从投标的供应商中确定中标人，并与之签订合同的过程。投标，是指供应商按照企业的要求和条件，提出报价及相应条件。招标投标方式，具有一次性报价即决定结果的特点。招标是一种通过充分竞争、有组织地评比的采购方式，其核心是竞争、公平、公开。招标采购能以合理的价格购进原料，杜绝徇私舞弊和个人影响因素，使供应商的选择更透明。但由于该方式要求企业与供应商签订采购合同，不利于企业在合同期间另行采购价格更低、质量更好的原料。

4. 定点采购

对于企业来说，采购环节较多，采购工作量很大。采购员倾向于与某些供应商建立稳定的业务关系，这样既能保证原料的稳定供应和质量要求，又能减少不断评估供应商的烦琐。该方式不需要像招标方式那样签订合同，对于双方的约束力较小，企业可以将定点采购和分散采购相结合，如定点供应商的质量、价格没有竞争力，那么可选择其他供应商代替。

5. 合作采购

合作采购也称联合采购，是指两家以上的企业联合起来，共同采购餐饮原料。该方式使独立的企业获得与企业集团相似的优势，通过联合采购，可以增加采购数量和金额，在与供应商的谈判中获得优势地位，从而减少采购费用。该方式适合于和餐饮产品相似的企业，这些企业会有共同的原料和需求特点，联合采购的动机更强，也适合于联合进行异地采购。

6. 定时进货与临时进货

定时进货适用于两类原料：一类是使用量可预测、易于保存的原料，可以适当提前进货保证原料供应。例如，木耳、银耳、海参、鱼肚、粉丝等干货原料；食盐、酱油、醋、白糖、辣椒等调味品。另一类是定期采购的原料，尤其是每日采购的鲜活原料。例如，蔬菜、水果、豆制品、鲜活水产品，一般每天早上进货，当天就销售完毕，基本上不存货。

一般在正常采购之外，还有临时进货，这是为应对临时出现的特殊情况，必须采取的一种"紧急采购"方式。临时进货往往是由于正常采购中出现了疏漏，或是经营中出现了临时变化。临时进货对于时间的要求较严格，往往要求简化采购程序和审批制度，要求特事特办、专人负责。例如，对于急需的原料，可以由厨师长或行政总厨填写采购单，经财务总监、餐饮总监共同签字后，直接采购，由厨师长验货。

以上是几种主要的采购方式，在具体应用中，往往是几种采购方式并用，需要根据企业档次、规模、经营特点、产品类型等情况进行选择和实施，尽量灵活进货、减少存货。

二、采购的程序与原则

采购程序是采购工作的核心之一。实施采购首先要制定一个有效的工作程序，使采购人员和管理人员都清楚采购程序和要求，从而提高采购效率。

（一）采购的程序

1. 使用部门提出采购申请

一般首先由使用部门填写"请购单"或"订购单"，如表4-1、表4-2所示。由部门负责人签字后，交采购人员办理。具体分为厨房申购、库房申购两类。厨房申购的订货品种一般是鲜活原料，有些是临时性采购。库房申购的是可以储存保管的原料，当库存量低于定额时，就要提出申购，以保证足够的库存量。

表4-1 餐饮企业"请购单"示例

请购单号：

供应商：_____   国外□   本国□

　　　　　　　　　　 入仓□   直拨□

地址：_____ 电话：_____ 日期：_____

　　　　　　　　　　　　　　 部门：_____

电脑编号	名称	型号规格	单位	数量	单价	小计
					总计	
请购用途						

请购部门经理	财务仓库部经理	供应部经理	副总经理	总经理

表4-2 餐饮企业"订购单"示例

订购单编号：_____   供货单位：_____
订购日期：_____
交货日前：_____   订货单位：_____
付款条件：_____

品　名	规格及要求	订购数量	运送单位数量	价　格	金　额

注意：本订购单明确，只接受上述注明的条款和条件及本订购单附件或用其他方式说明附加条款和条件，而不接受卖方提出附加条款和条件

注：订购单除上述栏目外，还可以注明保证条款、付款要求、验收者资格、转移责任条款及其他合同条款。

2. 采购部门联系供应商

采购要求得到批准后，采购人员根据请购单内容，寻找合适的供应商，获得三家以上的报价。有的企业设立专职的询价人员，全面了解市场行情。

3. 财务部门负责人审核

财务总监根据企业实际情况，审核申购数量、价格和供应商情况。

4. 总经理签字确认

财务总监审核后，由总经理在请购单上签字确认，交给采购部实施采购。

5. 采购部向供应商订货

采购部与供应商签订供货合同，或直接提出采购要求，供应商按要求准备原材料。供货合同一般一式三联，供应商、采购部、库房管理员各一份。

6. 采购部收货并验收

验收人员根据请购单和订货凭证，对供应商的原料进行验收。验收合格后，为供应商出具收货凭证，供应商根据收货凭证向企业财务部门索取货款。如供应商不提供送货服务，则由采购部负责原料的运输。

（二）采购的原则

餐饮原料采购虽千差万别、情况多变，但并不是不可控制、无章可循的，在长期采购工作中，应遵循以下采购原则：

（1）在供货渠道上坚持"先国有，后个体；先市内，后市外；先国内，后国外"。

（2）在货源供应上应品种对路、质量优良、价格合理、数量适当、到货准时。

（3）在采购价格上减少流通环节，做到价比三家，在同等质量的前提下，以价低者为先。

（4）在供货商选择上，应选择信誉度高、保障性强、合作态度积极、专业化程度高

的供应商,最好"以知名度为先,以多几家为佳"。

(5)在采购管理上坚持采购计划,掌握市场行情,保证原料供应;严格制度,廉洁奉公,保质保量,降低成本。

三、采购的主要环节

(一)人员的选择

采购人员分为很多层次,如采购员、采购主管、采购经理、采购总监等。采购人员的工作表现直接影响到原料采购的效果,进而影响到餐饮成本和利润。食品原材料采购是一项专业性和独立性较强的工作,采购人员的素质直接影响到餐饮原料供应的保障度以及餐饮的成本。为此,采购人员应具备以下素质。

1. 有强烈的事业心和责任感

要具有基本的职业道德和敬业精神,不得损公肥私。具体表现为热爱本职工作,不图享受,能吃苦耐劳,克服困难,出色完成采购任务。

2. 有良好的身体素质

采购是一份十分辛苦的工作,一些鲜活原料需要采购员长期起早贪黑进行采购,尤其是临时性的采购需求,需要采购员随时都处在备战状态,一旦餐厅出现这种需求,采购员就要以快速采购、及时到货来保障餐厅的经营。有时临时采购货物的运输及提拿搬运等工作都要由采购员完成,这对采购员的体力和精力提出了挑战。

3. 有较丰富的商品知识

食品原材料和烟、酒、茶、饮等种类成千上万,各种货品的性质、规格、质量区别较大。同一类食品原材料也因产地、生长期等自然条件不同,其色泽、质地、质量、涨发率和出料率不同。只有具有丰富的商品知识,善于辨认、鉴别和检验各种食品原材料,特别是干货原料,掌握市场行情,才能采购到价格合理、质量优良、适合厨房生产和餐厅需要的产品原材料和烟、酒、茶、饮。

4. 有一定的政策水平和法律知识

采购员要遵守国家政策,正确执行经济合同,遵守野生动植物保护、食品卫生等方面的法律,遵守企业采购业务各项规章制度,懂得法律程序和有关规定,以此维护企业的经济利益,完成采购任务。

5. 廉洁奉公,不谋私利

由于采购工作独立性强,采购人员代表企业处理经济业务,因此,要杜绝私收回扣、礼品、小费等现象发生。每天采购大量原料都直接和采购价格挂钩,有些供应商为了自己的利益常会对采购员施以各种恩惠和诱惑。采购员要能"常在河边不湿鞋",具有较强的抗腐蚀能力和高度的责任感。

企业还需要对采购人员进行一定的管理,如将询价员的价格与采购价格经常核对,定期对采购人员进行岗位轮换与调整、绩效考核和激励等，必要时采用法律手段，以保证采购活动的顺利进行。这既是对采购员的爱护，也是对企业利益的保护。

（二）供应商的选择与管理

1. 供应商的选择标准

（1）资质审核。企业首先要了解供应商的资质情况。主要审核的资质材料包括：供应商营业执照副本、税务登记证、一般纳税人证书、组织机构代码、卫生许可证、企业执行标准、生产许可证等。进口商品在国内未进行商标注册的，进口商要出示承诺书，注明该类商品今后涉及的一切侵权、冒用商标等行为均由进口商承担。供应商经营范围应在资质材料中限定的有效范围内，全部资质材料应查看正本或清晰的正本复印件，同时留存企业盖章复印件。

（2）供货能力。供货能力主要包括供应商对原料供应的数量、质量、种类、规格、价格、及时性、便利性等方面，也包括运输能力、经营网点分布等。一般来说，企业更看重供应原料的丰富程度和价格标准。供货能力是选择供应商的首要条件，它直接决定了对餐饮生产和销售的支持力度。对于大型餐饮企业、连锁餐饮企业或饭店集团来说，这一点更是关键。随着企业规模的扩张，对于供应商的要求也更高了，尤其是供应原料的速度、应急采购的能力等。

（3）市场影响力与价格。市场影响力指的是某一供应商在市场中的知名度、市场份额、货源垄断能力等。市场影响力是一把"双刃剑"，对企业来说有利有弊。选择排名靠前、有影响力的供应商，可以给企业强有力的原料保障；但也可能使企业对他们依赖性过强，在合作中处于弱势地位。价格指的是供应商的价格体系、付款条件、付款方式等。一般来说，较大的供应商更了解本地、国内、国际市场行情，采购人员掌握的信息更多，在谈判和采购合同签订过程中更有优势。供应商可能会调低某些原料价格，同时调高另外一些原料价格，尤其是针对一些紧缺的原料或用量较大的原料。如果供应商的价格体系对采购金额较大的原料是不利的，那就需要协商价格或更换供应商。

（4）合作意愿。合作意愿指的是供应商对于供货对象的态度和做法。合作意愿决定了供应商如何看待餐饮企业或饭店，是把他们作为一个销售对象，还是作为合作伙伴；是看重短期利益，还是长期利益。合作意愿会影响到供货条件和价格政策。因此，餐饮企业或饭店应在大宗采购方面，尽量选择有实力、愿意合作的供应商，通过建立战略伙伴关系，达到合作共赢、共同发展的目的。

（5）专业化程度。专业化程度指的是供应商在员工素质、内部管理、货源组织、运输等方面的专业化情况。专业化程度较高的供应商对餐饮企业或饭店意义重大，他们能很好地了解企业需求情况，有利于双方的协调与沟通；他们有自己的货源渠道，能保证原料供应；他们还能给企业提供有益的建议和意见，提供采购清单、计划和方案，这对于很多企业来说很有帮助。

此外，供应商的安全和健康的工作环境、无强制或强迫劳动、合理的工作时间、公平的报酬等，也可能成为选择的标准。

2. 供应商管理

（1）分级管理。餐饮企业或饭店的供应商数量较多，供应商的企业规模、供货数量、供货能力、资信条件等差异较大，不能采取统一的对策，必须分级管理。最简单的方法是以采购金额为主要依据，以采购数量、采购次数、原料重要程度等为参考依据，应用 ABC 分类法来划分供应商。A 类供应商指的是采购金额最大的几个供应商，累计采购金额占到 70% 左右；B 类供应商指的是采购金额居中的几个供应商，累计采购金额占到 20% 左右；C 类供应商多数是一些零散的个体户或小企业，也可能是较大的供应商（但采购金额较小），累计采购金额占到 10% 左右。根据 ABC 分类法确定供应商的重要程度后，就可以确定管理的重点，对不同类别的供应商采取不同的管理办法。对于 A 类供应商，要与其达成深层次的合作关系，注重长期的合作关系和共赢。企业大规模的采购往往能获得折扣，并可以要求供应商保持一定的库存量，从而将自己的库存削减到最小。供应商通过大量的原料销售获利，也往往会成为首选供应商。对于 B 类供应商，至少要建立阶段性的合作关系，建立相应的激励和约束机制。对于 C 类供应商，着重进行交易管理，重点从质量、价格、服务等方面来进行比较，及时进行更换。

（2）分类选择供应商。餐饮原料包括禽肉类、畜肉类、鲜活水产品类、冷冻食品类、粮油类、水果蔬菜类、豆制品类、奶制品类、调味品类等。选择供应商时，可以按照原料类别分别选择，每一类都可选择一家或几家供应商。这种方式有利于供应商的专业化经营，有利于保证原料的质量和及时供应。在具体采购时，需要考虑在几家供应商之间分配采购量，采购量太少，供应商可能不重视；采购量过大，对供应商的依赖性就强了。

（3）重视综合性供应商。除了分类选择供应商以外，也可以选择几家综合性供应商，即从每家大型供应商那里采购多个类别的原料。大型供应商提供的原料种类繁多，它们之间是直接的竞争关系。该方式与分类选择供应商各有利弊，它能够减少供应商的数量，使供应商的管理针对性更强。

（4）及时评估与更换。供应商的评估，一般包括几个阶段。第一，初选阶段：选择三家以上有代表性的供应商，进行综合评估，着重进行供应商的资格认定。第二，试用阶段：对于同类原料，由几家供应商同时供货，进行比较和分析。第三，确定供应商：在试用的基础上，确定一家或几家供应商。第四，签订供货合同：确定供应商后，与其签订供货合同，合同的期限一般不超过一年，考查供应商的具体表现，建立供应商的激励和淘汰机制。合同期满后，评估哪些供应商对本企业采购环节贡献最大，并随着企业的阶段性成长，要考虑供应商的更换与续用。

对高风险、技术含量低、非知名品牌及自有品牌供应商，应进行实地考察，考察项目应具体明确。供应商应严格按照企业产品标准的要求组织生产，确保产品的理化、卫生、感官等质量指标符合国家法律、法规和强制性标准规定。

（三）价格的控制

原料价格是影响餐饮经营的重要因素，降低原料成本、合理制定销售价格是提高餐饮经济效益的重要途径。一方面，餐饮经营中存在着价格虚高、假冒伪劣产品、回扣等情况的发生。另一方面，餐饮原料价格波动的幅度较大，主要影响因素有：原料的供给数量、供应商数量、采购数量、运输条件、气候和季节因素、顾客偏好等。面对诸多的影响因素，企业很有必要对餐饮原料的采购价格实行控制。因此，原料采购价格控制是一项重要工作内容。目前，企业为了控制库存，在不影响经营的前提下，往往尽可能减少库存，使每次的采购数量相应减少，从而给采购价格控制带来了一定的难度。

餐饮原料采购价格控制的途径如下：

1. 建立严格的采购询价和报价制度

在询价方面，可以设置专职的询价员或询价主管，专门负责收集市场价格信息。在询价过程中，至少取得三家以上供应商的报价，必要时了解周边地区或原料产地的价格，询价时要注意交货期限、交货地点、交货方式、付款条件等细节。在此基础上，制定出价格确定机制，即最终确定价格的人员和相应的程序。价格一经确定，就必须严格执行，不能随意变更。

2. 设定价格浮动范围

在充分了解市场价格的基础上，企业可以设定一个最高价格，即以市场批发价格为基础，上浮一定的比例。这一比例可以根据原料供应的具体情况分别制定，如遇春节、元旦等节假日以及原料紧缺的时期，可适当提高。例如，蔬菜不超过批发价格的10%，猪肉不超过5%。这一定价方法既能有效避免某些违规操作，又能保证企业的利润空间。否则，即使原料的质量足够好，但价格过高，企业销售起来也会存在困难。企业要定期检查价格执行情况，纠正存在的问题。

3. 指定供应商

为了有效地掌握采购的价格，保证原料的质量，避免暗箱操作，企业可以选择从指定的供应商处采购原料。有的企业规定，如果采购员擅自去非指定的供应商处进货，采购回的东西无论数量多少、价格高低，企业都不会接受。这种定向采购最好签订长期采购合同，在保证质量的前提下，以合同的形式将价格固定下来，并且长期合作也有利于获得价格优惠。指定的供应商一般都是实力较强的企业，最好是大型的经销商或生产企业，有利于餐饮企业或饭店减少采购环节，降低成本开支。

4. 控制大宗和贵重原料的采购权

大宗原料指的是单次采购金额较大或频繁采购的原料，如蔬菜、水果、肉类等；贵重原料包括一些干货原料、海鲜、特产等原料。贵重原料和大宗原料是影响餐饮成本的主体，因而有必要强化采购的决定权，将权力更多地集中于企业高层，由总经理或高层集体讨论决定，避免权力下放造成的混乱。

5. 根据市场行情适时批量采购

原料价格总会有所波动，当有些原料在市场上供应充足、价格低廉且厨房日常用量又较大时，只要质量符合要求，就可趁机大量购买并储存。一般来说，批量采购能以较低的批发价获得原料，这也是控制采购价格的一种策略。但批量采购的原料应是一些不易变质或损耗的原料，并能够有足够保质期。此外，还应将批量采购节约的成本与批量储存增加的成本进行比较，以决定取舍。

（四）**质量的控制**

1. 质量标准

要保证餐饮产品的质量标准，使用的原料质量也应符合标准。原料的质量是指原料符合餐饮生产要求的程度，越符合使用要求，质量就越高。当然，从成本方面来考虑，质量标准最好不超过使用要求，质量标准越高，意味着成本越高，对企业的经营不利。例如，做肉馅的时候，选择一般的部位即可，如果用里脊肉则会增加成本，且效果并不理想。

2. 采购规格书

原料的采购质量主要由采购规划书来控制。采购规格书是以书面的形式对要采购的餐饮原料所做的质量、规格、产地、包装等方面的详细说明，实际相当于原料的采购标准。一份实用、准确的采购规格书，可以成为订货的依据、供货和验收的标准。采购部员工应与厨房员工等密切配合，列出本企业常用的食品原料的质量要求。

采购规格书一般包括以下基本内容。①原料的具体名称。可以是产品通用名称或常用商业名称，如不能简单地说需要采购猪肉，必须指明猪肉具体的部位。②原料的基本用途。一般由厨房员工提出原料用途，这样采购部门就清楚某一原料的采购是否合适和必要。例如，在采购猪骨时，需要指明是用于煲汤，还是作为骨架来销售。③原料的品牌与质量等级。品牌是指具体的生产加工企业或商标，等级指公认的商业等级或当地通用的等级，它们对原料的价格和质量都会有影响。④原料的规格、包装与产地。规格包括尺寸、形状、重量等。包装包括包装材料、容器尺寸、原料数量等，这些往往与等级相关，还会影响到运输和储存。例如，鱼的重量及尺寸，虾一斤多少及个头应注明。

（五）**数量的控制**

目前，企业为了降低成本，减少资金占用，采购周期变得越来越短、采购批量越来越小。因此，应根据需要灵活确定采购数量。

1. 鲜活原料的采购数量

海鲜、蔬菜、水果等原料实行每日采购或定期采购，一般可以提前一天提出采购要求，采购部前一天下午电话通知供应商送货，或次日直接到市场选购。具体的数量可以根据接待任务、预测、经验估算等确定，有时数量不大，但种类较多。这种采购要求库房管理员每天检查库房和账簿,掌握实际库存量,和厨师共同配合,根据接待任务和具体情况决定所需原料和采购数量。

2. 可储存原料的采购数量

干货、调料、粮油、酒水等原料的储存时间较长,使用量有一定的规律性,因而可以考虑经济批量、采购周期、资金周转、储存条件等因素,根据最低库存量和最高库存量而定。

从理论上说,最高库存量是库房的最大储存能力,但实际是由各类原料的最大储存量之和确定的。例如,肉类的储存量不得超过20天的使用量。最低库存量要保证在采购周期内的使用量,一个采购周期包括提出采购申请、批准、送货等多个环节,可能长达一两个星期。最低库存量也是订货点,即库存已经减少到了要进行订货的程度,企业必须储存足以维持到下一次送货的原料储备量。有时为了稳妥,最低库存量还要更高些。

库存量的计算公式:

$$最低库存量 = \sum(每类原料平均每日使用量 \times 采购周期) + 保险天数库存量$$

(保险天数库存量指采购周期之外,再留有几天的库存量,防止采购延误)

$$最高库存量 = \sum(每类原料平均每日使用量 \times 最长使用天数)$$

$$采购数量 = \sum(每类原料平均每日使用量 \times 平均使用天数)$$

第二节 入库和出库管理

原料采购工作结束后,就进入库房管理阶段,包括原料的入库验收、出库管理、库存账目管理三个环节。

一、入库验收

入库验收指根据验收程序与质量标准,对购进原料的单价、质量、数量、规格等进行检查和核对。验收之后,合格的原料将会送到库房或厨房,不合格的原料将会被退回、更换或做其他处理,并记录检验结果,办理入库手续。

(一) 验收制度

入库验收是库房管理的第一个环节,对于库房储存、生产加工等后续环节意义重大,有助于保证原料的质量,控制餐饮成本,避免采购的违规行为,并为索赔、退货、换货等提出依据。为了规范验收工作,餐饮企业或饭店首先要建立和完善验收制度。进货验收制度包括以下主要内容:①对原料供应商、生产商的资质审查制度。②采购食品原料的索证制度。③食品原料的质量及包装标志检查制度。④食品原料的验收登记制度。⑤不合格食品原料处理制度。⑥验收责任人制度。

（二）验收条件

1. 验收员

在小型企业，验收员可由库房管理员兼任。在大型企业，验收工作应由专职验收员负责，归财务部统一领导。有的企业为了更好地完成验收工作，设置了原料验收小组。小组成员包括专职验收员、厨师长或厨师长指定人员、库房管理员，专职验收员负责数量、单价、规格、产地等基本信息核对，厨师负责检查质量，库房管理员负责入库手续。

验收员的工作极为重要，他们是原料进入企业、获得合法身份的最后一道屏障，因而素质要求较高。验收员既要懂得财务规定和制度，有丰富的食品原料知识和扎实的专业能力；又要求具备良好的职业道德，应是一个精明、细心、善鉴别的人。企业可以从库房管理员、原料成本控制人员、厨师中选拔验收员，这些员工各有一些适合验收工作的能力。企业需要制订培训计划，对验收人员进行必要的培训。

2. 验收地点

餐饮企业或饭店一般设有验货处或验收办公室，一般位于建筑物的后门或侧门，有的与地下停车场相连，送货车可以停到验货地点，以便于验收。验货地点要有足够的空地便于卸货和临时存货，生熟原料要分开，同时要求光线充足、清洁卫生、噪声较小、安全保险、没有闲杂人员。

3. 验收工具

为使验收工作更有效率，要配备专门的数量和重量验收工具、质量检验设备和工具，包括磅秤、电子秤、直尺、软尺、温度计、剪刀、推车、盛装用的器皿等。磅秤是最常用的验收工具之一，适合肉类、蔬菜、水果等原料的称重，需要定期校准，以保持足够精确度；温度计可用来检查冷藏或冷冻原料的温度是否符合要求；器皿可以用来临时盛放原料。

（三）验收程序

在验收过程中，验收员必须按照规定的验收程序进行，主要包括核对价格、盘点数量、检查质量三个环节。验收的基本原则是：质量低劣、价格不符、超量进货的原料不收；未经批准采购的原料不收；订货单上没有的原料不收。

1. 核对单据

验收员根据"订货单"或"订货合同"与供应商的"送货单"进行核对，有时需要检查供应商提供的质量证明书或合格证等证明材料。对比两张单据的原料名称、单价、数量、产地、规格等基本信息。对"送货单"与"订货单"不符之处，要询问送货人员原因，必要时请示上级是否收货。

2. 核对原料数量或重量

验收员根据"送货单"与"订货单"，通过点数、称量等方法，确定实际收到的原料的数量或重量。过磅、清点等全部验收工作，应于送货人在场时完成。验收员应始终在现场，不得由其他非相关人员代替验收。

3. 检查原料质量和包装

一般由验收员和厨房员工共同检查，原料质量的标准就是"采购规格书"和"订货单"中对原料的质量、规格、产地、包装等方面的详细说明，尤其对原料的商标、生产日期、保质期应严格查验，质量的标准过低或过高都是不合适的。包装物如有水渍、污渍、破损、变形等情况时，应仔细检查内部原料的数量和质量，并做好记录，单独处理。验收的基本要求是：一般性原料抽检，贵重原料全面检查；包装完好的抽检，破损的全面检查；不易变质的抽检，易变质的全面检查。在本环节中，应保证冷藏或冷冻食品脱离冷冻时间不能过长。

4. 填写入库验收单

验收完毕后，验收员根据实际收到的原料情况，如实填写一式几联的"入库验收单"，由验收员、厨师签字确认，分别交给库房管理员、成本核算员等相关人员。如果以后发现质量问题，签字人员要承担责任（见表4-3）。

表4-3 "入库验收单"示例

入库验收单　　　　　　　　　编号：

年　月　日

供应商名称：　　　　　　　　　　　　　　　　　　　　　验收员：

原料名称	规格	单位	数量		计划价格		实际价格		备注
			送货数	实收数	单价	金额	单价	金额	
合计									

5. 原料入库或直拨

验收合格的原料，如果是鲜活原料或应急采购的原料，直接送到厨房。其余原料送到相应的库房，库房管理员根据"验收单"，在账簿上记录。

6. 退货、更换与索赔处理

验收员必须懂得：未经主管人员同意，其他人无权改变订货的基本信息。对于质量不合格的原料，一般做退货或更换处理，填写"退货单"或"退货通知书"，写明原料名称、数量、退货或更换原因等信息，由验收员、送货员签字确认。对于价格、规格、产地不符的原料，需要进行判断，如果确实由于供应的原因找不到订购的原料，而送来的原料可以替代使用，则需经过采购部和使用部门负责人签字后才能收货。对于超量送货的原料，视具体情况，由相关部门负责人决定。对于某些供应商出现的不诚信情况，要及时报告，为决策者提供对供应商的评估依据。对于影响餐饮生产、造成损失的情况，应由采购部门与供应商交涉，提出索赔的要求。此外，还会出现"有货无单据"的情况，可以暂时存放，待单据齐备后再验收入库。

7. 填写原料验收日报表

验收员每日应填写"原料验收日报表"，该表的内容应包括原料名称、数量、单价、金额、分发（接收）的部门、储存地点、验收人等（见表4-4）。此外，按照国家相关部门的要求，企业应按规定建立原料进货台账，取代企业自行填制的"原料验收日报表"，如实记录原料的基本信息（见表4-5）。

此外，企业应加强检查，上级领导要定期或不定期地检查验收工作，复查进货的重量、数量和质量。

表4-4　"食品原料验收日报表"示例

食品原料验收日报表

日期：　　　　　　　　　　　　验收员：　　　　　　　　　编号：

原料名称	数量	单位	单价	金额	直拨	入库
合计						

表4-5　"食品原料进货验收台账"示例

食品原料进货验收台账

进货日期：＿＿＿年＿＿＿月＿＿＿日　　　　　　　验收人签名：

序号	原料名称	规格	采购数量	生产单位/进口代理商名称	生产日期（批号）	保质期	供应商名称	索证索票
1								
2								
3								
4								
5								
6								
7								
8								
9								
10								

(四) 验收方法

验收工作的基本要求是准确、及时,保证原料在规定时间内完成验收工作,进入库房或交给使用部门。因此,验收员需要掌握基本的验收方法。

1. 表单验收法

根据采购申请单、订货单、送货单、发票等表格和单据,进行账面核对,做到账账相符。

2. 人工清点法

对于数量不大、易碎、易变质或比较贵重的原料,可以人工清点全部数目,如燕窝、鲍鱼、龙虾、鳜鱼等。此外,对于信誉不佳的供应商,也应尽量全面清点。数量较大的原料,尤其是同一批生产的原料,质量标准比较统一,检查一部分就具有较强的代表性,可以选择抽查。对已清点过的原料必须与未清点的分开放置。

3. 感官检验法

感官检验指的是用视觉、听觉、触觉、嗅觉和味觉来检验原料质量,即用嗅觉感受原料的味道,用视觉观察原料的色泽,用触觉感受原料的质感,用听觉判断原料的密度与硬度。感官检验既简便可行,效果又好,尤其适用于鲜活原料的验收。此外,感官检验还用于对包装物的检查,检查包装物是否有破损、污染、被盗的情况。

(1) 蔬菜和水果的验收。蔬菜和水果的品质检查主要是新鲜度。蔬菜着重检查以下方面:叶子是否枯萎、变黄,茎是否折断、变软,是否有长芽、变色、擦伤、出水的情况。水果着重检查以下方面:果实是否腐烂、有虫、压伤,果皮是否有光泽、皱纹,是否有开裂、果汁流出现象。

(2) 畜肉的验收。新鲜的猪肉、牛肉等应具备如下特征:表面有干膜,干膜的颜色呈浅粉红色或浅红色;肉皮白净、毛少或无毛;脂肪洁白有光泽,没有腐败或油污气味;肉呈鲜红色或玫红色;切断面上的肉是致密有弹性的,手指压出的小窝可迅速恢复原状;表面不粘手;有正常的肉味。

(3) 淡水鱼的验收。新鲜鱼具有如下特征:眼睛完整、清澈透明,稍有凸出,无充血及发红现象;鳃颜色鲜红或粉红,鳃盖紧闭,黏液较少,呈透明状,无异味;表皮上黏液较少,体表清洁;鱼鳞紧密完整而有光亮;用手指压一下松开,凹陷随即复平;肛门周围呈一圆坑形,硬实发白,肚腹不膨胀;肋骨与脊骨处的鱼肉组织很结实。

应特别注意的是:受工业废水、生活污水污染严重的鱼会出现变异,如头大尾小,脊柱弯曲畸形,体表颜色异常,眼睛混浊无光或向外鼓出,鳃较粗糙等,有时还可闻到石油等不正常的气味,这样的鱼不可接收。

4. 工具测量法

工具测量主要是通过磅秤、杆秤、电子秤、直尺、卷尺等工具测量重量和尺寸,往往与人工清点配合使用。例如,对于有些海鲜产品,既要称量总重量,又要称量单个重量；对于袋装产品，应通过称重，检查袋上印刷的重量是否属实。工具测量时要注意下列问题：①要经常检查验收工具的准确性，例如，验收用的秤往往会出现生锈或秤砣掉铅等现象，引起称量工具本身的不准确；②严防送货人员人为造成称量精确度不足，如用脚踩秤或用磁铁吸秤底；③要去除原料中的水等附带物，验收时倒入筐中沥水，称重时减去筐的重量，例如，螃蟹的吸水性很强，在送货途中往往用水盛装，因而到验收地点必须倒入筐中沥水过秤。

5. 解冻检验法

该方法适用于冷冻原料验收，包括无冰冷冻原料和带冰冷冻原料两大类。这类原料在验收时，除了计件外，对于无冰原料要抽查其重量是否与外包装标明的一致。对于带冰带水原料更要关注，因为冰或水的重量多少直接影响到餐饮成本，验收时要抽查，主要是抽查去冰控水后，原料的净重是否与供货标准一致。对于冷冻原料，应该采用冷水解冻（最好用流水）、空气自然解冻、盐水解冻、微波解冻、加温解冻等方法，检查解冻后的原料质量和重量，该方法尤其适用于冷冻海水鱼。

6. 仪器检验法

仪器检验指利用各种试剂、仪器和设备，对原料的成分、技术标准等进行化学和生物的性能分析，大多由专业检验机构负责。大型企业应配备专职的化验人员和设备，对于原料的质量情况进行检验，避免农药残留、重金属超标等食品安全和卫生问题。

二、出库管理

出库管理就是对原料的发放与领用的管理。加强原料出库管理，是在保证及时供应厨房用料的基础上，控制厨房用料的数量，并正确记录厨房用料的成本。餐饮生产过程中要使用大量原料，因而原料的发放与领用是餐饮生产管理的重要工作。原料入库后，一般实行集中保管、分次出库的管理方式。

（一）基本规定

1. 使用出库单或领料单

为了记录每次领用的原料数量和成本，原料发放必须以"领料单"为依据。领料单应由厨房领料人员填写，由厨师长或行政总厨签字同意，然后到库房领料。库房管理员凭单发料，领料人员、库房管理员在领料单上签字确认。库房管理员要坚持做到没有领料单就不发料，没有审批人签字或涂改、字迹不清楚的也不予发料。领料单一般一式三份，一联由领料部门留存，一联转交财务部，一联由库房留存（见表4-6）。

对于超出领料范围且没有相关负责人签字的，库房应拒绝发料。特殊情况下的紧急出库，由相关负责人口头或书面授权库房管理员后方可发料，但领料部门必须在规定时间内补办手续。

表 4-6　"出库单/领料单"示例

出库单/领料单

领用部门：　　　　　　　　　　　　　　　　　　　年　月　日　No

原料名称	单价	单位	申领数	实发数	小计	备注
合计						

备注

领料人：　　　　　　　厨师长：　　　　　　　库房管理员：

2. 定时出库

库房管理员每日的工作内容很多，包括原料入库、出库、库房卫生清洁、储存原料检查、账目管理、物资盘点等。为了保证其他工作的时间，也为了促使厨房加强用料的计划性，企业一般都实行定时出库制度。出库时间一般安排在上午 10 点之前，领料部门需要提前一天准备好"领料单"，库房管理员提前准备原料，在发放时间内准确发料，保证厨房的生产。

3. 专人领用

各使用部门最好安排熟悉业务的专人负责领料，由于熟悉出库的要求和手续，既能保证领料工作的顺畅，又便于管理，该人还可以负责"领料单"的保管与整理。领料人必须把好领料的质量关，要确保领用的原料质量合格，符合烹饪加工的要求。使用部门的管理人员要对领回的原料进行复核，对贵重、小包装原料尤其如此。

4. 先进先出

先进先出是指按照进货的先后顺序进行原料的发放，即先购进、易变质、包装简易的原料先发放，后购进、保质期长、包装较好的原料后发放。尤其是餐饮原料中食品较多，保质期较短，更应坚持先进先出的做法，这样既有利于杜绝浪费，又有利于成本核算。

5. 正确核算成本

库房管理员发放原料后，需要根据"领料单"及时在账簿上记录，在存货卡片上登记，并将"领料单"等及时转交成本控制人员，以保证原料的账实相符，协助做好餐饮成本控制工作。

（二）原料发放的类型

1. 进料的直接发放

有时简称"直拨"，适用于厨房每日所需的鲜活原料以及紧急采购的原料。这些原料不需要进入库房再出库,一般是在供应商送货时,通知使用部门派领料人到验收处,验收合格后,凭领料单直接领料。

2. 库存原料的发放

对于库房日常储存的原料,如干货、调味品、粮油等以及非紧急使用的原料,则需要按照出库管理的基本规定,按部就班地完成出库,即提前准备领料单,定时出库,专人领用。

3. 原料的内部调拨

当一个使用部门将原料领用后,可能出现没有及时使用或使用不完的情况。其他的使用部门可能需要同样的原料,但库房已经没有存货了。因此,这些原料可以在使用部门之间进行调配,填写"内部调拨单"(见表4-7),以便进行成本核算,这就是"内部调拨"。但内部调拨不宜过多,使用部门每日领料应有计划性,避免领料过多,在保管和使用中出现浪费,对贵重原料的领用更要按计划执行。

表4-7 "内部调拨单"示例

内部调拨单

调入部门:
调出部门: 年 月 日 No.

原料名称	单价	单位	申领数	实发数	小计	备注
合计						

备注
调入部门经手人: 负责人:
调出部门经手人: 负责人: 库房管理员:

三、库存账目管理

(一)建立明细账

库房管理员需要根据"入库验收单""出库单""内部调拨单""盘点登记表"等单据,建立库房的"库存原料明细账"。明细账是对某一时期内库存原料变化的详细记载,也是对库存原料变化的动态管理,是库房管理的重要依据,应力求及时入账、准确记账,做到账账相符、账实相符。

(二)建立档案

库房管理员需要将采购申请单、入库验收单、出库单、内部调拨单、盘点登记表、明细账、原料卡片等，进行归集和整理，建立库存原料的档案，为日后的盘点、财务审核等提供依据。例如，对于贵重原料，应该建立原料卡片或标签，详细记录原料的进货时间、保质期、产地、重量等基本情况，以便于库房管理和财务控制。

（三）定期盘点

1. 盘点的作用

盘点是对库存情况进行彻底了解的一项经常性工作。实施盘点工作，一方面是核实库存原料是否账实相符；另一方面是检查库存实物的质量、数量以及库房管理情况，如库存数量是否充足，库房管理是否符合相关规定，发放实物是否严格执行先进先出的原则。

2. 盘点的类型

按周期来划分，可以分为每日盘点、每周盘点、每月盘点等。每日盘点、每周盘点多适用于贵重原料、鲜活原料等，一般由库房管理员独立完成。每月盘点一般在月底进行，一般由成本控制人员、财务部会计、库房管理员等人员共同完成，对库存全部原料进行清点和检查，盘点期间一般不再出库。

3. 盘点的实施

一般来说，库存原料至少每月盘点一次，逐个库房盘点。由库房管理员对照库存数量，逐一清点原料数量，清点方法与验收原料时类似，也需要点数、称重、开箱检查等。财务部会计以实际库存数量登记，填写盘点登记表，之后对盘点结果进行具体分析，查明盘亏、盘盈的原因。

对库存原料发生变质、破损、数量不足的情况，属企业定额内的部分，经请示批准后，做报损处理，直接计入当月成本。超过企业定额的部分，直接追究相关人员的责任。另外，对于没有及时使用、长期储存的原料，要通知使用部门的负责人，寻求解决办法，充分利用原料，避免浪费（见表4-8）。

表4-8　"盘点登记表"示例

盘点登记表

名称	规格及型号	单价	账面		实际		盘盈		盘亏		报损数	
			数量	金额	数量	金额	数量	金额	数量	金额	数量	金额
1												
2												
3												
4												
5												
6												
合计												

备注：

第三节　库房储存管理

储存是对食品原料的妥善保管,它是原料验收后的下一个环节。仓库是食品原料的储存区域,也是餐饮成本控制的重要部门,储存管理对餐饮产品的质量和成本影响重大。

一、库房的种类和管理要点

库房的种类很多,按照储存内容的不同,分为食品原料库、酒水库和物资库等;按照储存条件的不同,分为干藏库、冷藏库、冷冻库等。

(一) 干藏库

干藏库,也叫干货库,用于储存常温条件下可保存的原料,包括干货原料(木耳、银耳、鱼翅、鱼肚等)、干果、粮食、食用油、调味品等原料。

1. 温度和湿度要求

干藏库的基本要求是干燥、阴凉、通风,以保持原料的营养、味道和质地。因此,温度不能太高,比较理想的是 10~20℃,这样原料的储存效果较好。库房尽量不设置在地下室,远离自来水管道、热水管道、蒸汽管道、污水管道。湿度应保持在 50%~60%,湿度过高容易导致粮食等出现霉变,湿度过低会使某些原料过于干燥。库房应有窗户,保证足够的通风和换气,但要避免阳光的直射。

2. 合理利用货架

货架是库房最基本的设施,它的主要功能是充分利用库房空间,实现原料的分类存放,以便于管理。原料在储存时,应与地面、墙面、天花板等保持一定距离,一般认为离地面至少25厘米,离墙面至少10厘米,以达到防潮、防菌、防虫的目的,也便于空气流通和清扫。将较重的原料放在货架的下部,将经常出库的原料放在靠近出入口处。

3. 分类存放

所有原料应放置在货架上,并分类存放。每类原料应有其固定位置,便于管理和出库。按照原料的类型、价值、储存条件等分区摆放,在货架上做相应的标志。为便于查找和管理,可以制作一个"库房原料存放平面图",张贴在库房入口处。分类存放时,要注意原料之间的相互隔离,即坚持生熟隔离,成品、半成品、原料隔离,食品与杂物、药物隔离。

4. 定期检查、先进先出

入库原料需注明进货日期,同种原料、不同批次入库时要分开摆放;发放原料时,要按照先进先出的顺序出库。定期检查原料保质期,保证原料质量。

（二）冷藏库

冷藏库用于储存需要在低温条件下保存的原料，包括蔬菜、水果、蛋类、奶制品、熟食、冷菜、点心、调料、汤料，以及当天使用的肉类、家禽和海鲜等原料。常用的冷藏设备包括各种冰箱、冷藏柜、冷藏库等。

1. 温度和湿度要求

冷藏是以低温抑制鲜活原料中微生物和细菌的繁殖速度，抑制酶的活性，保持原料的质量的。因此，温度一般应控制在 0~10℃，要定时检查冷藏库温度。由于温度不是很低，原料的保存时间不可能像冷冻那样长，因而要注意冷藏时间的控制。不同的原料有不同的冷藏温度、湿度要求，最好将各种原料在冰箱、冷藏柜中分别冷藏。另外，要保持冷藏库通风，将湿度控制在 70%~90%。

2. 迅速入库

购进的原料应尽快入库，尽量减少库房内外空气对流时间。库内温度要相对稳定，温度过大的波动将会引起原料的腐败变质。原料入库之前应仔细检查，不能将已变质的原料送入库房。对于已加工的成品或半成品，应用保鲜膜包好并装入干净的器皿中，以防止污染和干缩。

3. 按计划出库

厨房要制订妥善的领料计划，定期出库，尽量减少进出冷藏库的次数，防止冷藏库内温度变化过大。

4. 科学使用冷藏库

原料必须摆放整齐有序，不能直接堆放在地面或紧靠库房四壁，原料之间应有足够空隙，保证冷空气的自由流动。冷藏库的底部及靠近冷却管道的地方一般温度较低，这些地方尽可能存放奶制品、肉类、禽类、水产类等原料。成品或半成品应在冷却后放进库房，有气味的原料要密封保存。

5. 定期清洁整理

冷藏库要有专人负责，要制定卫生清洁制度，经常打扫和消毒，及时清理积水，并记录原料的损失情况。

（三）冷冻库

冷冻库用于储存需要在 0℃ 以下保存的原料，包括畜肉、禽肉、水产品等需要冷冻储存的原料，常用的冷冻设备包括各种冰箱、冰柜、冷冻库。

1. 温度要求

冷冻库的温度一般在 -18℃ 以下，最低可能达到 -30℃，一般在 -23~-18℃。温度降至 -18℃ 以下，原料冻结率较高，微生物和酶基本停止活动、生长，少部分不耐寒的微生物甚至死亡，氧化作用也非常缓慢。因此，原料可以储存较长时间，并保持一定的新鲜程度和营养价值。一般认为，冷冻库的温度越低，原料的保存期限越长，但还要考虑到不同原料的温度要求。

2. 注意安全的保存时间

任何食品原料都不可能无限期地储存，其营养成分、香味、色泽都将随着时间的推移逐渐变差，因而应注意各类原料的最长储藏期。即使在冷冻环境中，原料内部的化学变化依然继续发生，尽量用抗挥发性的材料包装或密封保存。例如，肉类的色泽会发黄，质感会变硬，会产生异味，与鲜肉存在明显差异。

3. 先速冻再冻藏

速冻库是冷冻库的一种，温度一般在-30℃以下。它能实现快速冻结，使原料迅速通过其最大冰晶生成区，原料内部的冰结晶颗粒细小，不易损坏细胞结构和组织。原料冷冻的速度越快，保鲜效果就越好。因此，最好将原料经过速冻处理，再长期储存。但如果单独配置速冻库，对企业来说，可能投入太大，场地等也受到限制。但如果既用冷冻库速冻，又用来储存，会使其他原料受到影响。

4. 把好入库关

冷冻原料进货验收时，必须保证处在冰冻状态，避免将已解冻原料送入冷冻库。冷冻原料一经解冻，原料内的微生物和酶等将重新变得活跃，从而引起原料腐败变质，即使再次速冻，也难以保证其新鲜程度。

在具体使用过程中，冷冻库与冷藏库有相似之处。它们都要定时检查温度，外显式温度（指示）计便于对冷藏、冷冻柜（库）内部温度的监测；原料摆放要整齐有序，应做到原料、半成品、成品分开存放，植物性、动物性原料和水产品分类摆放，不得将食品堆积、挤压存放；坚持先进先出的原则，减少进出次数；保证库房卫生，冷冻库应进行定期除霜、除冰，保证正常使用。

二、库房管理的基本制度

库房管理的基本制度众多，归纳起来主要是四个方面：人员管理、防火、防盗、防毒。

（一）人员管理制度

（1）严禁无关人员进入库房。一般情况下，只有库房管理员和财务部相关人员能进入库房。其他人员一般不得进入库房，除非经上级同意后，先办理进入库房的登记手续，须有库房管理员在场，必须遵守仓库管理制度。

（2）进入库房的工作人员应穿戴整洁的工作衣帽，注意个人卫生。

（3）库房内不准会客，不准带人到库房参观。

（4）任何人不能携带手提袋、包等进入库房，如需携带，在离开时须接受检查。

（5）库房管理员不得将水杯、饭盒、零食等私人物品带入库房，更不得在库房内吃东西。

（6）库房内不准设办公室、休息室，不准住人。

（7）库房不准代人保管物品，也不得擅自储存其他企业的物资。

（二）防火制度

（1）认真执行消防安全规定和制度。具体包括张贴防火警示标志和规定，防火责任落实到个人。

（2）配备消防器材和设施。库房内和库房附近要配备灭火器、消防栓、喷淋装置、自动报警器、手动报警器、卷帘门、防火门等，库房管理人员必须能正确使用灭火器材。消防器材和设施应有专人负责管理，定期检查维修，保证完整好用。

（3）库房内禁止出现明火和易燃易爆品。任何人员不得在库房内吸烟，不能储存任何易燃易爆品。

（4）严格按照库房的安全距离摆放。库房内严禁超重、超高、过密摆放物品，注意墙距、堆距、柱距、灯距、顶距，保证库房过道畅通。

（5）注意用电安全。库房内不准用可燃物做灯罩，不准用电熨斗、电炉、电视机等电器设备。库房内灯具应符合消防安全要求，总电源开关应设在库房外。库房管理人员离开时应关闭电源，定期进行电源和线路检查。

（三）防盗制度

（1）严格落实安全责任制。库房是防盗重点部位，既有内盗，又有外盗，防盗责任落实到个人。

（2）防盗设施要配备齐全。具体包括监控装置、报警装置、防盗门、防护栏等，如有损坏，要及时维修。

（3）库房管理人员不得擅离职守。如无特殊情况，不得请人代岗，非工作时间库房要锁门。

（4）贵重原料要上锁保存。海参、鱼翅、燕窝等贵重原料不得散放，必须有专人负责，容器能够上锁。

（5）妥善保管库房钥匙。钥匙不得转借、转交他人保管和使用，更不得随意配制。必要时可以由保安部负责在非工作时间管理钥匙，即库房管理人员上班在保安部取钥匙，下班到保安部交钥匙，并进行钥匙使用登记制度。

（四）防毒制度

（1）预防人为的污染和投毒。

（2）定期检查。主要是防止原料过期、变质、发霉、生虫，并避免原料之间的相互污染，要及时将有问题的原料清理出库。

（3）配备灭鼠、灭虫设施。具体包括电子捕鼠器、超声波灭鼠器、电子灭蚊器、灭蝇灯、黏蝇条等，目的是减少老鼠、苍蝇、蟑螂等对食品原料的破坏和污染。

（4）非食物不得储存在食品库房内。

(5) 有毒物品、化学品应专库存放。这些物品包括杀虫剂、清洁剂、鼠药等，不要放在食品库内，不得与食品混存。

(6) 定期进行清扫、消毒。保持货架和地面的干净整洁，防止污染。

三、库房管理的基本方法

（一）四号定位法

四号定位法适用于干藏库，指的是用四个号码来表示原料在库房中的位置，这四个号码分别代表库号、架号、层号、位号。任何原料都有固定位置，按照位置进行编号，原料入库后要对号存放，并在该原料的货牌上注明与明细账一致的编号。例如，鱼翅在明细账上的编号是 3-5-2-4，就可知鱼翅是存放在 3 号库房、5 号货架、第 2 层、第 4 号货位上。四号定位法易学易操作，便于保管、发放、盘点等工作。

（二）五五摆放法

五五摆放法是根据分类摆放的原则，对原料进行分类后，以"五"为计算单位进行摆放。该方法适用于包装规范的箱、盒、罐、瓶、袋装原料，基本要求是做到"五五成堆，五五成排，五五成行，五五成串，五五成捆，五五成层"等。该方法能使码放的原料整齐美观，便于清点、发放，充分利用库房空间。

（三）ABC 分类法

ABC 分类法是由意大利经济学家维尔弗雷多·帕累托首创的，又称帕累托分析法、主次因分析法、分类管理法、重点管理法。它是根据事物在技术或经济方面的主要特征，进行分类排队，分清重点和一般，识别出少数的关键因素和多数的次要因素，从而有区别地确定管理方式的一种分析方法。帕累托法被不断应用于管理的各个方面。1951 年，管理学家戴克将其应用于库存管理，命名为 ABC 法。按照 ABC 分类法，把被分析的对象分成 A、B、C 三类。根据原料的重要程度、价值大小、资金占用情况等指标，可以分为 A 类原料、B 类原料、C 类原料。对于 A 类原料，给予最好的储存位置和条件，经常性地检查质量，进行盘点与记录，控制住了 A 类原料就完成了库存管理的大部分任务。B 类原料次之，C 类原料重视程度最差。

（四）库存卡片法

在库房管理过程中，需要对每种原料的入库和出库正确地记录，及时掌握库存情况，并提出采购计划。库存卡片的内容，主要包括五部分：①原料名称和代码信息，原料名称使用正式名称或通用名称，代码指的是按四号定位法设计的编码；②原料入库信息，包括进货的日期、数量、单价和金额等；③原料出库信息，包括出库的数量、日期、出库单号码等；④库存信息，包括库存原料的数量、单价和金额等；⑤采购信息，包括原料的标准库存量、订货点库存量、订货量和订货日。

案例分析1

北京某饭店餐饮采购有绝招

按照一般的规律，餐饮成本约占营业额的三分之一，餐饮原材料的采购是整个餐饮经营实践的第一步，也是餐饮成本控制的第一个环节。有业内人称，采购"一招不慎"，整个经营就有些尴尬。北京某饭店一些做法或许能给大家一些启示。

1. 询价三人行。询价，是价格谈判中不可缺少的重要一环。应当说，它的具体操作方式因人因地因时而异，效果自然有差别。北京某饭店的做法是：询价三人行。也许有人会问，有必要吗？饭店总厨师长助理说，我们每月两次现场询价，采购员、库房验收员、厨师长3人同行，采购员最熟悉市场价格走势，库房验收员注重货品品相，厨师长明白质量优劣，3人各自发挥特长，共同把关价格。这样一来，厨师长也时常逛逛市场，一来及时了解市场行情，二来注意开辟新的货源。近几年，餐饮原料呈现日新月异的变化，如新型水果、特种蔬菜等，能够丰富餐饮需求，对于餐饮经营很有帮助。询价之后，制定出原料（主要是鲜活部分）价格，发给各厨房，由厨师长据此调整相应菜。

2. 灵活进货，减少存货。鲜活原料每日进货，日进日出，基本上不存货，既保证原料新鲜度，又降低库存所占资金。对于急需的原料，他们实行"紧急采购"，由厨师长填单，经财务总监、餐饮总监共同签字后，直接采购，由厨师长验货。这样减少中间环节，保证厨房的紧急需要。对于一些特殊原料，实行单独采购，如鱼翅，这样能够保证优质优价，不存货，不浪费，满足了需要。另外，库房还不定期地打出"慢流动表"，凡是库存超过100天的，都要上该"黑名单"，然后找到责任厨师长，寻求解决办法，做到不浪费、再利用。

3. 每天公布"食品成本日报"。各厨房的成本控制，实行厨师长负责制。从原料的订购、领用，到"标准菜谱"的填写，都要有厨师长的签字。他们每天都有一个例会，由财务部公布昨天的"食品成本日报"。每个厨师长都会根据规定的成本率，来比照所公布的实际发生的成本率，孰高孰低，人人心里都有一本明白账，那些达不到所规定的成本率的，就该想想办法了。通过公布"食品成本日报"，目的是让各厨房每天都要心中有数，这样在经营上能够做到弹性有度。每天一个"食品成本日报"就汇成了月末的"食品成本平衡表"，在这个表上，一个月的成本与销售额都显示出来。通过数字比较，发现成绩和问题，并且分析原因，从而为下月的经营打下基础。

4. 加强沟通，责任分清。"加强沟通，相互理解，责任分清，彼此信任，目标一致，团队至上。"人际关系顺了，货源也就顺畅了，通过一个月两次"沟通会"，几个月下来，成本很明显地下来了，毛利率自然上去了，效果很好。

来源：山东美食网 http：//www.sdcate.com/cgzl/czgl/20071214377.shtml

案例讨论题

1. 如何通过采购环节降低餐饮成本？
2. 库房管理如何与采购环节衔接？

案例分析 2

餐饮采购市场 O2O：下一个互联网风口

就北京来说，目前有 9.5 万余家餐厅，其中小微餐厅占 70%，减去已经拥有集中采购中心的餐厅外，大约为 5 万家，而这么多的中小餐厅就会成为采购供应创业公司的目标用户。

大型连锁餐饮企业的供应链管理主要有两种模式，一种由终端企业直接管理供应商；另一种是终端企业只对应一级供应商，一级供应商再去对应上游诸多供应商。拿百胜餐饮来说，在国内就有 400 多家供应商，由 439 人组成的专业团队来管理。

而这样下来就需要投入巨额的成本，对于大型餐饮企业来说还能够接受，而且也是必须要这样做的，而对于那些中小餐馆来说，他们也需要采购，也需要有供应链，可他们却投入不了这么大的成本。

目前大多数中小餐馆都是由老板自己或采购员负责食材采购，每天要凌晨 3 点起床，开车去批发市场，因为需要的食材种类多、数量少、时间有限，往往只能在有限的几家进行采买，没有选择的空间，而且基本每天都要去。这样下来，人员成本，交通成本，包括时间成本，都是很高的，而且作为个体商户，在购买中的议价能力又很有限，再加上市场食材价格不透明等，长期以来都是中小餐馆采购的痛点。

在美国市场，餐饮供应链市场领先者 Sysco 较早进入这个行业，目前年营业额为 444 亿美元，占据市场 25% 的份额。但在中国，餐饮供应链领域并没有出现一家知名大企业。用大厨网 CEO 袁韬韬的话来说，农贸市场是典型的双边市场，买卖双方非常大、非常零散，非常需要一个互联网平台工具，来解决信息不对称的问题。

对创业公司而言，它们能做的就是为这些 B 端的中小餐馆提供一个采购管理平台，他们可集中优质的采购渠道和服务商，满足商家不同的采购需求，同时为商家提供定时配送。而集中采购的话，会为商家提供相对市场较低的采购价，可以为商家节省相当一部分成本。

这些创业公司在平台方向上都不约而同地选择了移动平台，这也与移动互联网的发展有关。而不同的创业公司，在餐饮采购链服务方面，又会采取不同的商业模式：

1. B2B 自建物流模式

主要以链农、美菜等创业公司为代表,主要面向中小餐馆,为他们提供原料预订、分拣、配送等服务。这种模式较复杂,不易快速发展。

2. B2B 平台模式

主要面向中小餐馆,为他们搭建原料采购平台,商家进行自提。以大厨网为例,暂时不做配送服务,可以很快在全国复制,迅速打开全国市场。但后期的话,相信大厨网也会增加配送服务,才能使服务更完善。

3. B2B+C 模式

主要面向中小商家,线下生鲜店2C零售自提的模式。也就是既为中小餐厅进行配送,同时也通过线下生鲜店来对周边社区用户进行自提销售。

案例讨论题

1. 结合案例谈谈目前的餐饮采购市场呈现怎样的趋势。
2. 你认为将互联网应用到餐饮采购中,会有怎样的优势?

案例分析3

餐厅采购如何节省成本

餐饮成本节节攀升,在同行恶性竞争的情况下,如何节省成本?食材采购作为提高毛利的源头,该怎么做呢?让我们听一听行业人士的采购省钱大计吧!

一、异地采购、选供应商(分享者:长沙筷乐潇湘采购总监 谭谦)

1. 异地采购,加工后再运回

当本地的一些食材价格比较昂贵的时候,很多餐厅都会考虑跑到异地采购。但是异地采购涉及运输保存这方面的问题,如何降低成本呢?

长沙的牛肉价格在40元/斤,而相同质量的牛肉在云南售价28元/斤左右,那么就可以在云南确认好供应商,定制牛肉。但是从外地发货回来,如果量大一时用不完就会增加储存成本,发货少了会增加运输成本。考虑到此,可以在采购牛肉同时,找一家加工厂专门来加工牛肉。可以根据当地食客的口味来制作,如云南的做法多将牛肉加工成牛干巴,长沙食客不太认可那个味道,可以要求加工厂按照要求做成腊牛肉或风吹牛肉。异地的牛肉来到长沙,首先价格上便宜很多,还经过腌制等初加工,减少厨房加工工序,可以降低人力。

还有,湖南人喜欢吃寒菌,每年冬季寒菌在长沙丰收,是其最畅销的时节,同时10月初也是其价格最贵的时候,质量好的价格在120~130元/斤,质量略差的也要60~80元/斤。云南也盛产寒菌,且本地人不太喜欢,价格便宜很多,可以在10月之前前往云南大量采购。寒菌质地很脆，不能长距离颠簸运输，那么就可以找当地人进行初加工，剪掉不能食用的部分，按照湘菜的工艺做成油寒菌，运输回来后一点都不影响质量。即使加上运输费、人工费等，价格也不过40元/斤，而等到了12月份，长沙的寒菌价格降下来了，我们直接在本地采购就可以。用这种办法，我们今年一次采购比去年节省了七八万元呢。

2. 原料采购，三方沟通再下单

作为一名合格的采购员，必须要及时跟厨房、销售部门沟通，发现好的原料时，要想尽办法让厨房用掉，这就要跟销售部门沟通让他们推销某种菜品。而当市场某种原料的价格突然暴涨，比如空心菜3元/斤，就要告诉厨房下单的师傅，要少进货或者停卖，让销售部转推销其他菜品。通过三方合作，可以大大降低采购成本。

3. 冻品抽检看出成率

对于不同品类的原料，做好采购标准非常重要。比如冻货的含水量是比较固定的，而出成率变得可控，这就需要进行抽检、定规格，像10千克/件的鱼出成率在8~9千克，抽检后根据出成率折算定价。像冻虾，就根据头数来折算，这是冻品。如果是鲜肉，主要看是否打水，如有发现，将对供应商进行严厉处罚，3次以上取消供货资格。蔬菜鲜果类原料也定出成率，比如规定某种蔬菜出成率在七成，抽查后不合格就要找供应商，再也不是像过去的张嘴就说你这菜行或不行，没有任何凭证。

4. 两家供应商竞标

对供应商，有时要用些小心机，在供应商中引入竞争机制，比如猪肉一个月的用量能有10多万元，就可以找2个供应商，湘菜部和粤菜部分开下单采购排骨，两家供应商都送货，这次比较哪个质量好，下次就下单全部找这一家，同时跟另外一家供应商谈心，他为了下次争取到送货的资格，就会适当从价格上给予优惠或送质量更好的原料。

这样一来，供应商为了不被比下去，都会铆足了劲送价廉物美的原料。对一些表现很好的供应商，也应该适量给他们点危机感，偶尔找其他供应商来报价，不是不用他们的货，而是敲打一下他们，让他们更尽心地送货，过一段时间再合作。

二、采购省成本可以这样做（分享者：宁波滕头家宴 方强）

1. 自己采购赚20%差额

相比供应商送货，现在可以采用一手采购的方式。比如酒店的水果都是免费赠送的，加上鲜榨房所需的水果，一个店面一天约有3000元的进货额。一开始我们是自取，后来尝试让供货商送货上门，试行一段时间后，发现还是自己批发便宜。我计算过，现在一个驾驶员的月工资是3500元，车钱一个月5000元，一个月8500元的投入，如果负责三家门店，就很合算了。

其他种类也是采用类似的方法。比如蔬菜，我们三家店一个月的进货额有23万元，我计算了一下，让供货商送货上门和我们自己去市场采购，有25%~30%的差价，我们从市场采购有5%的损耗，这样算下来，我们还有至少20%的差额可以节省，一个月就是4.6万元，一年单是蔬菜就能节省55万元。

海鲜多是从批发行里批发后，再卖给我们，海鲜批发市场买海鲜不能八斤十斤地买，一买就是一大盒，一大盒有30多斤、四五十斤不等，价格相差也很多。比如马鲛鱼，市场售价18元/斤，批发价10元/斤，虽然批发会有很多破皮、外形不美观的，但是没关系，我们可以切碎了加工其他菜品，像酒糟鱼杂等。

另外我跟采购员一周可以去两趟海鲜市场，平均一个月就是八趟，去一趟可以买5000~6000元的海鲜，去一次节省大概2000元，一个月1.6万元，一年节省将近20万元。

2. 调料只能从表中选

对调料的采购，我们分为酱、汁、粉等几种，采购人员将所能用到的所有的调料都列在一张表上，并附上不同品牌、不同规格的调料品价位，以及月用量，这张表格送给老板等管理层，商议决定哪些调料留、用什么品牌，比如一些很大桶的原料，用量很少采购回来占用很大的地方，就可以改用小瓶等。

确定好所有的品牌、规格，以后厨房所有下单的调料都要从这个表里选。如果有新的调料想采购，需要总经理同意，填写申购单，这样可以省去很多猫腻，现在实行了一个月，效果不错。

3. 买400斤鳊鱼晒起来

也许跟我是安徽人（擅长腌货）有关系，我喜欢在原料价格便宜的时候，大量购进进行腌制保存。比如鲦鱼，每年6、7月上市，价格很便宜，我们这时会大量采购，将其腌制风干，收起来后常温下保存半年没问题，没有冰箱冷藏的存储成本，使用时也很方便，将其加作料蒸软即可。还有鳊鱼，我一次采购三四百斤，买回来后用酱油泡两三天，然后风干处理，做出来的酱鳊鱼像灯影牛肉一样。

除了鱼类，蔬菜也可以这样，比如现在的莴笋价格便宜，批发价在1.5元/斤左右，除了备好现在的用量，我采购很多进行切片、晒干，做成莴笋干。等莴笋盛产的季节过去，我就推出莴笋干菜品，吃着放心，价格还实惠。冬季的时候毛豆贵，也可以在夏季的时候多储存。

4. 啤酒买500箱送500箱

有时一些通用的食材，区域性的单位会采用集中多家统一采购的方法，所有原材料（包括酒水）都可以，一家去采购和多家统一集中采购再分摊，价格和主动权肯定会有很大优势。我们最近采购的啤酒就是使用这种办法，我们单店购买啤酒量有限，购买后折合价格大于4元/瓶，于是我联合周边几家餐饮，一次下单500箱，供应商做出送500箱的优惠政策，折算下来价格不到3元/瓶，价格大大降低。

案例讨论题

1. 餐饮采购关乎餐厅的成本,具体怎么采购,有什么方法?
2. 通过以上案例,谈谈你的感想和启发。

 **案例分析 4**

饭店采购部门的控制与管理

饭店降低成本的第一关是把好进货关。而如何对采购部门进行控制与管理,则是困扰饭店老总的难题。笔者在饭店业工作多年,现就如何对采购部门实行控制与管理,谈一点粗浅的体会。

一、选人用人

挑选合格的采购人员是抓好采购的基础。经验证明,下列四种人不适合做采购工作:

一是从事过采购工作的人。从事过采购工作的人,往往以此为资本来饭店应聘或被饭店任用。这是大错特错。实践证明,相当一部分从事过采购工作的人员有捞回扣等劣迹。而在市场经济的今天,采购物品原料不需要凭多少经验、关系和熟人。因此,从事过采购的人员,不适合再干采购工作。

二是各种关系派来的人。采购是好工种,好就好在有油水许多人都想干。因此,采购部门用人很难,上级领导,左右关系都想往里安排人。总经理一定要把握住用人关,凡通过关系派来的人,坚决不用。要知道,这些人来采购部门的目的不是来工作的,而是来捞油水的。

三是没结婚的人。这一点似乎不能让人理解。其实,这个问题很简单。没结婚的人不立事,胆子大,不计后果,容易被拉下水;没结婚的人要结婚,凭自己的工资很难使婚礼办得体面,因此,挣钱心切;没结婚的人大都是年轻人。图虚荣、爱面子、讲排场,易为金钱打动。

四是有过劣迹的人。特别是有过贪污、盗窃等劣迹的人千万不能用。用人之前,必须对本人有一个详细全面的了解。用错一个人、损失几百万的事,在饭店业是常有的。因此,要格外地慎重。

以上四种人是不适合做采购的。那么,哪些人具备干采购工作的条件呢?实践证明有下列四种人:

一是转业军人(在部队政治、军事部门干 15~20 年);二是退休公安干警(55~65 岁);三是工厂下岗的车间主任、班组长(年龄在 45 岁左右);四是在本单位工作历年的先进职工。这四种人是干采购工作的最佳人选。他们大都受党的正规培养和教育多年,有事业心和责任感,讲原则,有坚定的政治立场和荣辱界限。一般情况下,他们不会被金钱所打动。挑选这样的人担任采购部门的职员、领导,在制度上、管理上再实施控制,一般不会发生大问题。

二、提职升薪

很多饭店把采购员列入一般管理人员序列,工资、资金几乎和普通员工一样,这是错误的。还有个别饭店对采购人员采取低薪制,其理由是:他们油水多,工资应该低。这就给采购人员捞油水、要回扣罩上了合理的光环。于是乎采购人员在工作中采取"堤内损失堤外补",给饭店造成损失一点也不觉得亏心,致使错误越犯越大。

笔者认为,采购工作是一项非常重要的工作。一个大饭店每天的原料采购款少则上万元,多则十几万元,甚至几十万元,采购人员责任心稍有不强,就会损失很多。高薪制和高职位是对采购人员进行控制与管理的一个好方法。让采购人员明确感到,高薪高职是领导的信任,肩上的责任重大,稍有疏忽,便会丢掉这份高薪的职位,因而倍加小心谨慎。

三、制定有效的措施

有效的措施是防止出现漏洞的重要管理手段,必须根据本饭店的经营特点和采购实际制定。例如:

(1)成立验货部,并给予一定的权力。对于采购部采购来的各种物品、原料,验货部进行价格、质量、斤两的检验。质量不合格、价格高于市场报价的物品,验货部有权拒绝验收,验货部不在发票上签字,财务部不予报销。

(2)采购部必须两人一组进行采购,不能单独行动。

(3)采购部购进的所有物品原料在保证质量的基础上,价格不能高于市场同类物品的价格。

(4)验货部指派专人负责核查进货价格。验货部每天必须掌握日常原材料的价格。以对采购人员采购物品的价格实行有效的监督,等等。

以上措施和制度,由饭店质量监察组监督落实,并进行抽查,以此对采购人员进行控制。

案例讨论题

1. 通过以上案例的分析,你认为还有哪些人不适合做采购的工作?
2. 根据你了解的酒店采购管理措施,对案例中的管理措施进行补充。

思考与练习

1. 餐饮原料采购具有哪些特点?
2. 餐饮企业采购的组织形式有哪些?说出各种形式的利弊。

3. 采购的方式有哪些？
4. 采购程序包括哪些环节？
5. 餐饮原料采购应遵循哪些采购原则？
6. 采购人员应具备哪些基本素质？
7. 供应商的选择标准有哪些？根据当今市场出现的假货、以次充好、回扣等现象，如何对供应商进行管理？
8. 餐饮原料采购价格控制有哪些途径？
9. 组成团队去当地大型超市，分别查看干货类、米面类、粮油类等原料的品质，谈谈采购规格书包括哪些基本内容。
10. 进货验收制度包括哪些主要内容？
11. 验收的程序有哪些？
12. 简述验收员需要掌握基本的验收方法。
13. 原料出库有哪些基本规定？
14. 库房的种类和管理要点有哪些？
15. 库房管理的基本制度有哪些？
16. 库房管理的基本方法有哪些？

第五章　厨房生产管理

【学习目标】

　　通过本章的学习,了解厨房组织结构、岗位职责、餐饮管理内容,掌握餐饮生产特点及厨房生产管理内容,重点掌握餐饮生产流程,掌握食品卫生与安全管理的具体内容。

【内容结构】

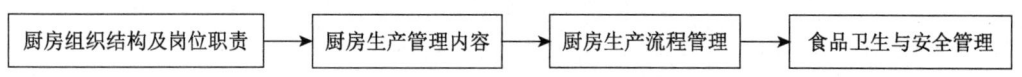

【重要概念】

　　厨房组织结构　标准菜谱　粗加工　细加工　配份　折损率　交叉污染　食物中毒

不管是餐饮企业,还是星级饭店,餐饮生产都具有很大的相似性。它们具有典型的工厂车间的特点——生产有形的产品。因此,厨房的生产管理更加复杂,具有一定的特殊性,与餐厅服务、客房等业务部门的管理相比,表现出明显的差异。

第一节 厨房组织结构及岗位职责

一、厨房的设备

厨房是餐饮产品的生产基地。各饭店宾馆、涉外餐馆的厨房设备都是以餐厅的接待能力和产品风味为基础的。厨房设备的合格程度直接影响产品生产能力、原料加工质量和产品风味,最终影响客人消费需求。厨房的配备主要从以下三个方面进行。

(一)厨房数量配备

厨房数量配备是以餐厅数量为基础的。一般来说,每个风味餐厅都应该配备一个与之相适应的厨房。因为产品风味不同,其厨房的设备配置、原料加工、烹饪制作的要求不同。只有配备与之相适应的厨房,才能保证产品风味和产品质量。否则,不同风味的产品共同使用一个厨房,必然带来餐饮产品生产的诸多不便,影响厨房效率。

(二)厨房面积配备

一个厨房需要建多大面积,是以餐厅的营业面积为基础的。我国传统的饭店宾馆和涉外餐馆,其厨房面积(含小库房)要求与餐厅面积的比例为1∶1,其结果是厨房面积过大,增加了建筑投资,影响营业面积。比较合理的比例是1∶0.5,即餐厅面积100平方米,厨房面积50平方米左右。改革开放以来,我国新建的合资饭店大多是按这一比例配备的。

(三)厨房灶炉配备

灶炉是厨房产品烹制的主要设备。它以炒菜炉为主。厨房灶炉配备的多少是以餐厅类型和餐厅座位为基础的。主要有三种标准:一是零点餐厅厨房,炒菜灶炉按1∶30的比例安排。因为这种厨房以小锅制作为主,1个灶炉负责30个座位,最能适应生产需要。二是团队和会议餐厅,无须每个菜点单锅制作,且以大盘菜点为主,炒菜灶炉一般按1∶40~1∶50的比例安排。三是宴会厨房,因产品加工精细,烹调质量要求高,一般按1∶35~1∶40的比例安排。

二、厨房组织结构

组织管理学家巴克斯克先生指出:领导的职责就在于成功地设计一种组织,并委派最恰当的人选,然后致力于按照组织原则使大家去达到目标。组织结构是为完成经营管理任务而结成集体力量，在人群分工和职能分化的基础上，运用不同职位的权力和职责来协调人们的行为，发挥集体优势的一种组织形式，是有效开展业务经营活动的组织保证。

厨房组织结构是针对厨房的食品生产活动而设立的专业性业务管理机构。厨房组织结构构建的科学与否，关系到厨房工作的工作效率。科学合理的厨房组织结构可以帮助厨房工作发挥最大效应。本章主要对厨房组织结构的以下三种类型进行介绍。

（一）小型传统式厨房组织结构

大部分小型传统式厨房组织结构都会采取简单型结构，其特点是组织结构扁平化（见图5-1），由一名不脱产的厨师长负责，在做决策时大都以口头传授的形式，显得不够正式。但是面对餐饮企业顾客需求变化多端的特点，扁平化的组织结构却十分有利，原因是没有更多的组织层次决策者，能够立即获得主要信息并迅速地回应并解决问题。

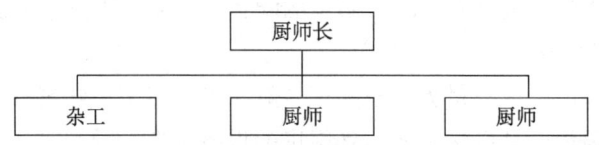

图5-1 小型传统式厨房组织结构

（二）中型传统式厨房组织结构

中型传统式厨房的特点是，厨房按菜品生产的类别分为若干部门。每个部门由一名领班厨师负责管理。厨房全部生产管理工作由一名厨师长负责（见图5-2）。

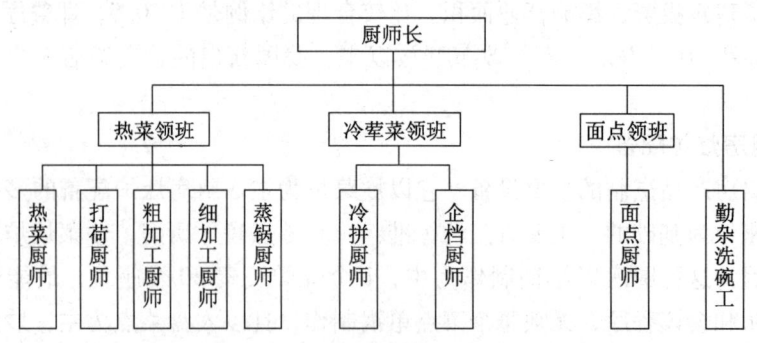

图5-2 中型传统式厨房组织结构

（三）大型现代式厨房组织结构

大型现代式厨房的组织结构特点是由中心厨房和卫星厨房两部分组成。中心厨房是一个以生产和加工半成品为主的厨房或称为配送中心，兼宴会厨房和面点生产厨房。卫星厨房称为餐厅厨房是将半成品加工为成品的厨房。通常，一个饭店设立1个中心厨房，每个餐厅一般配备1个卫星厨房。现代式厨房组织通常设1名行政总厨负责厨房全面管理工作（见图5-3）。

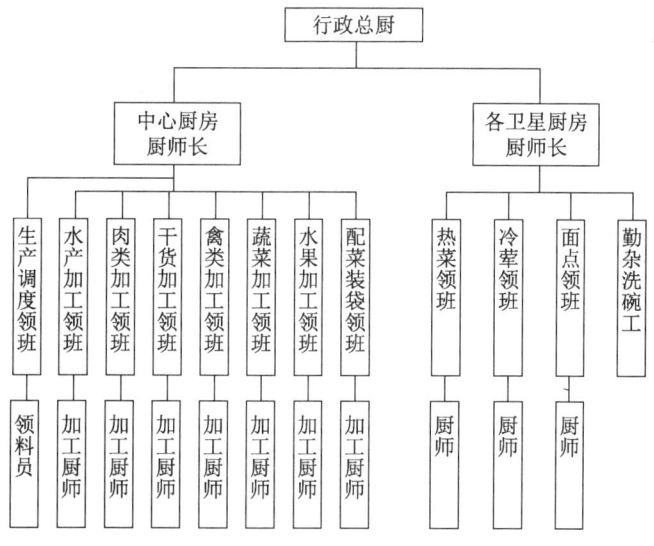

图5-3 大型现代式厨房组织结构

三、厨房岗位职责及工作内容

由于各餐饮企业经营目标不同，与之配套的厨房类型与生产方式也不同，因此岗位的设定也有所不同。大中型厨房分为管理岗位和生产岗位，下面就一般大中型餐饮企业厨房常设的管理岗位和部分生产岗位工作人员职责及工作内容进行介绍。

（一）厨房管理岗位人员职责及工作内容

1. 行政总厨岗位职责及工作内容

行政总厨是厨房的总负责人，负责厨房的全面工作。其岗位职责及工作内容如下：

（1）行政总厨岗位职责。①对餐饮部总监负责，负责厨房的全面工作；②对餐饮企业的食品供应及其质量负有重要责任；③对食品原料成本控制负责；④对厨师的烹调技术、工作意识的提高负有培训的责任；⑤负责协调厨房各岗位的工作及人员配备。

（2）行政总厨岗位工作内容。①制订并实施厨房生产计划，制定各厨房操作规程及岗位责任制；②制定各餐厅菜单和厨房菜谱，制订食品原料进货计划；③每日巡视厨房卫生、安全和食品质量情况；④签批原料出库单及填写厨房原料使用报表；⑤统筹各工作环节人力及技术力量的安排；定期实施技术培训，组织厨师学习新技术和先进经验，定期或不定期对厨师技术进行考核；⑥按时检查厨房设备运转情况和厨具的使用情况；检查库存食品原料的储存情况；⑦根据不同季节和重大节日，组织特色食品节，推出时令菜，增加花色品种以促进销售，与厨师们共同研制新菜品；⑧评估厨师，对厨师的晋升、调动提出意见；⑨制定值班表。

2. 厨师长岗位职责及工作内容

厨师长是各厨房的负责人，负责厨房的全面工作，其岗位职责及工作内容如下：

（1）厨师长岗位职责。①对行政总厨负责，负责本厨房的全面工作；②对餐厅的食品供应和食品质量负有重要的直接责任，并负责与餐厅的协调；③对部属烹调技术、工作能力、工作意识等提高负有督导、培训的责任；④做好分配下级的工作，调动厨师积极性，为其提供一个良好的工作环境；⑤对厨房的安全问题负责。

（2）厨师长岗位工作内容。①参加行政总厨召开的例会，将厨房生产中出现的问题、客人的投诉和要求及时反映给行政总厨，并提出改进意见；②协助行政总厨制定菜单及菜谱，根据季节变化不断推出创新菜及每月特色菜；③每天查看宴会预订单，监督宴会、冷餐会等准备工作；④审阅前一天的菜肴销售情况，准备充足的原料，对滞销菜肴要找出原因并做出相应的调整；⑤及时了解设备的使用情况，通知工程部及时维修有故障的设备，以免耽误生产；⑥检查厨师的出勤情况；⑦根据厨房生产需要，制订采购计划，及时提供采购单，签署厨房每日提货单；⑧根据本厨房的情况，拟订培训计划；⑨检查厨房的安全情况。

3. 领班岗位职责及工作内容

领班是各厨房专业岗位的负责人，负责本专业岗位的全面工作。其岗位职责及工作内容如下：

（1）领班岗位职责。①对厨师长负责，全面掌握本菜系的烹饪技术；②做好本辖区的各项工作；③及时向厨师长汇报本辖区的工作情况，并提出建议；④与其他岗位搞好协作；⑤对本辖区的安全负责。

（2）领班岗位工作内容。①每天检查下属厨师的仪容、仪表；②协助厨师长培训厨师，指导新厨师熟悉工作程序；③开餐前，检查所需用料是否准备妥当；检查各岗位的准备工作；④分配下属领取当天使用的食品原料；⑤汇报本辖区的人员问题、当天不能提供的菜品、食品原料的采购问题、客人投诉及要求等；⑥开餐完毕后，检查厨具和用具是否清洁，并摆放整齐；把炉头所用的烹饪调料按规定位置收拾好；⑦班后，检查各部位水、电、气、油等开关是否关闭。

（二）厨房部分生产岗位人员职责及工作内容

1. 热菜厨师岗位职责及工作内容

（1）热菜厨师岗位职责。①对热菜领班负责，听从热菜领班的安排；②负责零点菜及宴会菜的烹制；③维护厨房设备的正常运转；④遵守国家和地区的卫生法规，保证食品卫生，防止食物中毒；⑤对本区域内水、电、气、油的安全负有直接的责任。

（2）热菜厨师岗位工作内容。①上班后，准备好炉头必备的所有用具，如铁锅、铁铲等；②接受厨师长所签署的领货单，领取每日货物；③每天对所用设备进行检查，且保持设备的清洁；④按餐厅的订菜单生产菜品；⑤开餐完毕后，清洁所有炉具、用具；⑥下班后，关闭本区域内所有水、电、气、油等开关。

2. 打荷厨师岗位职责及工作内容

（1）打荷厨师岗位职责。①对热菜领班负责，听从热菜领班的安排；②负责菜品的上粉、穿、色、挤、卷、贴、酿，以及菜品的滚、煨、煎、炸等加工前的准备工作；③对菜品的装盘式样负责。

（2）打荷厨师岗位工作内容。①装饰盘装菜品，使菜品能够达到美观诱人的程度；②检查宴会及零点菜配菜原料斤两及数量；③检查每日餐厅供应菜品所需餐盘的数量，并按要求摆放整齐；根据宴会菜单的内容，准备好所用餐盘；④准备炉头每日所需的汁、酱、汤，并添加烹饪调味品；⑤分配菜品的烹饪顺序，以先到先制，先食先制为原则，对餐厅不同餐桌的菜品灵活交叉地配给热菜厨师进行烹制；⑥配合服务员做好传菜工作，以使菜品传向正确地点；⑦开餐结束后，将配菜盘及塑料筐等送往管事部，由管事部负责清洗；清理本区域卫生。

3. 粗加工厨师岗位职责及工作内容

（1）粗加工厨师岗位职责。①对热菜领班负责，听从热菜领班的安排；②负责肉类、禽类、海鲜等的初步加工，并负责活物的喂养。

（2）粗加工厨师岗位工作内容。①按提货单提取当日所需的冷冻食品原料及蔬菜等，并负责解冻、清洗和加工；②负责活物的宰杀，去皮、去毛、去内脏等；③定时喂养活物；给水产动物换水、加氧，提高水产动物的成活率；④工作完毕后，将自己所用的刀、盆等洗净放好，并将原料按要求放在指定地点，清理本区域的卫生。

4. 细加工厨师岗位职责及工作内容

（1）细加工厨师岗位职责。①对热菜领班负责，听从热菜领班的安排；②负责对肉类、禽类、水产品的细加工，如切片、拉丝、剁馅、改花刀等；③负责粗加工原料的细加工，如将料头改成所要求的大小和形状；④同打荷厨师做好配合，加快出菜速度。

（2）细加工厨师岗位工作内容。①从餐厅传菜员处接过客人点菜单后，按先到先配制的原则配制菜品；②开餐完毕后，将所有肉类、禽类、水产品放入冰箱，收拾好小料头，对于需要换水的原料要及时换水，清洗用具、擦拭本区域冰箱、打扫公共区域卫生。

5. 蒸锅厨师岗位职责及工作内容

（1）蒸锅厨师岗位职责。①对热菜领班负责，听从热菜领班的安排；②负责对炖、扣、熬、煲等菜品的加工；③对本区域内水、电、气、油的安全负有直接的责任。

（2）蒸锅厨师岗位工作内容。①每日从粗加工处领取调制汤的原料，并进行调制；②从打荷厨师处接受客人的点菜单，根据菜单内容烹饪各种菜品；③每日向领班汇报当日各种炖品、扣品等剩余数量；④开餐完毕后，清理本区域卫生；⑤下班后，关闭本区域内所有水、电、气、油开关。

第二节　厨房生产管理的内容

一、厨房生产管理的内容

（一）制定规章制度

一般认为，厨师属于技术人员，掌握着一定的技能，但存在着组织性、纪律性不高的情况，管理难度比较大。因此，在管理过程中，首先要制定规章制度，规范员工的行为。具体包括岗位责任制、生产操作程序和规范、卫生管理制度、安全管理制度、设施设备使用制度、值班交接班制度、技术业务考核制度、产品质量标准、库房管理制度、各项纪律等。在制定过程中，要注意规章制度的切实可行，要以引导、规范为目的，以全体员工和企业利益为出发点。

（二）生产组织管理

生产组织管理涉及厨房内部的分工和岗位之间的协作，即把厨房全体员工组织成为一个有机的整体，使员工与设备设施密切配合，共同完成生产活动。分工包括岗位的划分和任务的分配，因而要求在厨房内部划分为若干个小组或小的部门，合理设置管理层次，最终明确岗位和相应的职责。协作包括生产流程的前后衔接，因而要求制定相应冷菜、热菜、面点等生产操作程序，通过操作程序将各个岗位联系起来。此外，还涉及员工的排班、轮休、考核、激励等内容。在组织管理过程中，尽量增加生产的计划性，做好周、月等接待计划，合理安排人力。

（三）产品质量管理

厨房最终生产的结果——食品和菜肴以及使用的原料，这些都是有形产品，有具体的衡量指标。质量管理涉及三个部分：确定标准、执行标准、检查与反馈。质量管理的具体做法众多，包括编制质量管理手册、建立标准菜谱、确定原料选择标准、确定成品标准、落实质量管理责任人等。此外，厨房也可以借鉴工厂的管理方法，大量运用质量分析和管理方法，改善厨房生产的固有问题，提高生产的标准化程度。

（四）生产成本控制

厨房生产成本控制是整个餐饮成本控制的关键部分，涉及加工、配份、烹调三个环节。加工过程的控制，主要对加工数量、质量进行控制，避免过量加工、浪费，保证加工后的原料符合规定标准，提高净料率。配制过程的控制，避免多配、错配、遗漏等情况，必须凭点菜单配菜，使用称量工具，不能凭经验和习惯配菜。烹调过程的控制，要注意厨师烹调的质量，使成品的色、香、味、形等符合标准，避免菜肴制作失败。

（五）食品卫生管理

卫生管理涉及的环节众多，包括原料选择、粗加工、细加工、配份、烹调、出品等环节，与厨房环境、员工、容器、工具、设备等都有关系。厨房卫生管理是原料采购、储存管理的下一个环节，是保证产品质量、防止污染、预防疾病的重要手段。除了在操作中注意卫生要求外，厨房最好由专人负责卫生监督和检查，配备必要的卫生工具、设施和设备，必要时设立专业的检验人员。

（六）生产安全管理

1. 火灾

厨房是火灾事故最容易发生的地方，需要特别加以重视。火灾发生的原因众多，包括煤气、天然气或液化石油气等泄漏引起的火灾；用电或电器引起的火灾，如烤箱发生燃烧；员工操作不当引发的火灾，如油锅加温过高、油量过多而发生燃烧。

火灾预防是厨房管理的重要任务，必须建立火灾预防的规章制度，在操作过程中严格执行，树立员工安全生产意识；落实安全防火负责人，对火灾隐患定期检查（如及时清洁油烟机、高峰期检查用电是否超负荷等），每天午休或下班前认真检查水、电、气、火等；配备灭火设施和设备，必须安装喷淋、烟感报警器、灭火器、消防栓、防火卷帘门等，并对员工实施培训，进行定期的演习。

2. 人员伤害

由于接触刀具、电动设备、烹调工具等，厨房生产具有一定的危险性，人员受伤时有发生，给员工个人和企业都造成了很大的损失。常见的伤害包括割伤、跌伤、撞伤、烫伤、触电、煤气泄漏等，容易受伤的部位是手指、手掌、手臂、脚部、踝关节、腰部等。为了避免这些问题，企业需要制定严格的设备操作规定并对员工认真培训，加强安全教育，避免员工疲劳操作，配备必要的生产工具和服装，并购买保险。

二、厨房生产的特点

（一）生产的手工性、技艺性

手工操作是餐饮生产的一个典型特点，在这一方面中餐体现得更为明显。中国烹饪历史悠久，源远流长，但由于菜肴制作机械化程度低且菜肴需求不断变化等缘故，使餐饮生产有着很强的手工技术特性。千百年来，制作者均是靠着自己的聪明才智，手工操作，经验把握，凭着一手过硬的技术，烹制成了无数的美食佳肴，创造了辉煌灿烂的中华饮食文化，因此"手工操作，经验把握"是中国传统烹饪的根本特点。中餐产品的制作基本上都是以手工操作为主，在操作中融入个人的技艺水平，制作者是在长期的手工操作中无数次的尝试后总结出经验并提升自己的技艺水平，在产品的制作中予以展示，从而创造出千姿百态、琳琅满目、无限诱人的产品，生产中的手工性和技艺性是中餐区别于西餐的根本，也是中餐的灵魂所在。

（二）定制生产，少量多次

餐饮食品的销售基本上是客人进入餐厅后，分别点餐、按份加工生产的。由于客人点用的产品类别、分量、加工方法、口味特点不一，就决定了餐饮生产必须按照客人的需求分别按份生产。由于餐饮产品加工的特殊要求，即使大型宴会客人点用的是大量的同一产品，加工中也无法规模化生产，少量多次加工是菜肴生产的基本要求。因为大锅生产受加工时间长、原材料受热不均等诸多因素影响，会影响菜肴的质量；凉菜和主食也受最佳食用时间、菜品品相的限制，也很少提前大批量加工出来，可以说厨师是在一勺勺、一锅锅的加工中完成的菜品制作。在经营旺季，有时一个厨师一天要生产出上百份菜肴，其中不乏同类菜肴，但也必须逐一加工。

（三）标准的非量化性

尽管中餐在每一菜品的加工中都有具体标准，但在具体操作中这种标准大多是模糊、不具体的，只是强调人们的共同理解，从语言表述中就可见一斑，如：油盐酱醋少许，到底是少到什么程度？每个制作者都有不同的理解，从而造成同一款菜肴，由于不同的人加工，甚至同一个人在不同的时间加工同一款菜肴，其结果都不相同，有时差异很大，即便是有的菜肴加工有具体的量化标准，但因为执行起来有难度，也只是形同虚设。例如常常看到菜谱中注明放几克盐、多少克调料，但由于加工器皿上没有准确的刻度标准，也只能是操作者凭经验去估计。标准的非量化性对餐饮管理提出了挑战，更说明其任重而道远。近年来，菜肴制作标准化越来越受到重视，人们试图用西餐的工业化模式来要求与规范中餐厨师的手工操作，制定一系列菜肴标准，使菜品质量如肯德基、麦当劳等产品一样稳定。

（四）产品的差异性

餐饮产品的生产受多种因素的影响，每一个因素的变化都可能影响或左右着产品的质量，造成较大的差异性。

1. 原材料的差异

原材料的好坏对产品的质量起决定作用，俗话说"巧妇难为无米之炊"，但"巧妇也难为坏米之炊"，优质的原材料，如果加工技术不行，也不一定能做出可口的菜肴，但劣质的材料，变质的鱼肉、腐烂的蔬菜，即便是再高超的厨师也无法创造奇迹，加工出美味食品。

2. 执行标准的差异

标准就是规范、就是制度，是成功生产的保证，不同的标准会产生不同的产品，同一标准如果执行的不统一也会产生差异，制作同一道菜，如果原料的多少，油、盐的用量，用火的大小，受热的时间有一项不统一，就会导致最终产品的差异性很大。因此，餐饮生产要有严格的标准，在此基础上应保证执行标准的统一性，从而避免产品的差异。

3. 人员的差异

餐饮产品是经过厨师精心加工，手工制作而成的，由于制作者的态度水平不同，往往会造成产品的差异性。试想一下，一个对菜肴制作充满了浓厚兴趣、心情愉悦、注意力集中、精于钻研技艺、善于总结改进的厨师和一个丧失激情、工作马虎、心情沮丧、得过且过的厨师加工出来的菜肴肯定会有很大的差别。

（五）生产消费的即时性

餐饮产品的生产是在顾客有购买行为的前提下进行的，只有购买，才有产品的生产，这就是餐饮产品生产的即时性，这也是餐饮企业与其他生产企业的不同之处。这种生产消费的即时性与同步性对餐饮生产提出了严格的要求：

1. 不可大量预先生产，但原材料准备要充分

餐饮生产有别于其他产品生产的地方就是不可提前制作，客人的消费常常出现临时性地选择餐厅、随意性地点用菜肴现象，这就使餐厅无法提前生产，从而增加了餐饮生产的难度，既不可事先盲目生产造成大量浪费，又不能不做充分准备，以应对大量客人的集中消费。

2. 加工制作要迅速

中餐每一道菜肴的制作从准备到出品，中间要经过诸多环节，每个环节要迅速快捷，衔接有序，这样才能缩短客人的等待时间，不然每一环节稍有耽搁，就会造成客人长时间等待，产生不满，最终投诉。即使最终菜肴再美味可口，也会被客人长时间等待的不满情绪而抵消。

3. 上菜要及时

餐饮产品消费与生产是同步的，一些火候菜生鲜产品的食用，强调的是制作完后立即品尝，稍一拖延就会影响就餐效果，使菜肴评价大打折扣。这就要求传菜员要尽职尽责，做到菜品的送达准确无误。另外，为了使上菜时间尽可能地短，也要求厨房与餐厅的距离不可太长，并且尽可能使厨房与餐厅的通道畅通。总之，要确保生产过程中各个环节的衔接与协调。

三、厨房生产流程

（一）整体生产循环

从整体角度来分析，厨房的生产流程是一个完整的生产循环过程。它始于原料采购，经过库房的储存和出库环节；之后，原料进入厨房，经过厨房的几个具体加工、制作环节，原料成为成品；经过传菜，进入餐厅；根据顾客的反映和评价，进入反馈阶段，对原料采购、厨房生产进行调整，从而完成一次循环。

（二）厨房小循环

在整个生产循环过程中，每个厨房都在进行着各自的小循环，周而复始地完成生产任务（见图5-4）。

（1）热菜：出库—粗加工—细加工—配份—烹调。

（2）冷菜：出库—粗加工—细加工—配份—冷菜制作。

（3）面点：出库—面点初加工—面点制作—加热熟制。

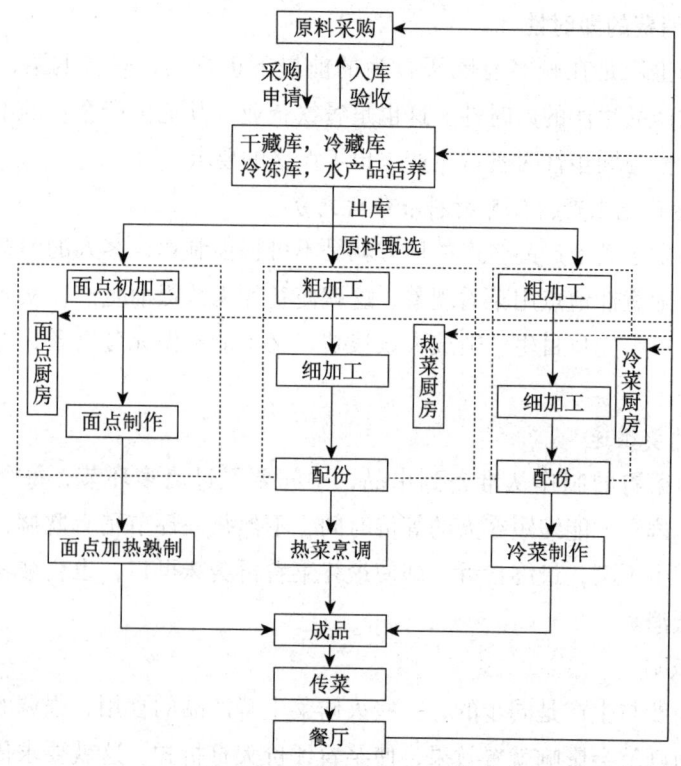

图5-4　厨房生产流程示意

四、厨房生产质量管理

厨房生产质量的管理，实质就是对厨房生产流程的控制。生产质量的管理内容，具体来说包括标准菜谱、标准菜单、生产操作标准等。

（一）标准菜谱

标准菜谱是厨师的操作指南，它以菜谱的形式，明确记载了食品和菜肴的原料组成和用量、操作步骤、烹调方法、制作程序、成品标准、标准成本等基本信息。

标准菜谱的编制工作量很大，每一种食品和菜肴都对应着一个标准菜谱，一个企业可能需要一两百个标准菜谱。编制的难点在于确定原料用量和成本,每个企业的食品和菜肴的种类不同,原料用量不同,没有太多可以借鉴的部分,需要每个企业自行解决。企业往往要经过多次试验和测算,才能将原料用量、成本等详细信息确定下来。如表5-1所示为标准菜谱示例。

1. 标准菜谱的内容

(1) 原料组成和用量。这一步确定了食品和菜肴的基调,决定了产品的主要成本。标准菜谱需要明确说明某一种食品或菜肴的主料、辅料、调料的名称,要使用统一名称和通用名称,说明规格、产地、品牌、质地、色泽等基本信息,使用同样的原料加工出来的产品才可能质量一致。具体的用量可以根据多次测算、平均分摊的方式得出。不管用量多少,都应力求精确。

(2) 操作步骤与烹调方法。标准菜谱应具体规定操作的关键步骤,每个步骤如何衔接,操作的注意事项,烹调的方法,烹调的温度和时间以及使用的炊具和工具等。在说明过程中,可以使用术语,语言要简洁、明确,使厨师能够读懂。

(3) 成品标准。产品标准包括成品的感官要求(色、香、味、形等)、产品重量、成品彩色照片、装盘形式、盛器要求、装饰物等。

(4) 标准成本。标准成本是标准菜谱的难点,也是菜谱科学化、规范化的重要标志。标准成本指的是主料、配料、调料的标准成本,并考虑原料加工过程中的折损,它是定价的基础。在标准菜谱中,还有毛利率和售价两个指标。由于确定单项原料的成本比较困难,标准成本往往需要经过多次测算、反复试验才能得出,往往选择一个平均值。由于原料的价格经常变化,因而标准成本也在变化,需要不断调整。

2. 标准菜谱的作用

(1) 标准菜谱是厨房生产的技术标准。厨房生产中手工操作比重大,操作中随意性比较大,可以说因人而异,"一个厨师一个味道",往往缺乏统一的技术标准,这也是中餐菜肴制作质量控制的一个难点。而标准菜谱有助于解决标准不统一的问题,对于餐饮生产意义重大。

(2) 标准菜谱是成本控制的依据。一般来说,厨师清楚成本控制的意义,但不容易把成本控制的理念转化为具体的行为,因为菜肴制作常常是在营业的高峰时段,短、急、快地完成紧张工作之中,如果没有严格的制作标准,生产者基本上都是凭借经验去发挥,成本控制常常被忽略或估算,控制起来既困难又不准确。如果制定了标准菜谱,使厨师在执行的过程中,就同时完成了成本控制。

(3) 标准菜谱是餐饮产品的质量标准。标准菜谱对餐饮生产的各个环节都有明确要求,能够减少违规操作而导致产品质量的不一致、不稳定,采用定性或定量的方法进行详细描述,这样就保证了成品符合顾客的要求和企业的标准。

表 5-1 "标准菜谱"示例

标准菜谱

菜肴名称：鱼香肉丝	编号：0102410	菜谱类别：零点	菜系：川菜
售价（元）：20	成本（元）：12.04 元/例	毛利率：40%	成品重量：300 克

	原料名称	用量	进价 元/500 克	成本（元）	备注	操作步骤
主料	猪肉里脊	300 克	15	9.00	地产	1. 将猪里脊切丝。黑木耳水发后洗净切丝，笋切丝，葱姜蒜切末。 2. 调一碗水淀粉，将肉丝放入碗中，搅拌均匀。 3. 再调一碗水淀粉，将酱油、醋、料酒、糖、盐、葱末等放入碗中备用。 4. 炒锅烧热后倒入色拉油，待油八成热时，倒入肉丝，炒至肉丝发白后盛出。 5. 将蒜末、姜末和剁椒放入锅中煸炒，炒出香味后，将肉丝倒入混合。 6. 倒入木耳丝和笋丝，翻炒 1 分钟后，倒入调好的汁，翻炒 30 秒钟，即可出锅。 注意事项： 1. 肉丝规格要一致 2. 调味汁要提前备好 3. 翻炒要迅速
辅料	1. 干木耳 2. 鲜竹笋 3. 豌豆 4. 剁椒	15 克 30 克 20 克 50 克	30 10 10 5	0.90 0.60 0.40 0.50		
调料	1. 酱油 2. 米醋 3. 料酒 4. 白糖 5. 盐 6. 淀粉	10 毫升 20 毫升 5 毫升 15 克 5 克 20 克	3 3 4 8 2 4	0.06 0.12 0.04 0.24 0.02 0.16	××牌 ××牌 ××牌	
合计				12.04		

成品要求
色泽：肉丝发白，木耳、竹笋为本色
口味：鱼香味道，鲜咸适中
质感：肉质细嫩，木耳、竹笋清脆
盛器：10 英寸椭圆盘
装盘及造型要求：配萝卜刻花

成品彩照

编写人：	厨师长：	财务审核人：	编写日期：

（4）标准菜谱有助于提高生产效率。使用标准菜谱后，厨师明确了要求和标准，只需要遵照执行，不需要太多地讲解要求，这样使生产过程更流畅。即使有厨师离职，也不至于使厨房生产受到严重影响。标准菜谱也可以作为新员工的培训材料，使新员工迅速提高技术水平。

（5）标准菜谱既是厨房生产和质量检查的依据，又是员工培训和考核的依据。标准菜谱一经制定，必须严格执行。在使用过程中，要维护其严肃性和权威性，使标准菜谱在质量管理方面发挥作用。

（6）标准菜谱是菜肴定价的基础和前提。所有的定价一定是在计称完成之后再进行价格的制定。由于标准菜谱合理控制了制作成本，在此基础上核定菜品的价格就更为方便和准确。

尽管标准菜谱已经存在了很多年，但充分应用的企业并不多，有的仅仅是一个文本，没有任何实际作用。标准菜谱在实际工作中遇到一些障碍：首先，很多厨师认为标准菜谱是书本上理想化的内容，根本不适合实际生产，繁忙的厨房根本没有标准菜谱的"用武之地"。其次，很多厨师认为标准菜谱过于烦琐和固定，与自己的理解或师傅传授的内容不一致，并且限制了创新。其根源在于标准菜谱制作应结合实际，更注重其可应用性。

（二）标准菜单

标准菜单，也叫标量菜单，是为顾客准备的，为方便顾客点菜而设计。而标准菜谱是为厨师和成本核算人员准备的，两者有明显区别。标准菜单是在传统菜单的基础上，列出每种食品和菜肴的配料名称和用量（与标准菜谱一致），也可以将营养成分标注出来。标准菜单使顾客对于食品和菜肴有更清楚的了解，既可以作为点菜的依据，也可以对厨房的生产起到监督作用。

2005年12月21日，江苏省第一个餐饮方面的计量标准——《餐饮计量规范》（DB32/769）正式实施。按照《餐饮计量规范》的要求，100平方米以上的餐饮企业、饭店必须使用"标准菜单"，应在菜单上明示菜肴、饮料的分量，未照此执行将受到行政处罚。根据《餐饮计量规范》规定，餐饮经营者应当遵循公正、公平、公开的原则，保证所经营的菜点、酒类、饮料和其他商品计量准确，保证计量器具合格。具体来说，热菜应标明主要生料的净含量，冷菜应标明主要熟料的净含量；标注大、中、小例（份）的，应同时标注净含量；酒类、饮料应该标明每份的净含量；现场经营称量的酒类、饮料，应配备符合国家计量规定的量杯。

（三）生产操作标准

建立生产操作标准就是对生产质量、产品成本、制作要求等进行定性和定量规定，并用于检查和指导生产的全过程。在具体应用中，企业可以将这些生产操作标准作为《质量管理手册》的一部分内容。

1. 原料选择标准

指粗加工和细加工环节对原料的选择标准，这些标准既是厨师甄选原料的依据，也是对采购和储存工作的有效监督。具体来说，可以分类制定标准，如《肉类选择标准》《水果和蔬菜选择标准》《水产品选择标准》《干货原料选择标准》。

2. 加工标准

指粗加工和细加工环节对原料的加工标准，这些标准有助于配份和烹调过程的质量保证。具体来说，可以分类制定标准，如《原料净料率标准》《刀工处理标准》《肉类加工标准》《水果和蔬菜加工标准》《水产品加工标准》《干货涨发标准》等。

3. 烹调标准

指对烹调过程的具体要求，包括《热菜烹调标准》《冷菜烹调标准》《面点制作标准》等。

第三节　厨房生产流程管理

厨房的生产流程比较复杂，按照先后顺序，主要包括原料准备、加工、配份、烹调四个阶段。厨房生产流程管理是指对餐饮产品的整个生产过程进行的有计划、有组织的管理与控制过程。

一、准备阶段的管理

（一）确定原材料需求量

确定食品原材料的需求量是保证餐饮产品生产必需的前提条件，其用量的确定必须合理、科学、准确。原材料用料过少会影响或妨碍餐厅的经营，过多则会造成相应的浪费，增加储存的难度，加大成本。可以根据餐饮产品的类别和种类，并结合当日预订情况，合理预测，结合实际并考虑到原材料的消耗情况，在此基础上，确定基本生产数量，其主要方法如下：

1. 经验估算法

就是凭借以往经验，排除预订因素，对每日平均用量进行预测，在此基础上，对当日所需原材料做一个基本用量的估算。采用此法基本上能够保证当日为非预订客人制作菜肴所需原材料的主要供应量。

2. 进行预订分析

对每日的预订情况进行详细分析，如预订人数、用餐类型、标准等，预测客人就餐的原材料需求量。此方法预测的需求是单独针对预订客人的，是在经验估算法基础上需求量的增加。

3. 确定损耗率

每一种原材料的加工都存在着损耗率，但是不同类别的原材料损耗率是存在很大差异的，如蔬菜类的损耗率要大于肉类、鱼类的损耗率，这一环节就是分类计算损耗率，并将损耗部分加入原材料需求量中。

4. 超额确定法

就是在对以上几种因素分析确定用量的基础上，再增加一定原材料的准备量，以此应对预测不准或临时出现客人增多的现象，以确保餐厅的正常经营。当然，超额原材料用量的确定应掌握好一个度，既不能太多，造成浪费；也不能太少，使经营受损。最保守的做法就是确定一个应急准备量，为临时采购让出时间。

5. 确定具体用量

这一环节就是在对上面各方面进行分析的基础上，将以上几种分析的需求量相加，最终得出一个相对合理的原材料需求量。

(二) 领用和调拨原材料

餐饮产品生产每天需要大量的诸多种类的原材料，这就需要在确定原材料的需求量后，厨房派专人到验收部或库房，进行食品原材料的领用，领用时必须要有严格的制度要求，按照厨师长或者主厨下达的领料表，无论使用量多少都需要准确填写领料单，如第四章表4-6所示。

餐饮原材料调拨是由于餐饮经营的变化性较大，常常出现客人特殊需要与餐前准备的不一致，造成临时加工来不及或由于餐厅急需某种原材料，但库房有时原材料短缺的情况，这时，就需要向其他餐厅借用原材料；或一个餐厅出现经营剩余原材料，为鲜活使用及避免再次储存造成的浪费，也会转拨到其他餐厅，这都是原材料的调拨。如零点餐厅可将当时经营剩余的鲜活的海鲜、水果调拨到夜宵等。调拨的原材料大多是急需的，鲜活、易腐烂等不易保存的原材料，为避免浪费才及时调拨。每次原材料的调转都需填写食品原材料调拨单，且无论是领料单或食品原料调拨单填写时都必须一式两份，如第四章表4-7所示。

二、加工阶段的管理

大多数原料必须经过加工才能用于配份和烹调，原料加工是厨房生产的基础。加工的质量和效率对餐饮产品的色、香、味、形等效果有直接的影响，同时还影响了餐饮成本，因而凡不符合要求的原料不能进入下一道工序。加工阶段包括原料的粗加工和细加工两个环节，也叫作初加工和深加工。

(一) 粗加工的管理

粗加工是指对原料的初步处理，包括分拣、清洗、去皮、切割，和冰冻原料的解冻、鲜活原料的宰杀、干货原料的涨发等。

1. 保证原料的质量

原料的选择是厨房生产的第一步，需要根据使用的要求，由经验丰富的厨师进行选择。厨师要学会检查、鉴别原料是否符合质量标准，并拒收不合格的原料。如果原料质量不符合标准，即使烹调技术再精湛，产品质量也难以保证。一般来说，要求原料的质量、规格、色泽、新鲜程度、部位等符合订购单的要求。

粗加工工作首先应从保证原料的供应质量开始。原材料质量主要通过原材料的固有品质、原材料的新鲜度等方面进行严格控制。由于餐饮产品生产的原材料需求多样，每一种原材料质量要求是不一样的，应严守原料质量标准，如爆炒螺片，一定要采用新鲜的海螺头做原料。

2. 采用正确的加工方法

即未经处理的原材料在餐饮加工的第一环节就是粗加工。加工者如果不掌握原材料加工的正确方法，就会在加工过程中因为加工方法的不当造成原材料的损失或质量降低。如干海参应采用涨发的方式，经过高温水煮后泡发，其间不能沾上任何油类，否则就会使海参全部融化，使如此高档的原材料变得一文不值。此外，对涨发的时间、涨发的程度、水的温度、换水的间隔时间都有严格的要求，因此粗加工人员应由专业技术人员来承担。

由于原材料类别不同，其加工方法也不同。为此要合理加工，保证质量。具体方法如下。①蔬菜、瓜果等鲜活原材料，一般组织学徒工或临时工进行拣洗、择除、去皮、去籽、去茎叶，加工成一定形状，取得净料。②需要涨发的干货原料，如海参、鱼翅、鲍鱼、木耳等，组织有专业技术的厨师进行初步加工，如鱼翅要退尽沙粒、去尽腥味，燕窝要去尽杂毛和沙粒等。干货原料的涨发有水发、油发、浸泡等多种，其溶液、温度、涨发时间的长短和出料后的色泽、质地、软硬程度等都有特殊要求，所以要由有专业技术的厨师来初步加工。③需要拆卸的肉类原料，组织有经验的厨师，按照各档取料标准，分别采用拆卸、削剔等方法取料，保证出料标准和加工质量。例如，整只猪、牛、羊要分档取出里脊、外脊、上脑、米龙、仔盖、腿肉等部位；鸡、鸭、鱼要取出胸肉、腿肉、翅爪等部位；有的原料还要去皮、去骨。分档取料后，还要根据细加工要求，加工成一定的形状，所以需要由有经验的厨师操作。④无须拆卸的鱼虾，组织人工去鳞、去内脏等不宜食用的部分，为进一步细加工创造条件。采用上述各种方法取料后，对各类、各档次的原材料还要做好记录，检查加工质量，并由成本核算员分档确定不同档次的原料价格，才能为细加工做好准备。

3. 提高原材料综合利用率

粗加工工作看似是对原材料进行简单的洗、择、宰、割，其实，在这个过程中，还要求加工者要有较强的原料综合利用意识和能力。这直接决定了原料成本的高低，进而影响着菜价的制定。由于餐饮产品制作的特殊性，使原料选取有着严格的限制；当某一原料被取用后，剩余的其他部分成边角余料，如何进行合理利用是粗加工者时时都要面对的一个现实问题，出色的加工者会想尽办法，在分档取料的同时，从减少消耗、降低成本的角度出发，做到物尽其用，提高原材料的综合利用率。如对整只鸡的利用，鸡胸脯肉可作为宫保鸡丁、凉拌鸡丝的原材料，鸡腿可做炸鸡腿、红烧鸡腿等，剩余的鸡骨架及其他部位，不应丢弃，可以作为制作高汤的原材料。如此这般，根据不同品种、不同部位的用途，分别采用择、削、选、剔、卸等不同方法，分档取料，做到综合利用，物尽其效，减少损耗，以降低成本消耗。

4. 保持原料形状的完美

对原料进行粗加工是指初级加工，并不等于粗放地加工，应粗中有细，它要求在加工过程中，应保持原料的完整、美观，形状应符合细加工的要求，不能因取料而变形，尤其一些对原材料形状有特殊要求的，更应该在粗加工环节中谨慎注意，如整条鱼、整只鸡的出售，在粗加工中，就应完整如一，不能身首分离或有残缺。

5. 注重卫生，分区加工

餐饮加工工作间任何一个环节都有严格的卫生要求，粗加工卫生环节是容易被忽略的。有些加工者在加工过程中，不自觉地放松对卫生的要求，甚至有的加工者误认为还有细加工环节，这个环节卫生与否无关紧要。其实，从严格的角度讲，粗加工并不是脏乱地加工，往往一个小放松就可能造成大的失误和损失。如用切过肉的刀和工具去加工蔬菜，用洗过菜的水去洗水果，就会造成交叉污染。粗加工中的卫生控制是餐饮管理的重点。

大型企业往往配备独立的粗加工间，如果粗加工间足够大，尽量分区操作。例如，可以分为果蔬加工区、肉类加工区、禽类和水产品加工区、干货加工区等，肉类和果蔬应分池清洗，水产品宜在专用水池清洗。这样有利于各类原料粗加工的操作，避免相互影响和交叉污染。在员工配备方面，很多企业认为粗加工很简单，将不熟练或不称职的员工安排在粗加工环节，往往适得其反。因此，需要适当安排有加工经验和技术熟练的员工，以学员、临时工、计时工等作为辅助。

（二）细加工的管理

细加工是指在粗加工的基础上，运用刀工技法，将原料加工成适合烹调的规格和形状，也包括对原料的腌制等。具体来说，基本的形状包括块、段、片、条、丝、丁、末、蓉（泥）等。细加工是一项专业技术性很强的工作，其意义重大。首先，有利于烹调，即通过刀工等细加工处理，将原料由大变小、由粗变细，从而适应烹调工艺的需要，原料变熟的时间更短，并更容易调味。其次，便于顾客食用，中餐以使用筷子为主，细加工后的原料形状必须适合食用方式和工具，因而必须切成较小的形状。最后，便于装盘和造型，通过细加工，能够使原料更规则，使烹调出来的菜肴更加美观，有利于刺激顾客食欲。

1. 根据标准菜谱确定用量

细加工厨师要十分清楚标准菜谱的内容，了解配份的要求，根据标准菜谱进行加工。具体来说，可以通过经验估计、称量等方式确定总的用量，避免浪费和过量使用。例如，加工肉菜时，如果使用冻肉，厨师就应该选择合适的肉块，避免剩余部分解冻后重新放入冰柜；制作果盘时，选择合适大小的水果。

2. 掌握加工方法与技能

细加工过程中，应用最广的是刀工，这也是厨师的基本功之一，刀工质量直接影响餐饮产品的烹调制作和风味。具体来说，刀工又分为平刀、斜刀、直刀等基本刀法，以及削、刮、拍、敲、旋、剁、剞等刀法。改刀时，注意动作的熟练和利落，原料之间不可相互粘连，即条与条之间、丝与丝之间、片与片之间，必须完全分开。改刀时，还需要注意原料特性。例如，切肉时要注意肉的纹路，有时需要横切，有时则需要竖切。

此外，还应广泛使用绞肉机、切片机、切碎机、切丁机、切丝机等机械设备，提高细加工的质量标准和加工效率。

3. 原料符合烹调要求

中餐烹调方法种类多样,包括煎、炒、爆、炸、熘、烧、扒、煸、熏、烤、煨、煮、蒸等数十种。因此,要求厨师通过基本方法和技能的合理运用,保证加工后的原料符合配份和烹调方法的要求。例如,根据加工时间和火候,需要爆炒的原料一般是薄片、细丝、丁;慢火炖煮的原料一般是块状;炸的原料一般是块或段;煸的原料一般是较粗的丝或条。

每一道菜肴的原料标准应具有一致性,无论是片、块、条等,它们的长度、宽度、厚度、质地应尽量一致,这样就能保证烹调过程的一致性。例如,原料的规格不一致,就会导致成熟时间和风味的不一致,厚的、粗的、大的原料可能还没有熟透,而薄的、细的、小的已经熟透或变焦。

此外,需注意主料和辅料的搭配。在改刀时,必须注意主料和辅料的形状,着重突出主料,一般是辅料服从主料,而且辅料要小于主料。例如,"鱼香肉丝"中的胡萝卜丝、辣椒丝等要根据肉丝确定形状和规格。

4. 合理利用原料

细加工过程也可能产生浪费的情况,多数由于厨师操作失误或操作违规。例如,在将里脊肉切成肉丝时,有时为了追求肉丝的效果,里脊肉不规则的部分就被舍弃了。有时厨师不按标准菜谱操作,使原料用量偏多,从而增加了成本。也可能出现厨师为了方便,而违规使用原料,出现"大材小用"的情况。

加工阶段的管理主要集中于两个方面:一是加工质量,以标准菜谱为依据,涉及原料筛选、粗加工标准、细加工标准等内容;二是原料成本,主要涉及原料的合理利用,尤其是净料率。

三、配份阶段的管理

配份又称配菜、配料,指的是按照每一种食品和菜肴的烹调要求,准备好主料、配料和调料。简单地说,配份是一个原料组合和搭配的过程。配份是细加工后的一道工序,对于成品质量和成本控制来说意义重大。配份的基本要求如下:

(一) 根据标准菜谱配份

配份过程应控制的第一个关键问题就是执行规定的标准配料量。配份人员应该十分熟悉标准菜谱。按照接单的先后顺序配菜,对紧急、特殊、复杂、贵重的菜肴可以优先配菜。每份菜肴的主料、配料、调料分别放置在不同的容器中,配好后送至炉灶旁。配份时原料的组成和用量应以标准菜谱为依据,不能凭借主观经验,不能随意增减原料的组成和用量。如不按标准菜谱操作,产品的质量就难以保证。

(二) 使用称量工具

传统的中餐厨师不注重称量工具的使用，往往以"少许""适量"等来说明用量，十分模糊，最准确的计量标准应以"克"为单位。因此，配份人员应以标准菜谱为依据，使用电子秤、量杯、量勺等称量工具，并辅以人工计数、清点等。称量工具的使用，有助于避免出现配份过多或过少的情况。

(三) 凭单配菜

配菜厨师掌管着烹饪原料，必须对其工作进行监督，避免原料的私用和滥用。普遍采用的方法是凭单配菜，即根据顾客的点菜单、预订单或其他正式通知来配菜，这些单据作为日后核算的依据，通过和餐厅的单据进行核对来查找问题。

四、烹调阶段的管理

烹调阶段是厨房生产的最后一个环节，是确定食品和菜肴的风味、质地、口感、色泽、形态的关键，应该说是整个生产过程中的"点睛之笔"。

(一) 热菜制作管理

热菜制作是菜肴加工的重头戏，被认为是整个烹调阶段最重要的部分，技术含量比较高，管理难度大。原料在锅中经过高温加热，发生一系列化学变化，使食品和菜肴的风味得以形成。

1. 做好烹调准备工作

热菜厨师在烹调之前，应做好充分的准备工作。主要准备如下内容：一是厨师个人准备。如个人卫生、服装、精力、体力的准备。二是烹饪工作的准备。首先要着重检查炉灶开关、炉灶火力、吸油烟机风力等情况。其次要检查炒锅、蒸柜等炊具的情况，确认是否可以正常使用。最后检查调料情况，确认调料是否配备齐全，是否受潮、结块等。

2. 按规定方法和程序进行烹调

中餐烹调方法众多，热菜厨师应按照准确的方法进行操作。例如，"炒"是最基本的烹调方法，但"炒"具体分为很多种，包括生炒、熟炒、滑炒、煸炒、抓炒、干炒、爆炒、清炒等，每一种的工序和细节都不一样，做出来的效果肯定不一样。热菜的质量往往就是由这些细微的差别所决定的，尽管顾客不一定能区分出细节上的差异，但从内部管理的角度看，必须强调规范操作。热菜厨师应严格执行标准菜谱中的操作步骤，没有规定的部分按企业内部规定和行业标准来执行。如果某些厨师的操作步骤更合理，可以及时修改标准菜谱。

3. 注意烹调的顺序和节奏

热菜厨师在烹调过程中，往往不注意烹调的顺序和节奏，随意性很大。他们往往认为先做哪一道菜和后做哪一道菜差别不大，更希望能够迅速完成任务，对于出菜顺序和上菜节奏缺乏仔细观察和认真思考，或是颠倒上菜顺序，甚至出现客人就餐接近尾声时才将大菜、特色菜上桌，使客人失去了对这些菜品的品尝的兴趣；或是将一桌客人所点的菜肴集中在短时间内全部上桌，使客人失去了热菜趁热吃的最佳时机。正确的上菜顺序和节奏应是大菜、特色菜先上桌，前一道菜吃到 1/3 时，上下一道菜。因此，需要厨房管理人员、配菜厨师、打荷、服务人员等共同协调，按正常顺序和客人的需求，控制出菜的顺序和节奏。

4. 控制制作数量

首先，厨师每次烹制的数量不能过多，以小份单做为主，如果按照例份或盘来计量，一般不能超过三个例份。数量过多，就难以保证质量，失误的可能性加大，装盘时又容易分量不均，厨师应坚持"少量多次"的烹制原则。其次，要加强对热菜厨师的现场督导管理，避免违规操作。最后，在装盘环节，要选择合适的餐具和装饰物，注意菜肴的造型和效果，注意餐具的整洁。

（二）冷菜制作管理

冷菜，又称凉菜、冷荤、冷拼等。从原料上划分，冷菜分为素菜和荤菜两类，素菜以蔬菜、水果为原料，荤菜以禽肉、畜肉、水产品为原料。但在加工过程中，冷菜还有一些加热环节，如蒸、煮、熏等。此外，冷菜中还有大量经过腌渍入味的食品，如咸蛋、泡菜等。

1. 提前加工，出品迅速

冷菜与热菜相比，一个明显的差别就是冷菜多数可以大量准备、提前加工，不需要像热菜那样随点随做。因此，冷菜制作的计划性更强，任务分配可以更合理，大量的工作在开餐前完成，在用餐高峰也不至于过于紧张。按照中餐的习惯，冷菜往往是作为宴会或零点用餐先上的菜，具有开胃、佐酒的功能。冷菜的及时出品，可以大大缓解热菜烹调的压力，缓解顾客等待的焦急心情，因而对出品的速度要求较严。

2. 按规定方法加工

冷菜是仅次于热菜的一大类别，制作方法独特，有些冷菜加工过程也很复杂，因而一般把冷菜与热菜制作方法并列为两大烹调技法。具体来说，冷菜制作方法包括煮、拌、卤、炝、酥、冻、卷、腊、熏、酱、腌等。例如，白斩鸡、凉拌笋片、卤水鹅头、炝芹菜花生、香酥鲫鱼、水晶皮冻、猪肉蛋卷、腊肠、五香熏鱼、酱牛肉、泡菜等。冷菜与热菜相比，共同之处是都要经过粗加工和细加工，但冷菜对口味、质感的要求更高。这些做法往往追求两类效果：一类是爽口、清脆；一类是浓香、酥软。

3. 注重造型和色彩搭配

冷菜最先入席，冷菜和谐的颜色和优美的造型对顾客的总体用餐体验影响很大，给人以先入为主的感觉。冷菜色彩、造型等不仅具有很高的审美价值，而且能够带动用餐气氛、突出宴请主题、创造优美意境。在这方面，食品雕刻很有代表性，不管是普通用餐时摆放的一朵萝卜刻花，还是大型宴会时设置的龙、凤等大型雕刻，对于提升饮食的文化境界作用明显。

因此,厨房应注意冷菜的设计和创新,注意不同冷菜的色彩搭配和组合,注重色调的清新、明快、艳丽等特点。在造型方面,要选择合适的盛器(如各种异形盘),提高整体视觉效果,将造型与就餐主题、文学、艺术、历史人物和典故等紧密联系;注意冷菜的拼盘,综合运用单拼、双拼、三拼、什锦拼盘、花式拼盘等拼盘方法。

4. 注意厨房展示

冷菜一般在冷菜间完成加工,冷菜间是厨房中极少数对外开放的部分。冷菜间一般采用明档的形式,通过透明的大面积玻璃窗与餐厅分隔开,因而顾客可以清楚地看到厨师的工作情况和整个冷菜间的情况,冷菜间此时就像一个展示琳琅满目的商品橱窗。加工后的成品和半成品没有热气,可以保存较长时间,因而可作为理想的橱窗陈列品,有利于冷菜的促销。厨房需要注意冷菜间的卫生,对冷菜间的食品展示合理设计,对厨师的行为认真规范,从而提高顾客的信任程度。

5. 注意原料和成品保存

冷菜多是生鲜原料直接加工而成或是已加工好的熟食,因而原料和成品都容易变质或腐败。为了解决保存的问题,必须做好厨房和厨师的清洁消毒工作;冷菜间必须控制温度、湿度、通风等物理环境,使食品处于阴凉、干燥、通风较好的环境中;制作冷菜的原料,应尽量当天用完,剩余原料必须冷藏或冷冻保存;加工好的冷菜放在冷藏柜中保存,并覆盖保鲜膜;刺身等海鲜类冷菜必须用冰块保存;鸭、鹅等熏制熟食放在高处悬挂晾干。

(三) **面点制作管理**

面点泛指以面粉、大米、豆类、杂粮等为主要原料制作的点心、小吃和主食。面点是厨房生产的热菜、冷菜以外的第三大类产品,深受人们喜欢,也是人们饮食必不可少的部分。面点是宴席中的"压轴戏",也是早点中的主要食品,尤其是在宴席中有"无点不成席"的说法。此外,与餐饮其他品种相比,面点相对利润较高,属带动餐饮盈利的主要产品。虽然面点食品加工不像热菜、冷菜那样规模较大,但却是不可忽略的重要餐饮生产加工内容。面点在中国发展的历史比较悠久,形成了京式(以北京为代表)、广式(以广州为代表)、苏式(以苏州为代表)三种典型地方风味,每个地域都形成了一批有代表性的面点。按照原料来分类,中式面点可分为麦类制品,如饺子、包子、馒头、饼、面条、油条等;米类制品,如米粉、八宝饭、汤圆、糯米糍粑、紫菜卷、年糕、松糕等;豆类和杂粮类制品,如绿豆糕、豌豆黄、窝头、黄米炸糕、玉米饼、马蹄糕等;其他原料制品,如土豆饼、芋头饼、南瓜饼等。

1. 提前加工,出品迅速

面点制作与冷菜制作在这一点上比较近似,它们都可以提前准备、大量加工。一般情况下,面点厨师都会将原料加工成半成品或成品,这样就大大减轻了顾客点餐时的压力。例如，面条、饺子、汤圆等可以做成半成品，点餐时煮熟即可；而包子、紫菜卷等可以事先做好，点餐时只需加热即可。冷菜最先上桌，而面点一般最后上桌，代表着一次用餐即将结束，它重在给顾客留下完美印象。由于到了用餐末尾，顾客可能会比较着急，因而要求制作速度较快。只要提前准备充足，食品保管恰当，各种厨房设备齐全，一般都能满足顾客的要求。

2. 注意面团和馅心制作

面团和馅心制作是面点制作的核心，对成品质量影响很大。按面点所采用的面团性质来分类，一般可分为水调面团（冷水面团、温水面团、开水面团）、膨松面团、油酥面团、米粉面团等面团。面团的加工需要注意面粉和水的比例、水温、发酵时间、添加剂、油脂等细节，面团加工后符合柔软度、弹性、膨松度等要求。在加工馅心时，需要解决三方面的问题：一是馅心原料的细加工，必须保证丁、粒、块、末等符合规格要求，保证加热过程中能够较快熟透；二是调味，将葱末、姜末、酱油、盐、老汤、色拉油等调味品加入馅心中，需要鲜咸适中，混合均匀；三是生馅与熟馅区别对待，生馅调制方法以拌为主，习惯称为拌馅；而熟馅需要经过烹调过程，如炒、爆、煨、焖和水焯、蒸、煮等。

3. 注重造型美观和色彩搭配合理

面点如同冷菜，对于造型和色彩也有较高的要求。面点的基本造型十分丰富，包括几何形、象形等。几何形是造型艺术的基础，并在面点造型中被大量采用，它是模仿各种几何形状制作而成。例如，汤圆的球形、馒头的半球形、蛋挞的圆形、粽子的三角形、方糕的方形等。象形可分为植物形和动物形，如荷花酥、百合酥、海棠酥、刺猬包、金鱼饺等。面点造型的手段分为手工成形、印模成形、机器成形，但在实际操作中，仍然以手工成形为主。手工造型的技法很多，包括搓、卷、包、捏、切、抻、削、拔、叠、擀、按等。造型的要求是简洁、优美、自然，围绕适当的、顾客熟悉的主题，既能满足食欲，又注重卫生，避免刻意追求烦琐和逼真。面点调色的基本要求是坚持主料本色，适当配色，控制人工加色。

4. 注意原料和成品保存

面点的原料多数是糖、奶油，蛋白质含量较高，因而易腐败变质。为了更好地保存原料和成品，应该注意几个方面：加工前应认真检查各种原料，发现有腐败变质的，不得进行加工；未用完的面团和馅心、半成品、成品等，应在冰柜或冷藏柜内存放，并在保质期内使用或销售；奶油类原料应低温保存，含奶、蛋、水较多的面点应当在10℃以下的温度条件下储存；合理设定保质期，每次加工的面点记清日期和编号。

五、生产折损控制

原料从库房领用以后，经过厨房的粗加工、细加工、烹调过程以后，从毛料变成净料，进而变为成品。在这一过程中，原料的重量逐渐减少，出现不同程度的折损。厨房生产折损控制，就是减少人为的、不必要的原料损耗，降低生产成本。此外，生产损耗控制有利于检验采购和库存的质量，提高原料的综合利用率，改进原料加工的方法和技术。

（一）一料一档原料加工折损

所谓一料一档，是指原料（毛料）经过加工处理后，只能得到一种净料。这时的折损率是指加工过程的损耗量与毛料重量的比例。

$$加工折损率 = 折损量/毛料重量 \times 100\%$$
$$= （毛料重量-净料重量）/毛料重量 \times 100\%$$
$$= 1-净料率 \qquad (5.1)$$

例如，某厨房宰杀一条鳜鱼，宰杀前鳜鱼重量为1千克，宰杀后重量为0.75千克，那么，该鳜鱼的折损率可以计算如下：

$$鳜鱼的折损率 = （毛料重量-净料重量）/毛料重量 \times 100\%$$
$$= （宰杀前重量-宰杀后重量）/宰杀前重量 \times 100\%$$
$$= （1-0.75）/1 \times 100\%$$
$$= 25\%$$

针对一种原料的一次折损率计算，往往意义不大。企业可以多次反复测试，或者计算一批原料的折损率，这样得出的数据更能接近平均值。

（二）一料多档原料加工折损

所谓一料多档，是指原料（毛料）经过加工处理后，除去损耗和不能利用的部分，得到一种以上的净料，并分别用于制作不同的菜肴中。这时的折损率是折损价值占毛料价值的比例。餐饮企业或饭店经常会采购鲜活家禽或水产品，经过加工后，分为不同的部位，用于不同的菜肴，因而需要分别计算净料价值。

$$加工折损率 = 折损价值/毛料价值 \times 100\%$$
$$= （毛料价值-净料价值）/毛料价值 \times 100\% \qquad (5.2)$$

例如，厨房加工一批活鸡，共计50千克，每千克12元。加工后，得到若干净料：纯鸡肉12.5千克，市场价16元每千克；鸡翅5千克，市场价20元每千克；鸡爪4千克，市场价18元每千克；鸡脖4千克，市场价12元每千克；其余部分没有利用价值。那么，该批活鸡的折损率可以计算如下：

$$折损率 = （毛料价值-净料价值）/毛料价值 \times 100\%$$
$$= （活鸡价值-纯鸡肉价值-鸡翅价值-鸡爪价值-鸡脖价值）/活鸡价值$$
$$= （50 \times 12 - 12.5 \times 16 - 5 \times 20 - 4 \times 18 - 4 \times 12）/（50 \times 12）\times 100\%$$
$$= 30\%$$

（三）烹调过程折损

很多原料经过烹调过程后，水分减少，重量减轻，出现了明显的变化。这时的折损率是由于烹调或切割减少的重量占毛料重量的比例。

烹调折损率＝由于烹调减少的重量/毛料重量×100%

＝（烹调前重量－烹调后重量）/毛料重量×100%　　　　（5.3）

烹调后切割折损率＝由于切割减少的重量/毛料重量×100%

＝（切割前重量－切割后重量）/毛料重量×100%　　　　（5.4）

例如，厨房购进一批生猪肘，共计 10 千克。经过烹调后，加工出红烧猪肘 7.5 千克。之后，去除猪骨，所剩无骨猪肘为 5 千克。

烹调折损率＝（烹调前重量－烹调后重量）/毛料重量×100%

＝（10-7.5）/10×100%

＝25%

烹调后切割折损率＝（切割前重量－切割后重量）/毛料重量×100%

＝（7.5-5）/10×100%

＝25%

第四节　食品卫生与安全管理

食品卫生与安全管理是餐饮生产管理的最基本内容，它涉及交叉污染、食品腐败变质、食品容器，以及包装材料卫生、个人卫生、厨房卫生等方面。企业应制定并执行严格的规章制度，保证食品卫生和安全，加强对食源性疾病的预防。

一、食品卫生与安全管理的内容

（一）交叉污染

1. 交叉污染的概念

交叉污染是指通过生的食品、半成品、食品加工者、食品加工环境或工具把生物的、化学的污染物转移到食品上的过程。交叉污染是食品主要的污染方式之一，其特点是病原体从未经处理的原料、容器、设备、加工人员等传播到待食用的食物上。在餐饮企业或饭店中，食品加工区域存在一些引起污染和交叉污染的潜在危险，一旦病原体传播到食物上被人食用，就可能导致食物中毒或其他食源性疾病的发生。

2. 交叉污染的途径

交叉污染分为：①食品间交叉污染。食品原料或半成品与待食用的食品之间直接接触，病原体（细菌、寄生虫等）进入待食用的食品中。例如，食品原料或半成品与待食用的食品混合存放，没有密封保存，就容易污染。②加工人员引起的交叉污染。加工人员由于个人卫生原因、操作方法不当等，容易造成交叉污染。例如，加工人员操作过程中，没有佩戴手套，双手未经消毒就直接加工熟食。③加工容器、工具或环境引起的交叉污染。这种交叉污染，首先是容器、工具或操作台、被接触过的食品原料或半成品污染，继而在盛装、接触过程中将待食用的食品污染。

3. 污染物的分类

造成交叉感染的污染物主要有：①生物性污染。具体包括三种：第一种是细菌、真菌及其毒素，常见的细菌包括沙门氏菌、大肠杆菌、金黄色葡萄球菌等，可能引起食物中毒或食品腐败变质。第二种是寄生虫和虫卵的污染，通过肉类、水产品和蔬菜等进行传播。第三种是昆虫污染，例如蚊子、苍蝇、蟑螂等，会造成疾病的传播。②化学性污染。指食品在生产、加工过程中被有毒的化学物质、食品添加剂等污染，也包括食品盛器对食品的污染。例如，蔬菜种植过程中，被农药、有害金属等污染。③放射性污染。食品中的放射性污染物主要是碘和锶，这些污染物主要来自放射性物质的开采、冶炼和生产生活中的排放，特别是一些半衰期比较长的放射性物质，在食品卫生上更为重要。

2012年发布了《食品安全国家标准：食品中污染物限量》，其中规定了食品中铅、镉、汞、砷、锡、镍、铬、亚硝酸盐、硝酸盐、苯并芘、N-二甲基亚硝胺、多氯联苯、3-氯-1,2-丙二醇的限量指标。以食品中汞限量指标为例，如表5-2所示。

表5-2 食物中汞限量指标

食品类别（名称）	限量（以Hg计）mg/kg	
	总汞	甲基汞[a]
水产动物及其制品（肉食性鱼类及其制品除外）	—	0.5
肉食性鱼类及其制品	—	1.0
谷物及其制品 　稻谷[b]、糙米、大米、玉米、玉米面（渣、片）、小麦、小麦粉	0.02	—
食用菌及其制品	0.1	—
肉及肉制品 　肉类	0.05	—
乳及乳制品 　生乳、巴氏杀菌乳、灭菌乳、调制乳、发酵乳	0.01	—
蛋及蛋制品 　鲜蛋	0.05	—
调味品 　食用盐	0.1	—
饮料类 　矿泉水	0.001mg/L	—
特殊膳食用食品 　婴幼儿罐装辅助食品	0.02	—

注：a 水产动物及其制品可先测定总汞，当总汞水平不超过甲基汞限量值时，不必测定甲基汞；否则，需再测定甲基汞。

b 稻谷以糙米计。

(二) 食品腐败变质

食品腐败变质是指食品在色、香、味和营养等方面发生变化，使食品质量降低或不能食用。食品腐败变质是微生物、食品本身、环境因素共同作用的结果，其中微生物和食品中的酶起主导作用。不同食品腐败变质的原因、过程和产物不一样，因而习惯上的称谓也不一样。在微生物的作用下，食物中的成分开始分解：蛋白质分解产生氨基酸、胺、氨、硫化氢等，并产生特殊臭味，这种变质通常称为腐败；碳水化合物分解产生有机酸、乙醇和二氧化碳等气体，其特征是食品酸度升高，习惯上称为发酵或酸败；脂肪分解时产生脂肪酸、甘油等产物，其特征是产生酸和刺鼻的味道，这种变质称为酸败。

为了防止食品腐败变质，延长食品保质期，必须加强食品的储藏和保管。常用的方法包括低温冷藏、冷冻、高温杀菌、脱水干燥、腌渍和烟熏、食品辐射保藏。此外，要防止食品的交叉污染。

(三) 食品容器及包装材料卫生

食品容器和包装材料是指盛放、包装食品用的纸、竹、木、金属、搪瓷、陶瓷、塑料、橡胶、天然纤维、化学纤维、玻璃等制品和接触食品的涂料。餐饮企业或饭店必须重视容器和包装材料的问题。与食品直接接触的内包装，应使用合法安全的食品级包装材料；外包装要满足储存、运输的需要；散装食品必须用带盖子的容器储存。

(四) 个人卫生

1. 个人卫生习惯

食品被人员污染的途径很多，包括员工抓头皮，用指头拨拢头发，擦或摸鼻子，搓耳朵，摸青春痘或未痊愈的疮，穿不清洁的制服，佩戴手饰，对着加工食物咳嗽或打喷嚏等。为了避免交叉污染，这些行为都是严格禁止的。员工应养成良好的个人卫生习惯，保持身体健康，生病时应立即向经理报告。

2. 个人卫生要求

（1）按规则洗手。在加工前、去卫生间后、做过清洁工作后、与身体某部位接触后都要洗手，接触生肉、水产品、生禽或禽蛋后要再次洗手，每次使用洗手液。

（2）禁止佩戴首饰、涂抹指甲或缠绷带。正确地对手进行清洗和消毒能去除有机物质和暂存细菌，从而能防止污染。但如果员工戴着首饰、涂抹指甲、缠绷带，手的清洗和消毒将不可能有效，从而成为污染源。

（3）个人物品也能导致污染，必须远离食品加工区存放。

（4）严禁在食品加工区内吃、喝或抽烟。

（5）注意个人的皮肤污染。未经消毒的胳膊等裸露皮肤表面，不应与食品或容器等相接触。

（6）服务中减少交叉污染。员工应正确存放服务器具，用带长把的器具，用干净、消毒的器具，严禁用手接触餐具与口接触的部分。

(7)佩戴帽子、手套、口罩，穿着全身工作服。

(五)厨房卫生

1. 地面和墙面

(1)地面应用无毒、无异味、不透水、不易积垢的材料铺设，且应平整、无裂缝、易于清洗，并应有一定的排水坡度及排水系统。

(2)厨房内的排水沟应采用隐蔽设计——暗沟，设有可拆卸的盖板。排水沟应有一定坡度、保持通畅、便于清洗，排水沟出口应有防止有害动物侵入的设施。

(3)墙壁应采用无毒、无异味、平滑、不易积垢的浅色材料，一般使用瓷砖即可。其墙角间宜有一定的弧度，以防止积垢。

(4)墙壁应有1.5米以上的墙裙，有的操作间应铺设到墙顶。

2. 废弃物处理

(1)厨房应有指定的废弃物存放的室内、室外场所，进行集中处理。

(2)废弃物应有合适的容器储存，容器应配有盖子、足够坚固、不漏水、易于清理。

(3)要防止废弃物产生的异味、有害有毒气体、污水的溢出。

(4)防止害虫的滋生，防止污染食品、工具、水源及地面。

(5)废弃物至少应每天清除一次，容器应及时清洗，定期进行消毒。

3. 卫生和消毒设施

(1)厨房应配备足够的餐具消毒柜、空气消毒设施、工具消毒设施等，餐具每次清洗后消毒，工具和容器定期消毒。

(2)厨房应配备专用洗手设施和干手设施，洗手设施应为感应式或脚踏式，避免交叉污染。

(3)配备专门的更衣室，并保证工作服整洁、卫生。

(4)配备与厨房生产相适应的防尘、通风、灭虫、灭鼠设施。

二、食源性疾病及其预防

世界卫生组织将食源性疾病定义为："凡是通过摄食而进入人体的病原体，使人体患感染性或中毒性疾病，统称为食源性疾病。"

(一)食物中毒及其预防

食物中毒是指人摄入了含有生物性、化学性有毒有害物质后出现的急性感染或中毒症状的疾病。

1. 食物中毒的原因

(1)细菌性食物中毒。在各种食物中毒中，细菌性食物中毒占有较大的比重，全年皆可发生。高温季节发病率较高，当食物被病菌污染后，在适宜的温湿度下会快速大量繁殖，如果在食用前不彻底加热，便可能发生食物中毒。引起细菌性食物中毒的食物主要为动物性食物，例如肉、鱼、奶、蛋等及其制品，剩饭、豆制品、面类发酵食品等也会引起中毒。细菌性食物中毒的原因很多，主要是生熟交叉污染、食品储存不当或时间过长、食品未烧熟煮透、员工带菌污染食品、生吃食品等。针对细菌性中毒，应在防止细菌污染、控制细菌繁殖和杀灭病原菌三方面采取措施，其关键环节包括保持环境卫生、控制加工和保存温度、保存时间、控制加工量以及食前充分加热食品等。

（2）非细菌性食物中毒。非细菌性食物中毒又分为三种：一是化学污染。主要指食用农产品在种植、养殖过程中，受到化学污染，如农药、饲料添加剂等。二是运输污染。主要是指运输过程中容器、运输工具、包装材料，运输环境中有毒因素对食物生产的污染。三是加工不当污染。如误将亚硝酸盐当作食盐使用。有毒动物加工处理不当引起食物中毒，这主要是由鱼类引起的，鱼类食物中毒大多集中在豚鱼中毒和组胺中毒。豚鱼的毒素重点存在于肝、血、皮中，食用时应由专业人士加工处理且必须严格执行加工要求。

2. 食物中毒的特点

（1）食物中毒的特点是潜伏期短，几个小时或一两天内出现病症。

（2）往往突然和集体性暴发。

（3）多数表现为肠胃炎的症状。

（4）和食用某种食物有明显关系。

3. 食物中毒的预防

针对细菌性中毒，应在防止细菌污染、控制细菌繁殖和杀灭病原菌三方面采取措施，其关键环节包括保持环境卫生、控制加工和保存温度、控制加工和保存时间、清洗和消毒、控制加工量。

针对化学性中毒，首先要了解中毒原因和作用机理，在采购环节把好质量关；在加工过程中严格执行操作规范，易发生混淆的用品分别保存；针对天然有毒食品，必须严格执行加工要求。

（二）食源性传染病、寄生虫病及其预防

很多肉类、水产品、蔬菜等食物携带有寄生虫等病原体。食源性疾病已成为影响我国食品安全的主要因素之一，它的感染与人们生食或半生食鱼虾、肉类、蔬菜的饮食习惯以及卫生习惯密切相关。

1. 致病原因

（1）食源性传染病。沙门氏菌、霍乱、大肠杆菌、甲型肝炎等食源性传染病在发达和发展中国家均曾暴发流行。英国的"疯牛病"、比利时的"二噁英鸡污染事件"等严重事件的发生，更反映了食源性传染病的威胁。

（2）食源性寄生虫病。因生食或半生食含有感染期寄生虫的食物而感染的寄生虫病,称为食源性寄生虫病。经食物传播的人体寄生虫很多,常见的包括可经肉类食品传播的绦虫、旋毛虫,经鱼、虾、贝类传播的肝吸虫,经蔬菜传播的蛔虫等。正如2015年第一季度,国家食品安全风险评估中心,通过食源性疾病暴发监测报告系统收到全国食源性疾病暴发(包括食物中毒)监测报告为176起,患病2065人,其中死亡11人。其中,食品生产加工经营行为引起的食源性疾病暴发事件中,果蔬类食品和肉类食品是主要的暴发食品。果蔬类食品中主要为有毒植物菜豆(88.9%),原因是烹饪不当,主要发生在单位食堂(81.2%)。肉类食品主要为酱卤肉(80%),原因为生熟不分、存储不当导致的金黄色葡萄球菌及其毒素、沙门氏菌等致病微生物污染(33.3%)和超量、违规使用亚硝酸盐(25%)引起,主要发生场所为街头摊点和宾馆饭店。

2. 预防原则

(1) 企业应严格按照《餐饮业和集体用餐配送单位卫生规范》的要求采购、加工产品,不得提供可能被寄生虫污染的生食水产品、蔬菜和肉类。

(2) 加强食品卫生宣传教育,引导顾客改变饮食习惯,避免进食生鲜的或未经彻底加热的水产品和蔬菜,不饮用生水。

(3) 防止交叉污染,不用盛过水产品的器皿盛放其他直接入口食品,加工过生鲜水产品的刀具及砧板必须清洗消毒。

(4) 烹调加工要烧熟煮透。

三、食品卫生与安全管理制度

根据卫生部发布的《餐饮业食品卫生管理办法》第六条规定:"餐饮业经营者必须建立健全卫生管理制度,配备专职或者兼职的食品卫生管理人员。"

(一) 卫生管理机构设置与岗位责任制

大型、连锁餐饮企业或饭店,应设置独立的食品卫生和安全管理部门,配备专职管理人员,建立食品安全监控体系。管理部门负责本企业内部的食品卫生和安全管理,对食品供应商进行质量监控,并接受和配合卫生监督机构对本企业的监督检查。专职管理人员应身体健康,通过相应的培训和考核,持证上岗。中小型企业应有完善的食品卫生和安全管理制度,配备专职或兼职的管理人员,但不得由生产加工环节的员工兼任。

企业的法定代表人是食品卫生和安全的第一责任人,对本企业的食品卫生和安全全面负责。此外,将食品卫生和安全作为厨房和相关部门负责人的岗位职责,建立相应的岗位责任制,明确各自责任,层层负责,把食品安全和卫生工作与员工考核结合起来。

(二) 食品卫生管理档案制度

大型、连锁餐饮企业或饭店,应设置检验室或化验室,对食品原料、接触直接入口食品的餐具、用具和成品进行检验,检验结果应记录,对检查中发现的不合格的情况提出处理意见。

卫生管理档案的要求如下：各岗位负责人应按要求每日进行记录；卫生管理员应经常检查相关记录，并督促各岗位负责人改进工作；记录清晰完整，易于识别和检索，至少应保存12个月。

（三）食品留样制度

近年来，各地的集体用餐活动日益增多，卫生管理任务日益紧迫，于是食品留样制度开始普遍执行。食品留样制度的基本内容是使用专用容器、专用冰箱、专人保管、专人记录，以保证有食物中毒等事件发生时，有原始的证据可以调查（见表5-3）。

表5-3 "食品留样记录表"示例

日期	样品编号	样品名称	餐次	留样时间/清倒时间	留样人/清倒人	备注
				/	/	
				/	/	
				/	/	
				/	/	
				/	/	

（1）专人负责食品留样。大型宴会、集体用餐、重要接待活动，每样食品都必须由专人负责留样。留样前必须洗手消毒，穿戴清洁工作衣帽，确保留样食品不被污染。

（2）足量足时留存。每餐、每样食品必须留足100克，留样食品必须保留48小时。

（3）专用容器。留样食品取样后，分别盛放在已消毒的餐具中，使用完好的食品罩，用保鲜膜密封好，以免被污染。

（4）详细记录。留样食品必须在外面贴好标签，标明留样时间、食品名称、餐次、留样人等基本信息，每餐必须做好留样记录。

（5）专用冰箱。留样容器、冰箱等为专用设备设施，严禁存放非留样食品，定期进行清理消毒。

（四）员工健康档案制度

企业应掌握在岗员工和新入职员工的健康状况，对员工的健康状况建立档案。企业应组织员工每年至少进行一次健康检查，必要时接受临时检查，将身体健康状况不合格的人员调离相关岗位。新入职的员工，应经过健康检查，并取得健康合格证。企业应要求员工随时进行自我医学观察，不得带病工作。员工有发热、腹泻、手外伤、皮肤湿疹、长疖子、呕吐、流眼泪、流口水、咽喉痛、皮肤伤口或感染、咽部炎症等病症时，应立即离开工作岗位，待查明原因或治愈后，方可重新上岗。

（五）人员培训和考核制度

企业应制订员工的食品卫生教育和培训计划，定期对员工进行培训和考核，记录并存档培训和考核的情况。培训应针对各个岗位分别进行，内容应包括相关法律法规、规范、标准和食品卫生知识、各岗位操作规范等。培训对象的重点是新入职及没有餐饮工作经验的员工，通过培训使员工了解企业相关规定和工作流程，掌握各个环节中保证食品卫生和安全的要点，考核合格后方能上岗。

四、食品卫生与安全事件的处理

近年来，食品卫生与安全方面的问题逐渐被公众关注，影响力越来越大。从福寿螺、"瘦肉精"、苏丹红、带毒多宝鱼、带毒鳜鱼等，到各种食物中毒、寄生虫病等，给餐饮企业和饭店造成了很大影响。这些影响有的是企业外部原因造成的，有的是企业内部管理造成的，但企业必须针对突发事件妥善处理。

（一）突发事件的处理办法

根据《中华人民共和国食品卫生法》《中华人民共和国传染病防治法》《食物中毒事故处理办法》等相关法律法规的要求，制定企业的应对办法。对于发生的食品安全事件，包括顾客投诉、政府部门的检查过程中出现的事件等，一经发生，立即启动食品安全事件处理流程。

（二）人员救治与补偿

当顾客出现中毒或致病等情况时，企业应首先做好救治工作。企业既要及时将顾客送到医院，又要协助医院救治病人。在确定造成中毒不是本企业原因时，与顾客取得联系，并将检测的结果告诉顾客，并欢迎顾客再次检测食物及到医院进行复诊。

如是本企业原因，在补偿之前，需要进行详细事件调查，了解顾客的用餐时间、点餐品种等基本信息，告知顾客企业的处理程序和办法。补偿一般采用协商的办法，征询顾客的意见，并根据医院的诊断书和卫生管理部门的检查结果，对顾客进行补偿。

（三）封存原料与成品

出现问题以后，企业应立即封存造成食物中毒或可能导致中毒的食品及其原料、工具、设备和现场，并采取临时控制措施。经检验，属于被污染的食品，应尽快销毁，对工具、设备和现场等进行清洗消毒；未被污染的食品，可以解封、继续使用。

（四）协助调查

出现问题以后，企业应立即停止其生产经营活动，并向所在地卫生管理部门报告。企业不能隐瞒、谎报、拖延、阻挠报告，应积极配合卫生管理部门进行调查。企业应按要求如实提供有关材料和样品，落实卫生管理部门要求采取的其他措施。

（五）整顿与改进

事件处理完之后，企业必须进行内部整顿，完善内部管理，避免类似事件再次出现。同时,对相关责任人进行处理。

案例分析 1

行政总厨谈厨房管理

上海某集团业务高级技师王先生曾担任一大饭店的行政总厨近十年,具有丰富的实践经验。他认为,厨房管理工作主要包括技术管理、人才管理和综合管理三个主要方面。下面就是他对这三个方面工作的理解和实践体会。

一、技术管理

(1) 培训。饭店都有培训部,但厨房还是应该自己抓培训。根据饭店餐饮师傅的力量,抓住继承师傅帮菜的重头戏做文章,趁几位淮扬菜名师高手还在之机,请他们给员工传授拿手的菜点,还聘了一位退休林师傅专搞宴会,以推动淮扬菜在饭店扎根。通过培训,把传统菜系继承下来,一代一代传下去。

(2) 定级考核。饭店培训部抓二、三、四级厨师的考核,一级、特级厨师由公司考核,行政总厨也参与这项工作。考核内容以继承师傅传统为主,考核厨师是否掌握了师傅的名菜名点,占比例70%,另外30%搞社会创新菜肴。

(3) 饭菜质量管理。这是主要的、根本的东西。饭菜质量问题每时每刻都要讲,不讲情面,有问题必须指出来。发现灶上不符合质量标准的饭菜决不能拿出去。行政总厨手下还要有一个技术级别比较高、较有威信的师傅配合把好质量关。

(4) 开展多种业务活动。一是搞创新菜;二是参加食品节、美食节,拿出代表饭店、集团的菜肴,还有各种烹饪比赛也是行政总厨应该考虑安排的。

二、人才管理

(1) 分阶段变换岗位。厨师在厨房做的时间长了,因种种原因少数人不适合在原来岗位上工作,就应该趁适当机会调动岗位。

(2) 等级上灶。头灶、二灶、烧鱼、蒸锅、烧汤(沙锅),都应按等级明确分工。

(3) 挂牌操作。一般对外介绍有几个一级厨师、几个特级厨师,叫什么名字。一级厨师和特级厨师要挂牌操作,低级别的厨师不挂牌。

(4) 师徒带岗上灶。把新进的员工分配给师傅,在顶岗上灶的实践中,师傅逐步教会新员工掌握厨艺。

三、综合管理

1. 清洁卫生安全管理

(1) 一手清制度。厨师要手脚干净利索,灶面、案板、台子都要干干净净,灶头工作结束后即冲洗干净。

(2) 抓住冷盘间的"四白"。"四白"即大褂要白、帽子要白、鞋子要白和口罩要白。

（3）饭菜烧熟煮透。饭菜烧熟煮透可以防止病从口入。

（4）煤气安全。开油锅时人一定不能走开，开餐完毕要关好所有的水、电、气等开关。

2. 成本核算

行政总厨要稍微懂点成本核算，能算一点账。只要核算出营业额和食品领料数以及食品领料数30%的燃料、调料，两者一比较，就可以大致估算出赢利的情况。

3. 财产管理

餐具管理要特别注意。有时带餐具到外面比赛或到兄弟单位表演，拿去多少餐具行政总厨都要心中有数，还要叮嘱厨师留意，如数带回。特别是现在餐具日趋高档、贵重，如银器，少了一件就损失很大。还有厨房设备设施，该添置的就要添置，该维修的就要维修。

4. 协调管理

厨房之间、厨师之间有时会出现一头忙、一头闲的情况，行政总厨要善于调剂忙闲，如在两个厨房之间、案板与炉灶之间进行适当的人员调剂，以闲支忙。

案例讨论题

1. 行政总厨与一般厨师长的工作内容有什么区别？
2. 行政总厨是如何进行技术管理的？
3. 行政总厨是如何进行人才管理的？
4. 行政总厨对厨房综合管理的内容是什么？

案例分析2

某酒店食品卫生管理制度

一、为加强酒店管理，严格贯彻《食品卫生法》，确保酒店食品加工的清洁卫生，特制定本规定。

二、内容

1. 食品卫生基本保障

（1）食品生产、加工、储存、运输、销售的场所及周围环境必须干净、卫生，并有良好的防蝇、防鼠、防尘和其他防污染措施。

（2）食品从业人员必须持健康证上岗。凡患有疮疖、化脓性创伤（特别是手指被切破）以及可能引起食物中毒的肠道疾病或健康带菌者，一律不准从事入口食品的加工工作。

(3) 食品从业人员应讲究个人卫生。当班时穿戴工作服帽，并保持洁净；做到勤洗手、勤洗澡、勤剪指甲、勤洗衣服被褥、勤换工作服帽；工作前及便后必须洗手消毒。

2. 预防细菌性食物中毒措施

(1) 加工食品饭菜的原料必须新鲜，禁止使用病死、毒死或死因不明的畜禽肉类、死蛤蜊、死扇贝及其制品；不使用变质原料；不买不卖腐烂变质食品。

(2) 防止食品交叉污染。生熟食品要严格分开加工；加工生熟食品使用的刀、板、墩、炊具、抹布等工具及筐、盆、盘、桶、碗等容器要严格分开。执行"生与熟隔离；成品与半成品隔离；食物与杂物隔离；食物与天然冰隔离"的"四隔离"制度。严禁生熟食品混放，成品与半成品混放，海鲜与肉类混放。加工生海产品必须严防生海产品及其加工刀具、容器等污染其他食品和器具。加工海产品用过的工具、容器及加工人员的手臂要及时洗刷消毒5分钟。凉拌菜必须在专用冷拼间操作加工，设置专用冰箱、刀板、容器、用具、抹布，配备流水洗手消毒、空气杀菌设施。紫外线灯要吊在工作台上方1.5~2米处。非冷拼间人员不准随便入内，冷拼间内不准存放未洗干净的水果、蔬菜、生鱼、生肉及其他杂物。

(3) 凡盛放食品的盆、盘、碗等容器，使用前必须洗净，用开水煮沸3~5分钟，或使用蒸汽消毒柜蒸15~20分钟。不耐热的，可用药物消毒，但必须将残留药物用水冲净。厨房菜墩要随用随刮，并杀菌消毒。不使用时必须彻底清洁，放于指定位置。凡接触食品的员工，加工操作前必须用皂液洗手，并用流水冲净。熟食间的工作台面、水龙头开关、冷拼间把手及冰箱门拉手等，应定期消毒；直接接触污染物时，必须立即消毒。

(4) 熟食品在加工食用前必须煮熟炸透，彻底灭菌，严防里生外熟，存放时加保鲜膜。鸡蛋煮沸8分钟，鸭蛋煮沸10分钟，各类海产品及肉食品的加热温度及时间必须保证其蛋白质凝固。

(5) 熟食要低温、短时储存。热菜及制作凉拌菜的酱肉、火腿等，必须在10℃以下的条件储存。凡超过4小时以上的饭菜、熟肉制品、熟海产品等，必须回锅蒸煮后再供食用。新购进的上述食品如不了解带菌情况，食用前应加热灭菌。

(6) 热菜及凉拌菜制作完毕，应立即供给客人食用，严禁提前加工。为大型会议大量准备的饭菜及凉拌菜加工后存放时间不能超过1小时。

3. 餐具、杯具等器皿的消毒措施

(1) 所有的餐具、杯具等器皿洗刷后必须进行消毒。

(2) 消毒程序严格执行"一洗，二刷，三冲，四消毒，五保洁"的制度。

(3) 使用消毒液进行消毒时，按1∶200的比例稀释配好消毒液，倒入消毒桶内，再将器皿放入消毒桶。要求器皿要完全浸入水中，浸泡5~10分钟后取出，用消毒抹布揩干，放入保洁柜内保洁。

（4）使用消毒柜消毒时，先将器皿上的残渣刮净，用水冲刷干净后放入蒸箱内高温消毒（温度不低于90℃，时间不少于15分钟），用消毒抹布揩干，放入保洁柜内保洁。

4. 预防毒性动植物食物中毒

（1）禁止食用河豚鱼。

（2）严禁使用猪甲状腺、毒蘑菇、洋金花、发芽马铃薯，未煮熟的豆角、芸豆、霉豆角、扁豆等。

5. 预防化学及农药中毒

（1）勿将亚硝酸盐当作食盐食用。

（2）瓜果蔬菜加工食用前应反复用水洗净，可去皮食物尽量去皮。

三、考核

（1）凡违反本规定的，给予责任部门或责任人警告处分；造成严重后果的，给予责任人停职检查至开除处理。

（2）按酒店相关处罚规定执行。

四、本规定自下发之日起执行

来源：职业餐饮网，http：//www.canyin168.com/glyy/chu/cfws/200711/13128.html.

案例讨论题

1. 结合此案例，谈谈食品卫生安全防范的重要性。

2. 对你所在城市的酒店进行实地调查，与案例中的食品卫生制度进行比较与总结。

思考与练习

1. 厨房的组织结构有几种模式？具体表现形式是怎样的？

2. 结合厨房各岗位实际情况，为一个小型餐饮企业的厨房撰写出具体的岗位职责与工作内容。

3. 厨房生产管理的主要内容有哪些？

4. 厨房生产的基本特点是什么？

5. 餐饮生产质量管理的主要内容是什么？

6. 标准菜谱的内容包括哪些？试设计一份标准菜谱。

7. 厨房生产操作标准的基本内容有哪些？

8. 试论述厨房生产流程的具体内容。

9. 粗加工的管理要点有哪些？

10. 细加工的管理要点有哪些？

11. 配份的基本要求有哪些？

12. 烹调阶段的管理要点分别是什么？

13. 如何计算生产折损?
14. 什么是交叉污染?可能由哪些途径产生?
15. 交叉污染有哪些类型?
16. 简述食物中毒及其原因。
17. 简述食物中毒的特点及其预防。
18. 简述食品卫生与安全管理制度的内容。
19. 如何实施食品留样制度?

第六章 餐饮价格管理

【学习目标】

通过本章的学习，掌握对菜品原料成本、单项菜品成本、批量菜品成本和宴会成本的核算方法；了解分类毛利率、综合毛利率的概念；了解菜品价格的构成及对菜品价格的影响因素；学会使用销售毛利定价法、成本毛利率定价法和价格乘数定价法对菜品进行定价并掌握餐饮产品定价的策略。

【内容结构】

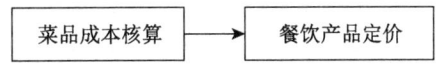

【重要概念】

一料一档　一料多档　多料一档　多料多档　单项菜品　分类菜品　分类毛利率　综合毛利率　餐饮产品价格构成　销售毛利率定价法　成本毛利率定价法　价格乘数定价法

第一节　菜品成本核算

一、菜品成本构成

菜品成本是指制作菜品的原料成本。菜品的原料成本是由主料成本、配料成本和调料成本所构成。其公式如下：

$$菜品成本 = 主料成本 + 配料成本 + 调料成本$$

主料是构成菜品的主要原料，其成本按实际耗用量计算。配料是配合主料制作菜品的辅助原料，如果配料用量较大，其成本按实际耗用量计算；如果用量较少，其成本则可以进行估算。调料主要对菜品起色、香、味等调节作用的原料。调料在各种菜品中一般种类较多，但用量很少，很难具体核定每种菜品中各种调料的成本金额。因此，其成本一般采用事先规定的金额直接确定其成本（这种事先规定的金额是在多次实验中获得的数据）。

二、菜品成本核算方法

菜品成本核算是对菜品原料成本的核算。由于菜品原料所处的状态不同，如经粗加工处于净料状态、处于半成品状态、处于成品状态，其成本核算方法也不同。

（一）原料加工净料成本核算

在菜品生产过程中，菜品原料经过加工会发生损耗，扣除原料损耗所得到的可用原料，我们称为净料。

1. 一料一档成本核算

一料一档是指一种原料经过加工处理后只有一种净料，下脚料已无法利用。其成本核算是以毛料价格为基础，直接核算净料单位成本。核算公式为：

$$净料单位成本 = \frac{毛料价格 \times 毛料重量}{净料重量} \qquad (6.1)$$

$$净料率 = \frac{净料重量}{毛料重量} \times 100\% \qquad (6.2)$$

【实例6.1】　厨房用胡萝卜25千克和木耳8千克做原料，胡萝卜进价0.86元/千克，木耳进价98.4元/千克。经加工处理后，得到胡萝卜净料21千克，水发木耳20.6千克。请分别确定两种原料的单位成本和净料率。

实例分析：

（1）直接代入公式（6.1）计算两种原料的净料单位成本。

$$胡萝卜净料单位成本 = \frac{25 \times 0.86}{21} = 1.02（元/千克）$$

$$木耳净料单位成本 = \frac{8 \times 98.4}{20.6} = 38.21（元/千克）$$

（2）直接代入公式（6.2）计算两种原料的净料率。

$$胡萝卜净料率 = \frac{21}{25} \times 100\% = 84\%$$

$$木耳净料率 = \frac{20.6}{8} \times 100\% = 257.5\%$$

2. 一料多档成本核算

一料多档是指一种原料经加工处理后可以得到两种以上的净料或半成品。一料多档要分别核算不同档次的原料成本。食品原料加工处理形成不同的档次后，各档原料的价值是不相同的。为此，要分别确定不同档次原料的价值比率，然后才能核算各档原料单位成本。其核算公式为：

$$分档原料净料单位成本 = \frac{毛料价格 \times 毛料重量}{各档净料重量} \tag{6.3}$$

【实例6.2】 厨房领白条鸡75千克，进价16.24元/千克，经加工处理后得到鸡腿18.6千克，鸡胸15.4千克，鸡翅12.5千克，鸡杂8.6千克，鸡架、鸡脖13.6千克，其余为下脚料无值。各档原料价值比率分别为42.5%、30.6%、12.4%、9.5%和5%。（各档价值比率=各档价格/∑各档价格×100%，把各档价格视为已知。）请核算各档原料净料单位成本。

实例分析：

直接代入公式（6.3）计算。

$$鸡腿净料单位成本 = \frac{毛料价格 \times 毛料重量 \times 鸡腿原料价值比率}{鸡腿净料重量}$$

$$= \frac{75 \times 16.24 \times 42.5\%}{18.6} = 27.83（元/kg）$$

$$鸡胸净料单位成本 = \frac{毛料价格 \times 毛料重量 \times 鸡胸原料价值比率}{鸡胸净料重量}$$

$$= \frac{75 \times 16.24 \times 30.6\%}{15.4}$$

$$= 24.2（元/kg）$$

以此类推，即可核算出其他各档原料的单位成本。

3. 多料一档成本核算

多料一档是指多种原料经加工处理后得到一种混合净料。这种情况主要适用于批量生产的菜品成本核算。混合净料单位成本的核算是将各种原料的实际成本总和除以混合净料重量,即可得出混合净料的单位成本。其计算公式为:

$$混合净料单位成本 = \frac{\sum(各档毛料价格 \times 各档毛料重量)}{混合净料重量} \qquad (6.4)$$

【实例6.3】 厨房生产小笼包子一批,馅料用量如表6-1所示,经加工处理,得到馅料23.8千克,请核算馅料单位成本。

表6-1 菜品生产成本记录

原 料	用 量(千克)	单价(元)	成本(元)	备注
腿肉	15	9.2	138	
肉皮	4	3.6	14.4	
红糖	2.8	2.9	8.12	
麻油	0.5	18.4	9.2	
味精	0.03	98.8	2.96	
胡椒	0.02	64.3	1.29	
生姜	0.3	3.8	1.14	
红醋	0.3	1.4	0.42	
酱油	1.6	1.2	1.92	
其他	—	—	9.80	
合计			187.25	

实例分析:

各种原料实际成本总和 = ∑各种毛料价格×各种毛料重量

= 15×9.2+4×3.6+2.8×2.9 + 0.5×18.4 + 0.03×98.8+ 0.02×64.3+ 0.3×3.8 +0.3×1.4+ 1.6×1.2

= 187.25

$$馅料单位成本 = \frac{187.25}{23.8}$$

$$= 7.87(元/千克)$$

4. 多料多档成本核算

多料多档是指多种原料经过加工处理后得到一种以上的净料或半成品。这种情况主要适用于菜品的再加工或分类使用。其成本核算方法是先核算所用原料总成本,再确定净料或半成品价值比率,最后核算分档净料或半成品单位成本。其核算公式为:

$$分档净料单位成本 = \frac{所用毛料总价值 \times 分档净料或半成品价值比率}{分档净料或半成品重量(或份数)} \qquad (6.5)$$

【实例 6.4】 厨房烹制一锅鸡汤作烹调汤使用。预计可分 30 份,用料为老母鸡 4.8 千克,毛料价格为 11.8 元/千克,另用配料一种 0.2 千克,进价 68.4 元/每千克,其他调料 1.85 元,烹制后鸡汤作烹调汤使用,鸡肉改作他用,重 3.6 千克,其价值比率为 22.8%。请核定鸡汤和鸡肉的单位成本。

实例分析:

运用公式(6.5)直接计算:

$$鸡汤单位成本 = \frac{所用原料总价值 \times 鸡汤原料价值比率}{鸡汤原料份数}$$

$$= \frac{(4.8 \times 11.8 + 0.2 \times 68.4 + 1.85) \times (1 - 22.8\%)}{30}$$

$$= 1.86(元/份)$$

$$鸡肉单位成本 = \frac{所用原料总价值 \times 鸡肉原料价值比率}{鸡肉重量}$$

$$= \frac{(4.8 \times 11.8 + 0.2 \times 68.4 + 1.85) \times 22.8\%}{3.6}$$

$$= 4.57(元/千克)$$

(二)成品与半成品成本核算

成品成本核算是在菜品原料加工成本核算的基础上进行的。其成本核算方法又分三种情况:

1. 单项菜品成本核算

单项菜品成本核算是根据菜品花色品种,在制定单项菜品标准成本的基础上进行的。厨房在生产过程中,要根据单项菜品的种类、规格、原料配方,通过加工测试,事先确定每种菜品的标准成本,以此作为菜品生产管理中投料用料的依据,实行标准化管理。在实际生产过程中,单项菜品的成本核算并不是每天对每项菜品的成本消耗进行具体核算,而是采用抽样调查的方法核算其实际成本和标准成本的差额,纠正偏差,控制成本消耗。具体方法包括以下三个步骤。①随机选择菜品抽样,测定单项菜品实际成本消耗。在日常成本管理中,我们可以定期或不定期地对菜品进行随机抽样,选择部分单项菜品测定其实际成本消耗,获得有关数据。②根据抽样测定结果,计算成本误差。在随机抽样和测定单项菜品实际成本的基础上,计算成本误差。计算成本误差的意义在于,发现实际成本消耗与标准成本之间的误差。成本误差既包括绝对误差,又包括相对误差。绝对误差是实际成本与标准成本的差值;相对误差是绝对误差占标准成本的百分比。成本误差由厨房成本核算员核算。③填写抽样成本误差报告表。各种抽样菜品成本核算的误差值计算出来后,成本核算员要填写抽样成本误差报告表。④对检测结果做出分析报告。厨房成本核算员用抽样成本误差报告表中的绝对误差和相对误差与计划要求比较,分析菜品成本消耗的合理程度,做出分析报告。对于超过计划要求范围较大的成本误差，应同厨师或厨师长分析造成成本误差过大的原因，提出改进措施。该分析报告可为餐饮管理人员加强成本控制提供客观依据。

【实例6.5】 飞龙饭店中餐厨房生产某种菜品，成本核算员在厨房进行抽样测定。经抽查，该种菜品原料的实际用量和标准用量如表6-2所示，饭店要求菜品成本误差应在±1.5%以内。请核算和分析该种菜品成本消耗情况。

表6-2 菜品原料消耗与标准用量

产品名称_____ 规格_____ 成本核算员_____

原料	标准用量（千克）	实际用量（千克）	用量相对误差（%）	标准净料价格（元/千克）	标准成本（元）	实际成本（元）	成本相对误差（%）
芥兰	0.25	0.27	8	8.6	2.15	2.32	7.9
姜汁酒	0.08	0.09	12.5	12.5	1.00	1.13	13
麻油	0.05	0.04	−20	6.8	0.34	0.27	−21
料酒	0.03	0.05	67	10.2	0.31	0.51	65
海米	0.02	0.03	50	18.6	0.37	0.56	51
鲜蘑	0.18	0.02	−89	9.8	1.76	0.20	−89
总计					5.93	4.99	−15.85

实例分析：

据抽样测定结果，计算标准成本和实际成本消耗，如表6-2所示。

计算该种菜品成本相对误差，且用实际成本与标准成本比较。

$$相对误差=\frac{（实际成本-标准成本）\times 100\%}{标准成本}$$

$$=\frac{(4.99-5.93)\times 100\%}{5.93}$$

$$=-15.85\%$$

计算结果表明，实际成本与标准成本相比少了15.85%，而允许的成本误差在±1.5%范围以内。通过对表6-2的分析，该菜品的用料不准确，随意性强。例如，鲜蘑用量相对误差为：

$$\frac{0.02-0.18}{0.18}\times 100\%=-89\%$$

这个结果说明，鲜蘑实际用量与标准用量相比，少了89%，即少用了0.16千克。由于用料的不准确，会直接影响菜品质量，必须引起高度重视。

在单项菜品成本核算中，抽样测定要选择不同菜品进行多次检查，分析其成本管理的好坏。

【实例6.6】 长安酒店对5种菜品成本消耗进行抽样检查，每种菜品在1周内检查了5次，其标准成本和实际测定结果如表6-3所示，请分析其成本消耗情况（成本误差要求不超过±1.5%）。

实例分析：

（1）根据抽样测定结果，分别计算每种菜品实际平均成本，如表6-3所示。

表6-3 抽样成本记录统计

单位：元

菜品名称	标准成本	抽样检查记录					实际平均成本
		1次	2次	3次	4次	5次	
甜瓜虾仁色拉	6.25	6.31	6.28	6.45	6.19	6.23	6.292
鲜鸡丸子清汤	8.76	8.72	8.68	8.84	8.82	8.78	8.768
腊味双拼	9.67	9.54	9.62	9.72	9.75	9.69	9.664
鲜蘑芦笋	7.48	7.43	7.51	7.59	7.42	7.38	7.466
椒香鸡球	12.56	12.48	12.58	12.63	12.52	12.46	12.534

（2）实际成本和标准成本比较，分别计算每种菜品的成本误差。计算各菜品成本相对误差，可以发现每一种菜品成本误差的大小。

$$甜瓜虾仁色拉成本误差 = \frac{6.292 - 6.25}{6.25} \times 100\% = 0.67\%$$

$$鲜鸡丸子清汤成本误差 = \frac{8.768 - 8.76}{8.76} \times 100\% = 0.09\%$$

$$腊味双拼成本误差 = \frac{9.664 - 9.67}{9.67} \times 100\% = -0.06\%$$

$$鲜蘑芦笋成本误差 = \frac{7.466 - 7.48}{7.48} \times 100\% = -0.19\%$$

$$椒香鸡球成本误差 = \frac{12.534 - 12.56}{12.56} \times 100\% = -0.21\%$$

（3）计算综合成本误差。综合成本误差是各抽样菜品成本相对误差的平均值。利用综合成本误差可以对厨房菜品的成本控制做出整体性的评价。

$$综合成本误差 = \frac{0.67\% + 0.09\% - 0.06\% - 0.19\% - 0.21\%}{5} = 0.06\%$$

（4）填写抽样成本误差报告表。将成本误差的计算结果填入抽样成本误差报告表中（见表6-4）。

表6-4 抽样成本误差报告

单位：元

菜品	标准成本（元）	实际成本（元）	成本绝对误差（元）	成本相对误差（%）	备注
甜瓜虾仁色拉	6.25	6.292	0.042	0.67	本次随机抽取5种菜品进行成本测定
鲜鸡丸子清汤	8.76	8.768	0.008	0.09	
腊味双拼	9.67	9.664	-0.006	-0.06	
鲜蘑芦笋	7.48	7.466	-0.014	-0.19	
椒香鸡球	12.56	12.534	-0.026	-0.21	
综合成本误差（%）	0.06					

（5）对抽样结果做出分析报告。通过对5种菜品成本消耗进行抽样检查，其检查结果表明：5种抽样菜品成本的绝对误差最大不超过±0.042元；相对误差最大不超过±0.67%，各随机抽样菜品的绝对误差均在±1.5%以内。假定这是在原料价格不变的情况下得出的结果，就可以说明，厨房对各菜品成本控制非常好。通过综合误差的计算，可以得知厨房在生产菜品中成本控制的总体情况。上例表明，该厨房综合成本误差为0.06%，符合在±1.5%以内的范围要求。这说明该厨房在菜品成本控制方面总体情况较好。

总之，此次成本随机测定表明，厨房在菜品制作过程中，成本控制是良好的，达到了酒店的成本计划要求。

2．批量菜品成本核算

批量菜品成本核算是根据一批菜品的生产数量和各种原料实际消耗进行的。其成本核算方法包括三个步骤：①根据实际生产耗用，核算本批菜品各种原料成本和单位菜品成本；②比较单位菜品实际成本和标准成本，计算成本误差；③填写菜品成本误差报告表；④做出成本误差分析报告。

【实例6.7】 冷荤厨房生产酱牛肉一批，成品重10.2千克，标准成本23.18元/千克，成本误差要求不超过±2%。当日实际耗用原料如表6-5所示。请核算与分析其成本消耗情况。

表6-5 菜品生产原料记录

原料	单价（元）	用量（千克）	成本（元）
牛肉	12.8	15.6	199.68
生姜	8.65	0.2	1.73
大料	48.2	0.1	4.82
葱根	0.92	0.35	0.32
蒜瓣	5.28	0.42	2.22

续表

原料	单价（元）	用量（千克）	成本（元）
酱油	2.68	2.5	6.7
其他	—	—	5.9
合计			221.37

实例分析：

（1）实际原料消耗核算批量酱牛肉总成本，结果如表6-5所示。

（2）计算酱牛肉实际单位成本。

$$实际酱牛肉单位成本=\frac{221.37}{10.2}=21.7（元/千克）$$

（3）计算酱牛肉成本相对误差。

$$酱牛肉成本相对误差=\frac{21.7-23.18}{23.18}\times 100\%=-6.38\%$$

计算结果表明，酱牛肉的实际成本比标准成本少了6.38%，即实际成本比标准成本少了15.1元（标准成本为10.2千克×23.18元/千克=236.4元，实际成本为10.2千克×21.7元/千克=221.3元；实际成本−标准成本=221.3元−236.4元=−15.1元）。

（4）填写菜品成本误差报告表（略）。

（5）做出成本误差分析报告。

通过对菜品酱牛肉的成本核算，得知其成本误差为−6.38%，超过了要求在小于或等于±2%的误差范围，对误差原因进行分析。对酱牛肉每种用料的实际成本与标准成本进行比较，查明问题所在。

3. 分类菜品成本核算

分类菜品成本核算是在单件菜品和批量菜品成本核算的基础上进行的。所谓分类菜品成本核算，就是将菜单上的菜品按类别核算成本。如热菜类成本、冷荤类成本、面点类成本等。其成本核算方法包括以下步骤。①根据生产记录和餐厅收款员报告，核算分类菜品销售收入。②根据每日领料、厨房差额调整，核算分类菜品当日成本消耗。其中，厨房差额调整包括两项内容：一是上期或前一天未用完的原料成本；二是本期或当日未用完的原料成本。前者为正数，后者为负数。③分类检查标准成本和实际成本消耗，核算成本误差和成本率误差。④填写分类菜品成本误差报告表。⑤做出成本误差分析报告。

【实例6.8】 某饭店4月8日对厨房分类菜品成本消耗进行核算，资料如表6-6所示，成本误差要求不超过±1.5%，请核算与分析分类菜品成本消耗情况。

表6-6 厨房成本记录

单位：千元

项目分类	成本核算记录				当日成本	当日收入	当日成本率(%)	标准成本率(%)
	领料单	转账单	调拨单	厨房调整数				
热菜	1.25	0.86	-0.08	-0.03	2.00	6.78	29.5	34.89
冷荤	0.78	0.18	0.07	0.12	1.15	3.42	33.63	35.68
面点	0.23	0.15	0.12	0.08	0.58	1.77	32.77	35.52

实例分析：

（1）计算分类菜品标准成本。

$$热菜标准成本 = 6.78 \times 34.89\% = 2.37（千元）$$

冷荤标准成本 = $3.42 \times 35.68\% = 1.22$（千元）

面点标准成本 = $1.77 \times 35.52\% = 0.63$（千元）

（2）计算分类菜品成本相对误差。

$$热菜成本相对误差 = \frac{2.00-2.37}{2.37} \times 100\% = -15.61\%$$

$$冷荤成本相对误差 = \frac{1.15-1.22}{1.22} \times 100\% = -5.74\%$$

$$面点成本相对误差 = \frac{0.58-0.63}{0.63} \times 100\% = -7.94\%$$

（3）填写分类菜品成本误差报告表，具体如表6-7所示。

表6-7 分类菜品成本误差报告

单位：千元

项目分类	标准成本	实际成本	成本相对误差(%)	当日收入	当日成本率(%)	标准成本率(%)	成本率绝对误差(%)
热菜	2.37	2.00	-15.61	6.78	29.5	34.89	-5.39
冷荤	1.22	1.15	-5.74	3.42	33.63	35.68	-2.05
面点	0.63	0.58	-7.94	1.77	32.77	35.52	-2.75
合计	4.22	3.73	-29.29	11.97	31.16	35.21	-4.05

（4）做出分类菜品成本误差分析报告。

通过对分类菜品成本误差报告表的分析结果表明，各类菜品成本误差均超过了要求在小于或等于±1.5%要求范围。由于各类菜品成本误差均为负数，说明实际成本低于标准成本。这种结果的出现，可能是在制作菜品时用料量不足，具体原因，需要进一步查明。

（三）宴会菜品成本核算

宴会成本核算主要是核算菜品成本，酒水一般是根据客人实际消耗按标准毛利收费。宴会是餐饮经营的最高档次,其特点是顾客的享受成分高、毛利标准高、经营利润大。宴会都是事先预订的,根据宴会订单,应做好单独成本核算。饭店宾馆、涉外餐馆为做好宴会管理,往往事先制定《分类宴会设计标准》,为宴会经营、菜品设计和成本核算提供依据。《分类宴会设计标准》主要根据不同档次的宴会,以人均费用标准为基础,确定菜品分类和在分类菜品中可选择的品种及其数量。如宴会标准为80元,确定的菜品分类有冷菜类、热菜类、甜点类、汤类、水果类,每一类菜品又规定出可选择的数量和品种。这样,就为宴会设计和成本核算提供了必要的依据。宴会成本核算是一个复杂的过程,在日常工作中,每次宴会菜品成本核算方法主要包括五个步骤:

1. 分析宴会订单,明确宴会服务方式与标准

宴会订单是成本核算的前提和基础,宴会订单的内容和项目很多。就成本核算而言,则主要有宴会名称、出席人数、开宴地点、宴会标准、酒水费用安排、菜品要求等。分析宴会订单主要掌握宴会标准,以便对成本核算做出具体安排。

2. 计算宴会可容成本和分类菜品可容成本

宴会可容成本是指宴会标准收入除去毛利以后的食品原料成本。分类菜品可容成本是指宴会菜品可容成本乘以分类菜品成本比率。其计算公式为:

$$宴会菜品可容成本=宴会标准收入\times(1-宴会毛利率) \tag{6.6}$$

$$分类菜品可容成本=宴会菜品可容成本\times分类菜品成本比率 \tag{6.7}$$

3. 选择菜品花色品种,安排分类菜品品种和数量

宴会一般按桌举办,分类菜品可容成本确定后,可根据可容成本的金额安排不同种类菜品的品种、多少。如冷荤及热菜的数量,面点、水果、汤类各上哪些品种等,以便使宴会成本开支限制在可容成本范围之内。对于菜品的搭配,要将成本高的菜品与成本低的菜品搭配,一方面,有利于销售;另一方面,可以使企业获得满意的利润。如果是西餐宴会或自助餐宴会,也可根据出席人数和每人用餐标准核算可容成本及分类菜品成本。总之,安排菜品花色品种和数量时,可容成本是宴会成本核算的主要依据。

4. 按照宴会可容成本组织生产,检查实际成本消耗

宴会分类菜品可容成本确定后,厨房根据分类菜品花色品种和可容成本组织食品原材料加工,每个品种都应掌握投料用料标准,使成本消耗不超过可容成本的规定范围。宴会结束后,还应分类检查各类菜品的实际成本消耗,防止成本超支,保证宴会赢利。

5. 分析成本误差,填写宴会成本记录表

宴会任务完成后,成本核算员应根据各类菜品实际成本消耗,填制宴会成本记录表,并与可容成本比较,分析成本误差,发现宴会成本控制中的问题,找出原因,提出改进措施,以便不断改进宴会成本核算工作,提高成本管理水平。

【实例6.9】 某饭店宴会厨房接到餐饮部宴会订单一份。主要内容如下:

宴会名称:贸易洽谈特别宴会 举办单位:某某公司

产品风味：淮扬风味　　　　　　出席人数：80 人

宴会标准：230 元/人　　　　　　酒水安排：酒水在外

宴会毛利：75%　　　　　　　　　开宴桌数：8 桌

要求与禁忌：无

请根据本次宴会订单核算宴会菜品成本，做出具体安排（成本误差要求不超过 ±1.5%）。

实例分析：

（1）计算宴会总费用和每桌费用。

$$宴会总收入 = 230 \times 80 = 18400（元）$$

$$每桌收入 = 230 \times 10 = 2300（元）$$

（2）计算宴会可容成本。

$$宴会可容成本 = 18400 \times (1-75\%) = 4600（元）$$

$$每桌可容成本 = 4600 \div 8 = 575（元）$$

（3）计算分类菜品可容成本。假定查《分类宴会设计标准》，此次宴会属于中等规格，分类菜品成本分配比率为：冷荤类 20%、热菜类 50%、面点类 19%、水果类 5%、汤类 6%，则每桌分类菜品可容成本为：

$$冷荤类可容成本 = 575 \times 20\% = 115（元）$$

$$热菜类可容成本 = 575 \times 50\% = 287.5（元）$$

$$面点类可容成本 = 575 \times 19\% = 109.25（元）$$

$$水果类可容成本 = 575 \times 5\% = 28.75（元）$$

$$汤类可容成本 = 575 \times 6\% = 34.5（元）$$

（4）根据分类菜品可容成本，安排菜品花色品种，组织宴会菜品生产。这时，可查《分类宴会设计标准》，掌握分类菜品可选择的品种，如冷荤类 12 种、热菜类 20 种、面点类 8 种、水果类 4 种、汤类 3 种等。但具体在各类菜品中选择哪些品种、选几种，要根据宴会类别、特点和分类菜品可容成本确定。如本例每桌分类菜品花色品种具体如表 6-8 所示。

表 6-8　宴会菜品分类成本报表（举例）

类别	菜肴	成本小计
冷荤类	孔雀开屏 16.8 元、中煲醉蟹 23.65 元、金华火腿 15.84 元、酱爆肉片 12.38 元、白斩鸭片 13.26 元、五香花生米 2.16 元、甜香瓜条 3.78 元、酱猪耳朵 14.85 元、凉拌烧鹅 13.92 元	116.64 元
热菜类	鸡汁鱼脯 18.4 元、醋熘鳜鱼 23.76 元、珊瑚海参 25.64 元、水晶虾球 32.58 元、黄烧裙边 28.45 元、无锡排骨 18.54 元、蜜汁火鸡 19.25 元、桃仁鸡卷 24.58 元、将军过桥 28.32 元、金钱里脊 26.52 元、什锦素烩 8.75 元	254.79 元

续表

类别	菜肴	成本小计
面点类	枯酪元宵 19.78 元、两米桔梗 13.54 元、百果花糕 28.39 元、正月春卷 25.15 元	86.86 元
汤类	豆腐参汤15.45 元、酸辣汤 8.92 元	24.37 元
水果类	香蕉11.2 元	11.2 元
主食类	米饭4.85 元	4.85 元
总成本		498.71 元/桌

（5）检查宴会实际成本，与可容成本比较，确定分类菜品盈亏值，计算成本误差。

与可容成本比较，每桌分类菜品盈亏值为：

冷荤类：116.64-115＝1.64（元）

热菜类：254.79-287.5＝-32.71（元）

面点类：86.86-109.25＝-22.39（元）

汤类：24.37-34.5＝-10.13（元）

水果类：11.2-28.75＝-17.55（元）

主食类：4.85（元）

每桌成本绝对误差：498.71-575＝-76.29（元）

每桌分类菜品成本相对误差为：

$$凉菜类成本相对误差 = \frac{116.64-115}{115} \times 100\% = 1.43\%$$

$$热菜类成本相对误差 = \frac{254.79-287.5}{287.5} \times 100\% = -11.38\%$$

$$面点类成本相对误差 = \frac{86.86-109.25}{109.25} \times 100\% = -20.49\%$$

$$汤类成本相对误差 = \frac{24.37-34.5}{34.5} \times 100\% = -29.36\%$$

$$水果类成本相对误差 = \frac{11.2-28.75}{28.75} \times 100\% = -61.04\%$$

$$综合成本相对误差 = \frac{498.71-575}{575} \times 100\% = -13.27\%$$

（6）填写宴会成本记录表（成本误差），如表 6-9 所示。

（7）成本核算评价与分析。

本次宴会成本核算与控制总体效果较差。每桌成本绝对误差-76.29 元，整个宴会成本绝对误差-610.32 元，相对误差-13.27%左右。其中只有冷荤类成本控制很好，成本相对误差只有 1.43%。热菜类、面点类、汤类、水果类成本误差太大，误差最小的是热菜类，为-11.38%，误差最大的是水果，达-61.04%。造成成本误差过大的原因是分类菜点的可容成本控制不严，原材料用料不足，存在糊弄宾客的现象。

表6-9 宴会经营成本误差报告

宴会名称：经贸特别宴会　　　　　　　　　举办单位：某某公司
出席人数：80人　　　　　　　　　　　　　宴会标准：230元/人
宴会毛利率：75%　　　　　　　　　　　　 开宴桌数：8桌

单位：元

项目 分类	可容成本	实际成本	绝对误差（%）	相对误差（%）
冷荤菜	115	116.64	+1.64	1.43
热菜	287.5	254.79	-32.71	-11.38
面点	109.25	86.86	-22.39	-20.49
汤类	34.5	24.37	-10.13	-29.36
水果	28.75	11.2	-17.55	-61.04
主食	未安排	4.85	+4.85	100
每桌	575	498.71	-76.29	-13.27
整个宴会	4600	3989.68	-610.32	-13.27

改进意见：今后宴会成本核算要尽可能考虑分类菜品所需的成本，要加强厨房实际投料、用料的准确性。

三、菜品毛利率核算

毛利率是毛利额占销售额或成本的百分比。毛利额占销售额的百分比称为销售毛利率；毛利额占成本的百分比称为成本毛利率。餐饮企业采用的毛利率一般都是销售毛利率，它直接反映出毛利在销售额中的水平。菜品毛利率又分为分类毛利率和综合毛利率两种。分类毛利率是某类菜品在一定时期内的毛利额占该类菜品销售额或原料成本的百分比；综合毛利率是在一定时期内菜品毛利总额占其销售总额或原料总成本的百分比。它们是考核餐饮企业餐饮经营管理的重要指标，其目的是检查厨房在餐饮经营中是否保持了合理的赢利水平和是否正确执行了企业价格政策。

（一）分类毛利率核算

分类毛利率是制定菜品价格的主要依据。分类毛利率核算以期间核算为主。其核算方法是以期间各类菜品成本核算统计资料为基础，分别计算出各类菜品的销售额和原料成本消耗，再求出分类毛利率。其计算公式为：

$$分类毛利率（销售毛利率）=\frac{分类菜品毛利额}{分类菜品销售额}\times 100\%$$

$$=\left(1-\frac{分类菜品成本}{分类菜品销售额}\right)\times 100\% \qquad (6.8)$$

或

$$\text{分类毛利率（成本毛利率）} = \frac{\text{分类菜品毛利额}}{\text{分类菜品原料成本}} \times 100\% \qquad (6.9)$$

（二）综合毛利率核算

综合毛利率对菜品总体价格水平起到控制作用。综合毛利率核算是在分类毛利率核算的基础上进行的，同样根据菜品销售收入和原料成本统计资料来进行。其计算公式为：

$$\text{综合毛利率（销售毛利率）} = \frac{\text{菜品毛利总额}}{\text{菜品销售总额}} \times 100\%$$

$$= \left(1 - \frac{\text{菜品总成本}}{\text{菜品销售总额}}\right) \times 100\% \qquad (6.10)$$

或

$$\text{综合毛利率（成本毛利率）} = \frac{\text{菜品毛利总额}}{\text{原料成本总额}} \times 100\% \qquad (6.11)$$

【实例 6.10】 某饭店 7 月份菜品生产和销售资料如表 6-10 所示。请核算该期间菜品的分类毛利率和综合毛利率，且分析毛利率掌握的好坏。

表 6-10 成本毛利统计

单位：万元

项目\分类	热菜	冷荤菜	面点	食品合计	酒水	总计
销售额	158.61	85.5	66.19	310.3	77.91	388.21
原料成本	63.13	35.57	25.48	124.18	21.56	145.74
标准毛利率（%）	58.2	53.2	56.3	55.9	73.4	56.8

实例分析：

（1）直接代入公式（6.8）计算分类毛利率。

$$\text{热菜分类毛利率} = \left(1 - \frac{\text{热菜成本}}{\text{热菜销售额}}\right) \times 100\%$$

$$= \left(1 - \frac{63.13}{158.61}\right) \times 100\%$$

$$= 60.20\%$$

$$\text{冷荤菜毛利率} = \left(1 - \frac{\text{冷荤菜成本}}{\text{冷荤菜销售额}}\right) \times 100\%$$

$$= \left(1 - \frac{35.57}{85.5}\right) \times 100\%$$

$$= 58.40\%$$

$$面点毛利率 = \left(1 - \frac{面点成本}{面点销售额}\right) \times 100\%$$

$$= \left(1 - \frac{25.48}{66.19}\right) \times 100\%$$

$$= 61.50\%$$

$$酒水毛利率 = \left(1 - \frac{酒水成本}{酒水销售额}\right) \times 100\%$$

$$= \left(1 - \frac{21.56}{77.91}\right) \times 100\%$$

$$= 72.33\%$$

$$食品毛利率 = \left(1 - \frac{食品成本}{食品销售额}\right) \times 100\%$$

$$= \left(1 - \frac{124.18}{310.3}\right) \times 100\%$$

$$= 59.98\%$$

（2）直接代入公式（6.10）计算综合毛利率。

$$综合毛利率 = \left(1 - \frac{菜品总成本}{菜品销售总额}\right) \times 100\%$$

$$= \left(1 - \frac{145.74}{388.21}\right) \times 100\%$$

$$= 62.46\%$$

（3）填写成本误差统计（见表6-11）。

表6-11　成本误差统计（标准毛利率与实际毛利率对比）

单位：%

分类 项目	标准毛利率	实际毛利率	毛利率绝对误差	毛利率相对误差
热菜	58.20	60.20	2.00	3.44
面点	56.30	61.50	5.20	9.24
冷荤	53.20	58.40	5.20	9.77
食品合计	55.90	59.98	4.08	7.30
酒水	73.40	72.33	-1.07	-1.46
综合毛利率	56.80	62.46	5.66	9.96

（4）分析成本误差统计并做出分析报告。

对表6-10分析表明：面点类和冷荤类毛利率超出其标准毛利率最多，分别超出其标准毛利率的9.24%和9.77%。但是，酒水没有达到标准毛利率。综合毛利率绝对误差为5.66%，相对误差为9.96%，说明本饭店在7月间总体赢利情况超出了计划要求，赢利情况较好。

四、成本核算中的信息技术

菜品成本控制是餐饮企业控制的一个难点。虽然标准菜单上有每种菜品的标准耗量，可以作为生产耗量的控制依据，但是由于原料的多样性和菜品的多样性，实际上要依据标准菜单计算出每天生产的各菜品所消耗原料的标准耗量是缺乏可操作性的。

利用餐饮管理信息系统，便可以解决这一菜品成本控制中的问题。计算机信息系统所特有的快速搜索和计算功能，恰好解决了原来人员控制中的"瓶颈"问题。当通过点菜子系统输入菜单后，系统就可以快速搜索到该菜品的标准菜单，并根据标准菜单上的各原料的标准消耗量，以及点菜单所反映的生产量计算出一个营业日或某一营业期间内某一种原料的累计标准消耗量。只要将通过盘点获得的实际消耗量（领料数减去盘点数）资料与标准消耗量进行对比，便可实施有效控制。

餐饮信息管理系统之所以能达到人工控制所不能达到的成本控制效果，是因为计算机的搜索和计算能力使标准菜单这一餐饮成本控制的有效工具作用得到充分发挥。如果不采用IT技术，只利用标准菜单对菜品成本控制是很困难的。因为企业没有足够的人力和时间从标准菜单中去查找某一菜单上琐碎的各种原料，特别没有可能去进行耗量的计算。而信息管理系统的搜索和计算能力正好解决了这一问题。此外，标准菜单也不是一成不变的，随着经营环境的变化，需要适时调整。如果不采用IT技术，用人工来进行标准菜单的调整，也是一种落后的管理方式，必将制约行业的发展。所以这也是标准菜单在成本控制中无法被有效利用的原因。而采用餐饮管理信息系统，对标准菜单的刷新变得很简单，一经刷新，系统便会按新的标准菜单进行耗量及成本核算。

餐饮信息管理系统能进行有效控制的另一原因是由于系统可以即时计算出标准耗量，因此就可以进行实时控制。由于信息反馈及时，问题就可以得到控制。此外，由于被控制者知道存在一个实时控制系统，因此会杜绝侥幸心理，促使其更加自律，从而使管理效率得到提高。

第二节 餐饮产品价格管理

一、餐饮产品价格构成及其影响因素

（一）餐饮产品价格构成

餐饮产品价格是由食品原料成本、流通费用、税金和利润所构成。其中，流通费用包括生产加工和销售过程中的设施设备、家具用具、餐茶用品、水电燃料、工资及

工资附加费、福利费等。但是，在实际工作中，除食品原料成本以外，流通费用、税金和利润很难分摊到各个产品中进行单独核算。因此，将餐饮产品价格构成中的流通费用、税金和利润融合在一起，用毛利表示，即餐饮产品价格构成用公式表示如下：

$$餐饮产品价格＝食品原料成本+毛利 \tag{6.12}$$

餐饮企业在对产品定价时，在食品原料成本不变的情况下，增加毛利，就会使产品价格提高，而降低毛利，产品价格也会降低。餐饮企业经营者要根据本企业的档次、所处的地理位置、目标市场和竞争对手等因素来调整本企业餐饮产品的毛利，确定出既适应市场需求，又能达到本企业利润目标的价格。

（二）影响餐饮产品价格的因素

餐饮企业产品价格受地理位置、竞争者、产地原料、采购季节、消费水平、就餐环境、加工程度、特色菜肴等因素的影响。

1. 地理位置

餐厅的地理位置是影响其产品价格制定的重要因素。对于同一档次、同一类型的餐馆，地处高收入地区餐饮产品的价格要明显高于地处低收入地区餐饮产品的价格。在交通便利、商业旺角、运输中心等地开设餐厅，其餐饮产品价格一定也会高于其他地方开设的餐厅。

2. 竞争者

餐饮市场在完全竞争的条件下，餐饮企业的产品价格受竞争者的影响。餐饮市场竞争越激烈，餐饮企业对自身产品价格的控制力越小，且产品的价格水平越接近于竞争者。餐饮企业对产品定价时，总是以竞争者产品价格水平为参照。当餐饮企业要争夺市场、扩大占有率时，往往采用低于竞争者价格的策略；当企业需要突出产品质量、树立高档餐厅的形象时，又往往将价格水平定得高于竞争者。

3. 产地原料

制作菜品的原料对于菜品的价格有着很大的影响。通常，用原产地、优质、野生的原材料价格都要高于其他原料；菜品原料来自"正宗"产地，要比来自"非正宗"产地的菜品价格高。例如"红烧海参"这道菜用辽东半岛和山东半岛优质刺参制作，价格高于其他地区的海参价格。又如以松花湖鲤鱼为原料的菜品的价格，要比以其他地方鲤鱼为原料的菜品价格高。这是因为松花湖鲤鱼的肉质细而鲜嫩。另外，原料的精细程度对菜品价格也有影响。原料越精细，其成本越高，也就导致菜品价格越高。

4. 采购季节

产品采购季节也直接对餐饮产品价格产生影响。原材料收获季节采购时价格就低；反之，价格就高。因此，对一些鲜活不易储存、季节性明显的原材料，应该准确标明当时的售价。

5. 消费水平

餐饮产品的价格与顾客的消费水平有着直接的关系。如果餐饮企业的目标市场是一些对价格不太敏感的顾客，是这些顾客一般消费水平较高，十分重视菜品的口味，则可以把价格定得高一些；如果企业的目标市场是工薪阶层和学生，则企业的产品价格应当定得低一些，让顾客感到实惠；团体用餐的顾客，产品价格定得要低于零点用餐的价格。

6. 就餐环境

餐饮产品价格受销售环境的影响很大。如今人们不仅仅是因为饥饿而走入餐馆。有些时候人们走进餐馆的原因与饮食毫无关系。例如，娱乐、友谊、洽谈、庆贺等不同因素促使人们以餐馆为场所，以就餐为媒介进行着各种交流。此时，人们在选择餐馆时，就会将就餐环境作为主要的考虑因素。而在就餐环境方面拥有较强吸引力的餐厅，其菜品价格也是比较昂贵的。即便如此，客人也会认为是合情合理的。事实上，提供较好就餐环境的餐厅，提供给客人的不仅仅是饮食，更主要的是带给客人对环境需求的满足。例如西餐的就餐环境大多比中餐的就餐环境洁净、幽雅，具有浪漫情调，这种环境因素也是西餐产品定价较高的一个主要原因。

7. 加工程度

餐饮产品在制作过程中，即使同一种原材料，由于加工程度的不一样，也会造成价格的很大差异。因为菜价的制定，本身就需要考虑人工成本这一因素，越是复杂费时，精细的加工，其人力成本就越高。在这方面果盘、面点和凉菜的加工体现得比较明显。例如果盘售价较高的原因是加工程度高，简单的水果在加工师手中经过选料、切割、造型、雕刻、拼摆等环节，呈现在消费者面前的是精美的艺术作品。

8. 特色菜肴

在餐饮菜肴定价时，特色菜肴价格的制定一般不完全依照严格的定价方法，往往要高一些。原因是特色菜肴代表该餐厅的经营风格，体现与其他餐厅的不同之处，充当餐饮经营的重要吸引力，从而带动客人的消费，也是客人前来就餐的重要目标菜肴。所以在定价时，应考虑这一因素并采取适当调高菜价的方法，这也是一种经营策略。

9. 供求时间

由于人们的饮食习惯所致，使餐饮企业的销售活动具有明显的高峰期和低峰期。高峰期一般为早餐、午餐、晚餐及节假日等时间或特殊日子，除高峰期外为低峰期。餐饮企业为了能在低峰期销售活动仍能进行，常常采用价格策略，即在低峰期降低菜品的价格，以鼓励客人在低峰期来餐馆就餐。所以，在一些餐馆，由于就餐时间的不同，其餐饮产品的价格也有所不同。

10. 服务水平

餐饮业是一个服务性行业，当对客人的服务水平提高时，价格也应该提高。这种针对客人的服务包括从产品的递送到增加服务人员的数量以减少客人的等候时间等。当客人真正得到由于高水平的服务而带来的额外利益和充分享受时，客人愿意为这种服务多付费，这也充分地体现出服务是有价值的。客人到高星级酒店消费时，对其较高的价格能够接受的一个重要原因就是所提供的服务水平较高。

二、餐饮产品定价方法

餐饮产品定价方法有多种，在这里主要介绍两种常用的方法。

（一）毛利率定价法

毛利率定价法是餐饮企业在事先确定的毛利率的基础上，再根据产品价格与单位产品定额成本和毛利率，计算出产品价格。毛利率定价法包括销售毛利率定价法和成本毛利率定价法。

1. 销售毛利率定价法

销售毛利率定价法是根据产品的花色品种，参照分类毛利率标准来制定。它主要适用于零点餐厅餐饮产品定价。其价格计算公式为：

$$产品价格 = \frac{单位产品定额成本}{1-销售毛利率} \quad (6.13)$$

【实例 6.11】 某饭店中餐厅销售鲥鱼和松鼠鳜鱼，进价成本分别为 11.5 元/每千克和 18.6 元/每千克，净料率为 82% 和 78%，盘菜用量为 0.75 千克，两种菜肴的配料成本分别为 0.8 元和 1.2 元，调料成本分别为 0.5 元和 0.7 元，销售毛利率为 52% 和 68%，请分别确定两种产品的价格。

实例分析：

（1）分别计算两种产品的盘菜成本。

$$清蒸鲥鱼每盘的成本 = \frac{11.5}{82\%} \times 0.75 + 0.8 + 0.5 = 11.82（元）$$

$$松鼠鳜鱼每盘的成本 = \frac{18.6}{78\%} \times 0.75 + 1.2 + 0.7 = 19.78（元）$$

（2）直接代入公式（6.13），分别计算两种产品的盘菜的价格。

$$清蒸鲥鱼每盘的价格 = \frac{11.82}{1-52\%} = 24.63（元）$$

$$松鼠鳜鱼每盘的价格 = \frac{19.78}{1-68\%} = 61.81（元）$$

2. 成本毛利率定价法

采用成本毛利率定价法制定产品价格，通常是先制定单位产品原料与配料定额，计算出成本，然后根据规定的成本毛利率定价。成本毛利率因其比较的基础和销售毛利率不同，而要高于销售毛利率。其价格计算公式为：

$$产品价格 = 单位产品定额成本 \times (1+成本毛利率) \qquad (6.14)$$

【实例6.12】 某饭店零点餐厅销售叉烧仔鸡。盘菜主料用公鸡1.5千克,进价8.4元/每千克,经过加工处理后,下脚料折价0.8元,配料成本2.8元,调料成本2.4元,成本毛利率85.6%,请确定叉烧仔鸡的盘菜价格。

实例分析:

根据题目条件利用公式(6.14)直接计算。

叉烧仔鸡的盘菜价格 = (8.4×1.5−0.8+2.8+2.4) × (1+85.6%) = 31.55(元)

毛利率定价法是餐饮企业使用比较普遍的定价方法。利用毛利率定价法定价,其优点是餐饮企业可以根据市场需求,对不同类别的菜品给予不同的毛利率,这样定出的价格,可以适应顾客对菜品价格的要求。例如,某餐馆把主菜的销售毛利率定为58%,冷荤菜的销售毛利率定为60%,汤类的销售毛利率定为68%。缺点是餐饮企业的利润目标不一定能够保证实现。

利用毛利率定价法给产品定价的关键是要正确确定产品的毛利率。毛利率的具体确定方法如下。①凡与普通客人关系密切的一般产品,毛利率从低;宴会、名点名菜、风味独特的餐饮产品和食品展销活动期间的名贵产品,毛利率从高。②技术力量强、设备条件好、费用开支大、服务质量高或用料质量好、货源紧张、加工制作复杂、产品精细的餐饮产品或特殊产品毛利率从高。③原料需从国外进口、要耗用外汇成本或西餐中的高档产品或名贵产品,毛利率从高;反之,则低一些。④团体客人或会议客人的餐饮产品,批量大,单位成本相对较低,毛利率从低;零散客人的餐饮产品,批量小,服务细致,单位成本高,毛利率略高一些。

(二) 价格乘数定价法

价格乘数是餐饮企业可容成本占计划销售额的倍数。价格乘数定价法就是利用价格乘数和单位产品成本制定产品价格的方法。这种方法是从餐饮产品销售的利润目标出发,在保证企业生产销售过程中各种合理耗费得到补偿的基础上,来制定餐饮产品的价格。采用这种方法,需要根据餐饮经营计划,事先收集餐饮企业计划销售额、流通费用、利润和税金等有关资料,然后根据产品成本来制定价格。采用价格乘数法制定价格主要包括四个步骤:一是收集企业经营计划资料;二是计算企业可容成本,即在计划销售额中扣除各种合理耗费、计划利润和税金后的余额;三是计算价格乘数,即计算企业可容成本在计划销售额中的倍数;四是根据单位产品成本制定产品价格,即用价格乘数乘以单位产品成本。其计算公式为:

$$产品价格 = 价格乘数 \times 单位产品成本 \qquad (6.15)$$
$$价格乘数 = 计划销售额 / 可容成本 \qquad (6.16)$$

价格乘数定价法是国外餐饮产品价格管理中采用的一种方法,它的优点是从企业经营的全局出发,充分考虑了经营管理过程中的各种合理耗费,能够保证利润目标的实现;缺点是价格乘数对各种餐饮产品都是相同的,产品之间的价格高低主要取决于单位产品成本,高低差别相对较小,难以充分反映名优产品的价格差别。

【**实例6.13**】 某饭店餐厅经营风味产品,在一个定价期内食品预算销售额为318.65万元,其中,热菜占65%、冷荤菜占20%、面点占10%、汤类占5%。四种类型产品的成本率分别为:热菜38.2%、冷荤菜39.5%、面点35.4%、汤类32.6%。预计人工成本占销售额的18%,营业费用占销售额的28.5%,营业税5%。请完成:①编制企业经营预算,并计算各类菜品的价格乘数;②企业已经核定出部分产品的标准成本如表6-12所示,请制定菜单中这些菜品的价格。

实例分析:

(1) 收集餐厅计划资料编制企业预算表,计算各类菜品价格乘数。

表6-12 餐饮企业部分产品标准成本

单位:元

热菜	红烧鱼唇	21.75	面点	梅花糕	5.42
	百合鲍鱼	24.84		凤尾烧卖	3.82
冷荤菜	五柳拼盘	9.86	汤类	三鲜汤	3.85
	酱香牛肉	6.45		元鱼汤	7.98

首先,根据已知数据,计算各类菜品的各项数据。

热菜的各项数据为:

热菜销售收入=总销售额×热菜占总销售额的百分比=318.65×65%=207.12(万元)

热菜原料成本=热菜销售收入×热菜成本率=207.12×38.2%=79.12(万元)

热菜人工成本=热菜销售收入×人工成本率=207.12×18%=37.28(万元)

热菜营业费用=热菜销售收入×营业费用率=207.12×28.5%=59.03(万元)

热菜营业税=热菜销售收入×营业税率=207.12×5%=10.36(万元)

热菜赢利额=热菜销售收入−(热菜原料成本+热菜人工成本+

热菜营业费用+热菜营业税)

=207.12−(79.12+37.28+59.03+10.36)

=21.33(万元)

根据公式(6.16),热菜价格乘数=$\dfrac{热菜计划销售额}{热菜可容成本}$=$\dfrac{207.12}{79.12}$=2.6178

(此例中热菜可容成本即为原料成本。)

以此类推,计算出其他类别菜品的各项数据,结果如表6-13所示。

$$总原料成本占总销售收入份额=\dfrac{\sum 各类菜品原料成本}{总销售收入}\times 100\%$$

$$=\frac{120.76}{318.65}\times100\%=37.9\%$$

$$总人工成本占总销售收入份额=\frac{57.36}{318.65}\times100\%=18.00\%$$

$$总营业费用占总销售收入份额=\frac{90.82}{318.65}\times100\%=28.50\%$$

$$总菜品赢利额占总销售收入的份额=\frac{33.77}{318.65}\times100\%=10.60\%$$

$$价格乘数合计=\frac{总销售收入}{可容成本}=\frac{318.65}{120.76}=2.6387$$

（公式中的可容成本为总原料成本。）

其次，将各项计算结果填入表6-13中。

表6-13 各类菜品价格乘数

单位：万元

项目\菜品	热菜	冷荤菜	面点	汤类	合计	份额（%）
销售收入	207.12	63.73	31.87	15.93	318.65	100
原料成本	79.12	25.17	11.28	5.19	120.76	37.90
人工成本	37.28	11.47	5.74	2.87	57.36	18.00
营业费用	59.03	18.16	9.08	4.54	90.82	28.50
营业税	10.36	3.19	1.59	0.80	15.94	5.00
菜品赢利额	21.33	5.74	4.18	2.53	33.77	10.60
价格乘数	2.6178	2.532	2.8254	3.0694	2.6387	—

（2）根据分类菜品标准成本，代入公式（6.15）核定部分菜品价格。

红烧鱼唇价格=热菜价格乘数×红烧鱼唇原料成本=2.6178×21.75=56.94元

以此类推，得出部分菜品价格：

红烧鱼唇 56.94元　　　　　　五柳拼盘 24.97元
百合鲍鱼 65.03元　　　　　　酱香牛肉 16.33元
梅花糕 15.31元　　　　　　　三鲜汤 11.82元
凤尾烧卖 9.27元　　　　　　　元鱼汤 24.49元

【实例6.14】 某饭店中餐厅销售非制作类、半制作类和制作类三种类型的菜品。定价期内预算食品销售438.76万元，食品原料成本率39.5%，其中制作类成本占75%，半制作类成本占20%，非制作类成本占5%。餐厅人工成本19.5%，其中烹调制作人工成本占 45%，服务人员人工成本占 55%，其他营业费用占 24.8%，营业税 5%（具体金额分配见表 6-13）。餐厅已核定出部分菜品的标准成本为：

桃仁鸡卷 12.54 元　　　　　香蕉柑子 4.36 元
生菜色拉 3.28 元　　　　　 油爆双脆 9.86 元
凉拌青笋 2.85 元　　　　　 甜瓜香果 3.85 元

请完成：①编制餐厅预算与成本表；②计算三类菜品的价格乘数；③核定部分菜品的盘菜价格。

实例分析：

（1）根据餐厅计划资料编制餐厅预算与成本表，计算各类菜品价格乘数，如表 6-14 所示。

表 6-14　餐厅预算与成本

单位：万元

菜品\项目	制作类	半制作类	非制作类	合计	份额（%）
营业收入	329.07	87.75	21.94	438.76	100
原料成本	129.98	34.66	8.67	173.31	39.50
烹调人工成本	30.40	8.10	—	38.50	8.77
服务员人工成本	35.30	9.41	2.35	47.06	10.73
营业费用	81.61	21.76	5.44	108.81	24.80
菜品赢利	51.78	13.82	5.48	71.08	16.20
价格乘数	2.5317	2.5317	2.5306	2.5316	—

（2）表中价格乘数的计算方法如下：

$$制作类价格乘数 = \frac{制作类营业收入}{制作类可容成本} = \frac{392.07}{129.98} = 3.0164$$

$$半制作类价格乘数 = \frac{半制作类营业收入}{半制作类可容成本} = \frac{87.75}{34.66} = 2.5317$$

$$非制作类价格乘数 = \frac{非制作类营业收入}{非制作类可容成本} = \frac{21.94}{8.67} = 2.5306$$

（3）根据菜品标准成本及价格乘数，代入公式（6.15）核定部分菜品价格。

制作类：

桃仁鸡卷价格 = 3.0164 × 12.54 = 37.83（元）

油爆双脆价格 = 3.0164 × 9.86 = 29.74（元）

半制作类：

生菜色拉价格 = 2.5317×3.28 = 8.30（元）

凉拌青笋价格 = 2.5317×2.85 = 7.22（元）

非制作类：

香蕉柑子价格 = 2.5306×4.36 = 11.03（元）

甜瓜香果价格 = 2.5306×3.85 = 9.74（元）

三、餐饮产品定价策略

前面所介绍餐饮产品的定价只是为餐厅菜单价格的确定提供了数量依据，但在市场经济条件下，各种产品的实际价格高低还要根据市场竞争需要来确定。在保证产品成本的前提下，价格可高可低。具体价格的掌握，主要取决于餐饮企业对产品的定价策略。其主要定价策略有：

（一）满意利润价格策略

该策略以争取正常利润为主，重点在掌握企业综合毛利率和分类毛利率，使产品价格补偿原料成本和流通费用后，有比较满意的利润。由于餐饮产品利润包含在毛利之中，而价格制定又主要是运用毛利率定价法来确定的。因此，运用满意利润策略，要重点注意三个问题：一是产品价格的最终确定要充分考虑分类毛利率标准，如海鲜、传统名优产品，毛利率要从高，反之则从低；二是分类毛利率的比较标准要以同一档次、同类产品为主，毛利率大体和其他同类企业、同一档次和同类产品相当；三是具体产品的价格水平要相对稳定，使产品价格和实际利润水平与同行、同一等级的同类产品大体相当，求取合理利润。

（二）市场占领价格策略

产品价格以占领市场为主要目标，其具体目标又有两种：一是占领新的市场；二是扩大原有产品的市场占有率。运用市场占领策略在价格制定上，要大力降低成本费用开支，然后以较优惠的价格吸引就餐客人，造成局部优势。从表面看，产品价格比同行同类产品略低，但成本低、质量好、企业具有竞争优势，可以占领更多的市场。因此，采用市场占领价格策略，餐饮产品的总体价格水平相对较低，有利于占领新的市场或扩大市场占有率。

采用市场占有策略，餐饮产品的价格水平相对较低，有一定风险性。为此，需要具备两个条件：一是企业餐饮经营有较大的规模、资金技术雄厚、有一定承受能力。这样，才能在较长时期内扩大市场占有率，取得预期效果；二是目标市场对企业餐饮产品的价格变动比较敏感，能够较快引起客人的重视。否则，价格较低，而市场反应不大，反而造成企业的经济损失。

（三）声望价格策略

为创造企业某种风味、某类产品的名贵形象，形成市场声望，在一定时期内采用高价，尽快取得高额利润。这种策略主要适用于两种类型的企业：一是企业刚开业，设施设备及产品质量高，估计自己的某类产品投入目标市场后，会深受客人的欢迎，趁产品对顾客有较大吸引力，价格弹性较小时，制定较高价格，形成自己产品的名贵形象，获得丰厚利润。如果随着时间的推移，市场需求发生了变化，企业再采用正常价格，仍能获得满意利润。二是企业经营某种特殊风味，其产品在市场上具有较高的垄断性。如北京饭店的谭家菜，仅此一家，别无分店。为保持企业产品的名贵形象，企业采用较高价格，从而获得优良经济效益。

（四）差别价格策略

在同一餐饮企业中，根据不同餐厅、不同菜品类别、同类菜品中的不同品种，掌握不同的价格水平，这是餐饮经营中广泛采用的一种价格策略。不同餐厅的接待对象要确定不同的毛利率，风味餐厅毛利率高，团体餐厅、咖啡厅毛利率相对较低。在同一餐厅内，不同类的餐饮产品，毛利率也不应相同，一般汤类毛利率要高于热菜类的毛利率，而热菜类毛利率要高于冷荤类毛利率。在同类餐饮产品中，价格水平区别也较大，如鱼类菜品的价格有高、中、低档之分。采用差别价格策略可以使餐饮企业的产品价格适应各种类型不同层次的消费需求。

（五）竞争价格策略

以开展市场竞争、扩大产品销售、增强竞争能力为主要定价目标。采用这种策略，餐饮经营者的眼光始终瞄准同行竞争对手同类餐饮产品的价格。如果自己的产品和服务明显高于竞争对手，深受客人欢迎，立即采用较高的价格，塑造产品名贵形象；如果自己的产品和同行竞争对手没太大区别，则以竞争对手同类产品价格作为自己的比较参数，价格略低，形成竞争优势；如果同类产品竞争激烈，企业则尽快开发新产品，吸引对方顾客，加速市场分化，形成局部优势。因此，采用竞争价格策略，餐饮产品的价格是随着竞争对手的价格水平而变化的。采用这种策略，关键在于及时掌握餐饮产品价格的调价时期和价格水平，竞争价格既不能过高，也不能过低；否则，必然影响企业经济效益，反而削弱了竞争实力。

（六）心理价格策略

以掌握顾客心理，通过定价刺激顾客消费，获得优良经济效益。餐饮产品心理价格策略的应用如下。①针对追求餐饮享受的客人。追求餐饮享受的客人，主要目的是通过餐饮消费体现自己的身份地位和消费水平，或在客户面前显示自己公司的经济实力以便获得合同或订单。他们认为，价格反映产品质量和服务质量，不计较花钱多少，价格越高，越能反映产品质量，提高自己的声望。因而，餐饮价格应尽量从高。②针对价格比较敏感的客人。对价格敏感的客人往往以产品的价格作为是否购买的依据。因此，在定价上要让他们有价格不高的感觉。针对这类客人,可采用奇数定价法,以适应客人的消费心理。如盘菜价格29.95元,不要定为30元;19.8元不要定为20元。多数客人乐于接受奇数定价,认为是在某一整数范围内的开支,这样有利于扩大销售。③针对有一定声望的餐饮产品。对于有一定声望的餐饮产品可采用偶数定价法。如48.5元可直接定为50元,以体现产品的非凡。

案例分析 1

餐饮成本控制的真功夫

成都某主题饭店实行全面成本控制,从管理中出效益,从成本中"挤"利润,取得了十分显著的业绩。如果把同类饭店作为参照对象进行成本项目比较的话,饭店餐饮部至少有1/4的效益来自管理。在此,把该饭店餐饮部的核算范围、项目和方法做一说明。

成本指原料和配料构成的两料成本。燃料列入费用,费用包括了由餐饮部开支的全部项目,它比其他饭店餐饮部只考核毛利率的方法要严格得多,可谓细致到家,连餐饮用的房屋和场地的折旧也列入费用。一言以蔽之,除税金由饭店统一缴纳外,其他一切人、财、物的消耗,均视作餐饮部的直接费用计入餐饮总成本。费用明细项目如下:工资、福利、工会经费、工作餐、办公费、差旅费、物料消耗、电话费、低值易耗品、燃料和水电费、合同工保险、交通补贴、折旧费、修理费、运杂费、应酬费、劳动保护费、停车费、服装费(含歌舞队)、洗涤费、职工教育费、广告宣传费、奖金提成、其他费用。

各餐厅共有500个餐位,营业收入1600万元,餐饮部上交饭店纯利润300万元,利润率为19%。餐饮部有利润留成,用于发展和资金周转,若将此计入真正的利润率超过25%。人均创利约为2.3万元。

下面,选择几个主要成本费用项目,对该饭店餐饮成本控制进行评述:

1. 原料成本

减少中间环节,餐饮部自己进货,建立严格的采购制度和进货手续。供需直接见面,进货针对性强,能满足宾客需要。

餐饮部下又划分为两个小部门,分管相应的营业单位。两部各有一正一副四位厨师长。厨师长每周轮流带队做市场调查,其中各有一人专管成本。他们带现金到市场上把原料买回来,作为最真实的价格参考依据,既有利于内部相互监督,也有效地制约了供货商。遴选一位素质良好的临时工当采购员。一般来说,临时工很珍惜工作机会,反倒不会捣鬼。若确实发现其有不轨行为,可以立即辞退。

对供货商是宽严并济。"宽",即从不拖欠供货商的货款,每月26日结算,现金付清,供货商愿意为这样守信用的饭店尽心尽力地服务。"严",即保质保量。凡质量有问题的原料和辅料，一切损失和风险均由供货商承担。凡以次充好或短斤缺两，少则以一罚十，重则以一罚百，最厉害的一次，罚了供货商3万元。若不认罚，则中止供货关系。事实上，供货商心里很明白，不会轻易放弃这样稳定的大生意。

包括厨师长在内的任何员工，均不得与供货商建立私人交情，坚决杜绝回扣。如果领导和管理人员拿手中的权力去换私利，那么手下员工虽然没权，但他们会以糟蹋、浪费、偷盗来出气，这种无形的损失日积月累将是不可估量的天文数字。所以餐饮部与供货商的一切利益关系都放在明处。

对原辅料全面综合利用，做到不浪费边角料。如生姜，中间的切片，四周的切丝，一点不丢弃。一大块牛肉，嫩的部分做炒菜，稍差的可以煨、炖，边角料放到食堂去做工作餐。用他们自己创造的说法，叫作"刀下留钱"。

2. 人工费用

用人权力下放，下属各部实行工资总额包干，充分调动每个员工的积极性。在传统体制下各部门都缺乏减员的主动性，甚至找出推诿理由。餐饮部借鉴"市场成本否决法"，强制但又科学地确定人员配备，并与个人利益挂钩，减员的阻力就小多了。领导跟员工讲清这样一个道理：只有提高效率才有出路。"壮士断腕"并非饭店"心狠"，而是市场竞争的"无情"。

在收入结构上，采取低工资、高奖金的办法。最基层的服务员工资水平大致也就定在两三千元。在正常经营下，奖金可拿到600多元，好的时候能超千元。

3. 水电费用

做到滴水不漏，分电不跑。从办公室到操作和服务现场，都一一分设了水表和电表。谁的水龙头开了长流水，就罚款；办公室下班不关灯，也照样罚款。罚金就像家庭计费一样，几个小时内电表走了多少千瓦，就按标准自付。对水电的消耗，有专人专职检查。如今饭店人人养成了随手关灯、关水龙头的好习惯。

4. 物料器皿费用

按营业收入的3‰为损耗率，这是按数理统计常态分布规律而制定的标准。开始做不到，但餐饮部相信科学，坚持了下来，花了两年功夫，终于达标。检验和考核都十分严格，杯碟稍有缺口就算损坏，属于个人损失。有一次厨师长打烂了一堆盘子，照赔。如果是客人当场损坏的，则在查清原委后，由餐饮总监签认，不计入员工损失。低于3‰的节约额全部作为奖励，由保管餐具的负责人具体发放。

其他物料也建立了相应的考核制度，并开展竞赛，如台布、口布，每月每人都有精确的统计数字，比一比谁的损耗少。

案例讨论题

1. 你认为本案例餐饮成本控制的重点及亮点在哪里？
2. 你还有帮助该餐厅控制成本更好的办法吗？请说出来。

案例分析 2

墨西哥美食餐厅的定价技巧

赫瑞纳夫妇于 1957 年创办一家墨西哥美食餐厅，该餐厅坐落在中低档街区，既吸引了当地人，又吸引了休斯顿的上层人物。在 20 世纪 80 年代初期，餐厅利润开始下降。赫瑞纳曾为提高菜品质量苦心经营，但收到的回报却很低。他的产品很出色，深受顾客喜爱，选址也较成功，而且顾客也不少，为什么利润这么低呢？

问题在于定价。墨西哥美食餐厅的价格远远低于竞争对手的价格。赫瑞纳想给顾客提供最优的价格，他认为他必须把价格降到那些连锁餐厅的价格以下。他考虑到那些连锁餐厅建筑成本高，广告开支巨大，如果降价便可赢得竞争优势。

降价的结果是，墨西哥美食餐厅的顾客没有明显的增加，相反却差点毁灭了自己。由于价格低，餐厅现金收入不足，难以维持修缮开支，他的努力并没有使他收到资金回报。经过几年的挣扎，他不得不请营销专家进行诊断，看看如何增加收入。诊断表明，该餐厅的价格比竞争对手低 50%，而他的顾客认为其菜品质量并不比其他餐厅差。赫瑞纳决定提高价格，把价格提高到只比竞争对手低 10% 的程度。他制定了一个逐步提价的策略，如果一次到位则意味着有些菜品的价格突然提高 70%，这样会使顾客感到吃惊。因此，他先提高了 25%，随后又慢慢地提高价格，直到价格达到期望的水平。从 1982—1985 年，菜单价格提高了 40%～70%。这在当时经济衰退的时期，无疑是一个大胆的举动。

提价以后，餐厅的营业收入增长率比价格增长率还高，这说明，顾客对提价没有抵制。顾客仍认为他们得到了较好的价值。收入的增加使得赫瑞纳能够修缮屋顶、雇用较多的员工、对餐厅内部进行装修。当然，投资的增加又给他带来丰厚的回报。

案例讨论题

1. 你认为该餐厅的做法适用于其他餐厅吗？为什么？
2. 在你了解的餐饮企业中，有没有采用与本案例不同的定价方法但取得成功的企业？请介绍出来。

思考与练习

1. 菜品成本是怎样构成的？
2. 厨房领竹笋 48 千克，进价 4.2 元/千克，加工后得笋片 25.4 千克，求笋片单位成本和净料率。
3. 厨房领田鸡 58 千克，进价 12.5 元/千克，经加工拆卸处理，得田鸡腿 22.4 千克，田鸡肉26.6千克，其余为下脚料，无值。分档原料价值比分别为54.6%和45.4%，求分档原料单位成本。

4. 厨房生产三鲜馅饺子一批，用料如表6-15所示，加工后得馅料18.4千克。请核算三鲜馅料单位成本。

表6-15 馅料成本资料

原料	用量（千克）	单价（元）	成本	备注
精肉	9.8	12.5		
肉皮	2.5	8.6		
香油	0.4	18.8		
红醋	1.2	1.45		
酱油	1.5	1.2		
生姜	0.4	5.6		
味精	0.05	98.6		
鲜菜	4.2	8.6		
其他	—	7.5		

5. 某饭店餐饮成本核算员1周内对4种菜品成本消耗进行了三次抽样测定，结果如表6-16所示。饭店要求成本误差在±2%以内，请分析成本消耗合理程度。

表6-16 菜品成本抽查资料

单位：元

产品	标准成本	抽样测定抽查记录			实际平均成本
		1次	2次	3次	
a	8.45	8.95	9.04	8.62	
b	11.28	11.18	11.32	11.56	
c	12.85	12.85	12.98	13.04	
d	9.46	9.27	9.34	9.18	

6. 厨房进甲鱼12.8千克，进价260.4元。烹制甲鱼汤，配料成本9.84元，调料成本3.26元，加工后，清汤盛40份。甲鱼取出制作其他菜品，重8.4千克。清汤和甲鱼价值比分别为48.6%和54.4%，请核定甲鱼汤和甲鱼单位成本。

7. 某厨房6月8日对分类菜品进行成本核算，资料如表6-17所示。成本误差要求不超过±2.5%，请核定与分析成本消耗。

表 6-17　分类菜品成本资料

单位：万元

成本分类 \ 项目	核算记录				当日成本	当日收入	当日成本率（%）	标准成本率（%）	备注
	领料单	转账单	调拨单	调整单					
热　菜	1.32	0.48	-0.52	0.03	1.07	3.468	30.85	36.25	
冷荤菜	0.64	0.21	0.19	-0.08	0.56	1.674	33.45	35.46	
面　点	0.09	0.32	-0.27	——	0.12	0.395	30.38	34.72	
主　食	0.12	-0.54	-0.46	——	0.20	0.648	30.86	32.18	

8. 某饭店餐饮部接到宴会订单一份，预订内容和《宴会分类设计标准》如下：

名称：签约宴会　　　　单位：×××公司　　　　人数：20人

标准：280元/人　　　　酒水：酒水在外　　　　开宴：2桌

毛利：75%　　　　　　风味：川菜　　　　　　其他：无

《宴会分类设计标准》为：冷菜：24%；热菜：48%；面点：15%；水果：6%；主食：3%；汤类：2%；厅堂布置费：2%。

请核算此次宴会成本，做好安排。

9. 什么是分类毛利率？什么是综合毛利率？

10. 餐饮产品价格构成的具体表现形式是怎样的？

11. 影响餐饮价格的因素有哪些？如何理解这些因素？

12. 某饭店销售仔鸡：主料进价9.86元/每千克，净料率82.5%，盘菜用量0.42千克，配料成本和调料成本分别为0.8元和0.5元，销售毛利率62%，请确定产品价格。

13. 餐饮产品定价策略有哪些？

第七章　餐饮销售管理

【学习目标】

通过本章的学习，了解餐饮销售的内容和特点，掌握餐饮销售评价指标及计算方法，能根据餐饮企业的实际情况，合理地制订营销方案、确定促销方式。

【内容结构】

【重要概念】

餐饮销售　餐饮产品　人均消费额　顾客回头率　座位周转率　销售额指标　全员促销

第一节　餐饮销售内容

餐饮销售是餐饮企业营销活动过程的重要环节，是通过向顾客传递餐饮企业产品、服务等方面的信息，帮助顾客认识餐饮企业产品及其特点，激发他们购买的一系列活动。通过餐饮销售活动的开展，会使顾客增进对餐饮企业及餐饮产品的认识及兴趣，使餐饮产品在市场竞争中具有明显的优势，达到顾客购买餐饮产品的目的。

一、餐饮销售的内容

餐饮销售是指餐饮产品的生产者向顾客提供产品和服务的过程。餐饮销售的内容非常广泛，顾客购买的餐饮产品不应该仅仅理解为只是购买了菜肴等食品，还包括各种附加连带的产品。它既包括有形产品与设施，如菜肴、酒水、装修风格、设备、设施等；也包括无形产品，如服务、文化、卫生等。总之，餐饮产品是一种综合性较强的产品。

二、餐饮销售的特点

餐饮销售是餐饮产品价值转换的关键环节，其最终目的是使生产的餐饮产品被消费者购买和体验。由于餐饮产品的特殊性决定了餐饮销售具有以下特点：

（一）明显的地域性

由于餐饮消费的主体客源以本地客源为主，从而决定了餐饮销售以本地销售为主，具有很强的地域性和局限性，这一销售特点比较独特，在进行销售时应充分考虑，并将本地促销作为销售的重点对象。

（二）较强的时差性

餐饮经营表现出显著的高低峰现象。用餐高峰时客人云集，消费集中，希望能立即就餐，一分钟的等待都显得漫长，这时也是餐饮销售的黄金时段、盈利的最佳时机；高峰一过，恢复平静，消费锐减。因此，餐饮企业应抓住高峰时段，运用各种手段，加大销售力度，最大限度地提高营业额，充分利用低峰时段，做好下一次高峰前的准备工作。

（三）环境的重视性

随着人们生活水平的提高，消费内容的增加，人们外出就餐，不仅仅局限于原始的物质享受，精神享受的比重越来越大，从而表现出对就餐环境的重视程度越来越高。环境条件如何常常是客人选择就餐地点的一个主要原因，甚至是关键因素，尤其是商务谈判、宴会招待等对环境的要求更为严格挑剔。为此，当今的餐饮销售也表现出越来越重视环境的布置和塑造,以此增加环境对客人的吸引力。

(四) 服务的融入性

餐饮的销售都是通过人来完成的,这其中必然离不开服务这一因素,餐饮服务质量的高低直接影响着企业的形象及客人的评价。尊重客人需求、高效率、优质的服务会极大地提升餐饮企业的影响力,使客人产生满足感,无形中也就增加了销售的魅力。目前,服务在餐饮销售中的作用越来越明显。

(五) 实物的吸引性

餐饮产品与其他产品不同,表现为食物的多样性和加工的差异性,尤其是菜品的组合、原料的搭配、菜量的多少、新原材料的开发等,这些都可以用实物进行展示,这也是餐饮销售的优势所在。因此很多餐厅都设置菜品展台,甚至取消纸质菜单,就是利用菜品实物的吸引性,让客人在直观的感受中诱发客人的点菜欲望,达到刺激消费的作用。

三、餐饮销售评价指标

餐饮销售总额(量)是通过餐饮企业的一些主要经济指标体现的。具体而言,主要有以下几个方面:

(一) 人均消费额

人均消费额是指平均每位客人每餐支付的费用。这是餐饮经营管理者十分重视的一个消费指标,它可以反映餐厅产品的销售效果,可以反映餐厅销售工作的成绩,能帮助管理人员了解菜单的定价是否恰当、菜单价格结构是否合理,了解服务人员的推销方法是否适宜、是否有效。人均消费额的计算方法如下:

$$人均消费 = \frac{总销售额}{就餐客人数} \qquad (7.1)$$

在餐厅的实际工作中,人均消费额的计算通常将食品和饮料分开计算,即分别计算每天不同餐别的食品人均消费额和饮料人均消费额。

同时,该数据还可以为餐厅调整经营结构提供参考。如果连续一段时间餐厅的人均消费额都过低,餐饮管理人员就必须检查食品饮料的生产、服务、推销或定价等方面是否存在异常,要做到及时解决并尽快纠正。

(二) 顾客回头率

顾客回头率即顾客反复光顾本餐厅的概率,这是客观衡量餐饮销售效果的专业指标。回头率作为销售指标,经常与人均消费额配套使用。顾客回头率可以避免餐饮销售的虚假繁荣现象,如有的餐饮企业采用一些临时性的促销策略,得到的结果是顾客人均消费短时间提升迅速,但再次就餐的顾客减少,尤其是老顾客流失。通过回头率的统计就能如实地反映出餐饮销售的效果,真实地反映出客人的喜爱程度。

(三) 每座销售额

每座销售额是平均每个座位产生的销售额，即由总销售额除以座位数而获得。

$$每座销售额=\frac{总销售额}{座位数} \quad (7.2)$$

每座销售额这一数据是最能准确评价出销售效果的指标，可用于比较相同档次不同餐厅经营好坏的程度，也可用于评估和预测餐饮企业的销售情况。

(四) 座位周转率

座位周转率是指在一定时段内餐厅座位反复使用周转的次数，也称"翻台率"，它反映了餐厅吸引客源的能力，是以一段时间的就餐人数除以座位数而得。

$$座位周转率=\frac{某段时间的就餐人数}{座位数\times餐数\times天数} \quad (7.3)$$

餐厅早、午、晚餐客源具有不同的特点，座位周转率通常分餐统计。

(五) 销售额指标

餐厅销售额是显示餐厅经营情况的晴雨表。某一时间段的销售额指标通常可按下列公式来预测或计划：

$$某一时间段的销售额指标=餐厅座位数\times预测座位周转率\times顾客平均消费额\times天数 \quad (7.4)$$

由于各餐别（早、午、晚）顾客的平均消费额相差较大，故销售额的指标计算通常要分餐进行。

第二节 餐饮促销实施

餐饮销售是通过餐饮产品各种不同形式的促销活动实现的。无论采用哪种形式的促销活动，都要依据以下五个方面的原则。一是参与型原则。活动形式要富有参与性，举办的活动应尽量吸引客人参与，以提高客人兴趣从而加深印象，如请客人亲身参与制作食品或调制酒水。二是主题性原则。活动内容要具有主题性，要突出活动的主题，如为父亲节设计的促销活动，可为来就餐的父亲送上一份红酒，而儿童节设计的促销活动则可为小朋友送上一份玩具或小礼物。三是新闻性原则。举办的食品销售活动要具有新闻性，能够产生话题，引起大众传播媒介的兴趣，从而引起各方面的注意，吸引客人。四是真实性原则。活动实施应具有真实性，有时一件极富创意的促销活动，却由于过多地掺杂其他官方事务，或拘泥过多细节，而变得复杂化，失去了效果。如团购点赞送礼物活动，结果顾客前来却被告知有额外的附加购买等。五是短期性原则。促销活动时间要注意非日常性，既然是促销活动，一般只能在短期内产生效果，否则就毫无话题性、新奇性可言了。

一、餐饮促销活动的表现方式及要求

餐饮推销活动的表现方式要多样化、要有吸引力。常见的有以下几种：

（一）餐饮促销活动的表现方式

1. 演出型

为了给消费的客人助兴，餐厅往往聘请专业文艺团体和艺员来演出。演出的内容有多种，如卡拉OK、爵士音乐、轻音乐、钢琴演奏、民族歌舞等。上海和平饭店的和平爵士酒吧，有一支在解放前就从事专业演奏的老音乐家组成的爵士乐队，为客人演奏20世纪二三十年代流行的爵士名曲，许多游客专程前来欣赏，爵士酒吧常常爆满。

2. 艺术型

餐厅中举办书法表演、国画展览、古董陈列等也能吸引客人。例如某星级酒店举办了筷子文化展览，既普及了中国传统文化，又吸引客人前来就餐，且将展览的主题与餐饮消费和文化巧妙结合。

3. 娱乐型

为活跃餐饮气氛吸引客人，餐厅常举办一些娱乐活动，例如猜谜、抽奖、游戏等。有的餐厅还配备游乐器械。例如以儿童为目标对象的某餐厅备有儿童游乐器械、木马等。我国台湾一家餐馆举办钓水球、捞鱼等游戏，吸引很多顾客光顾。新加坡文华酒店配备多种有趣的游乐器械，举行魔术表演、放映卡通片并进行抽奖等活动，吸引家庭客人光顾自助午餐。

4. 实惠型

餐厅利用顾客追求实惠的心理进行折价推销、奉送免费礼品等活动。例如某餐厅在情人节的当周，对光顾餐厅的情侣免费赠送巧克力。又有一餐馆提出，凡在本餐馆订一份乳猪的客人，下次来就餐可免费赠送一份乳猪。给客人得到实惠的推销措施通常是很有吸引力的。

（二）餐饮促销活动的设计要求

为了更好地实现推销的预期目的，在举办推销活动时，要达到下列要求：

1. 新闻性

餐厅举办的活动要尽量具有新闻价值，产生话题，引起新闻界的注意和兴趣，以便间接地带动顾客。如庆丰包子铺在1948年首创之后，一直声名不显。但习主席的光临让庆丰包子铺在2013年的冬天烧起了一把热情的火焰。庆丰包子很好地把握这一时机，将21元一位的套餐赋予了特殊意义，定义为"主席套餐"，由于被主席光顾并就餐，庆丰包子曾成了最火爆的就餐首选。

2. 新潮性

餐厅组织的推销活动要有时代气息，陈词滥调的老一套不能满足现代顾客的心理需要。如北京的"黄太吉",虽然只是一个煎饼店,但在微博上有 3 万多粉丝、被估价值 4000 万元。大家之所以接受"黄太吉"以及它的营销方式,关键一点还是老板本身也是年轻人,了解年轻人的需求,知道年轻人喜欢用什么样的沟通方式沟通,并熟练运用了年轻人流行的"社会化媒体"进行推广和营销,这是他们能够迅速在社会化媒体上走红的根本原因。

3. 猎奇性

推销活动要以"奇"取胜。台北有家餐馆举办新奇的"说鬼故事比赛"的推销活动,居然吸引了很多客人,并且还得到新闻界的报道。如目前高校食堂比较风靡的"棉花糖拌炸酱面""草莓炒鱼丸"等黑暗料理,之所以在年轻消费者群体中接受度较高,就是抓住年轻人对这种违反常规的、匪夷所思的原料组合充满了猎奇心理有很大的关系。

4. 视觉性

通过人的感觉器官所获得的信息中有 70% 是通过视觉而来的,可见眼睛在传递信息中的重要作用。举办推销活动时,要将餐厅的活动主题突出和装饰起来,推销活动要搞得多姿多彩,餐厅的菜单、餐具和食品的布置应美观诱人。

5. 参与性

歌星演唱、钢琴演奏往往不如具有参与性的卡拉 OK 更具有吸引力。如某东北边境城市的朝鲜主题餐厅,每天都会在固定的时段表演朝鲜歌舞,最后一个节目往往安排演员与台下客人一起跳舞,这种有客人参与的活动更利于活跃就餐气氛。

二、餐饮促销活动方案的内容

餐饮促销活动计划,是要将促销活动的主题及提纲性方针,以书面的形式落实下来,这样把促销活动中的每一项工作按照时间的顺序逐步分配给每一个负责的员工,并限定完成工作的时间。管理者在完成了这样的活动计划以后,接下来的重点工作只需进行每天必要的监督及跟进工作,这是计划性工作的最大优势。具体编写促销活动计划重点把握以下几个方面:

(一)销售目标

在组织推销活动前,首先要确定这项活动所要达到的目标。目标不能笼统,例如不应笼统地规定为要招徕更多的顾客,而应明确具体地确定,如"增加午餐和晚餐之间清淡时段的顾客"或"增加晚餐宴会的回头客"等。目标越具体明晰越好,能用量化表达最为理想。如"增加 10% 的销售额",这样便于衡量和检查。

(二)促销对象

在开发活动以前要预先确定所要争取的目标顾客。开展活动和赠品要针对这些顾客,因而要了解该层次顾客的兴趣,他们喜欢的活动和喜爱的物品。

（三）推销内容

在确定推销目标和对象后，要计划推销活动的内容，如要举办什么活动，赠送什么礼品，在什么时间、什么地点举办，需要做哪些准备等，这些细节都要周密地计划。

（四）活动负责人

在做计划时要规定这项活动由谁总指挥，由谁做准备工作，举行活动那天由谁来主持等。

（五）资金预算

在做计划时，要同时计算活动涉及的每一项费用，计算出总共需要多少资金。并且还要预计这项活动能产生多大收益，进行"成本—效益"分析，评估这些活动是否值得举办。如果举办的话，要计划资金来源。

例：某餐馆在新年前夕筹备酬谢宴请客户的促销活动，其计划要素如下：

推销目的：鼓励老客户经常惠顾，增加宴会收入。

推销对象：各大客户宴会预订者和联系人（女秘书）

主持者：销售部经理

准备者：客户销售员

活动内容：

（1）销售部经理简谈下一年餐饮开发的新产品和服务的新特色，感谢各位上一年对本店的支持。

（2）赠送真丝头巾，并请女秘书们进行头巾佩戴比赛，获胜者得一瓶法国香水。

（3）根据联系人带来销售额的多少提出下年度的奖励计划。

（4）宴请时请歌星助兴。

预算额：

宴席费用：1000元

头巾费用：650元

香水费用：100元

餐饮推销材料费用：200元

总　计：1950元

资金来源：出自餐饮招待费

三、餐饮促销方式的选择

促销方式的选择是餐饮企业经营管理决策的结果。餐饮促销方式，依据不同标准进行划分，可以有很多种。然而，餐饮企业最为实用，也是国内外餐饮企业广泛选用、实践证明比较经济高效的促销方式主要有餐饮企业店内促销、店外促销以及全员促销。

(一) 店内促销

店内促销是餐饮企业在企业内部进行宣传、推广的食品促销活动。以招徕住店及店外客人为目的，主要采用一些富有新意、能提供客人娱乐或吸引客人参与的促销方法。由于店内促销范围受到限制较多，所以活动的构思和方式就更要有创意。店内促销是一种经济方便而富有效果的促销方式。根据餐饮企业规模、结构以及促销主题，可分别选用不同的店内促销方式。

1. 节庆与事件促销

产品的推广促销要抓住各种机会甚至创造机会吸引客人购买，以增加销量。各种节庆日是难得的促销时机，餐饮部门一般每年都要做自己的促销计划，使节庆日的促销活动生动活泼，富有创意，以取得较好的促销效果。节庆日选择契机有：

（1）以中西方传统节日为契机。企业可利用中国传统节日，如春节、元宵节、清明节、端午节、中秋节、重阳节等；西方传统节日，如圣诞节、复活节、情人节、感恩节等。通过精心设计安排，挖掘节日文化内涵，推出一系列富有诗情画意的餐饮促销活动，以借机扩大销售。

（2）以企业所在地区即将举行的重大事件为契机。根据当地即将要发生的重大事件为节庆日活动契机。一般来说，重大事件、重大活动的参与者人数众多、影响力大。企业以此为活动契机一方面可以宣传扩大影响，另一方面可以吸引客人前来消费。如某地举办海峡两岸交流会，某企业利用此契机举办台湾美食节活动，既满足台湾客人的饮食需求，又满足当地顾客的求新体验，更以饮食文化为突破口，烘托了整个活动主题。

2. 内部宣传促销

餐厅的环境、气氛和情调是餐厅一种无形的推销手段，是客人就餐经历的重要组成部分，它将直接影响顾客就餐的满意度。同时在餐饮店内促销中，使用各种宣传品、印刷品、小礼品、店内广告进行促销是必不可少的。

（1）环境氛围推销。主要是指餐厅的气氛与情调的营造。一个餐厅应该设法制造出适应其经营范围和经营方式的气氛和情调。如经营日式料理的餐厅，可以铺上榻榻米，使用日式餐具，提供日式菜肴，餐厅中播放日本民谣，服务员身穿和服，用日语问候客人等来突出其日式经营风格，这种环境的营造具有独特的促销吸引力。

（2）以企业自身事件为契机。企业自身也会有一些重大事件产生，如企业开业、周年店庆、星级挂牌、二次装修、分店开张、获得荣誉等，这些都可以加以宣传利用，选择合适的方法和手段进行宣传推广。

（3）现场烹制促销。餐厅营业过程中，将部分菜肴的烹调过程放在餐厅里完成，或将某些菜点的最后烹调过程让服务员在餐桌上完成，如中餐烹调中的铁板大虾、锅巴虾仁、火焰醉翁虾等；西餐中的生煎牛排、煎蛋等，让客人看到菜肴烹调过程，闻其香，观其色，赏其形，从而促使客人产生冲动进而进行决策，使餐厅获得更多的销售机会。

对于一些需要特别推销的菜点，可由服务员用托盘或餐车将菜点推送到客人的桌边，先让客人品尝一点，如喜欢就现点，不合口味则请点其他菜点。对一些鲜活且名贵的原料，在客人确认之后，当面进行原料的初加工，这既是一种特别的促销，也体现了良好的服务。

　　（4）宣传品促销。店内促销的宣传品通常有：一是活动宣传单。餐饮企业将本周、本月的各种餐饮活动、文娱活动宣传单放在餐厅门口或电梯口进行信息传递。也可将活动信息进行特别设计处理，如印染或书写在卡片或其他饰物上，客人可以当作纪念品带走，增加宣传效果。二是门口告示牌。张贴诸如菜肴特选、特别套餐、节日菜单和增加新的服务项目等的告示牌。三是菜单。各类特选菜单如儿童菜单、情侣套餐、商务套餐等对不同宾客均具有一定的推销作用。四是订餐卡。一些餐厅的订餐卡上不仅有餐厅的地址、电话等必备的广告信息，还有一些相关的促销信息，如持卡消费有减免等优惠信息。五是其他。如零钱袋、优惠券、打包袋等。

　　（5）赠品促销。餐厅常常在一些特别的节日和活动时间，甚至在日常经营中送一些小礼品给用餐的客人。这些小礼品要精心设计，根据不同的对象分别赠送，其效果会很理想。常见的小礼品有：生肖卡、特制的口布、印有餐厅广告和菜单的折扇、小盒茶叶、卡通片、巧克力、鲜花、精制的筷子等。值得注意的是，赠品的质量要符合餐厅的形象、档次；要符合不同年龄接受者的心理需要；要能起到好的、积极的宣传促销效果。在实施赠品促销前，应进行必要的预算。在有限的预算范围内，可以寻找购买价廉而富有意义的物品。"价廉"并不意味着低质，尤其在预算开支、选择赠品时，应当切记这一点，与其大量赠送低价位的礼品，不如送一个品质优良的礼物更受欢迎。赠品是联系客人的最佳沟通渠道，因此，应特别注意其设计或选购的独创性、纪念性和实用性。

　　3. 服务技巧促销

　　利用客人点菜的机会促销，寓促销于服务中，是常见而有效的方式，它不仅可以起到推广销售的作用，同时还可以渲染和活跃餐饮环境气氛。客人点菜是服务员促销的最佳时机。在客人点菜时，服务员应主动向客人提出各种建议，促使就餐客人的消费数量增多或消费价值增高。一般可采用以下方法。

　　（1）形象解剖法。服务员在客人点菜时，用生动的语言形容、描绘菜点的形象、特色，使客人产生好感，从而引起食欲，达到促销的目的。比如在介绍牛肉意面时可以这样描述："这是一道美味可口的来自意大利的美食，它是来自罗马的厨师用意大利通心粉及上等牛肉末，经过精心煮、炒而成的，外形美观配上芝士口感细腻。"

　　（2）分摊技术法。此种方法适用于对一些价格较高菜点的推销。当一些客人认为菜肴价高、产生畏惧心理时，服务员可向客人解释，这个菜的分量、可供几个人食用、原料来源、客人实际平均花费金额及宴席中的地位等。让客人感到物有所值，体验到不仅仅是价格而是价值，从而产生购买欲望。

（3）建议选择法。对有些客人求名贵、讲阔气或求价廉等心理，为他们提供两种不同价格的菜点，任其挑选，由此满足不同的需求。

（4）他人意见法。即借助社会上有地位、有影响力的知名人士对其菜点的评价，来证明其质量高、价格合理，值得购买。

（5）为客解忧法。当遇到客人犹豫不决时，服务人员要做到换位思考，从客人角度分析菜肴安排，帮助客人下决心。如当客人想点某道菜但心里或多或少还有点犹豫时，服务员可说："这道菜是我们的招牌菜，我再关照师傅一下，包您满意。"

（二）店外促销

餐饮店外促销指为开拓餐饮产品销路、扩大产品销售所进行的，向目标顾客传递产品信息、激发其购买欲望，进而促成购买行为的系列活动。

1. 广告促销

广告是餐饮促销的主要工具之一，常用的方式主要有以下几类。①纸质类。包括报纸、杂志等，通常可用以下三种形式进行宣传。一是直接以广告形式出现，直接明了，但阅读时间短，并且缺乏针对性；二是以赞助板块形式出现，阅读时间长，费用相对高；三是以软文（指企业通过策划在报纸、杂志等宣传载体上刊登的可以提升企业品牌形象和知名度，或可以促进企业销售的一些宣传性、阐释性文章，包括特定的新闻报道、深度文章、付费短文广告、案例分析等）的形式，将宣传内容和文章内容完美结合在一起，让顾客在阅读文章时候能够了解策划人所要宣传的东西，一篇好的软文是双向的，既让顾客得到了他所需要的内容，也了解了宣传的内容。②视听类。包括电影、电视、广播。在电影（植入形式、费用高）、电视（直插广告）、广播（直插广告）中作广告，传播速度快，覆盖面广，表现手段丰富多彩，吸引力很强，但广告价格昂贵，且信息只能单向沟通，稍纵即逝，不便储存查找，适用于宣传形象。③网络类。包括网站、网络平台、微信、微博、博客等。此种方式广告宣传为新兴方式，可综合体现纸质类和视听类的表现方式，图文并茂、声（音）情（景）并茂，互动性强，不受时间和地点的限制，既可宣传企业形象又可宣传企业产品。④户外类。这类广告是通过户外的道路指示牌、建筑物、交通工具等进行宣传，主要用于交通路线、商业中心、机场车站和车辆行人较多的地方。户外广告包括指示牌、帐篷广告、屋顶标牌、霓虹灯广告牌、餐厅布告栏、汽车广告、电梯广告、现场广告等，其优点是显露的时间长，费用低，但这种广告在使用时要想取得较好效果，必须注意要与环境，尤其是其他类别的广告形成鲜明对比。

运用广告进行促销的关键是注意以下三点：一是要创造形象，餐饮企业各种推销广告的媒体选择、内容和表现形式要突出餐厅的经营风格，增强餐厅的情调，创造和强调餐厅的形象；二是要突出主题，餐饮广告宣传一定要突出主题，它可以是餐厅提供的主要产品，也可以是餐厅新近推出的新产品。但无论采用何种表现形式、在何种宣传媒体上体现的餐饮广告，都要有餐厅地址、联系电话、提供的主要产品和特色菜，这种宣传让顾客一目了然，以吸引顾客到店内就餐；三是要体现价值，当餐厅提供价格折扣或各种赠品、优惠券进行促销活动时，要同时配合店面广告，才能吸引更多的顾客，例如餐厅给下午2点以后就餐的顾客赠送礼品的信息，要以漂亮的招贴向公众告示，以吸引顾客。

2. 外卖推广

外卖是指在餐饮企业消费场所之外进行的餐饮销售、服务活动，它是餐饮销售在外延上的扩大。它不占用企业自身的场地，可以提高销售量，扩大餐饮营业收入，在旺季可以解决就餐场地不足的矛盾，在淡季也可增加销售机会，使生意相对平稳。狭义的外卖就是提供单一的送餐服务，而这里所指的外卖是指饭店派服务人员或厨师去主办人指定地点提供的一种宴会服务，主要形式有自助餐会、冷餐酒会、家庭宴会等形式。这种服务方式收费相对较高，一般与客房餐饮服务相似，要收25%左右的服务费。

餐饮企业实施外卖时，需注意以下事项。①要制订周密详细的计划。包括餐具的准备、人员组织、外卖场地的布置，以及卫生、安全、消防等措施的落实。②要做充分的准备。由于外卖是一种在店外陌生环境下的销售，与店内销售相比，需要人力、物力、产品等所有涉及的方面都要做更加充分的准备，要尽量把各种变化因素考虑周全，防患于未然，以此减少或杜绝各种失误的产生，真正达到店外促销的目的。③要有针对性地制定好外卖宴会、自助餐等菜单。尽可能安排选用能在饭店厨房加工生产成半成品或成品，然后再到食用单位烹制或简单加工，而不至于影响产品质量的品种；要有专用盛装器皿、运输工具、司机及装卸人员；货车应有低温冷藏设备，以保证食品质量。④遵守现场纪律。在外卖现场不得翻动主人任何物品，不得到工作范围以外的房间，更不可到处游逛；凡部分承包和单纯服务承包的外卖，所使用主办单位的物品一定要事先点清，使用时要细致小心；承包重要的外卖任务，都要注意保密并保证贵宾的食品安全，所有食品都要留样，并保留24小时；整个外卖工作结束后，服务人员要及时撤离，不得久留；注意落实外卖现场的消防安全工作。

3. 会议宴会促销

随着国家"八项规定"的严格落实，餐饮的消费结构发生了很大的变化，以往以公款消费为主逐渐被大众消费所替代，而餐饮消费的社会化，也使寻常百姓将各种聚餐和宴会活动移入到餐饮企业中进行，如婚宴、寿宴等，这在酒店收入中的比重越来越高。此外，餐厅承揽的各种会议就餐数量也呈上升趋势，这为餐饮的促销提供了良好的平台和契机。此类促销具有影响面大、效益明显的特点，应引起重视，力争达到事半功倍的效果。

4. 团队促销

团队促销主要指旅游团队促销。团队生意是餐饮企业的主要收入来源之一，尤其是在经营的淡季，餐厅有足够的场地、厨房有足够的生产人力招徕各种团体活动和旅行团。

餐饮企业实施团队促销时，需注意以下事项。①了解团队的特点和构成。旅游团队的产品设计是有一定的差异的，只有弄清了客人的需求，才能合理地组织自己的产品和服务去迎合他们，使顾客满意。②加强与接待单位的沟通和联系。特别是有较多客源的当地企事业单位和地接旅行社。餐饮企业要与接待单位密切配合，主动征求意见，提高菜点质量，保证客人用餐满意。③了解团队活动情况，做好充分的计划准备工作。了解团队活动的基本情况，如旅游团队的天数、行程等，在服务接待上要体现团队的特点，从桌次安排到时间控制、从饭菜的数量和质量到礼节礼貌，都会反映对团队接待的重视程度，这直接会影响到对团队业务的促销。④设计不同的餐饮产品。只有当餐饮产品和餐厅服务与众不同时，才能给客人留下深刻的印象。餐饮产品设计要注意，菜肴安排要经过精心设计，避免菜单雷同，同时又能反映出地方特色。一般旅行团都以观光为主，希望多了解当地的风土人情、民族文化和自然景色，在吸引旅行团用餐时，可安排一些民族艺术表演和其他文娱活动，让他们边享用餐饮边欣赏演出，会起到更佳的效果。同时，增加一些特别娱乐活动，也可以创造综合销售的机会，使旅行团客人花了钱又开心。

5. 优待促销

通过各种优待的方式，吸引客人前来餐厅就餐，在一定程度上对广大的消费者均有吸引力。优待的方法有以下几种。①打折优待。为加速客人流动，提高餐厅翻台率，利用打卡钟在账单上做时间记录，凡用餐时间不超过一定时限的客人，折扣优待，极具吸引力。除此之外，还有其他打折优待的方法：如两人同行一人免单；女士可以享受特别优待价；采取团体优待制度；每月×日，用餐八折优待；过生日的客人持身份证享受半价或免费优待；消费满百送优惠券；与邻近的商店、公司联合发行优惠券等。②举办优待日活动。为了吸引和稳定客源，可借各种名义酬谢老主顾，定期举办优待日活动，如每月举行一次食品的免费招待。针对不同节日、不同对象，开展优待活动，如重阳节老年人一律半价优惠。③优待时间。为调节客人就餐节奏，减少旺淡忙闲不均现象，可选择一定的时间进行优惠促销。如规定周一至周五午餐消费八折优惠或预订优待时段，凡此段时间光临的客人，可获得免费赠送的菜肴或饮料等。④个性优待。法国某著名餐厅，凡第一位或第一万位光临的客人，免费赠送裱花蛋糕一块及饮料一杯等；账单背面让宾客填上姓名、地址，每月举办公开抽奖赠送活动，趁此机会可以收集顾客的名录；连锁的餐饮店，可以举办走遍连锁店、盖满图章者，可获精美赠品的活动。

四、餐饮全员促销

餐饮全员促销，即发动餐饮企业生产、服务及其他人员，以各自的方式积极工作，全面配合，人人具有销售意识，主动参与餐饮企业产品销售，为企业产品的全天候销售创造广阔空间。这种销售方式即为全员促销，其业绩是不可低估的。

（一）全员促销的层次

全员促销并非每一位员工都直接接待顾客、推销产品。而是按照既定的分工，忠于职守，各司其职，使餐饮企业各项工作遵循科学、高效的运转轨道，从而使各种产品顺利地得以销售，实现应有的效益，这便是餐饮的全员促销。全员促销的人员包括以下三个层次：

1. 餐饮专职销售人员

餐饮专职销售人员主要指饭店销售部经理、销售人员、餐饮销售代表。他们负责起草制订销售计划，设计销售方案，签订销售合同等工作。

2. 餐饮直接销售人员

餐饮直接销售人员主要指餐饮部经理、宴会部经理、餐厅经理及餐饮一线服务人员。他们直接与顾客面对面接触，践行餐厅促销方案。

3. 餐饮业务销售者

餐饮业务销售者主要指厨师长及厨师等餐饮食物的设计者和制作者。对重要客人，厨师长可以亲自端送菜肴并对菜肴的原料及制作做简要介绍，或当着客人面进行现场操作，会起到很好的宣传推广作用。

（二）全员促销的意义

每一岗位员工都严格按操作规程工作，减少次品出现和流失，热情周到地服务顾客，防止客人不满情绪的出现，是全员促销的基础工作，也是其基本保障。每个岗位、每道工序的工作做好了，餐饮的广告宣传、销售人员的宣传承诺如期、如数兑现了，客人的消费行为便会顺利，客人才会舒心，餐饮产品的销售工作自然就完成了。反之，整个餐饮生产服务过程中，任何一个环节受阻、出差错，都会使客人感觉不便，产生不满，销售就会出现不畅，全员促销便流于形式，社会声誉和经济效益均会受到极大损害。全员促销的意义在于：

1. 激发员工爱岗敬业

全员促销实际上是培养员工具有销售意识和技巧，员工通过销售餐饮企业产品，增强自身价值、增强自身在企业的成就感，从而更加爱岗敬业，工作的积极性、创造性将进一步得到发挥。

2. 培养、提高员工素质

全员促销提高员工销售意识、研究顾客心理以及增强企业内部配合意识。对员工销售业绩的肯定与奖励往往成为激发员工奋发上进、充实提高自身素质的动力。

3. 增强团队合作精神

全员促销无疑会带来企业销售的全面增长，而企业效益的提高又将带来员工工作条件的不断改善，员工从中受益，从中获得兴奋点，对团队的关心及团结合作精神随之增强。

4. 增加餐饮销售业绩

全员促销不仅会使一线销售人员干劲倍增，同时也会带动其他各岗位员工都在以不同方式支持产品销售，长此以往，全员促销政策自然会为企业造就更多的销售型员工，各岗位人员采用各种途径参与销售的结果，将是餐饮企业经营业绩的大幅增长。

（三）全员促销的人员素质要求

全员促销通过人员推销来实现，是通过推销员与潜在顾客面对面的交谈，向消费者提供本饭店的信息，设法说服潜在消费者购买本饭店餐饮产品的过程。此种推销的关键在于选择具有良好素质及推销能力的推销人员。销售人员素质要求如下：

（1）要熟悉本企业的产品，对菜肴、环境、设备等应有切身的体验和真实的感受。尤其是独有特色的产品，应在充分了解的基础上推销，才具有吸引力。

（2）有良好的心理素质和个人品质，平易坦诚，身体健康。

（3）掌握一定的市场调研技术和心理学知识，能够发现各种有效的信息并善于加工、使用，对市场有较深入、全面的了解。

（4）熟悉本饭店的历史、经营特点以及餐饮产品的各方面知识和情况，能解答顾客提出的种种有关问题。

（5）能够妥善处理消费者或潜在消费者提出的异议和投拆。

人员推销的优点是推销员可以直接接触顾客，了解他们的需求，针对他们提出的异议和投诉，可以面对面地进行沟通和解释，得到更多的信息反馈，为进一步地改善和提高提供真实的依据，从而达到吸引客人的目的。

案例分析1

餐饮 O2O 时代，餐厅经营利润率高达35%的秘密

以往人们想要品尝麻辣小龙虾最理想的就餐方式就是在餐厅中直接点用，但在北方，一到冬天，天气的寒冷与餐饮的诱惑就产生了矛盾，很多时候迫于严寒的气候，人们不得不忍痛放弃外出品尝美食的诱惑。不过今年冬天，很多人发现，原来天冷也能随时随地吃到顶级的麻辣小龙虾，秘密就在外卖平台。知名餐饮品牌麻辣诱惑开始积极探索用餐场景的多样化，人们不仅可以在遍布城市角落的各个门店品尝美食，也可以在家里、学校、办公室，甚至是KTV、酒吧等与餐饮无关的场景中享受美味。为了实现场景的多样化，麻辣诱惑与美团外卖合作，专门围绕外卖平台设计了80多款"麻小外卖"系列产品。由于"麻小外卖"在供应链、从业人员、物流配送等多方面均独立于门店运营，在产品上线后，其房租和人力成本大幅缩减，在扣除了物流成本、房租、食材等费

用后，利润率竟能够达到35%左右。

从固守传统的门店经营，到借助美团点评这样的互联网平台实现多样化场景，麻辣诱惑上演了一幕现实版的转型，那么到底该如何借力美团点评这样的互联网平台呢？

关注评价和套餐，线下到线上复刻

美团点评实质上是对线下餐馆进行线上复刻，消费者通过美团点评进行餐馆环境观察、菜品浏览和优惠套餐查询，实现虚拟到店的考察，再通过美团点评积累的11亿用户评价进行消费决策。很多时候，消费者在对线上餐馆进行"考察"后，往往直接线上订位、点餐、排队，再到店享受美食套餐。成都市蜀汉路的守柴炉烤鸭店，一年前还在亏损，今年不仅扭亏为盈，并在汤锅类淡季做到利润提升，正是依靠着美团点评的套餐产品带来的客流。2016年3月份上线了美团点评的三款产品：优惠买单、套餐产品和代金券。除了当地人，很多游客、外国人都来店里消费，积累的好评直接吸引着客源——"有些客人看到评价好，专门打电话咨询，并开车过来吃。"

统一收银，立体营销

美团点评的智能POS机，双向支持用户扫商家和商家扫用户，实现了仅需0.1秒的支付速度，大大提高了支付效率，从而提升了服务体验。智能POS机也能为餐饮商户提供统一收银、消费即会员、立体营销等服务，打通餐饮商家经营的各个环节。餐饮O2O在初期发展团购时，消费者需要经历"买券→预约→出示→记录号码→完成"的烦琐过程，造成消费者和商家的时间浪费。之后，美团点评推出的闪惠支付功能实现了在享受优惠福利的同时保证支付效率。如今，美团点评继续从支付环节全链上压缩响应时间——智能POS机0.1秒的支付速度与业内传统POS机平均耗时（3~5秒）相比，支付效率提升带来的是对消费者时间的节约，也是商家更高的翻台率。同时，美团点评智能POS机与商户财务端实现无缝对接，实现快速准确稳定的对账功能。目前在全国范围内，绿茶、望湘园、金百万、禄鼎记、大鸭梨、黄记煌等知名餐饮商家，都在采用并大力推广美团点评智能POS机。

来源：职业餐饮网，http://www.canyin168.com/Article/xw/67908.html

案例讨论题

1. 说说你喜欢该案例中的哪些营销手段并阐述理由。
2. 通过本案例，你认为在"互联网+"时代下，餐饮销售还会发生哪些变化？

案例分析2

餐饮营销：吸客有招，揽客有道

"七公江湖"餐厅总部总能看到一些有趣的现象，在用餐高峰时段，比如同在一个地段,同样一个商圈,有的餐厅人流如织,热闹非凡;而有的餐厅即使就餐环境也不错,菜品口味也还可以,但门可罗雀,少人问津。造成这种显著差异的原因是什么呢?原因不在这些显而易见的"硬把式"上,而是隐藏在那些深耕细作的"软手段"中。

一、分时段优惠揽客术

大多数餐饮企业的午餐上座时间通常集中在每天中午 12:00~13:00。午餐高峰时段一过,上座率锐减,餐馆员工无所事事,顾客稀稀拉拉。餐饮分时段优惠是改善这种情况的一种有效的方法。针对这个问题,有一家经营越南料理的店想出了一个主意。该店从每天下午一点半起推出餐饮打折活动,平时售价30元一份的午餐套餐,打折时只需20元就能享用。

自从推出这项活动后,从每天下午一点半开始,这家餐馆的人气直线上升,餐馆门口排起长龙。只能容纳56人用餐的店内,到店用餐的顾客人数激增至250~300人。其中,超过三成以上的顾客选择下午1:30以后来此用餐。过去,同样是这家店,午餐高峰时段上班的员工经常留下来,一直等到晚上营业,为晚上营业进行准备工作。以前,从午餐时段结束到下午3:00之间,只有少数几个服务员负责接待稀稀拉拉的客人,大部分时间服务员都"闲着没事"。自从推出这项限时优惠活动后,来这里用餐的顾客络绎不绝,原先的不饱和工作时间得到了有效利用。

二、设计不同的优惠印章

让顾客自己选择需要的代金券,而不是提供固定优惠,针对顾客的消费心理,某家餐饮店推出了一款特殊的"盖章券"。这项活动的规则是在店内收银台旁准备4枚印章,每枚印章上分别印有如"生啤免费""10%折扣"等字样,为来店用餐的顾客提供不同的打折优惠方式。

客人用餐结束,在收银台结账后,可以从4枚印章中任选一枚,在当时开具的用餐收据上盖章。下一次到店用餐时,只要携带这张收据,就能享受相应的优惠,此优惠券限一个月内使用。另外,前往不同门店消费,印章也各不相同。以白领女性中午用餐高峰时段经常光顾的店为例,其印章分两种,分别针对午餐时段和晚餐时段。例如:午餐时段的印章是"甜品10元折扣",晚餐时段的印章是"晚餐九折优惠"。各门店所在的位置不同,印章的内容也会随之调整。据说,这项活动最受女性顾客和儿童的欢迎。经常能看到妈妈带着孩子一起盖章的身影,一个小创意,为赢得客人的认可做出了不小的贡献。

三、喝得越多,下次"越划算"

再次到店消费时可用的优惠券是吸引顾客来店的一种有效手段,如果在这种方式上增加一些新元素,效果就会翻番。比如制定活动规则如下:凡夏季来店消费的顾客,本次消费几杯生啤,将获赠同等数量的"生啤券",该券可在下次到店时使用,有效期一个月。每次消费不限券数,可多张券叠加使用。

这种促销方式的重点是向顾客赠送与本次消费的生啤同等数量的"生啤券"。举个例子：本次用餐时点了两杯生啤，顾客就能得到两张"生啤券"，该券可在下次到店时使用。顾客收集的"生啤券"越多，则越划算。同时，持有这种"生啤券"的团体客人会经常带新客人光顾。这种促销方式不但留住了老顾客，还吸引了新顾客。

另外，"本次消费生啤"是促销活动的另一个重点。客人点餐时，服务生可以借机对客人进行口头宣传："本次您喝几杯生啤，下次就能免费喝几杯，您不妨多点几杯。"这样一来，客人"多喝几杯"的情绪一下子就被调动起来，无形中促进了生啤的销售。

四、3000米顾客吸引法

对于大多数餐饮店来说，主要顾客来自于周围3000米的社区和商圈。那么，3000米营销到底应该怎么做？其实，如果以店面为圆心，3000米为半径开展营销，按照"分层次、分属性、分区域"的营销思路，在一定范围内有效开展特色"3000米营销"活动，在巩固顾客群基础上，不断拓展辐射范围和影响，对品牌的长期稳健发展会有很大帮助。

五、分层次营销

根据消费频次的不同：有首次光临的新客；有一个礼拜消费一次的常客；有一个月消费四次以上的老顾客；也有消费后连续三个月未消费的沉睡顾客。

根据顾客来源渠道的不同：有团购引流来的客人；有微信积分换购的客人；有随朋友聚会的客人；也有喜爱餐厅某个菜品、环境而来的客人。

针对新客和随机消费的客人，可以加大优惠力度，提高二次消费的概率。对于忠诚老顾客，可以减小优惠力度，减少营销误伤，加大个性化营销。分层次梯度营销抓住不同群体，由浅及深辐射3000米的人群。

六、分区域营销

针对3000米的营销范围，也要细化区域性，比如在商业区或繁华步行街上的餐厅，周末人流攒动，餐厅就要在周末加大营销力度。而工作区的餐厅，周围上班族居多，就应在工作日发起营销活动，促进消费。

小区周边的餐厅，最好是下班的时候做营销，这时候顾客才有可能有时间阅读你的传单或者其他类型的宣传资料；其次，是在小区做一些小活动，比如扫二维码关注微信公众账号后可以点餐或获得优惠券，这样就可以得到顾客的信息了，只有获取了客户的信息，才可以对客户进行点对点的精准推广。

来源：http://mp.weixin.qq.com/s/PDFGMEC0OJAvXWQE5b498g

案例讨论题

1. "七公江湖"餐厅采取了哪几种促销形式？
2. 学习"七公江湖"餐厅成功的营销方式，为学校周边的餐厅设计营销方案。

思考与练习

1. 餐饮销售的内涵及特点是什么？
2. 餐饮消费评价指标包含哪些内容？
3. 餐饮促销活动的表现方式及具体要求是什么？
4. 餐饮促销活动方案的内容包括哪些？自选某一主题，设计一份餐饮促销活动方案。
5. 以小组为单位通过实地及网络调查，图文并茂地说明如何做好餐厅店内的内部宣传。
6. 你是否有获得赠品的经历？说说赠品促销中赠品的选择应注意哪些内容。
7. 客人点菜是服务员促销的最佳时机，一般可采用哪些方法进行促销？
8. 说说你印象最深的餐饮广告，它属于哪种餐饮广告类型。
9. 餐饮企业实施外卖时应注意哪些要点？
10. 团队促销的注意事项有哪些？
11. 举例说明餐饮优侍促销有哪几种方法。
12. 全员促销的层次及意义包含哪些内容？
13. 全员促销的人员素质要求有哪些？

第八章　宴会服务管理

【学习目标】

　　通过本章的学习，了解宴会的类型、经营特点、作用及发展，掌握宴会会场、台型、席位、台面、菜肴、酒水设计的原则与基本要求，熟悉宴会组织与控制的主要内容，能够根据顾客的不同需求进行宴会的全程设计。

【内容结构】

【重要概念】

　　宴会　宴会主题　宴会设计

第一节 宴会概述

宴会是出于欢迎、答谢、祝贺、喜庆等目的而举行的一种隆重的、正式的餐饮活动。在饭店日常经营的服务项目中，宴会就餐人数多、消费标准高、菜点品种全、就餐时间长、气氛隆重、服务讲究、利润颇丰，历来受到饭店经营者的重视。可以说，一个高标准的宴会在一定程度上代表了一个饭店餐饮服务和烹饪技术的最高水平。同时，透过宴会也能折射出一个饭店的餐饮管理水平。因此，加强宴会的设计与管理，提高饭店宴会接待服务水平，对提高整个饭店的经济效益和社会效益都有着十分重要的意义。

一、宴会的类型

宴会的种类很多，其划分标准也多种多样。按宴会规格划分，宴会可分为国宴、正式宴会和私人宴会。按宴会的进餐形式划分，宴会可分为传统桌宴、冷餐酒会和鸡尾酒会。按宴会的餐别和国别文化划分，宴会可分为中餐宴会、西餐宴会和其他国家宴会。按宴请的目的，宴会可分为庆祝宴会、欢迎宴会、欢送宴会、答谢宴会、祝寿宴会、婚嫁宴会、团聚宴会等形式。各种宴会的情调、气氛、菜品、服务，均需围绕宴会举办目的这个中心设置，才能使宴会热烈、隆重、诚挚、祥和、协调、圆满。

二、宴会的经营特点

宴会是一种聚餐方式，是根据顾客要求来确定采取何种形式有组织地进行，无论政府、企业还是个人，都可以利用宴会形式来实现表达欢迎、答谢、庆贺或其他目的。与一般餐饮经营活动相比，宴会经营活动具有以下特点：

（一）活动方式的多样性

宴会活动方式的多样性，首先体现在宴会主题选择上。如以庆祝活动为主题的宴会，在提供就餐服务外，还要根据主办单位的具体要求提供庆祝活动服务；以会议、谈判、学术交流等为主题的宴会，宴会厅既是用餐场所又是会议场所，服务要求高效率、高质量。其次，宴会活动方式多样性体现在宴会环境布置上。有些宴会需要豪华的装饰或特殊布置，如国宴、庆功宴、新闻发布会、各类展示会等。有些只需要一般桌椅陈设及视听器材即可，如便宴、说明会、培训会等。因此，一般宴会厅的基本装饰通常较为简单。有特殊需求的，如婚宴、寿宴等场合则需根据顾客要求，增设舞台、红地毯、花卉、气球、灯光、乐团、背景等，以便营造出宴会的喜庆祥和的气氛。最后，宴会活动方式多样性还体现在服务方式上。如西餐宴会可采用法式服务、俄式服务、美式服务等服务方式；中餐宴会分菜服务可采用桌上分让式、二人服务式、旁桌分菜式。这就要求宴会经营管理人员要根据主办单位的具体要求,明确宴会性质、目的、活动内容,采取灵活多样的宴会形式,才能有针对性地做好宴会经营的组织工作,提供优质服务。

(二) 消费档次的差异性

顾客消费档次的差异性一方面体现在顾客不同消费水平上。根据不同消费标准,宴会标准由百元到万元消费不等,宴会档次越高,菜品品种越丰盛、服务越讲究。但宴会档次的划分并不是统一的、绝对的,这要视不同地区、不同生活水准而定。在一个经济不发达、生活水平不高的地区,其高档宴会标准也可能是一个经济发达、生活水平高的地区的中低档宴会标准,因此宴会消费档次的差异性是相对的。顾客消费档次的差异性另一方面还体现在顾客的不同需求上。根据顾客消费档次和需求的不同,消费高的宴会更注重餐饮文化氛围。如宴会厅环境布置特色与否、宴会场景安排新颖与否、菜肴制作新奇与否等;消费低的宴会往往更重视宴会菜肴、酒水方面的合理安排。为了保持和扩大餐饮市场和客源开发,宴会经营管理人员在积极争取举行高档宴会的同时也要重视中低档宴会,并对不同档次的宴会进行相应的安排,做好环境布置、台型设计、座次安排、设备配置、菜单设计、人员配备等各方面的工作。掌握好每一个宴会的标准,合理安排菜肴和酒水饮料,使宴会服务同其档次规格相适应,做到档次规格不同、餐食品种有区别,但在服务技能、态度、服务质量上要坚持一视同仁,提供优质服务。

(三) 经管过程的复杂性

宴会经营管理过程的复杂性主要表现在两个方面:一是宴会经营有一套复杂的工作程序,要先后经过宴会预订、预算、确认、开宴准备、宴会设计和宴会服务等一系列的工作,才能完成整个经营管理过程。特别是大型或重要的宴会,它的工作涉及方方面面,即使菜肴做得再好,但管理服务不到位,出现开席突然停电的状况等,宴会效果必将大打折扣。同时,宴请双方不同的心态和宴请目的的差异,也增添了宴会设计的复杂性。因此,无论是宴会服务员还是管理人员,都必须对宴会进行过程中的每一个环节做细致、周密的组织和安排。从某种意义上讲,宴会是一个系统工程,即使是在某一个细小的方面出现差错,往往也会导致整个宴会的失败,或者留下无法弥补的遗憾。二是宴会经营管理涉及范围广泛,往往需要各级、各部门的协调配合,如原料采购、宴会预算、宴会保卫、音响安装和布置、酒水服务等,都需要各部门的配合。为此,宴会经营必须树立整体观念、全局意识,以保证宴会管理工作的顺利进行,向顾客提供优质服务。

(四) 场面布置的主题性

宴会区别于其他就餐形式的一个显著特点就是围绕着某个主题而进行的人员众多的聚餐。在场面布置、气氛营造、环境布置方面较为侧重,要求与宴会的主题相吻合,并起到烘托强化主题的作用,并通过场面布置提高宴会的规格和档次。如中餐婚宴的布置，就应该以喜庆的红色基调为主，在餐桌摆放设计，台布、口布及折花选择，台面布置，鲜花选择放置等都应与主宴相呼应。

（五）消费过程的礼仪性

宴会主办者为了达到一定的社交目的，总希望能营造出一种热烈、隆重的气氛，以表达主办者热情好客的心态。宴会礼仪越是隆重，越能体现主办者或主人对来宾的尊重和欢迎。宴会消费过程的礼仪无处不在，如恭候迎宾，问好致意，献烟敬茶，专人陪伴；入席彼此让座，斟酒杯盏高举，布菜"请"字当先，退席"谢"字出口；还有仪容的修饰，衣冠的整洁，表情的谦恭，谈吐的文雅，气氛的融洽，相处的真诚；以及环境布置，台面点缀，上菜程序，菜品命名；还有嘘寒问暖，尊老爱幼，优待女士，照顾伤残等都是礼仪的表现。宴会经营者要根据宴会标准和主办单位的要求，根据宴会的性质、目的、活动方式，从宴会预订、菜单设计、环境布置、餐台摆放、座位安排到迎宾领位、席间服务等各个方面，切实做好组织工作，严格服务程序，加强现场指挥，不断提高宴会管理水平，获得优良的经济效益和社会效益。

三、宴会的作用

（一）餐饮营业收入的重要来源

宴会属于高级享受方式，标准较高。尽管档次区别较大，但总体消费水平往往大大高于零点消费和团体用餐。一次高档宴会的人均消费水平往往比零点消费高出几倍甚至几十倍。在正常情况下，宴会的收入常常占餐饮总收入的60%~70%，最高可超过其他各个餐厅的收入之和。同时，由于宴会厅和多功能厅的面积占餐饮总就餐面积的35%~50%，因此，宴会收入直接影响饭店的整体收入水平。与此同时，在餐饮管理中，宴会的利润率极高，其毛利率在65%~70%，高档宴会的毛利水平可达80%~90%。

（二）提高厨师技艺的良好时机

宴会菜肴品种繁多、质量工艺要求高，是展示饭店餐饮实力、展现厨师烹饪技术的良好时机。宴会菜肴不同于一般场合菜品的制作要求，强调菜肴品种是否丰富全面、营养是否均衡、工艺是否各异、色彩是否斑斓、口味是否多样等顾客关注点高的内容，以体现宴会的主题性、一致性，而这些都是由厨师的技术水平决定的。同时，宴会也给厨师创制新菜肴、发挥烹调技术提供机会，为提高厨师烹调艺术创造了良好的条件。如高级宴会的汤菜非常讲究造型，然而有造型的汤菜设计制作难度较大，工艺水平很高，需要反复研究创新。某饭店借鉴奥运场馆"鸟巢"，专门设计一款命名为"鸟巢"的，由一群小鸟和鸟巢组成的汤菜；针对每年许多新人要步入结婚殿堂，将婚宴的汤菜设计制作为一对鸳鸯，配之荷花、莲叶，喻为"鸳鸯齐飞"，将原料的造型同汤的食用目的有机地结合，制作出的高级汤菜，最大限度地烘托出菜肴的本质美、寓意美，给厨师创造了大量亲身创作展示技艺的机会。

(三) 提高服务技术的最佳途径

宴会,特别是大型宴会就餐人数多、消费水平高,其组织实施过程有一套复杂的工作程序,要求宴会人员必须具有良好的服务操作技术、全面的服务接待能力、积极的对客服务态度,执行统一、规范的服务标准。在此基础上,向客人提供个性化服务和延伸服务,使饭店的宴会服务真正达到完美,让客人体验到美妙的宴会消费经历。由于宴会在餐饮经营中是档次最高、要求最规范、最能反映一个餐饮企业最高接待水平的活动,因此,不同类型、规模的宴会可给宴会管理人员提供全面系统运用宴会管理知识,去设计、组织、指挥、完成各式宴会管理工作的机会,充分发挥其组织、创新、沟通协调等管理技术,全面提高其宴会组织管理能力;通过宴会,服务人员可以通过提供优质服务提高服务素养,其服务操作技术和服务接待能力会得到良好的锻炼和提高。宴会越多、情况越复杂,锻炼的机会也越多,管理人员和服务人员的宴会管理和服务的专业技术水平就提高得越快,这对提升整个餐饮管理水平、服务质量和经济效益都是十分重要的。

(四) 展示餐饮实力的最佳渠道

宴会是展示餐饮实力、增强饭店餐饮竞争能力,提高饭店和宴会经营声誉的最佳渠道。宴会大多是伴随着商业、社交和特殊需要举行的,如公司推销产品、新闻发布、洽谈业务、签订合同,和举行会议、生日、结婚纪念活动等。特别是一些大型的或重要的宴会,顾客地位比较高,常常是新闻机构传播报道的焦点,在进行新闻报道的同时,也宣传了饭店,扩大了饭店的影响,提高了饭店的声誉。其中部分顾客往往成为饭店下次宴会的预订者,从而增加回头客。如为进一步提升2014年天津夏季达沃斯论坛接待饭店服务质量,天津各大星级酒店按照天津夏季达沃斯论坛筹备办公室的工作要求,开展西餐宴会摆台、中餐宴会摆台等项目的比赛,以期高水平做好达沃斯论坛接待服务工作,提升酒店的知名度与美誉度。一般饭店宴会服务、菜肴质量、知名度和管理水平是顾客选择饭店举办宴会的首要条件。一些大型宴会的主办者,在选择宴会举办地点的时候比较讲究和挑剔,往往在众多的可供选择的饭店中选择那些知名度高、整体实力强、能够保证宴会质量和宴会效果的饭店或餐饮企业。由此可见,重视宴会经营,提高产品质量和服务质量,使顾客得到良好的物质享受和精神享受,必然会提高饭店餐饮知名度、展示饭店餐饮实力。

(五) 人才培养和创新的推动力

由于宴会服务的系统性、规范性和灵活性对工作人员提出了更高的要求,每一次主题宴会服务工作的开展都是一次技能的提高、经验的积累,可以使宴会的服务和管理人员不断地提高自我、挑战自我。同时,不同主题宴会在菜式品种、环境、服务上的要求不尽相同,因而宴会工作人员只有针对客人的需求,不断地进行调整和创新才能赢得客人的认可和满意。在一次次宴会接待中,专业人员的水平也在不断地提高;在一个个宴会的特殊需要中,相关人员的创新能力也得到了激发和提升,因此,宴会可以称为酒店餐饮人才培养和创新的最大动力。如上海浦东的一家五星级酒店根据市场需要专门成立了婚宴服务部，为年轻朋友策划精彩的婚宴活动，还在酒店的一角特辟"婚礼展示厅"。酒店婚宴服务部的"人性化"服务和强劲营销攻势一方面赢得客人的认可和满意，另一方面对于酒店人才的培养和产品、服务的创新具有一定推动作用。

四、宴会的发展趋势

随着科学技术的不断发展，人们的饮食观念和习俗也在不断进步。现代宴会既要秉承古代筵宴之遗风、传承传统饮食文化，同时又要带有现代生活气息和文化意蕴。传统宴会必然会朝多样化、个性化、科学化的方向发展。

（一）经营特色主题化

宴会经营特色包含多方面的内容，但主要还是指针对宴会主题设计的菜点和服务的特色。只有在宴会主题确定后，策划者便可围绕主题挖掘文化内涵，寻找主题特色，设计相应的产品和服务，这也是宴会设计中最重要、最具体、最花精力的重要一个环节。独特的主题，独特的文化选点，是主题宴会获得圆满成功的基础。如2016年G20杭州峰会在杭州西子宾馆举行欢迎晚宴，为表达中国与各国携手发展的美好愿望，将国宴中的14道菜名分别命名为八方宾客、大展宏图、紧密合作、共谋发展、千秋盛世、众志成城、四海欢庆、名扬天下、包罗万象、风景如画、携手共赢、共建和平、潮涌钱塘、承载梦想。同样的菜换成不同的名字立马有了全新的内涵，每一道菜名不仅蕴含着丰富的含义，彰显了我国博大精深的厨艺文化，同时也代表着中国与各国携手发展的美好愿望。

（二）整体氛围艺术化

宴会氛围的艺术化体现在多个方面，其中有菜单的设计艺术、菜肴在组配方面的艺术、原料加工的艺术、色调协调与搭配艺术、盛器与菜肴型色的配合艺术、冷拼雕刻的造型与装饰艺术、餐室美化和台面点缀艺术、服务的语言艺术技巧、着装艺术等多方面内容。传统宴会往往只注重菜肴而忽略了就餐气氛的营造，忽视传统菜肴、精美食品与营造传统文化氛围之间相互促进、相得益彰的关系。未来的宴会，要针对不同的主题进行环境包装、艺术渲染，营造一种既符合宴会主题思想，又具有民族和地方特色的文化艺术氛围。如北京奥组委五星级签约饭店——中国大饭店，为了让外国贵宾在品味美食的同时也感受"新北京，新奥运"的特色，宴会特意准备了象征五环奥运的特色佳肴"五色鸡尾酒""五色清爽冰激凌""五味点心"等。此外，还特别选择绘制有中国特色山水画的餐碟，既便于就餐者欣赏和收藏，又弘扬和宣传了中国文化。

（三）就餐方式多样化

宴会就餐方式呈现多样化，即宴会的就餐形式会因人、因时、因地而宜，显现出需求的多样化，在传统桌餐的基础上，出现各种新的形式，如中西结合宴会、中菜西吃宴会、冷餐自助式宴会、分吃位上式宴会、合分结合式宴会等。目前较多的是分吃位上式，大家每人一份，各吃各的，既卫生、随意，又显得上档次、不浪费。传统的中餐围桌吃法，往往为了表示盛情和充体面，菜要上满桌，却造成不必要的浪费，尤其是一些中低档宴会，不设公筷，不卫生不雅观。如某市商界的一场联欢晚宴，选用中餐菜肴，采用分吃位上式，按照"冷盘—热菜—甜点"的顺序依次上菜，节约了用餐时间，避免了中式宴请中频繁的敬酒和劝酒行为，使就餐过程更加文明并充满文化品位。整个用餐过程，在50分钟内全部完成，取得较好的效果，受到大家普遍的欢迎。

（四）菜品结构科学化

传统宴会菜品结构存在数量偏多，总量偏大，侧重使用山珍海味和动物性原料，植物性原料明显偏少的弊端。因此，合理安排菜品数量，提高菜品质量，缩短烹调和进餐时间，也是宴会发展的一个重要方面。未来宴会菜品结构设计以营养理念为主，注重原料的多样化，增加豆类、菌类、笋类、薯类等健康食品原料，全面综合考虑整套宴会菜肴的营养平衡。要根据科学的饮食标准设计宴会菜肴，提倡根据就餐人数实际需要来设计宴会。要求用料广博，荤素调剂，营养配备全面，菜肴组合科学。在原料的选用、食品的配置、宴会的格局上，都要符合平衡膳食的要求。此外，还可以通过增加点心道数、减少热菜道数、素菜荤做等办法，达到营养全面均衡的目的。如在我国承办的APEC峰会一贯秉承众口可调、健康洁净、绿色环保、讲究生态平衡的菜肴设计原则，2001年上海开了先河，2014年时北京则融入更多具有中国特色的食品。由一个冷盆、五道热菜（上汤响螺、翡翠龙虾、柠汁雪花牛、栗子菜心、北京烤鸭，为"四菜一汤"）、一份点心、一份水果冰激凌组成的欢迎晚宴，全部采用国产原料、绿色食品，餐桌上没有野生动物，晚宴吸收了八大菜系、中西菜肴的精髓，每道菜都是一幅画，做得异常精致，给每位出席宴会的人士留下了极为深刻的印象。

（五）服务安排体验化

当今社会，越来越多的顾客期望通过个性化的消费来实现自我，这种个性化的消费被称为个人体验。从某种意义上说，宴会服务的本质就是通过员工的劳动，为顾客创造一种独特体验的经历。顾客对宴会服务的评价也是跟着感觉走的，顾客更在乎其感知价值，强调独特的审美体验。因此，对于体验性宴会服务的设计、安排，关键要体现高效、便捷和细致入微，如何去打动顾客的心，使其融入其中，给予顾客更互动、更独特的体验。在服务上充分考虑单体顾客的需求，并尽一切可能满足这些需求，从而产出丰富的、独特的体验价值已经成为一种共识和趋势。如云南昆明的吉鑫宴舞，将宴与舞相结合。"宴"为13道云南传统风味，有汉族的过桥米线、哈尼族的长街宴、哈尼族的迎亲酒、纳西族的三叠水、彝族的砣子肉等都融会于吉鑫宴舞之宴中，一次吉鑫宴舞，可以尝遍云南美食。"舞"是云南一系列民族舞蹈的组合，分为五场演出："南诏宫宴""秀色可餐""花腰风情""圣洁的祝福"和"七彩云霞"，每一部分都分别以一个云南少数民族歌舞为代表来展示云南。傣族少女曼妙的舞姿、佤族小伙粗犷的长矛、白族青年典雅的形神、彝族男女风趣的对唱等，林林总总、热热烈烈，简直让人恍若走进神话般的世界，如梦如幻、如痴如醉。如此庞大的风情宴舞、如此经典的民族大餐，让每一个人嘴巴动起来、耳朵竖起来、目光热起来、心情狂起来，这正是吉鑫宴舞带给每一个参与者的感受。

第二节 宴会设计

宴会设计就是根据顾客的要求和饭店餐饮部门的物质条件和技术条件等因素，对宴会场景、宴会台面、宴会菜单、宴会酒水、宴会服务流程等方面进行统筹规划，并拟订出实施方案和细则的创作过程。

科学合理有效地进行宴会设计，一般要经历获取信息、分析研究、制订草案、讨论修改、下达执行、总结存档六个步骤。宴会设计要具有针对性，设计人员需事先搜集掌握相关信息，如顾客的要求、特点和宴会的标准、时间等内容。各种相关信息搜集汇总后，尽可能全面、系统地分析选择，设计出具有针对性的宴会设计草案，经征询主办单位意见和讨论研究后制定一套切合实际、符合要求并有一定创意的宴会设计方案。宴会设计方案下达执行时一定要将每一个环节考虑周全，督促有关部门和相关人员执行，并写出总结意见，备案存档。

一、宴会场境设计

宴会场境设计是对宴会举办场地和环境进行合理选择和科学利用，并采取多种手段和方法对进餐环境进行艺术加工和布置，使其既符合宴会主题，又满足顾客心理需求的一种环境艺术创造。宴会场境含义很广，它既包括宴会举办场地所在的自然环境、宴会所在的建筑环境，同时也包括宴会举办场地的环境布置等。这里所介绍的宴会场境设计是指宴会场地环境布置。

宴会场境设计要针对不同目的、不同风格、不同档次的宴会而灵活设计，具体应注意以下几个方面：

（一）迎合顾客心理

满足顾客的心理要求是宴会场境设计的最终目的。然而，一场宴会，少则十几人，多则上千人，要想让一种宴会环境满足所有与宴者的心理要求是很难的，这就要求我们在尽量满足大多数与宴者客观要求的同时，侧重迎合其中关键人物的心理要求。如婚宴的场景安排、总体布置要求喜庆祥和、佳偶天成、热烈隆重，但宴会厅布置的主色调如红色、粉色或白色就要根据新郎、新娘的喜好来选择，宴会背景是选用一个大红喜字或一对龙凤呈祥雕刻或一幅鸳鸯戏水图或新人的巨幅照片，也必须根据新人的需要决定。

（二）体现宴会主题

所谓宴会主题，就是宴会主办者的社交目的和设宴意图。宴会设计人员要设法了解宴会主办者的设宴意图，努力发现和掌握宴会主题。一旦主题明确，一切设计都要围绕主题展开，宴会场境设计亦不例外。不同性质的宴会，各有不同的主题要求。如杭州某饭店策划的名为"荷塘情韵"的宴会，宴会厅以巨幅的西湖荷花盛景为背景，鲜艳、娇嫩的荷花四周呼应，在悠扬的古筝琴弦曼妙环绕下，身着丝绸服装的嘉宾品尝着精致的菜肴，连菜单都是手书的纸扇，正如会后顾客的评价，饭店以充满想象力的创意为来宾创造了一次难忘的消费体验！

（三）合理布置场地

宴会厅又称多功能厅，是融餐饮、会议、演出、娱乐、社交为一体的综合性多功能场所。一般饭店都有多个规模不一的宴会厅，小宴会厅的环境布置一般是定型的，没有多大的变化。大宴会厅场地布置就要复杂得多，对于不同的情况，要区别对待。合理布置场地需注意以下两个方面：其一是宴会厅空间的划分布置。通常根据宴会的类别、档次进行合理布置，根据宴会形状和大小、用餐人数的多少、就餐形式来安排，餐桌之间距离要适当，摆放要对称、均衡，以方便穿行、服务为宜。重点突出主台，主台应安排在能够纵观全厅的位置。如国宴的场地布置一般将宴会厅划分为会见区、用餐区、休息区、舞台表演区、乐队演奏区等，各区域之间保持一定的连接，共同有效为宴会服务。其二是宴会设施的安装。有些宴会需要大量的影音设备，布置时要考虑安全方便，美观实用。

（四）注意环境点缀

宴会开始之前对宴会场地周围环境进行适当的点缀或装饰，会对宴会主题起到一定的烘托作用。如花草点缀，在宴会厅周围放上绿色植物和鲜花，会使整个宴会厅春意盎然，生机勃发。如字画点缀，可以填补装饰墙面的空白，增强宴会厅的文化艺术氛围，提高餐厅文化品位，可让顾客得到一种艺术美的享受；寿宴的背景墙面挂上一个大"寿"字，可以起到画龙点睛、烘托宴会主题的作用，具有极强的渲染力。如观赏品点缀，这里的观赏品是指一些具有一定艺术价值的古玩、雕刻制品及其他工艺品等，多陈设于高级宴会厅，与整体环境相适应，所陈设的工艺品要具有较强的地方性。无论采用何种手段点缀，都要注意与宴会厅整体美学风格相和谐一致，一般宜少而精、素而雅、品位高，使人心情舒畅，增进食欲。

（五）注意光色应用

光线是宴会气氛设计应该考虑的关键因素之一，因为光线系统能够决定宴会厅的格调。在灯光设计时，应根据宴会厅的风格、档次、空间大小、光源形式等，合理巧妙地配合，中式宴会以金黄和红黄光为主，西式宴会的照明应适当偏暗、柔和。同时还要注意灯光的变化调节，以形成不同的宴会气氛。如结婚喜宴在新郎、新娘进场时，宴会厅灯光调暗，仅留舞台聚光灯及追踪灯照射在新人身上，新郎、新娘定位后，灯光调亮，新郎、新娘切蛋糕时，灯光调暗，仅留舞台聚光灯。灯光的变化始终围绕喜宴的主角——新郎、新娘。

色彩也是宴会设计人员用来创造各种心境的工具，不同的色彩对人的心理和行为有不同的影响。如红、橙之类的颜色有振奋、激励的效果，绿色则有宁静、镇静的作用，黑色表示肃穆、悲哀。值得注意的是不同民族、不同国家的人，对色彩有着不同的理解和爱好，这也是我们在进行环境设计时应当重视的问题。否则，在接待宾客时就会闹笑话，甚至引起不良后果。例如举办喜庆宴会时，我国在餐厅布置、台面和餐具的选用上多体现红色，而忌讳白色（办丧事的常用色调），但西方喜宴却多用白色，因为白色表示纯洁、善良。

二、宴会台型设计

宴会台型设计是根据主办单位的要求、宴会厅的形状、陈设特点、就餐人数、用餐形式等进行的。其设计的基本要求是：宴会场地布局合理、突出主台体现规格、餐桌排列整齐有序、有利进餐服务。宴会类型不同，台型设计也有不同。

（一）中餐宴会台型设计

中餐宴会一般使用圆桌台面，餐桌的排列要根据桌数的多少和宴会厅的大小和实际情况安排。

小型宴会按桌数不同可参考以下台型设计。一桌通常安排在宴会厅中央位置，餐桌桌心对准宴会厅屋顶顶灯；两桌应根据宴会厅的形状及门的方位而定，一字形摆放；三桌可排成品字形或一字形，餐厅上方的一桌或中间一桌为主台；四桌可排成菱形或正方形，餐厅上方的一桌为主台；五桌可摆放梅花形，中间一桌为主台；六桌可排成金字塔形（正方形餐厅）或排成长方形（长方形餐厅）；中型宴会席桌排列可摆成王字形，主桌单独一排，其他桌摆成方格即可。大型宴会为方便指挥，行动统一，可将宴会厅分为主宾区和来宾区。主宾区一般安排五桌，即一主四副。主宾餐桌要突出于副主宾餐桌，同时台面要略大些；在主宾区与来宾区之间要留有一条较宽的通道，以便于宾主出入席间通行方便。

具体台型设计应注意以下几个方面。一是突出主台。主台一般安排在面对正门的餐厅上方，面向众席，背向厅壁纵观全厅。多桌宴会的台型布局要遵循因地制宜、突出主桌、整齐有序、松紧适宜的原则。二是合理布局。宴会餐桌安排应做到合理美观、整齐大方。其布局的一般顺序为"中心第一，先左后右，近高远低"。如有文艺演出或乐队演奏，在安排餐桌时要留出场地。三是台面选择。台面选择要具有针对性，通常主宾席人数较多，可选用直径为200~220厘米以上的圆桌，可坐12~14人，或安放特大圆台，每桌坐 20 人以上；普通宾客席位可选择直径为 150~180 厘米的圆桌，每桌可坐 8~10 人；直径超过 180 厘米的圆台，应摆放转台；不宜放转台的特大圆台，可在桌中间铺设鲜花或艺术布置。四是餐桌编号。大型宴会事先绘好座位图，便于宴会的组织者根据宴会座位图来检查宴会的安排情况和划分服务员的工作区域，便于宴会主人根据座位图来安排顾客座位。号码牌放在桌上，便于顾客一进餐厅根据座位图就能找到自己的台位。

总之，宴会台型设计要求整齐划一，桌布一条线，桌腿一条线，花瓶一条线，主桌主位能相互照应。宴会餐桌的排列还要注意桌与桌之间距离以方便穿行、上菜、服务为宜，一般不少于 200 厘米。

（二）西餐宴会台型设计

西餐通常使用小方台、长台，餐台的台型和大小一般根据就餐人数，餐厅地形和顾客的要求合理安排：20 人左右的宴会可摆一字形长台或 T 形台；40 人左右可排成 I 形台或 N 形台；60 人左右的宴会可排成 M 形台。

（三）自助餐会台型设计

自助餐会可分为立式和坐式，包括食品台、酒水台、餐台。食品台可根据用餐人数设计成 V 形、U 形、L 形、Y 形、Z 形、椭圆形，选择桌型时主要依据是否有足够的空间布置菜肴、是否美观方便、是否节省时间与空间。

自助餐台面布局一般分为旁侧型和中心型两种。所谓旁侧型，就是自助餐菜台设置在宴会厅周围，餐台和顾客座位设计在宴会厅中央，这种台型的特点是顾客就餐集中，便于彼此沟通交流，利用率高。中心型是指菜台设置在宴会厅中央，餐厅与顾客座位设置在四周，这种台型的特点是造型美观，整体效果较好，适于立式餐会。

三、宴会席位设计

（一）中餐宴会的席位安排

主人席位通常安排在面向宴会厅主门、能纵观全局或背后有大型观赏背景的位置上，第二主人与主人相对而坐。按照"右为上"的原则，主人的右侧为第一主宾，左侧为第二主宾；第二主人左右两侧亦同，分别安排第三、第四宾客。

礼宾次序是安排席位的主要依据，在排席位之前，要把经落实出席的主、客双方名单，分别按礼宾次序排列出来，主要根据职务，宾主双方交叉排列。外交多边活动中，还应注意到客人之间的政治关系，关系紧张者，尽量避免排在一起。除依据礼宾次序外，还要考虑其他一些因素，如语言相同、工作性质相同、性别相同或身份大致相同的可以安排在一起。如夫人出席，我国通常把女方排在一起，即主宾坐男主人右侧，其夫人坐女主人（第二主人）右侧。如女主人不出席，则将夫人安排在男主人的左侧。国际惯例则不安排夫妇坐在一起，通常是将男女穿插安排，以女主人为准，主宾在女主人右侧，主宾夫人在男主人右侧；主宾带夫人，而主人的夫人又不能出席，通常可请其他身份相当的妇女做第二主人。如无适当身份的妇女出席，也可以把主宾夫妇安排在主人的左右两侧。如遇主宾身份高于主人，为表示对他的尊重，可以把主宾安排在主人的位置上，而主人则坐在主宾位置上，第二主人在主宾的左侧。如果宴会主办方面出席人员中有身份高于主人者，可以由身份高者坐主位，主人坐在其左侧。

两桌以上的宴会，其他各桌第一主人的位置可以与主桌主人相同，也可以以面对主桌的位置为主位。桌次安排以离主桌位置远近而定，右高左低，桌数较多时不但要摆席次卡，而且要摆桌次牌（欧美客人的宴会不采用13号桌）。如使用圆桌，译员一般安排在主宾的右侧；使用长桌时，也可以安排在主宾与主人的对面。译员不上席时，则坐在主宾和主人的身后。

（二）西式宴会的席位安排

西式宴会主人席位通常安排在席位上方和正中，主宾席位安排在主人席位右边，副主宾安排在主人席位的左边，其他顾客则从上至下，依次排列。西式宴会的席次排位讲究右高左低，同一桌上席位高低以距离主人座位远近而定。如果男、女主人并肩坐于一桌，则男左女右，尊女性坐于右席；如果男、女主人各居一桌，则尊女主人坐于右桌；如果男主人或女主人居于中央之席，面门而坐，则其右方之桌为尊，右手旁的客人为尊；如果男、女主人一桌对坐，则女主人之右为首席，男主人之右为次席，女主人之左为第三席，男主人之左为第四席，其余位次依序而分。正式的西餐宴会，在排列位次时，要遵守交叉排列的原则。依照这一原则，男女应当交叉排列，生人与熟人也应当交叉排列。

四、宴会台面设计

一个好的宴会台面，不仅可以给人以美的享受、令人增进食欲，还可以深化宴会主题，起到烘托宴会气氛的作用。宴会台面根据其形式、内容、风格、功能的不同有多种分类。根据饮食习惯不同，可分为中餐台面、西餐台面、中西结合台面；根据台面的装饰程度和用途不同，可分为食用台面、观赏台面、艺术台面。

宴会台面的装饰效果不仅决定宴会的气氛，而且体现宴会设计者的水平以及整个宴会的服务质量。宴会台面设计手法多种多样，要根据其不同宴会、规模、档次、主题，并结合饭店的实际情况和服务特长去灵活选用。宴会台面造型方法主要有：花卉造型、雕塑造型、餐具造型、果品造型、茶点造型、冷碟造型、镶图造型、台布造型、剪纸造型、综合造型。台面设计作为一门艺术，有其自身的特点，要想使设计的台面达到美观、实用、寓意性强、方便快捷的要求，必须从各方面留意，处处迎合主办单位和就餐者的心理，力求以一种特有的综合艺术，为顾客提供一个温馨幽雅的就餐环境。宴会台面设计的一般规律和要求如下：

（一）台面布置设计应与主题相一致

一般来说，每一个宴会都有它的社交目的和办宴意图，亦即宴会主题。台面布置一定要紧扣宴会主题做文章，运用一定的造型手段，突出宴会主题。如杭州 G20 峰会以杭州文化与自然山水为主题，在宴会的台面布置上，整套陶瓷体现出"西湖元素、杭州特色、江南风韵、中国气派、世界大国"的基调。国宴餐具的图案，采用富有传统文化审美元素的"青绿山水"工笔带写意的笔触创造，布局含蓄谨严，意境清新而所有图案设计均取自西湖实景。餐具的主题设计也紧紧围绕整体摆台布置效果，第一道冷菜拼盘半球形的尊顶盖是最引人注目的器具，尊顶盖顶端提揪设计灵感源自西湖十景之一的三潭印月，匠人们用小刀在泥坯上刻出了 0.3 厘米的小窗尊；顶盖上半部图案创意则来源于"满陇桂雨"，以杭州市市花桂花与江南翠竹自然相互依偎展开；尊顶盖下半部分则是以国画写意手法绘制的西湖美景。

（二）尊重文化背景与习俗

生活在不同国家、地区以及不同民族的人，由于受不同文化熏陶，各有不同的生活和审美特征，对某些事物甚至会产生截然相反的理解。例如，荷花在我国被视为品性高洁的象征，而日本人却忌讳荷花，视荷花为不祥之花。宴会台面设计时，我们就要充分考虑与宴者的文化背景和风俗习惯，避免发生不必要的文化冲突。

（三）根据菜单和酒水特点进行设计

宴会的中心内容是饮食，台面布置要紧紧围绕宴会菜单和酒水的特点进行设计。譬如"全鱼席"，在台面设计时就应该反映"鱼"的内容，在"鱼"的图案上做文章；"全素席"则要求在台面布置上反映清淡素雅的特点，不求华丽只求洁净朴素；此外，菜单中规定用什么酒，摆台时要准备什么酒具，各种餐具酒具要与菜肴酒水的内容相一致。

比如，在某一中式婚宴的主台上，专门为新人准备了喝交杯酒的酒杯——一对精致的小瓢。现今的"交杯酒"即古人的"合卺酒"，古代人们结婚时用瓢（一个匏瓜剖成的两个，以线连柄）作盛酒器，新郎新娘各拿一瓢饮酒，同饮一卺，象征婚姻将两人连为一体，夫妻"合二为一"的含义。

（四）根据规格档次进行设计

宴会台面设计之初，要对宴会的规模、档次及要求了如指掌，规模大小决定台面设计的繁简，档次高低决定台面设计的雅俗。一般来说，规格档次越高，台面布置得越精细、讲究。如 2014 年 APEC 峰会晚宴上亮相的，以《诗经》中词句"和鸾雍雍，万福攸同"寓意为主题，专为 APEC 国宴设计的餐具，并不似以往国宴中使用的偏素色餐具，帝王黄的珐琅彩瓷在国宴主桌上异常抢眼。全套包含 68 件的餐具装饰采用中国传统的珐琅彩工艺，材质打造则借鉴英国的骨质瓷制作工艺，部分瓷器的造型参考了中国古代宫廷御膳餐具，中国传统具有吉祥祝福寓意的要素体现得淋漓尽致，完美地呼应了国宴规格及 APEC 的主题。

（五）充分发挥吉祥物的隐喻作用

宴会设计师通过对席面物品的造型，使之形成一定的图案，通过这些图物的隐喻作用，反映宴会主题。台面设计常见的吉祥图物有：龙、凤、鸳鸯、孔雀、喜鹊、燕子、蝴蝶、金鱼、青松、桃子、苹果、金橘等。如婚宴餐台布置一般采用鸳鸯图案比喻夫妻百年好合，采用龙凤图案寓为龙凤呈祥、情深意长；而寿宴则多采用仙鹤寓为长寿，或采用吉祥纳福的蟠桃、富贵延年的青松。2008 年奥运会时任中国国家主席胡锦涛在北京人民大会堂宴会厅为出席北京奥运会贵宾举行欢迎宴会的餐桌布置采用的是孔雀图案，因为孔雀是美的化身，有九德：颜貌端正、声音清澈、行步翔序、知时而作、饮食知节、常念知足、不分散、不淫、知反复，孔雀用来代表天下文明和修养，是吉祥的预兆和爱的象征。

五、宴会菜肴设计

菜肴设计安排是宴会设计的中心任务。在整个宴会设计中占有举足轻重的地位，直接关系到整个宴会设计的成败。

宴会菜肴设计涉及的内容很广，需要考虑的因素很多，设计的核心应以顾客的需求为中心，要以顾客提出的宴会主题和参加宴会顾客的具体情况为依据，充分考虑宴会的各种因素，使参加宴会的顾客能得到最佳的物质和精神享受。现代宴会在宴会菜肴设计时应遵循以下原则：

（一）菜肴安排的针对性原则

宴会菜肴设计主题思路的针对性尤为重要，是决定一套宴会菜肴顾客是否满意的关键。在宴会菜肴设计前，一定要了解顾客心理需求，准确把握顾客的特征，针对宴会主办者不同的社交目的和设宴意图去设计。比如有的顾客注重宴会气氛、规格，应强调宴会菜肴的精美造型、原料的高档稀少、盛装器皿的精致等，通过这些营造出一种尊贵的氛围；有的则注重内容的经济实惠，讲究物有所值，对于这种心理的顾客，在菜肴设计方面应更加注重菜肴的分量、口感、数量。

（二）质量价格的均衡性原则

宴会的菜单属套餐菜单，是在确定价格的基础上进行菜肴的搭配，与零点餐厅客人自己点菜不同，因此，宴会价格的高低与宴会菜肴的质量有着必然的联系，宴会菜肴设计的根本原则在于明确菜肴质量与价格的关系。所有的宴会都会根据客源市场的不同特点设置相应的价格标准，但价格标准的高低只能在原料使用上有所区别，宴会的效果不能受到影响，也就是要在规定的标准内做到质价均衡，使宾主满意，这是合理设计宴会菜肴的巧妙之处。

在菜肴质量的掌握上，要按宴会的价格水平高低，保证菜肴有足够数量的前提下，从主料、辅料的搭配上进行设计。规格高的宴会，应用高档原料，在菜肴中可多用主料，而不用或少用辅料。宴会规格低，可选用一般原料，且增大辅料用量，从而降低成本。在菜肴成本的搭配上，要考虑一套宴会菜肴中冷盘、正菜的成本在整个宴会成本中的比重，以保持整个宴会的各类菜肴质量的均衡，避免冷盘档次过高、热炒菜档次过低。在设计口味与加工方法上，应按粗菜细做、细菜精做的原则，把菜肴调剂适当。价格标准高的菜肴原料档次高，数量不应过多，要体现"精"的效果，并尽可能考虑上一些花色菜、做工考究的菜，以及最能体现地方特色的菜；价格标准低的菜肴，数量、口味要适当，可学习西餐菜肴搭配方法，比如在大菜中配上一些开胃小菜，既品种多样又节省成本。

（三）健康营养的科学性原则

宴会菜肴的设计要从营养需要出发，科学合理地把握宴会菜肴总体的结构和比例。首先，需要综合考虑宴会菜肴所包含的各种营养素含量、比例，合理选择搭配。宴会是以荤素菜肴为主，应适当加入主食和点心。如上烤鸭时，可佐以荷叶饼、甜面酱、葱条、黄瓜条或萝卜条等共同食用，不仅可以起到平衡酸碱的作用，而且这些食品中的维生素及膳食纤维等，具有使胆固醇下降和纤维蛋白质溶解活性升高、帮助消化的功能；或配带四个素菜小炒，这样不仅可有效地刺激顾客的胃口，增强其食欲，而且具有多种营养成分。其次，宴会菜肴品种搭配要科学。无论是中餐宴会还是西餐宴会，都应注意考虑不同菜肴搭配的比例。素菜多了会使人感到素淡无味，冲淡宴会的气氛，荤菜多了又会使人觉得腻口。同时由于宴会的档次不同，宴会菜肴种类的搭配比例也应注意随之变化。变化规律通常如表8-1所示，当然，这并非固定的模式，只供参考。

表8-1 宴会菜肴品种数量分配比例

单位:%

宴会等级	冷菜	热菜	点心	主食	水果
高级宴会	20	60	10	5	5
中级宴会	15	75	5	5	无
普通宴会	10	85	无	5	无

（四）原料选择的季节性原则

宴会菜肴设计不能仅拥有几个档次、口味固定不变的套菜，还应在原有菜肴的基础上，结合季节特点设计、创造一些新的宴会套菜。优先采用时令原料不但可以体现时令特色，使顾客获得变化上的满足，还能及时取消固定菜单中因节令变化而使原料价格上涨的菜品，进而有效降低宴会成本。首先，结合季节特点设计宴会菜肴的口味。冬季应以浓重为主；夏季可以清爽为主，适当加入苦味；春季口味应偏向酸性；秋季则偏向辛辣。其次，结合季节特点选择宴会菜肴原料的色彩。比如冬季菜肴色调应以暖色，尤其以红为主，可以刺激顾客食欲；而夏季则应以给人清爽感觉的色彩为主。最后，结合季节特点把握菜肴热量的高低。这里的热量包括两层含义：一是就餐时菜肴的温度。夏季可适当增加冷荤菜的比例；冬季可增加火锅、烧烤等菜肴的比例。二是有的菜肴富含脂肪和蛋白质，热量较高，在冬季可多食，有的菜肴宜在夏季适当使用。按一般规律和习惯，夏秋天气热，顾客喜欢清爽淡雅的菜肴；冬春天气较冷，则喜欢味浓汤热的菜肴。如火锅之类的菜肴，在冬春选用合适，在夏天一般就不适合。

（五）菜肴整体的多样性原则

宴会菜肴设计无论在原料选择、烹调方式、菜肴色彩或是菜肴味道上，都应讲究变化，只有这样才能制作出丰富多变的菜肴，使顾客得到口感上的多样化享受，进而满足宾、主的美食要求。宴会菜肴整体的多样性体现在：一是宴会菜肴选料的多样化。宴会菜肴原料有荤有素、有动物有植物、有山珍有海味，原料不同，所呈现的味道便不同。食品原料的多样化不仅是菜肴风味多样的基础，还可提供多种不同的营养素。二是宴会烹饪方式的多样化，常见的烹饪方式有炸、熘、爆、炒、煎、塌、氽、炖、蒸、烤、拔丝、白煮等。菜肴烹饪方式上的变化对菜肴味道会有直接的影响，一套经过精心设计的菜肴应采用多种方式，使宴会上所有菜肴有口味上浓淡之分，色彩上深浅之别，使宾客体会享用美食的乐趣。三是宴会菜肴造型的多样化。宴会菜肴造型在刀法、摆设应注意方法、形式多样，不宜重复，如有块、丝、条、末、片、整只、整条等。四是宴会菜肴色彩的多样化。"色、香、味、形"是评价一道菜肴的主要要素，而"色"排在首位，因为一道菜肴最早让顾客接收到的信息就是它的颜色，因此，合理巧妙地利用原料和调料的颜色、外加的点缀物的颜色、器皿颜色等进行精心的搭配，衬托出菜肴的色泽，使宴会菜肴的颜色富有变化、赏心悦目。五是宴会菜肴口味的多样化。通常根据宴会菜肴不同的原料、烹调方法、采用的多种调味方法，使宴会菜肴在口味上有淡、甜、酸、苦、辣、麻等多种口味并存，既丰富多彩，又不落俗套。

（六）主辅搭配的一致性原则

一桌丰盛的宴会佳肴，没有点心配合就好比红花没有绿叶衬。在饮食行业中有句俗语："无点不成席。"人们比喻冷盘是"脸面"，面点是"眉毛"。这充分说明面点与菜肴是宴会中不可分割的一个整体，因此要重视面点在宴会中的配置。

首先，面点配置要与宴会档次相一致。高档宴会所配面点用料要精良，制作要精细，造型应细腻别致，风味独特；中档宴会的面点用料高级，口味醇正，成形精巧，制作恰当；普通宴会的面点可用料普通，一般制作，具有简单的造型。面点只有适应宴会的档次，与席面上菜肴质量相匹配，才能达到整体协调一致的效果。

其次，面点配置要与宴会的形式相一致。比如"婚宴"的面点配置就应反映出吉祥如意的气氛，如鸳鸯盒、莲心酥、鸳鸯包、子孙饺等；"寿宴"则应配备祝寿之类的面点，如寿桃、寿糕等。再次，面点配置要考虑与季节、节日相一致。如在端午节可配食各种粽子；元宵节可配食汤圆；中秋节可配食月饼；春节应配食年糕、春卷，等等。

总之，宴席上的面点配食虽然量少只占 2~3 道，但形态要富于变化，要求咸甜搭配，形态各异。宴会档次越高，点心越要做得精致，其形态越要富于变化和生动，越要注意点心品种间色、形、味的搭配。

六、宴会酒水设计

宴会离不开酒，"无酒不成席"，就形象地说明了酒与宴会的不解之缘。酒在宴会中占有举足轻重的地位。宴会如何选用酒，酒与宴会如何进行巧妙搭配是我们在进行宴会设计时必须考虑的问题。

（一）酒与宴会的搭配

1. 酒的档次与宴会档次相一致

宴会有高、中、低档之分，酒有上、中、下品之别，不同档次的宴会用酒应与其规格和档次相协调。如果是高档宴会，则选用的酒应该是高质量的。如我国举办国宴，用酒往往选用茅台，因为它被称为我国的"国酒"。"国酒"用在国宴上，二者相得益彰。但如果低档宴会，选用上品酒，那么，酒水的价值则在整桌菜肴之上，这样酒水往往会抢去菜肴的风采，让人感到食之无味；如果高档宴会选用低档酒品，则会破坏整个筵席的气氛，让人对菜肴的档次产生怀疑。

2. 酒的名称与宴会主题相结合

不同宴会的主题不同，酒的选择应该注意针对性，以烘托宴会气氛。婚宴气氛热烈、隆重，可以适当选择酒度高一点的喜庆酒，如选用"喜临门""金六福"；寿宴气氛欢快、融洽，可以适当选择酒度低一点的药酒或滋补酒，如选用"麻姑酒""寿生酒"；寿宴家庭团聚宴选用"全家福酒"；金榜题名宴选用"状元红"等。

3. 酒的选择与所在季节相适应

不同的季节、不同的气候，人们对酒的选用也有所不同。冬天喜饮烫酒，夏天喜饮冰镇酒，这已是普遍的规律。夏天天热，人们多饮啤酒以降温，冬天天冷，人们常饮白酒以发热。不同季节对酒的温度也有所讲究：冬天用白酒应用热水"烫"至 20~25℃为佳，它可以去除酒中的寒气，但非常名贵的酒如茅台、五粮液、汾酒等一般不烫，红葡萄酒一般在室温下饮用，温度在 18℃左右。

4. 酒水选用应尊重主人意见

除了少数宴会用酒水是由主办单位委托宴会设计者安排之外，一般情况下，宴会用酒水是由主办单位（或主人）根据实际需要选定。作为饭店服务方面，可以向顾客推荐或建议使用何种酒水，但当顾客的意愿与饮酒原则不符的时候，不能片面强调原则，应该以顾客的意见为主，满足顾客的需要。

5. 尽量使用低度酒或饮料

传统宴会中白酒一直占宴会用酒的主导地位，葡萄酒等低度酒水使用较少。近年来，随着现代饮食科学的逐步普及、经济收入的提高及西式消费思想的影响，宴会酒水消费观发生了很大的转变，人们开始意识到过度饮酒（尤其是高度酒）的危害性，高度酒的酒精含量较高，对味蕾有强烈的刺激性，宴会中饮用高度酒之后就会使美味佳肴食之无味。此外，宴会的热烈气氛往往容易使人超量饮酒，而饮用过多高度酒对人的危害是相当严重的。在以酒助兴、喝酒有益健康的理念下，以葡萄酒为代表的低度酒显示出了优势，迎合了现代社会健康饮酒的趋势，饮用时更添轻松愉悦感。如 2014 年北京 APEC 欢迎国宴上，依旧没有使用中国著名的茅台酒，而是选用长城干红、长城干白。此外，由于喝烈性酒的人越来越少，驾车赴宴的客人越来越多，在饮品准备中应为这类就餐者提供多种无酒精度的饮品，这也代表了未来宴会饮品需要发展的趋势。

（二）酒与菜肴的搭配

无论是以酒佐食还是以酒助饮，目的是为了使酒与菜肴得到最佳搭配，从中获得饮食美的享受。酒与菜的搭配具有一定的规律性，如以品尝菜肴风味为主的宴会，一般不要选用烈性酒。烈性酒的辛辣味过头，使人喝后食不知味，从而喧宾夺主，失去佐助的作用；配制酒、药酒、鸡尾酒的成分比较复杂，香气和口味往往比较浓烈馥郁，这一类酒在佐食时对菜肴食品的风味和风格有相当的干扰，一般不作为佐食酒品饮用。随着人们的生活水平不断提高，科学文化不断发展，酒水与菜肴的搭配艺术也在实践中不断发展和完善。总的来说，必须遵循以下原则：

1. 菜为主、酒为辅

以酒佐食，必须是以酒为辅，以菜为主，酒不可压菜，佐食酒品不能喧宾夺主，抢去菜肴的风头。在口味上，酒不应比菜肴更浓烈或浓甜。

2. 突出菜肴风味

佳肴配美酒，是因为许多酒品具有开胃、增进食欲、促进消化的功能。菜肴与酒品搭配得当，能够体现菜肴的特色，突出菜肴风味。例如，西餐讲究"白酒配白肉，红酒配红肉"，比较清淡的海鲜、鸡肉，适宜配饮淡雅的白葡萄酒，二者辉映，互增洁白晶莹的特色；厚重的牛肉、羊肉，适宜配饮浓郁的红葡萄酒，可使菜肴更显浓郁、香馥的风格。

3. 对称和谐

什么样的酒配什么样的菜，同样，什么样的菜选什么样的酒，二者要对称、和谐。大体上来说，色味淡雅的酒应配颜色清淡、香气高雅、口味醇正的菜肴。如汾酒配冷菜，清爽合宜；白葡萄酒配海鲜，醇鲜可口，恰到好处。色味浓郁的酒应配色调艳、香气馥、口味杂的菜肴。如泸州老窖酒宜配鸡鸭菜，取其味道浓郁、厚重、香馥；红葡萄酒宜配牛肉菜，酒醇肴香，口味投合。咸鲜味的菜肴应配干、酸型酒；甜香味的菜肴应配甜型酒；香辣味的菜肴则应选用浓香型的酒。

第三节 宴会的组织与控制

宴会组织工作是从顾客开始预订到进入宴会厅,直至离开宴会厅的时间为序,开展的一系列相互联系、相互配合的管理服务过程。

一、宴会的预订

受理预订是宴会组织管理的第一步。预订工作的好坏,对制定菜单、安排场地、装饰布置、拟写宴会活动计划和组织宴会实务等工作都有直接影响。宴会部门需设置预订的机构和岗位,做好预订推销人员的甄选,建立和完善预订宴会的整套规章制度。并掌握客源市场动态,采取有竞争实效的措施搞活宴会的预订。

(一)预订的方式

宴会预订有以下几种方式:面谈预订、电话预订、政府指令性预订、信函预订、电传预订、中介预订、网上预订。通常使用最多的预订方式为面谈预订和电话预订,大型宴会预订一般都要通过面谈形式实现。

(二)预订的内容

宴会的预订由宴会经理及预订人员承接,主要工作内容是回答顾客有关询问,介绍饭店服务设施和条件、填写宴会预订单。有关顾客的所有商洽和预订,无论是以电话方式还是函件、面谈等方式预订,都应该登记在预订单上。

预订单内容应包括:宴会举办的时间(开始、结束的时间);宴会主办单位(或个人);主办单位联系人、职务及联系电话;宴会举办规模(人数、桌数);宴会标准(人均消费、每席价格、总消费额);宴会类型;付款方式;预订金额;宴会菜单;饭店宴会预订人员;预订日期;宴请事由;特殊要求;预订宴会场地;宴会预订单编号;宴会酒水要求;宴会布置要求等。

(三)预订的传递和变更

宴会预订一旦得到认定,宴会合同签订以后,预订人员就要根据预订的要求及时进行相应的工作。

1. 宴会预订的传递

在完成宴会预订确认后,预订员应根据饭店有关规定,及时向饭店相关部门发送宴会预订单,以便使各部门都能按预订单上规定的要求来操作执行。因此,宴会预订内容的准确性、详细性和预订单传递的及时性就显得十分重要。

2. 宴会预订的变更

在日常经营活动中,经常会碰到临时取消或变更宴会的情况。宴会取消或变更有两种情形：一种是顾客提出取消或变更（此为多数）；一种是店方提出取消或变更（此为少数）。无论是哪一方原因取消或变更宴会，宴会预订人员应及时做好宴会预订信息的变更工作，尽量使店方和顾客的损失降到最低。另外，宴会预订的取消和变更不一样，取消意味着饭店与顾客之间宴会产品的买卖关系消失，变更则是饭店与顾客之间的买卖关系依然存在，只是在约定的某些环节进行一定的修改。

3. 定金的处理

对于取消宴会的定金处理，可按预订合同相关规定解决。顾客提出取消宴会的处理通常依据其提出的时间具体处理。如有的饭店规定，大型宴会提前一周提出取消可全额退回定金，提前 24 小时提出则收取赔偿金，一般占定金的 50%，如果顾客与饭店有良好信用关系或经营关系，或是宴会规模不大，则往往免收定金。

二、宴会服务人员的配备

宴会服务人员的配备安排是宴会组织管理的重要内容之一。要做到科学、合理分工，必须明确任务、了解员工情况，针对宴会特点、结合饭店实际，可从以下两个方面着手宴会服务人员的配备。

（一）宴会服务人员岗位安排

宴会部的工作岗位，由于生产经营的需要，有的岗位劳动强度大，而有的岗位劳动强度小；有的岗位服务技术要求高，而有的岗位服务技术要求低。宴会管理人员做到知人善任，对宴会员工进行专业化分工，将每个人分配到最有能力完成任务的岗位上，挖掘出每个人的潜力，提高工作效率是进行宴会人员安排的首要工作。

宴会人员岗位安排要注意以下几点：

（1）男女服务人员比例要适当。男服务员可做宴会布置、宴会传菜工作；女服务员可做宴会迎宾、席间服务等工作。

（2）经验丰富、应变能力强的服务员，可安排在贵宾席、主宾席值台。

（3）动作敏捷、技术熟练的服务员，可安排在前台服务。

（4）技术不熟练、动作不灵活的服务员，可安排在后台服务。

（5）值台服务员身材整体一致，传菜服务员托盘功底要好。

（6）有一定亲和力的服务人员可安排迎宾工作。

（二）根据宴会规模及形式确定服务人数

做好宴会人数的确定工作，对于正确处理宴会人员与工种之间及宴会人员与宴会设备之间的关系，调整与改善宴会生产经营过程中的组织形成，合理组织各岗位之间的分工协作，加强岗位责任制，充分发挥每个员工的积极性，都有着积极的作用。

1. 根据宴会规模的大小

根据宴会规模确定宴会服务人数的多少，宴会规模大，需要的工作人员也就多；反之,宴会规模小,需要的工作人员也就少。

2. 根据宴会的等级

高档宴会,服务要求高,与同等规模宴会相比,任务也要重一些,因此,配备的人员也相对要多一些。如国宴在人员安排上就不能一人服务一桌,而是几个服务员服务一桌,甚至是每个贵宾都配置一个服务员。

3. 根据宴会的形式

不同形式的宴会,所需服务人员也不相同。同等规模的自助餐宴会与中式圆桌宴会相比,后者所需服务人员比前者要多。政府部门举办的政治性宴会比民间举办的喜庆宴会服务要求要高,所需服务人员也要多。

三、宴会的管理控制

(一)宴会菜肴生产控制

加强宴会菜肴的生产控制,是稳定宴会菜肴质量,确保宴会顺利举行的前提,也是加强宴会生产与服务管理的一个重要环节。

1. 宴会菜肴选料控制

原料选用好坏,直接影响菜肴的加工烹调,进而影响菜肴的质量。宴会菜肴选料控制主要从以下几个方面着手:一是宴会菜肴选料标准要统一。没有好的原料,不可能制作出好的菜肴,原料质量好坏,直接影响菜肴的色、味、形、质。宴会菜肴的选料较之普通便餐更讲究,对原料的不同等级、不同品种、不同部位以及新鲜程度等要严格要求,用料时不能以次充优,应付使用。二是宴会菜肴配份比例要一致。宴会菜肴原料配份(配菜)是按照标准宴会菜谱的规定要求,将制作某菜肴需要的原料种类、数量、规格选配成标准分量的过程。配菜比例要根据宴会规模和菜单内容进行科学测算,具体的投料比例要严格按《菜肴生产质量标准书》中规定的要求执行,保证同一菜肴原料的配份一致,用料规格标准统一,为菜肴制作做好准备。

2. 宴会菜肴加工控制

宴会菜肴是由多个风味不同的单份菜肴组合而成的套菜,菜肴加工量大,烹制难度大,不像零点菜肴单份单独制作易控制。所以,需要制定规范的宴会菜肴加工标准和操作程序来保证。避免表现"因人而异"而造成菜肴质量不稳定的毛病,并以此指导厨师烹调,规范厨师的操作行为,从而提高宴会菜肴质量。宴会菜肴加工控制的主要内容有:使用规定的烹调方法,必须符合规定的操作程序和要领;根据每道菜的特点,进行巧妙的原料组配及相应的刀工处理;调味要做到"准""正",符合该菜应具有的味、形;注意装盘,选择好适宜的餐具,对不同的菜进行适当的装饰,起到衬托美观的作用;管理人员对菜肴质量进行检查,如有质量不符的菜品,有权退回并追究责任。

3. 宴会菜肴温度控制

宴会菜肴除冷碟外，大多数是现烹调现上席食用的。俗话说："一热三鲜。"热菜就应该热吃，冷就失去了应有的风味。因此，做好宴会菜肴的温度控制十分重要。

首先要确定宴会菜肴上席时间，热菜的最佳食用温度在70℃左右，菜肴烹制出锅后，应根据厨房与餐厅的距离和天气情况（气温）确定上菜速度和上席时间；其次要使用适当的器皿餐具，保持菜肴温度，如保温盖、铁板菜、煲仔菜等可有效延缓菜肴降温；同时还可将热源引入餐桌，如火锅等，使菜肴始终保持一定的温度。

4. 宴会菜肴速度控制

宴会菜肴速度控制包括厨师加工菜肴的时间控制和传递菜肴到餐桌的上菜控制。宴会开始后，宴会部应该有专人对宴会菜肴的上菜速度进行控制，控制时应注意以下几个问题：厨房应及时掌握准确的开宴时间，以免宴会宣布开始，第一道菜迟迟不能上席；把握烹调速度，保证同一道菜要同时出锅、上桌；根据顾客要求，掌握好上菜速度。如有的宴会开席较晚，客人吃菜的速度较快，这时就应该快速烹制，快速上菜，但应该注意上菜速度无论多快，也严禁出现盘上叠盘的现象。宴会在进行过程中往往会出现一些特殊情况，如临时即兴表演、发表讲话等，这时就要根据情况及时调整上菜速度，以保证上菜速度与宴会进程相协调。

（二）宴会服务现场控制

一个好的宴会产品，不仅要有优质的菜肴，而且还应该有优良的服务。优良的服务是建立在科学管理基础之上的，加强宴会服务接待管理是提高和确保宴会服务质量的前提。

1. 制定宴会服务标准

宴会服务有其自身的规律和程序，制定宴会服务标准，也就是针对宴会的运行规律，制定一套行之有效的宴会服务操作规程，以指导服务人员的服务行为，帮助管理人员依标准监督检查宴会运转情况，对宴会的各个环节实行有效的质量控制。

宴会服务标准主要包括四个方面的内容。一是时间标准。时间标准是指宴会服务过程中各个环节对时间的要求。如大型宴会开始前1小时，按宴会通知单具体要求摆好餐台，在开始前15分钟将冷盘摆放好等。二是程序标准。程序标准是对宴会服务操作过程的规定。众多的服务项目和服务内容，要在一定的时间内完成，必须有先后顺序，将这些顺序做具体规定，就形成了我们要求的程序标准。如宾客入席，首先递餐巾，接着除筷套，继而送香巾，然后上礼貌茶等。三是动作标准。动作标准是对服务员服务操作行为的规定和限制，它也是整个服务标准中最重要的一项。如服务员站立的姿势和位置、倒酒上菜的手法、转盘移动的方向、分菜派菜的手法、撤换烟缸的手法等。四是数量标准。数量标准是对服务过程中各种数据的规定。如斟倒酒水时瓶口要与杯口相距"1厘米"，倒酒与倒茶要遵循"茶七酒八"的原则。

制定宴会服务标准，既要遵循国际、国内通行的一般规则，也要着眼于饭店的实际情况和接待服务性质。

2. 加强宴会现场指挥管理

宴会进行过程中，经常会出现一些新情况、新问题，又必须及时予以解决，因此，加强宴会现场指挥管理十分重要。

宴会现场指挥一般由餐饮部经理或宴会部经理执行，规模比较小的宴会也可以由主管执行。现场控制指挥的重点主要有以下几方面：

（1）协调沟通。规模较大的宴会服务人员也比较多，但每一位服务员往往只顾按程序完成属于自己的任务，服务员与服务员之间的工作协调，需要现场指挥完成。有时协调不力，某一个环节脱节，常常容易导致整个宴会的失败，造成损失或遗憾。如某饭店举办的一次某国对在华商人的新年答谢宴会中，原定宴会整体进程为3小时，其中总理讲话致辞30分钟、儿童献歌表演30分钟、用餐2小时，上第一道热菜的上菜时间为儿童表演后。但该国总理致辞就用了近2小时，宴会管理人员及时与主办单位协商，并与厨房联系，调整上第一道菜的时间改为致辞后与献歌同步进行，缩短各道菜的上菜间隔，控制宴会进程，使宴会顺利、圆满、按时完成。

（2）即时决策。宴会开始以后，所有宴会服务人员进入最紧张、最繁忙的时刻，又是各种突发事件最容易发生的时候。一旦出现一些需要短时间内果断解决而又超出服务员权限的事情的时候，现场指挥就应该马上做出决策。如当顾客提出某道菜有质量问题，需要更换或重新烹调，由于涉及宴会全体，现场指挥必须迅速做出判断和决策。

（3）巡视指挥。规模较大的宴会，现场指挥员要想全面了解宴会厅的情况，及时发现问题，必须不停地在餐厅各处巡视。巡视时要做到"腿要勤"、"眼要明"（随处观察）、"耳要聪"（因场地声音嘈杂）、"脑要思"（边巡视边思考）。同时，巡视不是单纯地走和看，要边巡视边指挥控制。整个开宴进行过程中，要加强巡视，及时纠正服务上的差错，处理一些意外事故，特别要督促服务员严格遵守操作规程，掌握宴会进度。

（4）监督调控。宴会开始以后，大多数服务员都会按照本饭店制定的服务规程进行服务，同时也不排除有少数服务员不按规范、简化或改变服务规程的做法。此时，现场指挥员要对服务员的服务行为规范进行监督，努力使整个宴会服务规范、统一。宴会实施调控主要是对上菜速度的调控、宴会节奏的调控、厨房与餐厅关系的调控等，这些都是现场指挥的主要内容。如果宴会后安排有歌舞、卡拉OK等娱乐活动，要组织有关服务人员及时到位，确保娱乐活动顺利进行。

（5）纠错补救。服务员在服务过程中的一些不规范行为，要靠现场指挥员进行纠错，并指导服务人员进行及时补救服务，避免造成不良影响。宴会现场出现问题并不可怕，关键是宴会服务人员是否具有服务补救意识，是否具有补救的对策和措施，是否具备服务补救和处理宾客关系的能力和技巧。好的服务补救措施，不但可以挽回顾客，而且还可以提高其满意度和忠诚度。大量的饭店投诉案例证明，若服务补救处理得当和成功，顾客就会对饭店更加满意，成为饭店的拥护者，并帮助宣传饭店的优点。所以，实行有效的服务补救，是宴会服务现场指挥管理的重要一环。

3. 宴会服务中的注意事项

（1）参加宴会的人数众多、形形色色，服务人员要提醒顾客保管好贵重物品。大型宴会一般需提供衣帽间服务，帮助顾客保管衣物；小型宴会许多顾客将衣物搭放在椅背上，服务人员要主动用专用椅套套好，以防弄污。

（2）多台宴会要视主台的用餐速度进行上菜控制。服务人员要注意观察主桌服务员的动作或当班主管的信号，每一道菜出菜时，都必须列队进入餐厅。主桌服务走在前列，上菜时要求动作统一，分菜速度一致，保持宴会服务活动的整体性、一致性。

（3）宴会进行中，各桌服务员要分工协作，密切配合。服务出现漏洞，要立即相互弥补。

（4）当宾主席间讲话或举行国宴期间演奏国歌时，主管通知厨房暂缓或减速出菜，所有服务人员在规定的位置上站立好，姿势端正，保持肃静。主桌服务员在托盘内准备好酒水，待顾客讲话完毕时应示意递给讲话人。主人到各台敬酒时，应随其身后及时给主人斟添酒水。其他值台服务人员在顾客敬酒前要注意杯中是否有酒，当顾客起立干杯或敬酒时，应迅速拿起酒瓶或协助顾客拉椅。

（5）宴会中要及时清理台面。由于宴会就餐人数众多，一桌基本上都是10人以上，在集体就餐和饮酒时，台面上就会时常出现大量多余的物品，如空盘、空酒瓶、食物的丢弃物等。服务人员若不及时清理既影响客人就餐，又显示出服务的不到位。

（6）一些大型、重要的宴会经常会穿插一些文艺表演，管理人员要及时提醒宴会服务人员做好本职服务工作，站位时不遮挡客人视线，不要光顾看表演而忽视对客服务。

（7）若在宴会服务中遇到一些突发事件，服务人员必须马上向宴会厅经理反映，以便做最快速且最适当的处理。例如，服务不周而令顾客感到不愉快，或是顾客蓄意骚扰服务人员等事件，均应立刻向上级反映，采取换人等适当的解决方式。在完成上菜与斟酒等工作后，应留意顾客是否需要其他临时性服务。

（8）席间如有事或电话需要告诉顾客，要略欠身，低声细语，不可大喊大叫，干扰其他顾客。如找身份较高的主人或主宾，应通过主办单位的工作人员或翻译转告。

（9）重要宴会，要保证贵宾的安全，所有食品都要留样，并保留24小时。

（10）宴会结束后，应主动征求宾主和陪同人员对服务员和菜品的意见，客气地与顾客送别。宴会主管人员要对宴会进行小结，填写宴会日报。

（三）宴会物品损耗控制

宴会具有就餐人数多、消费标准高、设备物品使用量大、管理控制难度大等特点，决定了宴会设备器物的管理工作，要围绕宴会物品使用保养、宴会物品损耗的控制来进行。

宴会物品主要包括设备系列（如洗碗机、推车、洗杯机、银器抛光机、真空吸尘器、地板打蜡磨光机、洗地毯机、桌子、椅子、转盘、台布等）、餐具系列（如筷子、杯、盘、碗、碟、火锅、刀、叉、口布等）、消耗品系列（如餐巾纸、酒精、筷套、牙签等）三大类。各类物品在使用过程中各有特点：设备物品价值高、使用时间长，但易损坏；餐具物品反复周转使用，零星分散，易遗失损耗；消耗物品是在开宴过程中要消耗掉的物品，这类物品要注意节约，减少浪费。

宴会物品，尤其是小件餐具和低值易耗品，在使用过程中如不注意加强管理和控制，极易造成不必要的损失和浪费。加强宴会物品损耗控制，是宴会管理的重要一环，具体措施如下：

（1）了解物品损耗原因。国内许多饭店由于管理水平比较落后，普遍存在着餐具损耗率较大的问题。主要表现在：一是员工缺乏应有的职业道德。对宴会物品的流失现象视而不见，对一些低值消耗品的使用不精心。二是管理制度不完善。对宴会设备、餐具易耗品的使用管理，缺少严格、具体的规章制度约束，也没有将餐具损耗与员工利益挂钩，对物品使用保养过程中的不良行为，无"法"可依，无章可循。三是设备不够先进，员工服务技术不够熟练，使用损耗较大。四是顾客素质不高，容易造成某些物品的损耗和浪费。比如有的顾客用烟头烫坏台布、地板，有些特色餐具被顾客当作"纪念品"顺手牵羊带走。五是宴会物品本身质量不高，容易造成自然损耗。六是服务人员收拾、使用、清洗方法不对。比如将玻璃杯具与餐具（盘、碟）混收混放，将易破物品重拿重放等，都易造成餐具损坏。

（2）加强宴会物品的管理。首先，需要建立规范的物品领用制度，根据实际需要填单领货、凭单发货。领用物品要由专人负责，一般是主管或领班。餐具领用的数量要合理，以满足正常的经营需要为标准。其次，管理人员要经常了解和掌握各餐厅现有餐具的数量，做到心中有数。对大型宴会活动，及时统计当次活动的损耗数字，并亲临宴会现场监督。对贵重餐具（如金器、银器等）的遗失或损耗，要及时追究有关人员的责任。最后，要对餐具用品的运转流通做深入的调查了解，掌握其使用、周转规律，查找存在的漏洞，努力减少损耗。

（3）加强餐具损耗的控制。首先，要能准确地确定损耗数。损耗数一般可通过两种方法获得：一是盘点库存。这项工作一般以半个月到一个月一次为宜，间隔时间太长，出现的问题往往得不到及时纠正，发现时为时已晚。二是通过传统的办法，要求员工将每天的损耗登记在簿，从而得出一个粗略的数字，同时，要求将打碎的杯碟等摆放在专门的筐、桶里，以便清点。其次，要降低餐具损耗率，控制物品损耗，必须加强对以下几个环节的管理：建立健全物品使用管理规章制度，制定合理的物品损耗率，同时实施严格的奖惩制度，使物品损耗率的高低与个人利益挂钩。贵重物品要实行定人保管和每班清点交接，分清责任，同时使损耗立即得到反映。收捡易碎餐具要注意方式、方法，对一些服务人员的不良操作行为要立即予以纠正。洗碗间是餐具损失和损坏的主要场所，必须加强监督，培养员工的责任心。对因顾客造成的物品损耗，要视不同对象、不同情况酌情处理，并做好记录。

案例分析 1

国宴菜单的变迁

（1）国宴——开国第一宴：1949年10月1日，600人用餐，菜单如下：美味小碟——扬州乳瓜、琥珀核桃、白糖生姜、蜜腌金橘；淮扬冷菜——香麻海蜇、虾子冬笋、炝黄瓜条、芥末鸭掌、酥火烤鲫鱼、罗汉猪肚、水晶肴蹄、桂花盐水鸭；热菜（大菜）——清炒翡翠虾仁、鲍鱼浓汁四宝、东坡肉方、鸡汤煮千丝、蟹粉狮子头、全家福；汤菜——口蘑镂焖鸡；点心——炸年糕、黄桥烧饼、艾窝窝、淮扬汤包；主食——菠萝八宝饭；水果——时果拼盘

（2）国宴——1959年庆祝中华人民共和国成立十周年菜单。冷菜（七荤）——麻辣牛肉、桂花鸭子、叉烧肉、熏鱼、童子鸡、松花蛋、糖醋海蜇；四素——酱黄瓜、姜汁扁豆、鸡油冬笋、珊瑚白菜；热菜——元宝鸭子、鸡块鱼肚。

（3）国宴——庆祝中华人民共和国五十华诞菜单，1999年9月30日，5000人用餐。冷菜——五香鱼、麻辣百叶、酸甜藕、烤火鸡腿、四鲜烤麸、绿菜花西柿；热菜——上汤山珍、鲍鱼海烩、烤鳗鱼、鲜菇盖菜、红酒牛肉；点心——牛肉松烧饼、花蛋糕、圆面包、凉拌面；甜品——核桃露。

（4）国宴——庆祝中华人民共和国六十华诞菜单：冷菜——五香鸭脯、凤尾鱼、香辣凉瓜、酸辣泡椒、三色蒸蛋、四鲜烤麸；热菜——清炒虾球、酱烧小牛排、茭白鲜蔬、柠香银鳕鱼；汤——干贝银丝汤；主食——扬州炒饭；点心——花雪蛋糕、月饼；水果。

案例讨论题

1. 请结合以上不同时期的国宴菜单，谈谈菜单菜肴组成及设计安排的发展变化。
2. 结合上述案例中某一次国宴菜单，谈谈是如何体现菜肴设计原则的。

案例分析 2

得意的预订员

一天早上刚刚上班，某饭店宴会部的预订员孟小姐接到了某大公司总经理秘书赵先生打来的预订电话。对方在详细询问了宴会厅面积、餐位、菜肴风味、设备设施、服务

项目等情况后，提出预订一个三天后200人规模的高档庆典宴会。孟小姐热情地向客人介绍了宴会厅的具体情况后，双方开始约定见面的时间。

赵先生提议道："孟小姐，请你下午3点到我们公司来签一下宴会合同，并收取定金。"

"真对不起，今天我值班，不能离岗，还是请您抽空到我们饭店来一趟吧，我还可以带您到现场看看场地行吗？"孟小姐答道。

赵先生思考一下，同意当天下午来查看场地并签订合同。

放下电话，孟小姐感到十分高兴，暗自寻思：没想到今天预订的生意这么好，这已经是第十个预订电话了，看来完成这个星期的预订任务是没有问题了。

此后，孟小姐又接了几个预订电话，都是小宴会厅的中、低档预订。孟小姐对待他们的态度显然没有那么热情了，接电话的时间也显得拖拉起来。这些电话中有一位山西口音的李先生，要求预订当晚淮扬风味的8人家庭宴会，每人标准100元。孟小姐很不耐烦地告诉他，预订已满，请他到其他饭店预订。

下午，孟小姐一心在等赵先生的到来，没想到却只等到一个回复电话。

"对不起，孟小姐，我要取消上午的预订，我们李总不希望在你们饭店举办宴会了。"赵先生说。

"为什么？是不是需要我亲自到你们公司去一趟？"孟小姐急忙问。

"不必了。我们李总今天在你们饭店打电话预订8人宴会没有成功，他对贵饭店接待200人的大型宴会没有信心。所以他令我把宴会订到其他饭店。"赵先生含有歉意地解释着。

"这……"孟小姐顿时感到茫然。

案例讨论题

1. 预订员孟小姐在预订接待中有什么不妥之处？
2. 电话预订应注意哪些方面？

案例分析3

"丝绸之路"主题宴会的启示

1996年初春，一位美国老先生来到北京某饭店宴会销售部，自我介绍他是来自美国的学者，刚在中国的西部游历了数月，回国前想宴请在京的160多位同行业人士及重要贵宾。老先生愿意支付很高的餐价，但希望饭店将宴会厅装饰成中国西部风情，因为他实在很留恋新疆的天山和草原的驼铃。老先生还说："我个人不能提出具体的宴会方案，因为我不是饭店专家，但我知道贵店在京城餐饮业一向享有盛誉，我相信你们一定能令我满意。"

客人走后,与客人直接洽谈的金小姐及宴会部的其他同事们开始了认真的策划。经过对几个方案的比较优选,最后终于决定为客人举办以"丝绸之路"为主题的晚宴。

两天后,当老先生及其数位随从人员在宴会前1小时出现在宴会厅时,他们的惊喜无法用语言表达。展现在他们面前的宴会厅宛如一幅中国西部优美的风景图。从宴会厅的3个入口处至宴会的3个主桌,服务员用黄色丝绸装饰成蜿蜒的丝绸之路;宽大的宴会厅背板上,蓝天白云下一望无际的草原点缀着可爱的羊群;背板前高大的骆驼昂首迎候着来宾,其形象逼真使人难以相信这仅仅是饭店美工人员在两天内制作出来的。宴会厅的东侧,古老的长城碉堡象征着中国5000年文化的沧桑,西侧有一幅天山图的背板,宽大的舞台上,一对新疆舞蹈演员已开始载歌载舞。16张宴会餐台错落有致地散立于3条丝绸之路左右,金黄色的座椅与丝绸颜色一致,高脚水晶杯和银质餐具整齐地摆放在白色的台布上,每个餐台上的艺术型插花又令人感到了宴会设计的高雅。面对文化氛围强烈的宴会厅,老先生激动地说:"你们做的一切大大超过了我的期望,你们是最出色的,真令我永生难忘。"宴会的成功不言而喻。

几天以后,总经理收到了来自美国的老先生热情洋溢的表扬信。他在信中说,回国后他已经向许多朋友谈起了这场宴会,并高度称赞了饭店宴会部的员工。他认为这些员工是全世界最优秀的,因为这些员工能够理解顾客的期望,并大大超过了顾客的期望。

案例讨论题

1. "丝绸之路"主题宴会成功之处体现在哪些方面?
2. 通过上述介绍,请大胆想象一下,该宴会未介绍到的其他设计会是怎样的。

 案例分析4

高档宴会的花台制作

一个成功的花台设计,就像一件精美的艺术品,它通过巧妙排列,构成了以花卉的自然美和人工的装饰美相结合的艺术造型,令人赏心悦目,给参加宴会的宾客营造出了隆重、热烈、和谐、欢乐的氛围。因此,花台制作已成为高档宴会中一项不可缺少的环境布置。本文结合自己多年的工作经验和体会,就高档宴会花台制作中有关确定主题、选择花材和正确运用插花技法等主要环节,谈几点拙见。

一、确定主题是花台制作的第一步

制作一个好的花台需要事先进行构思,勾画出主题,并根据主题创造出不同类型、不同风格、不同意境的花台。可以说,有了好的主题,花台的制作就成功了一半。具体地讲,应做到以下几点:

1. 不能脱离宴会的主题

宴会的主题是花台制作时确定主题的依据。因此，在没有动手制作花台之前的构思中，一定要先考虑宴会的主题是什么，不能随心所欲，自由发挥。比如，本来是"祝寿宴"，花台制作就不宜突出"花好月圆"；本来是"新婚贺禧"，花台制作也不能反映"寿比南山"，等等。

2. 创意要不断推新

在突出宴会主题的前提下，花台的制作也应该注意创新，不能照搬老套。笔者曾在春节的一次家宴中，设计制作了一组比较新颖的以"吉祥喜庆"为主题的花台。我用红色玫瑰为主花，辅以百合和夏威夷兰花，配上满天星和排草，在圆桌（意为团圆）中间制作了一个热烈欢快、喜庆吉利的主花台。由于参加宴会的宾客都是第一次在餐桌上见到这种花台，所以颇感新鲜，大加赞许。

3. 要符合宴会的具体要求

花台制作者在构思花台的主题时还要根据宴会厅的环境，餐桌的大小、形状进行创作。比如，餐桌的形状是长台，花台的形状就不能摆成圆形的。花台的大小也必须适合餐桌的大小，太大，餐具无法摆；小了，又起不到渲染气氛的作用。也可以根据宾客的具体情况，灵活处理。如遇宾主身材都不太高，为了方便宾主进行交谈，可考虑将一般情况下摆在宾主面前的主花台一分为二，并用"鹤望兰"做主花，将两组小花台设计成孔雀状，同时在中间的高档处用低矮的花器插出不超过10厘米高的花束，创造出一种春回大地、百鸟争春的意境。

二、选择花材是花台制作的前提

适用于花台制作的花卉材料很多，无论是植物的哪一部分，只要具有鲜明的色彩，优美的形态，给人以美感的，都可以用于花台的制作。但是如果不恰当加以选用，哪怕花材本身很艳丽，也可能起不到制作者想要达到的效果。因此，只有选择合适的花材，才能给花台的制作创造条件。正确地选择合适的花材必须注意以下几点：

1. 要注意各民族的不同习惯

制作者在花台制作中，一定要尊重不同国家、不同民族的风俗，选用最合适、最能表达主人心愿的花材，避免使用宾客忌讳的花材。比如，日本人一般不喜欢荷花，而荷花在中国则表现了"出淤泥而不染"的君子风范；宴请法国客人时，花台制作时绝不能使用黄菊花，因为他们认为此花是不吉利的；而在宴请日本皇室成员时，点缀几只黄菊花，客人一定会非常高兴，因为黄菊花是日本皇室专用的贡花。

2. 要注意花材色彩的调配

由于不同的色彩会引起不同的心理反映，因此，花台制作中要根据宴会的主题，灵活掌握花卉与花卉之间的色彩关系。比如，为了突出宴会热烈、欢快的气氛，可用红色作主色，辅以其他色彩的鲜花（但不能太多，一般四五种即可）。这种情形要求配合在一起的色彩必须互为补充，协调如一；但也可以根据实际情况用单种颜色的鲜花制作出别具一格的花台。

在注重色彩的配置时，不可忽视青枝绿叶在花台制作中的衬托作用。因为绿色最富有生机，能给人带来春天生命的气息。

3. 要注意花材的质量

由于鲜花是具有生命的，当其离开母枝后，生理功能受到了破坏，水分和养料的吸收已无法与之前相比，再加上种植期间天气、虫害等影响，其质地也就不能完全适合制作花台时使用。因此挑选花材时在考虑客人喜好和色彩配置的前提下，一定要尽量选用色彩艳丽、花朵饱满、枝叶粗直、长短适中的花材，避免使用有垂头萎蔫、脱水干枯、虫咬烂边、残缺病斑等现象的花材。

三、正确运用插花技法是花台制作的关键

制作者只有正确、熟练地掌握运用插花技法，才能完成自己精心构思的花台。

1. 要遵守花台造型的规律

花台的造型要有整体性、协调性，这是花台制作中最基本的要求。尽管主花在花台中占据主导地位，配花、枝叶居辅助地位，但主花却少不了配花，必须做到有主有配，才能使花台成为有机的整体。插入的任何花卉都是整体中的一部分，每一部分都相互呼应，少了谁都会有损于整体形象。

2. 要按制作步骤逐步展开

制作时，应先插主花，用主花将花台的骨架搭起来，然后再插配花，使花台的造型逐渐生动丰满，最后再对枝叶进行必要的点缀，使整个花台充满活力，富有韵味。制作完毕的花台最后还要检查一遍，看看是否有不足之处，并将桌面收拾洁净。

3. 要利用各种辅助手法

尽管强调要选择合适的花材，但在实际工作中，花台制作人员常常会遇到有缺陷的花材。比如，花枝过短、过软，花朵未开和太小等情况，这就要求制作者借助一些辅助手段来弥补花材的不足，比如，花枝较短时，可将废弃的枝杆用金属丝绑在较短花枝的下方，增加其长度；花朵未开或太小时，可向花芯吹气或用手帮助其打开（适用于玫瑰、石竹等）；花枝较细软时，可用其他粗枝固定在细枝上，增强其承受力。

案例讨论题

1. 查找一次成功的宴会花台制作案例，与本案例进行比较，谈谈各自的特点。
2. 结合一个主题，给某宴会进行花台设计。

❓ 思考与练习

1. 什么是宴会？宴会经营有哪些特点？

2. 宴会在餐饮经营中有何重要作用？
3. 请结合实例，谈谈现代宴会的发展趋势。
4. 宴会设计及基本内容有哪些？宴会场景设计应注意哪些内容？
5. 台型设计的类型及要求有哪些？
6. 分别阐述中、西餐宴会席位安排的原则。
7. 试述宴会台面设计的一般规律和要求。
8. 菜肴设计应遵循的原则有哪些？
9. 试述宴会酒水设计应考虑的问题。
10. 宴会预订包含哪些内容？如何处理宴会的事项变更？
11. 试述宴会人员安排的注意事项。
12. 宴会菜肴生产控制包括哪些方面的内容？
13. 试述宴会服务中的注意事项。
14. 如何加强宴会物品损耗控制？
15. 请以"婚宴""寿宴""生日宴"等某一主题进行宴会设计，并写出宴会设计文案。

第九章 餐饮服务管理

【学习目标】

通过本章的学习，了解餐饮日常管理工作，掌握餐厅人员编制的方法，熟悉餐厅常备物资及物资管理的主要内容，知晓餐厅客史档案的分类及客史档案管理的主要环节。

【内容结构】

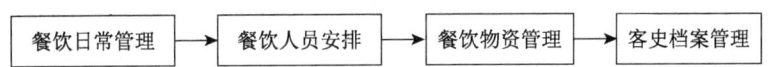

【重要概念】

6T 管理　岗位人数定员法　上岗人数定员法　看管定额定员法　接待人次定员法　餐具损耗　餐饮客史档案

第一节 餐饮日常管理工作

一、餐饮日常管理

（一）巡视

餐饮部（餐厅）经理每天要巡视服务现场、厨房、仓储供货部门等场所。在巡视中观察以下几个方面的情况。①客人方面。餐厅客人数、对菜肴的评价、对服务的评价、有何特殊的要求等。②员工方面。员工的精神状态、服务态度、礼貌程度、服务技能、仪表仪容和组织纪律。③厨房生产状况。原料的供应和质量、厨房设备的效率、员工的技术状况、生产中的协调情况和菜肴的制作质量等。④菜肴出品方面。装盘效果、菜肴温度要求、分量、品种是否齐全、餐具的完好程度和食品卫生状况等。⑤环境方面。厨房和就餐环境是否整洁、规范等。

（二）监督检查

餐饮部（餐厅）经理通过询问、会议和现场检查的方法，了解各项经营业务的落实情况，落实各种突发事件的处理方法，还有哪些需要解决的问题。具体包括：①督导宴会等大型餐饮活动的安排布置情况，必要时亲自制订计划，深入第一线统一指挥。②检查餐厅的卫生和台面布置规格是否符合规范。③督导餐厅服务程序及规格是否按规范执行。④检查餐厅各种设备是否运转正常。⑤检查餐厅后台的安全状况。

（三）汇报

餐饮部（餐厅）经理每日对上出席（餐饮部）总经理召开的例会和有关业务会议，报告餐饮部（餐厅）的各项工作实施情况及需要总经理出面解决和协调的问题。另外，重大突发事件要随时向（餐饮部）总经理汇报；对下要及时听取经营一线的意见和信息反馈。

（四）主持会议

餐饮部经理召开下属各部门负责人会议，内容包括：①传达总经理例会上有关餐饮部门的指示，布置、落实具体实施办法；②检查当日接待计划的落实，布置明后天的工作计划；③介绍整体营业情况和改进措施；④听取汇报，进行内部协调，检查总结上次例会布置工作的实施情况。

（五）沟通

餐饮部经理要做好沟通联系工作，体现在：①与相关业务部门沟通；②与社会各界沟通相关事宜；③与下属进行沟通，交流思想，互通信息，建立感情，妥善处理人际关系。

（六）计划

各部门经理要做好各项工作计划，主要有：①制定餐饮部各部门的目标和计划；

②拟订日常工作计划；③日常推销和促销计划；④编制原料、物品的采购计划；⑤菜单更新和特选计划。⑥职工日常培训计划。

二、餐饮业现场管理（6T 管理）

餐饮业现场管理（6T 管理）是针对餐饮行业提出的，是由五常管理发展而来的一种新兴的管理方式，它比五常管理目标更为明确，措施更为具体，与实践结合更为密切，具有很强的可操作性。其目的是改善卫生、安全、质量、效益、形象、综合竞争力。6T 是"天"的拼音"tian"的第一个字母，6T 管理就是"6 天管理"，具体内容是天天处理、天天整合、天天清扫、天天规范、天天检查、天天改进。

（一）天天处理

判断出完成工作必需的物品并把它与非必需物品分开；将必需品的数量降到最低限度，并把它放在一个方便的地方，进行分层管理。

天天处理的要领：天天处理的要点是天天都要将工作现场的必需品与非必需品区分开，在岗位上只放必需物品，绝不是一劳永逸的，因为物品会不断补充流入工作现场，即使原来的必需品也会由于工作任务变化成为非必需品。①马上要用的，暂时不用的，先把它区别开，一时用不着的，甚至长期不用的要区分对待。②将必需品按高、中、低用量分层存放与管理。高用量的，每天或每周都要使用的物品，放在工作台上或随身携带；中用量的，6 个月以内需要使用的物品，放在工作场所较远的地方；低用量的，6 个月至一年内需要使用的物品，放在离工作场所更远的地方。③对可有可无的物品，不管是谁买的，无论有多昂贵，都应坚决处理掉，绝不能手软。清理非必需品时必须把握好物品现在有没有使用价值，应注意使用价值而不是原来的购买价值。④许多人往往混淆了客观上的需要与主观想要的概念，他们在保存物品方面总是采取一种保守的态度，也就是以防万一的心态，最后把工作场所几乎变成了杂物馆，所以对管理者而言准确地区分是需要还是想要，是非常关键的问题。⑤天天处理时，对私人物品应减至最低并集中存放，例如：喝水茶杯不能放在工作台上，要集中存放在茶水站。⑥天天处理时，要贯彻精简效能的原则，采用最简单的方法。

天天处理的步骤：①现场检查；②区分必需和非必需品；③清理非必需品；④非必需品的处理：抛掉或回仓；⑤每天循环整理。要养成天天循环整理的习惯，处理物品是一个永无止境的过程，工作现场每天都在变化，昨天的必需品，今天就有可能是多余的，今天的需要与明天的需求必然有所不同，物品处理要时时做、天天做，只靠突击大扫除是不行的。

天天处理是一个循环的工作，根据需要随时进行，需要的物品留下，不需要的马上放在另外一边，及时区分。

（二）天天整合

就是将必需物品放置得一目了然，处于任何人都能立即取到的状态，即寻找的时间为零,任意无规律地摆放物品必然增加寻找物品的时间。就是研究物品储存和取用时如何提高工作效率,目的是用最短时间(即在30秒内)可以获得和放好物品。

天天整合的要领有以下几点。①物品存放要做到有名有家,所有东西都有一个清楚的卷标(名)和位置(家)。在每样物品(瓶、盒子)上都有贴上物品的品名,而在存放该物品的货架位置上同样也贴有该物品的品名,做到名和家对应一致便于寻找。每样物品位置标签上要注明存放数量的标准(包括高/低数量和日期),并按先进先出、左入右出的路线摆放。②每个分区位置(家)都要有布置总表(或总平面图),都要有负责人标签,包括负责人照片、姓名、休假日代理负责人。将经常使用的物品放在离工作地点的最近处,特殊物品及危险品必须设置专门场所并由专人来进行保管。重的物品放在下面货架上,轻的物品放在货架的上层处。③物料、工具等要用恰当的方式存放。

天天整合的实施步骤:①分析现状:主要从以下几方面分析人们取放物品时浪费时间的原因:不知道物品存放处;不知道要取的物品具体名称;物品存放地点太远、太分散;物品太多,难以找到;不知是否已用完,或者别人正在使用,找不着。因此要对必需物品的名称、分类、放置等情况进行规范化的调查分析。②物品分类:按物品各自的特征进行分类,把具有相同特点或具有相同性质的物品划分到同一个类别,并制定标准和规范,确定物品的名称,标注物品的名称。③决定储存方法:根据物流运动的规律性,按照人的生理、心理、效率及安全的需求来科学地确定物品的场所和位置,实现人与物的最佳结合的管理方法。④切实实施:按照决定的存放方式,把物品放在该放的地方,始终坚持有"名"有"家"。

(三) 天天清扫

组织所有成员一起来完成,每个人都有自己应该清洁的地方和范围。就是将工作现场变得没有垃圾、灰尘,干净整洁,地面和整体环境保持光洁、明亮、照人,并且达到国家卫生部颁布的餐饮业卫生规范要求。

天天清扫的要领:①各级领导以身作则,各部门领导都要有个人清洁的责任区,而不是只靠行政命令要下属员工去执行;②制定清洁责任区划分总表,将企业整体现场划分责任区到各部门,各部门再将责任区分配给每个员工,分配区域时必须绝对清楚地划分界限,不能留下无人负责的区域,即死角,制定清洁和维修的标准和检查表;③清扫那些较少注意到的隐蔽地方或死角,杜绝污染源,要调查工作现场产生不清洁的污染源,予以杜绝;④使清洁和检查容易,天天清扫要求人人做清洁、天天做清洁,而不是单靠突击大扫除,只有天天坚持去做,才能使清扫和检查变得容易,一个人随手就可以清扫,如厨房的菜墩、面板、刀具、加工器皿和各种加工机器都需要当日使用当日清洁,另外清洁工具要集中悬挂存放,随时取用又可方便放回原处。

(四) 天天规范

重点是采用视觉管理、看板管理等一目了然的现场管理方法,使企业的各项现场管理要求实现规范化持续化，提高办事效率。一个企业要推行餐饮业现场管理（6T管理），必须先实行前三项，即天天处理、天天整合、天天清扫。当面貌有初步改变，就要因势利导，一方面要实施标准化、规范化把前3T进行到底；另一方面将前3T的成果逐步扩大到管理的各个领域。天天规范就是将前3T的做法制度化、规范化，坚持执行以巩固成果并将其成果扩大到各个管理项目。

  天天规范的要领如下。①将前3T实施的成果制度化规范化。要建立经常性的培训制度、激励制度，设置"餐饮业现场管理（6T管理）"墙报栏，登载改善前后对比的照片，表彰先进，报道各部门成功推进的各种信息；要建立经常性的奖惩制度，对实施（6T管理）的情况进行经常性逐级的考核，企业考核部门，部门考核班组和个人。对优秀的部门和员工要进行奖励，对存在的问题要及时解决，屡教不改者要进行惩处。②全面推行颜色和视觉管理。就是利用形象直观和色彩适宜的各种视觉感知信息来组织现场生产活动，颜色和视觉管理是一种以公开化和视觉显示为特征的管理方式，也可称为看得见的管理，或一目了然的管理，这种管理的方式可以贯穿于各种管理的领域当中。例如某地的直隶会馆在管理上为解决原料、粗加工料、成品菜在高峰期传送和运输时容易发生的拥堵和碰撞问题，为厨房制定了交通规则。在厨房通道的地面贴上了红、绿、蓝等醒目颜色的指示标志，标示出不同岗位人员的行走方向和路线，还规定了通行和礼让原则，所有后厨人员必须严格按照厨房交通规则行走，从而保证"厨房交通秩序"，避免了拥堵和碰撞的发生，大大提高了出餐和传菜的速度。此外，为了避免饭口时厨房工作混乱、员工串岗，直隶会馆将后厨的烧腊部、冷荤部、传菜部、面点部、热菜出品部、粗加工部、洗碗部、员工卫生间、厨房办公室、鲍鱼房等不同的部门分成了A~J不同编号、不同颜色的10个区域，各个部门员工佩戴与所在区域相同颜色的工牌和腰带，如果品控出现问题，管理人员可以迅速通过颜色直接找到出现问题的工区或工序，以最快的速度解决问题，还可以通过工牌和腰带的颜色来识别和控制员工的离岗、脱岗、串岗等问题，有效地保证了后厨的工作秩序。③把安全的目标纳入天天规范的重点之一。现场直线直角式布置，安全通道畅通；消防安全要求规范化。灭火器、警告灯、紧急出口灯箱和逃生指引要清楚设置；用电安全要求要规范化；电器开关和功能要有明显的标识，电线要按用电管理铺设，不准乱接乱拉电线；个人操作安全要规范化，托运物品要有重量限制，超过25千克的物品要由两个人来搬；弯腰托运和举高时重量还要低一些；各项安全政策要规范化；安全政策要承诺并进行风险评估；要有预防及处理噪声、振动及危险情况的措施。④要扩大到企业管理各项目标规范化。节约资源既是节约型社会的需要，也是企业降低成本的重要措施。品质管理是企业管理的重中之重。要从原材料采购环节做起，将企业制作产品所需的各种原材料的品质标准规范化，让每一个与之相关的员工都清楚明白。环境美化也是企业形象的重要表现。绿化环境造就园林式的环境，要使每个员工都注意爱护。

（五）天天检查

创造一个具有良好习惯的工作场所，持续地、自律地执行上述 4T 要求，养成制定和遵守规章制度的习惯。

天天检查的要领如下。①要有保证能持久推动前 4T 的组织架构。总经理要担当持续推行餐饮业现场管理（6T 管理）的第一负责人。②企业中每一位员工都要有个人应该履行的职责。履行个人职责，包括保持优良工作环境；达到企业要求的着装和仪容仪表标准；保持良好服务态度；每天收工前五分钟自行 6T 检查（自己定 6 点内容表）；今天的事今天做。③编写和遵守员工手册。④每天要进行餐饮业现场管理（6T 管理）审核。

（六）天天改进

餐饮业现场管理（6T 管理）并不是一旦达标就万事大吉，而是一个螺旋状向上不断改进不断上升的过程。企业不能认为完成了前 5T 就可以结束了。要知道企业的内外环境在变化，尤其是餐饮行业不是生产某种标准产品，原材料在变化，消费者口味在变化，工艺在变化，经营方式也在变化，因此必须天天改进。就是要在完成前 5T 之后企业领导要审时度势及时提出新一轮的目标。

天天改进的要领：企业领导人不能满足第一轮达标后就停下来，以为企业就能一直保持下去。只有一轮一轮提出新目标，使餐饮业现场管理不断追求卓越，才能既巩固前一轮的成果，又使现场管理不断提升。

第二节　餐厅人员安排

一、影响餐饮人员设置的因素

确定人员编制、合理选配好人员是做好餐饮管理工作的前提和基础，也是搞好餐饮管理工作最重要的条件之一。在实际工作中，影响餐饮人员编制的主要因素包括：

（一）餐厅类型档次和座位数量

餐厅档次越高，座位越多，服务质量要求越高，分工越细致，用人必然越多；反之亦然。因此，餐厅档次高低和座位多少是影响餐饮人员编制的重要因素。

（二）市场状况和座位利用率

市场环境好，用餐客人多，餐厅座位利用率必然高，服务员的劳动就会加大，即能够看管的座位数必然相对减少，用人就应相对增加；反之，市场环境不好，或大的市场环境较好，而本餐厅的座位利用率较低，餐厅人员编制就应减少。

（三）员工技术熟练程度和厨房生产能力

餐厅员工素质越高，操作技能越熟练，每个服务员接待的客人数量就可以越多。厨房生产能力以炉灶多少为主要标志,它与餐厅接待能力相适应。厨房生产能力越强,炉灶数量越多,用人数量必然越多。同时,厨房技术设备越先进、越科学合理,越能提高劳动效率,厨房的人员编制就要相对减少。

(四) 餐饮经营的季节波动程度

餐饮业务经营有一定的季节波动性,季节不同,餐厅座位利用率的高低不同,从节约人事成本、降低人员编制、合理安排劳动力的要求来看,餐饮人员编制应以平季为基础。旺季人员不足时,可以利用短期合同工或淡季安排员工休假、旺季不休假来调节,淡季人员富余时又可多安排休假或开展员工培训,从而可以减少人员编制。

(五) 班次安排和出勤率

餐厅班次安排是影响餐厅人员编制的因素,在餐饮经营中,员工上班一般执行两班制,即早班和晚班,而 24 小时营业的餐厅则采用三班制。无论实行几班制,一般来说尽量安排每个人员上班时干两个饭口的工作,这样可以最大限度地合理利用人员,合理安排休息时间。此外,每周工作天数和员工出勤率也是影响餐厅人员编制的重要因素。

二、餐厅人员编制的方法

餐厅人员编制根据组织机构中人员分工的不同、工作内容的不同而变化,基本方法主要有:

(一) 岗位人数定员法

这种方法主要适用于餐饮企业或餐饮部门的高级主管以上的管理人员编制。其人员编制方法是根据工作需要来确定岗位设置,然后按岗定人。如餐饮部经理、总厨师长或行政总厨各设一人,副职主要根据餐饮企业规模来确定;主管、领班则要适当考虑倒班和每周 5 天工作制。在能够照顾业务工作面的前提下,其人员数量宜少不宜多,这都取决于企业餐饮管理的岗位设置和事先确定的岗职人员。

(二) 上岗人数定员法

这种方法主要适用于那些很难制定劳动定额的部门和岗位的人员编制,如餐饮企业的管事部、冷荤厨房、面点厨房等。这种方法是依据某一部门或工种的日平均工作量来测定每天需要上岗的人数。上岗人数的确定以每人每日的工作量饱满、基本没有空闲时间为原则,然后根据班次和倒休的需要来确定定员人数,计算公式为:

$$定员人数 = \frac{每班上岗人数 \times 每天班次 \times 7}{5} \qquad (9.1)$$

(三) 看管定额定员法

这种方法用于热炒厨房的人员编制。热炒厨房用人包括厨师、加工人员。其人员编制方法可以劳动定员为基础,重点考虑上灶厨师,其他加工人员可作为厨师助手。其编制方法分两步进行:

第一步,核定劳动定额。即选择厨师人员和加工人员,观察测定在正常生产情况下,平均一个上灶厨师需要配备几名加工人员,才能满足生产业务需要,即确定看管炉灶定额,由此核定平均劳动定额。其计算公式为:

$$看管炉灶定额数 = \frac{测定炉灶台数}{测定上灶厨师数 + 为厨师服务的其他人员数} \quad (9.2)$$

第二步,核定人员编制。在厨房平均劳动定额确定的基础上,影响人员编制的多少还有计划劳动班次、计划出勤率和每周工作天数三个因素。因国家规定每周工作5天,因此,其人员编制的计算公式为:

$$定员人数 = \frac{厨房灶台数 \times 计划劳动班次}{看管炉灶定额数 \times 计划出勤率} \times 7 \div 5 \quad (9.3)$$

(四)接待人次定员法

这种方法用于餐厅、酒吧、宴会厅等的服务人员编制,重点考虑餐厅值台服务人员。其编制方法同样分两步进行:

第一步,核定接待人次。即选择服务人员,观察测定在正常开餐的情况下,每人可以接待多少就餐客人。这时,要特别注意不同餐厅的等级规格,如零点餐厅一个服务员可接待20人左右,团体、会议餐厅可接待30~40人,宴会厅每人则可接待1桌客人,而西餐最高档次的扒房每桌客人就需要配备2名服务员。所以,餐厅档次规格不同,每个服务员的接待人次是有较大区别的。其计算公式为:

$$接待人次 = \frac{测定客人数}{桌面服务员数 + 其他服务员数} \quad (9.4)$$

第二步,核定餐厅定员。在接待人次确定的基础上,餐厅定员编制方法与厨房基本相同,其区别是影响人员编制的因素增加了上座率。计算公式为:

$$定员人数 = \frac{餐厅座位数 \times 上座率 \times 计划班次}{接待人次 \times 计划出勤率} \times 7 \div 5 \quad (9.5)$$

第三节 餐饮物资管理

一、餐具管理

(一)餐具定额

餐具和其他餐厅物品的定额要考虑企业总体经营方针策略、财务情况和仓储条件。在制定定额预算时,需要掌握以下相关数据及资料。①餐具的标准库存量,即餐厅营业量最大时所需的餐具数量。它根据餐厅的座位数、座位的周转率、洗碗间的效率和菜单的项目等计算。②本次盘点量,即现存的存货量。③每年或每采购周期的各种餐具损耗数。④已订购的在途餐具数量。

有了上述的一些数据和资料,可按下列计算公式计算得出比较接近实际的需求数。

预算需求量=标准库存量+每年平均损耗数-现有库存额-在途订购数

这是作为一般常用餐具的预算方法,对于那些饭店特制的餐具用品,订数太少,则势必加大单位数量的成本,因此,可在财力和仓储条件允许的范围内,适当增大采购量,其决定权在餐饮部门的经理和饭店相关管理者,如采购部经理、财务部经理等。

餐巾、桌布等棉织品的定额,与客房的床单一样,通常是所使用餐桌的5倍,即5套供周转。通常棉织品的控制是由客房部的布巾房控制的,但在做物资额预算时,餐饮部必须明确地知道自己的使用量。

管事部了解了餐饮物资的定额后,还必须制定一个最低库存量,一旦盘点中发现某项物品已达到最低库存量,则应立即开出申购单,报餐饮部经理。

(二) 餐具使用管理方法

餐具物品管理主要是加强餐具库存的管理和大型宴会活动等的餐具、用具的使用控制。既要满足每个餐厅厨房的餐具、用具的使用要求,又要对餐具的损耗承担督导检查的作用。为了加强餐具管理,保管好各种餐饮设备、餐具和物资,应做好以下工作:

1. **根据经营实际,凭领用单发放餐具**

餐饮部门在经营之初根据营业需要,都会给各餐厅配备足够数量的餐具,建立配备标准。经历一段时间的运行以后,各餐厅都要添置一定数量的餐具,以弥补正常损耗而造成的餐具不足问题。但在餐具补充时,必须以满足经营需要为标准,合理配置。

2. **及时了解和掌握各餐厅现有餐具数量**

定期检查各餐厅、厨房餐具的使用和管理情况,及时了解某一阶段的损耗量,对餐具数量做到心中有数。通常每月盘点一次。

3. **严格加强大型餐饮活动餐具的管理**

大型餐饮活动多为一次性或临时性的活动,餐具用量大、品种和规格也多,因此,加强对大型餐饮活动餐具的管理不仅对活动本身的成功具有重要意义,而且对减少餐具损耗和流失也是必要的工作。其管理和控制的重点是餐具领用和及时回收。

(三) 餐具损耗管理

餐具损耗是指在餐饮生产经营活动中,由于各种原因造成的餐具损坏或流失。餐具损耗是在所难免的,只要有生产和服务行为发生,餐具就会有一定的损耗。但仅承认损耗而不加以管理,其后果也是不堪设想的。

1. **餐具损耗原因**

餐具损耗的原因较为复杂,既有客观因素的制约,又有主观因素的影响;既有餐具本身的质量问题，也有使用、保养方面的问题。因此，要想做好餐具管理工作，降低餐具的损耗率，首先必须对餐具损耗的原因有充分认识。

造成餐具损耗的原因主要有以下几个方面：

（1）管理制度不完善。大凡餐具损耗率居高不下的餐饮企业，在餐具管理方面都缺少严格的管理制度，餐具的使用、保管等随意性较大。

（2）洗涤设备落后不配套。一些餐饮企业在装修上愿意投入大量资金，却舍不得花钱买洗碗机。而一些餐饮企业又因为洗碗机长期使用，维护保养较差，损坏严重，有的根本无法操作或功能不全，只能代之以手工洗涤。殊不知，手工洗涤一方面不能保证餐具的清洁消毒质量，另一方面增加了餐具的破损。此外，一些餐饮企业洗碗间设置和布局不合理，餐具搬运次数过多，无形中使餐具的损耗加大。

（3）员工主人翁意识不强，服务技能差，甚至违背操作规程，致使餐具损耗增加。在对客服务中，由于服务人员责任心不强，操作马虎，往往造成餐具不必要的损坏，如撤台时大杯套小杯、小盆叠大盆，或遗漏餐具不收而使其混入台布中。更有甚者，一些服务员为了图省事，在撤台时将餐具连汤带水一起倒入汤盆，送入洗碗间后又不认真清理，造成大量餐具随残羹剩饭一起倒掉。另外，在餐具洗涤过程中，由于缺少培训，员工将餐具乱堆乱放，违反操作规程，野蛮洗涤，造成餐具大量破损。

（4）餐厅控制不严，客人将餐具带出餐厅，或当"纪念品"收藏，尤其是一些镀金、镀银的高档餐具丢失较多。

2. 减少餐具损耗措施

根据上述原因，必须制定相应的餐具损耗率标准和一整套控制措施来控制餐具的损耗。餐具损耗率的高低并非千篇一律，不同档次、不同营业量的餐饮企业，餐具的损耗率不尽相同。目前，绝大多数餐饮企业将餐具的损耗率控制在营业额的6‰以内。减少餐具损耗，可采取以下办法：

（1）建立相关制度，明确管理职责，加大管理力度。健全餐具设备采购申请、仓储、领用制度，餐饮企业使用的餐具、用具实行严格的采购规范和程序，并按标准严格验收，避免质量低劣的产品混入企业；建立厨房、餐厅各种用具汇总制度，定期盘存检查，以正确掌握设备财产数目。

（2）加强餐具盘存，严格控制使用数量。餐饮部每月须进行一次餐具盘点，先由各餐厅自点，然后由管事部二次盘存登记，统计出盘存数据及当月各类餐具的损耗数量。各餐厅加强对贵重餐具的管理，做到贵重餐具每天盘点，统计损失数据；特别贵重的餐具由专人洗涤保管，尽量减少损失。

（3）加强员工培训，增强损耗控制意识。一方面，不断培训和监督员工，严格按操作规程进行对客服务和餐具的使用、撤台工作，减少因操作不当造成的损耗；另一方面，建立餐具损耗奖惩制度和打碎餐具赔偿制度，将餐具损耗和员工的切身利益挂起钩来。

（4）切实加强洗碗间餐具的洗涤管理，正确使用洗涤设备，将餐具在洗涤中的损耗降到最低。

（5）加强财务控制力度，每季度由财务部门做出餐具损耗分析表，对各餐厅损耗餐具的数量、品种进行分析，并将分析报告转送各点，以引起重视。

二、餐饮设备管理方法

餐饮设备管理是餐饮资产管理的重要内容，由于餐饮设备种类繁多，资产占有量大，操作使用时繁简不一，从而加大了管理的难度。一般来说，大型、复杂机器设备的定期保养工作除由工程部门或供货厂商负责以外，小型、简单机器设备的日常卫生和保管则是餐饮设备管理的职责。设备的使用和保养，会直接影响到机器设备的使用寿命，影响到餐饮部的工作效率。在使用保养中，要做到"六定"。

一是定人。所有设备器物的使用与保养都要具体落实到人，每一件设备物品都有专人负责。尤其是机器设备，如洗杯机、银器抛光机、真空吸尘器等，必须指定专人使用和保养，其他人不得开启使用。只有这样才能避免盲目操作造成的损坏，也便于分清责任。设备定人使用保养，也便于熟练掌握设备的性能和特点，使用时得心应手。

二是定时。宴会部对所有的设备物品应拟订保养计划，需每日清洁保养的，要求在营业结束前彻底清洗，管理人员随时检查。需每周、每月清洁保养的，也应制好表格，定时检查计划的落实情况，保证按计划实施。

三是定位。对宴会部经常使用的设备物品，尤其是电器物品，要确定放置位置、地点，一般不得随意移动，以避免频繁地搬动而造成设备的损坏，同时也便于检查管理。对小型物品或餐具，也要确定存放位置，以便取用时方便、快捷。

四是定法（使用保养方法）。物资设备的使用和保养是一种技术性的工作。在物资设备购回使用前，应由专人或生产厂家培训操作使用人员，严格按操作规程使用和保养。如果人员更换，应首先培训接替人员，要避免使用不当或不正确的保养方法造成机器设备损坏。

五是定卡。有些物资设备还应建立物资设备档案卡，上面记载物资设备的序号、摆放地点、用途、维修保养责任人等，所有的日常维修或大修理都记录在案，并标明每次维修的费用。负责人员便可根据记录计算使用该设备的成本，也是到一定时期决定机器淘汰与否的决策依据。

六是定责。在所有的物资设备都定人使用保养以后，则要对每个人划定责任。对物资设备使用保养得好的，要给予一定的奖励；反之，由于使用不当、保养管理不善而造成物资设备损失的，要对责任人给予相应的经济处罚。

第四节　餐饮客史档案管理

餐饮客史档案是指在饭店餐饮经营活动中所收集的，对饭店具有保存和使用价值的顾客相关信息与评价资料的原始记录。餐饮客史档案是饭店客史档案的重要分支，是餐饮信息资源的重要组成部分，是形成餐饮部门与顾客良好关系的基础，是构筑餐饮部门产品体系的前提。

一、餐饮客史档案的分类

（一）常规档案

常规档案包括顾客姓名、性别、电话号码、公司名称、职务、职称、第一次光临本餐厅的时间等，这些资料是餐饮顾客信息管理的起点和基础。住店顾客的相关信息可通过前厅、宴会客人相关信息可通过宴会预订，零散客人可通过销售人员对顾客的访问来收集、整理归档形成。收集这些顾客信息资料，有助于了解餐厅目标市场、客源市场的基本情况，掌握客源市场的动向及客源数量，等等。

（二）消费信用档案

消费信用档案包括顾客在饭店用餐的类型（零点或宴会）、选用餐厅的种类、所支付的总费用、每人费用、额外消费金额、付款方式、所接受的服务种类等。收集和保存这些资料能了解每位顾客的支付能力、顾客的信用程度等。同时，还可以反映顾客对服务设施的要求、喜好、倾向以及所能接受的费用水平。

（三）个性化档案

个性化档案是指在饭店各餐饮服务区域，通过不同渠道、方式，有意识、主动去收集的顾客个人信息。包括顾客的饮食习惯、口味特征、茶酒爱好、灯光空调温度要求、卫生标准、言谈举止、服饰爱好、音乐选择、色彩喜好、品位追求、就餐位置的选择、娱乐习惯、电视喜好、个人其他嗜好、客人签名、接待规格、用餐期间的额外服务要求及对饭店餐饮产品与服务的评价等。这些资料有助于餐饮部门有针对性地提供"个性化"服务，改进服务质量、提高服务效率。

（四）宴会团队档案

宴会团队顾客档案的特点是详细、具体、完整，是宴会整套档案的复印与宴会活动记录的总和。其内容包括：宴会预订表；宴会主办单位或个人相关信用信息；顾客消费的信息；大型宴会或高级宴会的领导小组成员，会议简报；高级宴会的组织机构和岗位全员名单；参与高级宴会活动的各部门所制订的活动计划；宴会厅的布置计划和需用物资清单；整套的宴会菜单；宴会现场突发事件和应急处理情况记录；参与高级宴会的各部门所写的宴会活动总结、宴会服务班组的工作汇报总结资料；宴会演奏的国歌乐谱、受鼓掌客人欢迎的乐曲名称；顾客对宴会的赞誉题词和馈赠、答谢的资料；顾客对宴会的投诉复印件；主宾双方对餐饮食品的反映；宴会活动拍摄的录像、照片资料；宴会配套活动（如文艺演出节目单、服装表演、国画、书法表演）的资料。

（五）VIP 档案

VIP 档案是建立在常规档案和个性化档案的基础上，对重要顾客或有影响力的顾客单独设立的餐饮客史档案，是个性化档案的升华和提升，具体内容除包括 VIP 顾客的相关资料外，还应包括 VIP 消费饭店场所外的其他资料信息、其随行人员相关资料等。如美国前总统布什 2008 年 8 月 7 日至 11 日访华期间，下榻于北京金茂威斯汀饭店。布什的这次奥运之行，也是一次家庭的大聚会，除了夫人劳拉，还有他的女儿芭芭拉、父亲老布什、妹妹多罗·布什、弟弟马文·布什及其妻子。饭店宴会部通过各种途径收集建立的 VIP 档案记录着：布什每天早晨 5 点起床，要看很多报纸；喜欢运动，最爱跑步；北京烤鸭是父子共同的喜好；比较喜欢巧克力；早餐吃麦片（从美国自带的）；喜欢吸雪茄（产自古巴的 Cohelba 雪茄）；会在房间内用餐（出于安全需要）；喜欢法式炸薯条；劳拉夫人喜欢吃桃子和杧果等。VIP 档案具有细、全、实的特点，力求内容全面真实，任何一个细节都不允许遗漏。同时，因为大多 VIP 客人的身份、地位较高，还要做好保密工作。

只有上述内容有机组成的客史档案才能形成一个完善的体系，构筑起饭店顾客关系管理系统和顾客忠诚系统的组合平台，实现客史档案为餐饮经营决策提供依据，为产品设计提供资料，为对客服务提供参照物的目的。

二、餐饮客史档案的管理

餐饮客史档案的管理，在国内餐饮企业中还处于起步阶段。餐饮客史档案从书面资料转化为促进餐饮销售的活动，还需进行人力、财力投资。为此餐饮部经理应做到：①设置餐饮档案管理岗位，配置符合条件的人员专职管理；②购置必要的电脑、档案信息查询软件、档案文件柜等设备设施，设专门的办公场地；③加强资料的汇总、整理；④对档案内容进行检查、分析、归类，运用先进方法和现代化手段，将文字、图片、摄录像资料归类、编号、入档，及时补充新资料，设电脑终端，及时将档案资料输入电脑，以便于进行检索和资料输出；⑤建立档案保管和查阅等管理制度。

在信息中提取有效的信息，形成科学的客史档案是一项十分困难的工作。因此，客史档案的管理和使用必须重视以下环节：

（一）客史档案的全员收集

客史档案信息来源于日常的对客服务细节中，客史档案收集途径主要有：一是直接收集，包括服务中观察、与客人交谈、处理客人投诉等方面。二是间接收集，包括从其他部门获得,从相关文件报表中收集等。无论是何种方式获得,都需要饭店全体员工高度重视,在对客服务的同时有意识地去收集,因此,在日常管理、培训中应向员工宣传客史档案的重要性,培养员工的档案意识,形成人人关注、全员参与收集顾客信息的良好氛围。如餐厅迎宾员可在顾客到来时,向顾客问好,了解顾客姓氏尊称、座位喜好信息;点菜员在点菜过程中可运用婉转的语言与顾客沟通,进一步了解顾客的饮食喜好;值台员通过用餐过程的细心服务,在服务中注意客人的细微举动,收集顾客需求信息,等等。

（二）客史档案的收集分析

顾客信息的收集、分析应成为饭店日常工作的重要内容,应在服务程序中将顾客信息的收集、分析工作予以制度化、规范化。如可规定每月高层管理者最少应接触5位顾客,中层管理者最少应接触15位顾客,了解顾客的需求;普通员工每天应提供2条以上客史信息等。在日常服务中应给员工提示观察顾客消费情况的要点。如餐厅一线员工可注意顾客菜品选择的种类、味别,酒水的品牌,遗留菜品的数量,就餐过程中对酱油、醋、辣椒等调料、配菜的需求等,从这些细节中能够捕捉到顾客的消费信息。同时应以班组为单位建立顾客信息分析会议制度,全员参与,根据自身观察到的情况,对顾客的消费习惯、爱好做出评价,形成有效的客史档案。

（三）客户档案的数字化管理

随着饭店经营的发展,客史档案的数量将越来越多。如连续20年被评为世界服务质量第一名的曼谷东方饭店仅散客档案便达到20多万份,同时客史档案中的许多内容随着顾客生活情况的改变会发生变化,这靠人工管理是非常困难的。只有实现客史档案数字化管理,才能冲破档案利用的种种局限,实现餐饮客史信息资源的合理配置和科学管理,为餐饮部门提供高效、优质的服务做保证。同时,客史档案数字化管理也是形势发展的需要。客史档案要发挥作用,必须实现饭店各部门之间的快速传递,通过饭店计算机管理系统达到客史档案的资源共享功能是客史档案管理的基本要求。尤其是电子档案的出现给客史档案管理提出了一个迫切需要解决的课题,那就是电子档案的收集、保管、保护和利用。目前,一些中低档或单体饭店大多数客史档案的管理仍然停留在纸质档案的管理及较原始的检索利用水平上,使得绝大部分电子档案无法采集、收集和提供利用,解决这一问题的途径就是客史档案的数字化。

（四）客史档案的服务常规化

餐饮部门的管理人员应根据客史档案所提供的资料,加强与VIP顾客、回头客、长期协作单位之间的沟通和联系,使之成为一项日常性的常规工作,如通过经常性的回访;餐后征询意见;顾客生日时赠送鲜花、生日蛋糕或长寿面;节日期间邮寄一张贺卡;利用饭店主题活动、新产品推出时邮寄宣传资料等方式拉近饭店与顾客之间的关系,让顾客感到亲切和尊重,顾客的忠诚度也会得到极大的提高,这样顾客即使对饭店的服务有意见,也会及时提出,便于改正。

餐饮客史档案的管理和应用是一项系统工程,需要餐饮部门管理人员高度重视,积极与饭店其他对客服务部门沟通、联系,共同形成科学完整的饭店客史档案管理体系。只要持之以恒,必能为饭店的建设与发展带来良好的效益。

 案例分析1

餐饮服务的匠人精神——鼎泰丰

在中国台湾有一家餐饮企业,CNN评选它为全球最佳连锁企业第二名,麦当劳、星巴克都排在其后;香港店连续五年摘下米其林一颗星。它就是曾创下日翻台19次的鼎泰丰。

对抗员工毛发掉落,有自制神器和标准

用心的餐饮品牌,都会对员工的毛发、皮屑特别留意,避免服务客人的过程中有毛发掉落,影响观感及造成卫生疑虑。尽管如此,鼎泰丰偶尔还是会遇到"餐点上出现毛发"的客人投诉情况。餐厅负责人杨纪华因此为前厨与后厨人员准备了包覆性最强大的额连肩式网帽,以确保食物制作品质。外场服务人员则是每隔2小时都要轮流回到员工休息室,清理身上的毛屑,并且设定标准动作程序。清理毛发的标准有以下步骤,分别是左上肩、左下肩、右上肩、右下肩、前胸由左至右三次,以及后背由左至右三次,每个动作都要刷足30秒。动作完成后,排在后面的同事必须帮前一位检查,确定是否刷干净了。

对擦痕说不:餐具更新换代丝毫不手软

到餐厅用餐,偶尔会拿到有裂痕的碗,已经歪扭的筷子,或是已经有岁月痕迹的餐具。不过这种事绝对不会在鼎泰丰店里发生。虽然使用洗碗机来清洗碗具,速度快容易刮伤碗具,但你在鼎泰丰绝对找不到任何老旧破损的器皿。不是他们特别懂得保养,而是对于餐具的汰旧换新毫不手软。不要说有缺口,哪怕只有些微裂痕、擦痕的餐具就必须淘汰,给客人用的一定要非常干净、洁白。此外,蒸小笼包的蒸笼,洗净后必须经过紫外线杀菌,再送到专属的干燥间保存,这样才能避免竹子发霉以及藏有污垢的问题。

服务人员仪态接近空姐

鼎泰丰更让别人追不上的是,从没停止追求进步。鼎泰丰外场人员的仪态已近乎空姐标准,杨纪华到香港半岛酒店用餐时,看到服务人员没有精神的走路,立刻手机拍下来传回来,让外场人员马上训练。

服务即表演

"服务业,很难。"尽管已经做了超过40年,杨纪华越来越觉得这一行业就像一场永无止境的心灵修炼，进步成了唯一选择的道路。他觉得鼎泰丰不仅是一个餐饮企业，还是一个文化创意企业。甚至提出了自己的理念"服务即是表演，优质的服务就是一场好看的表演"。他认为餐厅是一个360度没死角的环形舞台，顾客所在的位置就是观赏区，视线范围内所有的人和物都是"演员"，包括店内装潢、服务人员的姿态和笑容，甚至一个眼神，一个店内盆栽的摆设。他把制作点心的前厨改造成半开放式厨房，顾客隔着玻璃就能欣赏到厨师们如何分工合作，如何制造黄金18褶的小笼包，就如同欣赏一场表演。即便顺便路过的客人，在鼎泰丰你都能先看到全透明的开放式厨房，与其说厨师们在做饭，更像是在进行一项艺术表演，而这也成为海内外客人最爱拍摄的台湾风景之一，当然，鼎泰丰最终的目的是吸引大批顾客主动走进店里。今天开放式厨房已经越来越普遍，但在十几年前却是惊人之举，没人敢这么做。2014年，杨纪华把台北信义店原来的送餐电梯变成上方有长方形透明观景窗的不锈钢门板，角度经过计算，送餐电梯内一目了然，旨在让饭菜从制作到饭桌整个过程都是可观赏的。在店里，服务人员的衣着、走路姿势都有严格标准，要优美且有精神气。更夸张的是，擦玻璃也是一种表演。擦玻璃被分解为由左至右、由上而下、右到左是逆时针、S形方式擦拭四个口诀，整个秀的表演者从头到尾都要微笑，动作要细心又优雅，要专注而温柔地对待面前的玻璃。

刚刚好就好

难道鼎泰丰与其他店只是包子与包子的不同吗？当然不是，还有服务。"读心术"是鼎泰丰要求员工必须掌握的一门技能，他们要求员工要善于观察客人的一举一动，去猜测客人每个动作的意义，务必做到"想在客人之前"。杨纪华曾经一次又一次告诉员工："大多数的客人是沉默的，客人不说，不代表没事儿。"比如客人需要纸巾，拿到纸巾后，员工会想客人为何需要纸巾？是油渍沾到衣服上面了吗？如果是，他们会拿出去污剂。鼎泰丰的员工有个秘密武器，就是每位员工天天随身携带一个小笔记本。本子上记录着常客的姓氏、特征和喜好，以及今日学到的技巧。但鼎泰丰不鼓励员工殷切过头。"刚刚好的服务"是鼎泰丰追求的。所谓"刚刚好"，是一种优雅又热情，没有过度打扰，又能及时送上所需、令顾客惊喜的互动体验。但员工不必为了替顾客制造感动而绞尽脑汁，只要彻底将分内的事情做到最好就行。每个人各司其职，和谐共事，一切都像是瑞士手表那样精确无误。这两年大陆餐饮企业也开始注重提升服务品质，但是一不小心就容易过度，想要热情服务，却变成了过度打扰，让有些客人叫苦不迭，皆是因为学到了服务的皮毛却没有看到本质。

外场人员的权力比厨师还要大

不同于一般餐厅，在鼎泰丰，外场人员的权力要比厨师大。为什么呢？因为只有直接与顾客面对面接触的外场人员，才能在第一时间观察到他们的反应，以便进一步为餐厅的服务与品质做好把关工作。杨纪华认为，厨师餐点做得好与坏，客人都是先向外场反映，外场再转告厨师。只有收集顾客的意见指正，餐厅才有进步的空间。反过来，如果厨师的权力比外场大，对于外场回馈的意见不予理会，"这样的餐厅肯定经营不下去"。在鼎泰丰，培养一位厨师需要三年，而当店长必须具备八年资历，培养难度更高。杨纪华还要求，所有店长除了对外场事务要了若指掌，对内场工作也要有基本的认知。

给顾客结账时只用新钱找零

我们做事若是把最后阶段收得漂亮，就是"尾劲"高手，而鼎泰丰恰恰是这方面的高手。鼎泰丰为了结账找钱时能给客人干净平整的钞票，每家分店开店前，都要派人到银行去换30万元至50万元的新钞备用。结账时只用新钱找零，让每位客人在收到找回的零钱时，都觉得特别开心。

服务员让人感受一种会"思考"的服务

对工艺上小细节的追求，在很多老字号身上都能看到，鼎泰丰可能更加极致，服务是鼎泰丰更重要的"加分项"。鼎泰丰的店面都是在商圈，店铺装修考究、收拾干净整洁，这些都是硬件环境能提供的服务"加分项"。鼎泰丰的服务员会给人"真的在服务"的感受：他们很有礼貌、很亲切，但不是那种贴身服务，而是一种会"思考"的服务。比如，一桌有两位客人，一位客人在琢磨菜单，另一个人也很想点菜时，服务员会快速再送来一本菜单；筷子掉地上会立刻有服务员拿双新的；觉得有些冷，在四处张望空调风口在哪里，就会有服务员上前询问是不是要换个吹风小点的位置。其实，现在在餐厅吃饭，消费者是很难扮演的角色：既害怕碰到那种无视人、摆臭脸的服务员，也惧怕那种热情过头的服务员。这一张一弛，服务的分寸拿捏很重要。而从鼎泰丰的经验看，服务水平的高低、分寸的拿捏与服务员本身的来历并没有太大关系。与其他餐饮店一样，鼎泰丰的服务员大都来自农村，很多都是"一张白纸"，在鼎泰丰被从头培养起来。在鼎泰丰上海嘉里中心店，公司对服务员有一套培训标准与机制，如怎么服务客人、怎么处理突发情况等会有一套流程。在培训时，这些都会教给服务员，并让他们真正都学会。总之，鼎泰丰要教会服务员注重客人的感受，尽力让顾客可以感觉他们的服务是用心在做。

没有无缘无故的成功，以极致的服务精神，鼎泰丰打造了一个小笼包世界，更是创下一天内翻桌19次的纪录，远超海底捞。将一个小笼包做到如此境界，"匠心"精神值得深思。

来源：职业餐饮网 http://www.canyin168.com/Article/xw/67805.html

案例讨论题

1. 通过此案例对鼎泰丰成功之处的介绍，你想到了哪些？
2. 结合案例，谈谈你对餐饮服务的理解。

人员编制新方式：砍掉餐厅里一半的岗位

不知你是否注意到，餐厅里，有一半的专职岗位正在消失？

一、专职门迎

门迎是餐厅给顾客的第一印象，在不少中高端餐厅，门迎曾是相当重要的岗位，工资待遇比一般的服务员高。海底捞至今都仍保留着定岗定位的门迎。但上座高峰期过后，门迎岗位的工作需求降低，员工就会处于半休息状态。为了提高人效，不少大众餐厅已不再为门迎保留定岗，也不再单独招聘门迎，而由服务员承担高峰期的门迎工作。

成师傅汴京烤鸭：门迎既是服务员又是菜品宣讲员

在成师傅没有固定的门迎岗位，员工培训时，会做门迎的岗位培训，每个服务员都熟悉门迎岗位的工作内容。这样一来，在门迎空缺时，随时可以抽调换岗。一般会选热情、细心的服务员。上客高峰期过后，门迎人员转为菜品宣讲员，比如成师傅的招牌菜"汴京烤鸭"，门迎人员用快板向用餐顾客介绍烤鸭的历史、吃法等，门迎人员可以拿到相应的"工作卡"，凭借"工作卡"可领取相应的薪酬补贴。

二、专职传菜员

传统餐饮行业员工的高流失率，很大一部分来自传菜岗位。工作单调、没有技术含量、工作强度大、无成就感，这些工作特点造成了传菜岗位的招人难、留人更难。流失率高，餐厅就要为员工招聘、入职、培训、磨合、离职付出代价。

北京宴：传菜员学做厨师

在北京宴，传菜员全部换上厨师的工作服，转变角色。另外，每个月厨师教传菜员做一道菜。传菜员学做菜先从员工餐开始，这样也节省了员工餐的切配成本。这样一来，传菜员下得了厨房——炒菜，又入得了厅堂——上菜、介绍菜品。加上北京宴常有名人造访，传菜员向名人介绍自己做的菜，工作的存在感、参与感、成就感对传菜员有很大鼓励。

宋厨娘：砍掉传菜部，厨师走进前厅传菜

宋厨娘砍掉了传菜部，厨师长兼任传菜部部长，厨师负责传菜到前厅。后厨不同岗位的繁忙时段不同，同一时间点并非所有人都在忙，不忙的后厨员工就可以去传菜。厨师长兼任传菜部部长，在出菜口进行菜品把关和传菜工作的分配。厨师传菜可以凭传菜小票拿补贴，一道菜有0.1~0.5元，一个月一个厨师能拿到150~170元。对于餐厅来说，传菜部原本有7个人，每人月薪2500元，减少5个传菜员（保留下单员），再扣除补贴给后厨员工的传菜费用，仍然有效降低了成本、提高了人效。

三、专职点餐员、收银员

餐厅服务员一般要兼顾点餐的工作，了解菜品知识、熟记餐厅最新的推荐菜品、知晓后厨的估清/原料充裕的菜品等，并在顾客点菜时及时推荐和介绍。但对于快餐类餐厅来说，对服务员点餐、结账的效率要求更高。点餐自动化和移动支付的普及，改变了餐厅运营的终端流程。一套智能点餐、收银系统，能把原本服务员必须做的"为顾客点单、为顾客买单"流程消解，同时提高各环节的沟通效率。

快餐业：点餐到支付全部自助

麦当劳、德克士及很多中式快餐都在致力于门店智能化升级。顾客通过微信、APP、iPad等自助点餐设备进行点餐，生成菜单后自动传送至后厨和收银。后厨的菜品估清情况随时与点餐客户端保持一致，收银也可以通过自助点餐设备进行。

快收银创始人陈鹏介绍，对于连锁型餐饮企业来说，点餐、收银自助化的系统还能让企业运营数据化，进而提供包括供应链进销存管理、企业管理、支付营销、会员体系建立等一整套服务。

四、厨师

"有一位好的大厨，餐厅经营就有了保证。"连锁餐饮企业的"去厨师化"，改变了曾经的餐厅生存法则。菜品不是在餐厅后厨做成，而是由企业的"中央厨房"或上游供应链统一制作、加工、分包，然后配送到各个门店，由非专业厨师的员工进行解冻、加热、上桌。员工只需要按照流程严格执行，保证食品的标准化即可。

味千拉面：精确到每一碗面里有多少根面条

在味千中央厨房里，没有专业的大厨，所有员工都来自一线。这种去厨师化的理念保证了从中央厨房出来的食品都是标准化的，例如，一个110克的面板里面有多少根面条，大家都了然于胸。用味千掌门人潘慰的话说："我们全国所有门店的100个菜品中，每一碗面条，每一份小料的分量、口味都是一模一样的。"从中央厨房运到各门店的拉面，煮面的时间均由电脑控制，盛放拉面的笊篱在规定时间到后自动浮出水面，全面排除了人为失误的因素。而面条汤底则由在工厂统一熬制及浓缩的骨汤原液进行还原，厨师所要做的就是把面倒入碗中，以规定姿势盛入汤底，最后放入按比例调配好的配菜，整个过程只要3分钟。

五、无服务员、无收银员、无采购员、无大厨

服务员、收银员、采购员、厨师，既然这些岗位都有可能被智能系统取代，那么把这些岗位的职能一并搞定呢？也并不是不可能实现。

人人湘："四无"未来餐厅

为了降低人力成本，人人湘在原来1.0版本上已经实现了没有服务员、没有收银员。升级的2.0餐厅，使用了CRM、进销存、ERP、后厨管理等系统，并搭载了第三方供应商。餐厅打烊时把需要补货的数据传输给对方，第二天，这些原材料就会准时送达门店，因此采购员也直接省去了。加上餐品由中央厨房集中供应，制作流程简化，所以门店后厨也没有大厨，只需基础操作员就可以。

其实，上述岗位变迁，折射的是餐厅基于技术进步和行业发展而进行的"自我革命"，趋势是人才"通岗"化、产品标准化、运营高效化。对于员工来说，从事上述岗位的职能还存在，但人已经变成了复合型的人，而不是随时可能被时代淘汰的螺钉。对于餐厅来说，一来可以培养员工，二来可以提高人效，岗位职责的重新定义，让餐厅的组织更精简，运营效率更高。

案例讨论题

1. 结合案例，谈谈餐厅人员编制产生了哪些变化并说明原因。
2. 对该案例一人多能的情况，你对餐饮人员管理和使用还有哪些启发和建议？

思考与练习

1. 去拜访一家餐厅的经理，了解其日常的工作，论述餐饮日常管理应包含哪些内容。
2. 论述餐饮业现场管理（6T管理）的基本内容。
3. 影响餐饮人员设置的因素有哪些？
4. 餐厅人员编制的方法有哪些？
5. 造成餐具损耗的原因有哪些？
6. 减少餐具损耗有哪些措施？
7. 餐饮设备管理的"六定"包括哪些方面的内容？
8. 餐饮客史档案是如何分类的？
9. 客史档案管理的内容有哪些？
10. 收集客史档案的途径有哪些？

第十章 餐饮创新

【学习目标】

通过本章的学习,了解餐饮创新的主要内容,掌握创新的方法,重点掌握观念创新、管理创新、经营创新、菜肴创新、服务创新、营销创新的具体内容,并学会运用。

【内容结构】

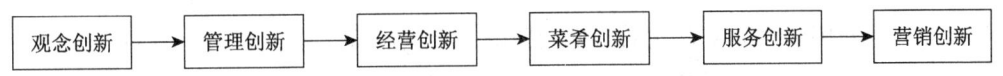

【重要概念】

量化管理　预见型管理　授权管理　绩效工资含量　菜肴创新　体验营销　服务营销

第一节 观念创新

创新是衡量一个企业是否有核心竞争力的重要标志,是企业发展的必然选择,但在所有的创新中,归根到底都是观念创新。

观念是创新之本,而观念创新是通过以下内容来完成的。

一、建立新型的学习型组织

组织是一个集体的有机组合,并以整体的形象予以展示。一个企业就是一个大组织,企业形象的建立是组织力量的集中体现。目前,对一个企业来说,与时俱进是当前经营管理理念中最重要的理念,在知识经济的年代,组织也应赋予时代的特征,其中以学习型组织的建立最为迫切。

(一) 学习型组织的意义

在众多的行业中,饭店业是最具变化的行业,而在饭店业中,餐饮业由于它与人们的生活联系极为密切,是最具动态与活力的。这就要求其以不断变化、常变常新的姿态展示出它固有的魅力。而这种变化的前提条件是需要以不断学习为基础的。

目前,在我国餐饮业中存在的典型问题就是重视经验、轻视学习,重视个人、轻视团队等。经验固然重要,但经验是在实践中积累和发展起来的。尤其是今天的餐饮工作者面对的客人是前所未有的挑剔。他们的需求越来越显现出多样化、求异性的特点,越来越彰显着个性,而消费则越来越显现出成熟化的姿态。面对这种现状,如果顽固地坚守着多年不变的所谓经验和套路,再加之以西餐为代表的各类全新经营模式大举进入,必将使自己的经营之路越走越窄,陷入窘地,甚至拱手让人。所以,要在不断学习中运用经验、发展经验,洋为中用、取长补短。这种学习是来自强烈的危机感和真诚的学习欲望,是组织中最迫切的感受和需求,是成员中的共同愿望,而好的餐饮企业就应该在组织内部形成这种氛围,通过学习完成目标。例如,众所周知,中国人喜欢西餐的重要原因之一就是其便捷、干净与卫生,这充分地反映出中餐的不足与经营缺陷。而要将西餐中的优势引入中餐中不是单凭一两个厨师所能解决的,它必须经过组织或团队在集体学习中有组织地完成,因此,这种学习型组织的建立对目前先进的餐饮企业来说是必需的。

(二) 学习型组织的具体要求

(1) 以持续学习的意识为主导,不断改进与提高;

(2) 以积极向上、不断创新的理念为核心,开发新产品;

(3) 以企业目标和价值观为指导,进行经营活动;

(4) 以塑造学习型文化氛围为手段,培养企业的共同愿望;

(5) 以创建立体的学习环境为措施，塑造浓厚的学习氛围。

只有这样才可以使组织成员在潜移默化中受到感染与影响，并将学习有机地融入企业经营管理的各个环节，将学习与实践紧密结合，从而实现真正的餐饮创新。

（三）学习型组织的主要内容

餐饮企业是在不断学习的过程中完成创新使命的。餐饮企业学习的主要内容有：

(1) 向同行业学习先进管理经验，并在自我管理中予以创新；

(2) 向消费者了解餐饮需求及喜好，对产品进行创新；

(3) 企业内部员工之间的相互切磋和交流，在工作方法上进行创新；

(4) 厨房以降低成本、研发新品、经营调整为最终目标；

(5) 部门之间相互学习，管理上相互借鉴。

总之，餐饮企业应形成固定的学习制度与静态和动态相结合的学习内容。

二、树立团队意识

团队精神是促进企业凝聚力、竞争力不断增强的精神力量。它可以融入每个员工每日的具体工作中去，优秀的企业一定具有强大的团队精神和强有力的团队力量。通过建立良好的沟通和协调机制，把员工和企业凝聚在一起，从而保证生产经营活动的协调、有序和高效进行。

（一）团队意识现状及原因分析

目前，在餐饮企业中存在的共同问题是团队意识薄弱，这与中餐菜肴的制作特点和厨师培养制度有关。由于中餐的菜肴大多是以具有特点的小量单份形式出现，难以像西餐那样进行标准化的批量生产，这就在很大程度上决定了中式菜肴更多地依赖于制作菜肴时操作者的个人水平发挥和技术含量的多少。这种独立工作的形式使厨师间缺少交流与沟通，通常以个人的完美来达到极致，有时甚至还将个人的经验处于保密封闭状态，表现出的是一种狭隘的个人主义。除此以外，我国厨师的培养大多是采用单传式的培养方式，大多一个师傅带一个或有限的几个徒弟，经过几年，甚至十几年的漫长过程才将其训练、培养而成，这种闭塞的培养方式再加上传统的菜系之分，也造成厨师间的相互隔阂、独守菜系。最为典型的是在一个厨房中不同菜系、从师不同的厨师间往往相互之间不是很和谐，团队意识和团队精神欠缺。而现代企业的一个法宝就是以团队取胜。为此，餐饮管理者应有意识地培养团队的集体凝聚力，使大家意识到个人与团队之间唇齿相依的关系，引导厨师间的共融共助，鼓励相互的沟通与协助。试想一下，如果团队中每个成员都能将自己的智慧和力量奉献出来，形成合力，那么整个餐饮企业将必胜无疑。

（二）团队意识主要内容

饭店工作是一个环环相扣的工作，它的成功需要每一个环节的紧密配合与无私的奉献，来不得半点的松懈。包括服务在内，除了要求每一位员工有较强的专业服务技能和

服务意识以外,更需要从上而下的团队协作精神。树立团队意识的主要内容有:

1. 明确团队目标

餐饮企业应树立明确的团队目标,并使其深入每个员工每一天的工作中。目标是一面旗帜、一盏指明灯,它可以带领大家朝着共同的方向去努力、拼搏,直至达到预期的结果。目标的树立必须明确、简洁、具体;必须要让每位员工牢记在心,进行多次宣导,让大家统一思想、达成共识,明确努力的方向,这样才能有目的、有计划地去工作和生产。

2. 树立团队精神

在工作中既要注意个人能力的发挥,又要注重整体配合,使大家意识到个人失败就是团队的损失。大家时时处处要有大局观念,以团队利益为重,团结协作,共同前进。例如在宴会准备中,团队中的人员需要相互默契配合,甚至补位,在做好本职工作的前提下,还应该拾遗补缺,最终展示的是完美的产品。由于餐饮企业的特殊性决定了其从业者个人的技术力量较强,尤其是厨房,操作者大多单打独斗,再加之其成长过程中的师傅单独传授等多种因素,从而造成了目前好多厨师的个人英雄主义。有的厨师一生当中仅以烹制有限的几道菜而出名,不愿意将自己的技艺传授给别人或向其他从业人员学习,这是一种狭隘的、目光短视的自私行为,必将影响整个团队的共同发展和进步,而新型的企业发展理念就是强调树立团队意识。由此可见,在一个餐饮企业中团队精神就是核心、是命令、是凝聚力。

3. 尊重团队成员

尊重员工不仅仅要尊重他们的人格和劳动成果,而且还要尊重他们提出的一些合理化意见和建议。当员工通过踏实肯干取得成绩时,要激励其再接再厉、继续努力;当员工由于思想麻痹犯了错误时,要诚恳地指出问题的根本原因和今后的努力方向,而不是一味地加以指责,简单地命令。目前,在餐饮业工作的员工越来越年轻化,他们学历高、见识广、思维活跃、有自己独到的见解,善于表达自己的想法和建议,希望得到上级的表态和肯定。基于这一点出发,管理者应及时反馈,给予每个成员以尊重。

4. 激励团队成员

激励是团队给予每个成员的正面鼓励,是一种现代化的管理方法。尤其是目前餐饮从业者多为知识型员工,在日常工作中自尊心较强、心理比较敏感,希望得到正面的鼓励和支持。因此,团队应针对这一现状,多对员工进行激励。

5. 加强团队沟通

一个优秀的企业,强调的是团队的精诚团结,团队成员之间如何沟通是一门大学问。因为,成员之间如果沟通不好,往往会产生矛盾,形成内耗,影响企业的正常运转。要相信下属,发挥大家的智慧和力量为企业献计献策。要为管理者与员工之间、员工之间、管理者之间的相互沟通和交流,积极创造条件。在团队中形成上下之间、员工之间诚挚沟通、相互信任、相互合作的良好氛围。

三、加强服务意识

服务意识是企业团队意识的集中体现，也是团队意识的重要载体和表现手段，应做到以下几个方面：

1. 管理者应首先树立服务意识

以往的管理者强调下级对自己的服务与服从，当今新的管理理念是对传统管理理念的颠覆，它强调的是逐级服务的思想，要求上级要善待下属，把员工当作上帝，提倡上级为下级服务的意识，使员工在受到上级服务的同时，为客人提供切身体验式的服务。因此，管理者服务意识的树立、服务行为的践行，对下属起着表率作用。

2. 树立上一环节为下一环节服务的意识

餐饮产品的生产与服务具有多人参与、环环相扣的工作特点，虽然最终展现的是完美的产品与服务，但在这个过程中，需要上一个环节为下一个环节做好服务，上一个人为下一个人负责，只有这样才能保证全过程无差错。如果其中的任何一个环节出现问题，都会对整体产生不良影响，甚至带来巨大的损失。例如，采购人员应从服务意识的角度严把采购质量关，这样就为后面的加工、烹制环节奠定了良好的基础。如果采购产品不合格，再好的加工人员和厨师也无法做出美味可口的菜肴。

3. 强化员工的服务意识

意识决定行动，行动决定结果。要想员工在具体工作中体现团队意识，企业就要有这一意识的培养，而且这种培养不是一蹴而就的，需要反复不断地强化。有时员工还会出现反复，就需要持续性地巩固和纠正，并在其具体工作中予以指导。

4. 善于引导和鼓励

员工在服务意识指导下的服务行为，大多都是从尝试开始的，这时管理者的引导和鼓励极为重要，服务意识强的员工往往在本职工作之中自我要求较高、追求完美；在本职工作之外，肯于牺牲、勇于付出，但当遇到挫折和困难时，容易受伤害，所以在关键时刻，管理者应对员工的服务行为多引导和鼓励，从中也起到以点带面的倡导作用。例如某服务员看到客人手机没电，主动提出帮客人充电，但是由于没发现插座没电，结果没有充电成功。这时管理者就不要指责服务员，打击他的积极性，而是应该表扬他的主动服务意识并引导他以后工作中再细心些。

四、转变经营管理理念

企业发展成败与否的关键在于管理，而管理的核心问题则是管理理念的先进与否。先进的适应社会和消费者需求变化的管理理念，能够使企业充满活力和竞争力，使企业充满魅力和吸引力。但凡被消费者称赞的餐饮企业，虽表现的形式可能是创新的菜肴、独特的环境、个性的服务、合理的价格等，但如果对该企业进行深度挖掘的话，最终的因素都会归结到管理的层面上来。一些经营不善或濒临倒闭的企业，其最致命的问题大多也出现在管理上，尤其是像中餐这样比较传统、闭塞的餐饮生产方式，常常是恪守传统的经营管理理念，并将其作为法宝屡试不爽，缺乏及时调整并转变经营管理理念的勇气和决心，更缺少对先进管理理念的学习和借鉴，而餐饮企业面对的市场却是在日新月异地变化，消费者的消费需求在不断地更替，同时，竞争对手的实力也在不断地增强，这就迫使着餐饮企业必须及时地转变经营管理理念，以适应其发展。具体应从以下几方面入手：

（一）量化管理

所谓的量化管理就是对管理的内容与管理的结果运用数量指标进行衡量和评价的管理。

量化管理与其他管理的显著区别在于其公平性、具体性及可衡量性。由于餐饮企业的经营与服务具有硬件与软件相结合的特点，尤其是在软件方面，大多强调的是消费者的体验与感受（如环境温馨、菜肴精美），从而使企业在管理方面，更多采取的是一种概括式的、模糊管理的方式，在量化管理不够完善的前提下，对一些本可以进行量化管理的程序与环节也采取了漠视和放弃的态度，从而造成了管理的不规范以及管理成本加大的问题。

虽然餐饮企业在量化管理的运用上不会像其他工业企业产品生产那样可以全程地进行，但并不是说量化管理在餐饮生产中完全不可运用；相反，在一些具体环节上是有其应用价值和应用潜力的。目前存在的问题主要有：大量餐饮企业不屑在量化管理上下功夫；没有深入地体验这种先进管理方式的应用效果；尤其是对于中餐来说，世代沿袭的模糊的生产方式已经形成习惯，量化管理难度较大；管理者缺乏进行深入思考和充分尝试的信心；初期运作比较复杂，测量麻烦。例如菜肴生产中存在的典型问题就是调配料的标准问题，西餐中的肯德基、麦当劳严格到汉堡包面包坯子重多少克、厚多少厘米、酱多少克、薯条的宽度、炸的时间、室内温度、炸完后多少分钟之后卖不掉就要废掉等细节，都量化到很具体、很严格。而中餐菜肴制作中，往往对大环节有着严格的要求，对具体的细小环节要求大都缺少量化，如调配料少许，烹调大约多少分钟等，这种不具体的无量化标准，造成了生产中的弹性，给操作者发挥的余地很大，从而造成了产品质量的浮动性很大，所以应该在主料标准已定的前提下，对调配料的配备标准也进行量化，以促进餐饮产品生产按标准化程序进行。

量化管理可以在多方面予以应用。如餐具破损率的制定、上菜时间的限定、服务标准的规定等方面都可进行量化管理，像目前厨师在生产时大多用勺子衡量各种调味品的问题，从量化管理角度看，完全可以改进为使用专门的带有刻度的标准工具。总之，在餐饮管理中，量化管理大有文章可做。

（二）预见性管理

预见性管理即在客人需求之前和问题可能出现之前，对其有着准确的把握和预测，并采取防患于未然的相应的管理对策，使问题在萌芽阶段就得以解决，并将管理的失误降到最低。预见性管理要求做到：敏捷的观察力；问题意识；对问题有准确的分析；制定具体多样的应对措施；灵活应变，解决各种问题的能力。

在管理活动中最有效的管理就是预见性管理，在餐饮经营中，由于面对的消费者是不断变化的，因而出现的问题也各呈异态，有些问题的出现是在企业无准备或准备不足的情况下瞬间出现的，这就对经营管理者提出了严峻的挑战，即如何根据以往的经验或常规管理，推测可能出现的管理新问题，并采取准确措施予以防范，只有这样的管理才可称其为先进的管理。如面对大型宴会、节假日、旅游旺季的到来就应预见性地推测就餐人数可能超员，在当日接待中，人员和原材料的准备就应充足，采购员就应随时待命以准备应急性的采购。面对客人高规格的宴请，对服务人员的要求无论从水平、人数上都要高于平常，要科学地进行人员的调整。在节假日、旅游旺季等就餐人数难以准确判断的日子里，应超前地进行人员的多种安排思考，如缺员时如何在短时间内调人？是店内各餐厅内部借调还是应急调遣？人多时如何将多余人员安排休息，以此减少人力成本等。面对厨师的流动性强且呈集体流失的特点，是否有梯队性的厨师培养制度？面对菜肴的日渐陈旧、吸引力减弱的现状，是否有相应的措施和制度予以防范？再如经常遇到客人点菜单上没有的菜时怎么办？

总之，餐饮管理的内容复杂，变数较多，完善的管理，尤其是预见性管理可以起到未雨绸缪的作用。

（三）授权管理

所谓的授权管理就是管理者为了使其下属更好地开展工作，在工作中有一定的灵活度，更能激发其工作热情和追求完美、成功的效果而对下属授予一定的、能更好地开展本职工作的工作权限。这是一种比较先进的管理理念，其可取之处在于它不是更多地看重职权，而是倾向于授权员工现场处理问题的权限，追求的是完美的结果，其意义在于：

1. 将追求员工工作极致作为目的

授权增强了员工做好工作的信心，并使员工相信自己有能力对企业做出贡献。同时也转变了员工的观念，使他们从认为自己没有权力转变为对个人产生了强烈的自信，激励他们工作更主动并能坚持不懈地去解决困难，并在授权范围内最大限度地发挥自己的能力，尽可能追求完美极致的结果。这一管理方法如果在具体工作中运用得合理得当的话，往往能为餐饮管理者带来意外的惊喜。

2. 更注重员工的个人价值发挥和企业目标的实现

餐饮工作是具有其特殊性的，在饭店是与宾客接触最多、遇到问题最复杂的部门。面对经常遇到的特殊问题和情况，并不是日常的规范管理所能应对的。有时，宾客提出的问题需要服务者应急做出反应，迅速做出回答，更为重要的是有时在解决某些特殊问题时，并不是员工在职权范围内所能够控制和决策的，常常会出现力不从心的情况。如果企业考虑到现状，适当地对员工有所授权，会提高服务效率，展示员工的工作能力。如经常遇到的客人提出消费抹零、打折等问题。面对消费成百上千元的宾客，提出此类问题似乎并不苛刻,可以理解,但按常规,服务员是没有这个权限的,所以最常见的做法就是直接回绝客人,使之很没面子,很难堪;或是向上请示,让客人长时间等待,使之很不高兴。如果餐饮管理者考虑到实际情况,在面对此类对餐饮经营有影响但又不是很关键问题的处理时,授予员工一定的权限,使员工灵活处理,既能达到吸引宾客的目的,又能利于企业经营目标的顺利完成,一举几得,何乐不为?

3. 有利于员工个人能力的提高

打破狭隘的权力至上思想,从有利于经营的角度出发,而不是从有利于管理的角度出发,敢于大胆地将部分权限授予基层员工。当员工利用授权将工作做好,这本身就使个人能力得到了很大的提升。

4. 充分调动员工的工作积极性

授权可以充分调动员工的积极性,产生很强的激励作用。员工在工作中因为权限的制约,常常在出现问题时出现力不从心的现象,而授权可以为其解决工作疑难问题创造便利条件,尊重员工的工作热情,激励员工超水平发挥和无障碍工作。

应该看到任何人的能力都是有限的,作为管理者不可能事必躬亲,其管理工作的一个重要内容就是培养下属,为其成长创造机会。将员工看成是自己智力和能力的载体,赋予其一定的权力。

5. 有利于提高工作效率

在工作中需要授权并能够将授权用于工作中的员工都是有高度责任的员工。有利于服务效率的提高。授权就是要缩短请示、汇报、研究的时间,是一种快速的服务方式,它是在不影响经营大局的前提下,给员工一定灵活处理问题的权限,使其在发挥创造性的工作中,快速地解决问题,满足客人的需求,是提高效率的一种先进管理方法。

当然,这里所说的授权并不是无限度、无约束的授权。因为基层员工在贯彻执行过程中,由于其角度不同、对问题的理解不同、处理问题的技巧和水平也不同。考虑到种种因素,对员工的授权应注意以下几个问题:对员工授权应有所区别、有一定限度,不同的岗位应有区别、不同的业务能力授权的限度也是应有所区别的;对相同员工,相同岗位的授权范围可动态调整;应使员工灵活而不随便,有权而不滥用;进行一定的指导和监督。

(四) 信息的传递

信息是有价值的,更是有生命的,这在极具变化性的餐饮经营中体现得更为明显。餐饮管理者应该反思,面对每天无数的信息,是否进行了有效的传递、最大限度的利用?传统的餐饮经营,尤其是管理者,往往将信息的掌握看成是自己的独权,形成垄断,似乎只有自己才有权知道,对下属、对基层员工实行封锁和保密。如餐厅的经营指标是多少?在不同的经营状况下,经营任务是如何制定的?以及餐厅每日的经营报表等与经营关系最为密切的相关信息常常不向下属公布,从而造成大量的一线员工处于模糊的、无目标的工作状态。员工在不知情的前提下,在不知道自己的努力是否有成效、差距有多少的情况下，让其尽情地发挥、持续地努力，这恐怕只能是假设。

作为企业的主人，经营业绩的直接创造者——基层员工有权知道企业的信息，其工作也需要他们及时了解相关的经营信息，以便使员工更好地调整自己的工作节奏，正确地评价自己的工作状态，激励其朝着明确的目标努力。为此，先进的管理者应树立信息下行传递的理念，即管理者在尽可能的范围内将有利于经营、有利于调动员工的各种信息及时准确地进行下行传递，这种信息的传递应是多元的。如将昨日经营状况及完成指标情况及时地告诉员工，会使他们准确地知道自己努力的效果如何？与既定的指标是否有差距？再经过多大程度的努力便可实现？再如将当日的主要预订、重要接待在班前会议上告知，便于做充分的准备，以减少工作中的失误；将当日的菜品信息及时告知前台服务人员，如将创新菜的原料组成、烹制方法、口味特点、价格等告诉服务人员，这既便于推销又免去了服务工作中出现尴尬局面。当然，信息的下行交流既是对员工的一种尊重，更是一种调动员工积极性的方法。

餐饮管理者应充分认识到信息传递的意义：这有利于企业的经营；加强了上下级沟通，并在沟通中赢得了理解；对上便于酒店高层管理者及相关部门掌握基层经营动态，对下便于基层工作人员了解酒店管理动态；每一次有效的信息被利用就是一次难得的成功营销；培养了餐饮从业者的信息收集和传递的意识。

总之，信息传递是餐饮管理中一个主要的、具有应用价值的现实问题。看似简单的上传下达，但实际却蕴含着丰富的经验技巧和工作艺术。这也是一种经营观念的转变。

（五）体验工作法

客人到饭店消费从根本上说就是一种体验、一种感受，体验消费是目前比较时尚的一种消费形式。体验不仅指宾客消费体验，对餐饮企业的员工来说，在工作中也需要体验。体验工作法是提升员工工作质量的助推器，应该引起重视，值得推广。

体验工作法在实际工作中具有重要意义：

1. 是员工做好工作的前提和基础

对餐饮企业来说，宾客的许多消费都是在服务人员的引导与建议下完成的，如点菜时请服务员帮助点菜或推荐菜，尤其是在对某些菜肴不甚明白的情况下，需要服务员进行现场解答或说明，如"这道菜是什么原料做的？用什么方法做的？口味特点是什么？这道菜辣到什么程度？菜量是多大？"等问题几乎是每位服务员每天都会遇到的问题，这也是客人透明消费的一种表现形式，但在实际消费中，尽管服务员极力地进行描述和介绍，但客人的感觉仍是很模糊，甚至有的服务员直接回答客人说"我也没吃过""说不清楚""差不多就是这样"，令客人很无奈。最终的结果或是放弃对某道感兴趣菜的点用，或是在不了解的情况下大胆地点一次，这既增加了宾客的消费成本，又可能出现期望与现实的强烈反差，这种消费很难吸引客人的再次光临，使厨师辛苦努力制作的精美食品没有准确地提供给最喜爱此道菜的客人。由于中餐菜肴品种千变万化，口味特点完全不同，在客人完全不知情或没有切身体验的情况下，服务人员的推荐和介绍就显得尤为关键，它直接决定了这道菜的吸引力如何，决定了客人消费的成败乃至于消费的持续性问题，最好的服务应是把客人的需求与菜肴特色做到准确结合的介绍。而目前来看服务人员的介绍大多有很大的差距，其根本原因是服务人员根本没有体验过即没有品尝过。

2. 能增加员工的切实感受，有利于更好地发挥

服务员介绍菜肴时不成功、不具体的一个主要原因是没有切身体验。试想一下，在向别人介绍自己不熟悉的东西时，效果会是如何？也只能是机械地照本宣科式解释。为此，管理者应该认识到为员工创造工作体验的重要意义，使员工像客人一样进行体验，在体验中找到感觉，找到为客服务的结合点。例如饭店在推出创新菜之前不妨先请服务人员品尝，使之有真实的感性认识，让他们去总结、归纳如何通过自己的感受和体验，将新产品成功地推荐给客人，甚至还可请品尝者提出意见和建议，以便于更好地改进。

3. 能提升体验者的工作质量

众所周知，"宾客是上帝""宾客是衣食父母"历来都是服务中遵循的至上理念，但在具体的运用中对服务员来说，这只是一种硬性的灌输与渗透，在工作中执行起来很不自如，甚至有些生硬和牵强，究其原因与员工无切身感受有关。为此，可以让员工扮演就餐者，由管理者为他们进行服务，真正使之像客人般体验到"上帝"的感觉。这既是对员工的尊重，也是一种管理艺术，更是上下级之间相互沟通，相互体验的有效途径，管理者竭力为员工提供了更好地开展工作体验的机会，员工在充分体验中对服务理念的理解得以升华，对菜肴的了解更为直接，在此基础上何愁做不好服务工作。也就在一定程度上杜绝了菜肴推荐无吸引力的现象出现。

4. 便于换位思考，有利于沟通协调

其实有了体验，员工的为客服务过程就是体验回味的过程。不但如此，管理者在为员工服务的过程中也会体验其工作的艰辛与不易，加深对他们的理解，增强为员工服务的意识。这种一举多得的体验工作法何乐而不为？

5. 舍得投入与投资

体验工作法需要相应的投入与投资，有时不能够即刻显示出效果，需要管理者以长远的眼光，舍得投入，为员工创造体验的情景与条件，品味服务的内涵与真谛，以使服务工作得到升华。

第二节　管理创新

餐饮经营是在不断变化中进行的，变化是餐饮发展的主旋律，这既是消费者的需求，也是行业发展的趋势。面对着人们餐饮消费渴求亮点、寻求新异的心理现状，任何

一个餐饮企业者要想立足于竞争激烈、未知因素众多的餐饮市场，就必须走以变应变之路，使经营与消费需求接轨和吻合，以保证其市场占有率和持续发展，无论对于老企业还是新企业而言，这无疑都是至关重要的。

餐饮变化的根本就是创新，而创新的核心是管理创新，餐饮一系列的创新都是由管理创新所派生来的，即管理是根本，是原动力。管理创新的主要内容是手段与内容的创新。

先进的管理手段，新颖的管理模式必将给企业带来永久的活力与竞争的魅力。随着外国企业的大量涌入，其明显的竞争优势、良好的经营业绩对本土餐饮业形成了强烈的冲击，我国餐饮管理中，传统的经验化、口头化、模糊化、初级的管理模式已使我们在起点上处于劣势。运用先进的管理理念，采用先进的管理手段，融入赋予时代感的管理内容已迫在眉睫，不容迟缓。

一、走动式管理

餐饮业的发展与需求处在不断的动态变化之中，无论是品种、环境、服务，还是经营方式，都处在更新之中。面对纷繁多变的现状，这就要求餐饮管理也得与之匹配，也得呈动态之势。以往那种单纯地听汇报、看数据、开会议、写总结的管理方式已严重地脱离了经营实际，更制约了企业经营。为此，餐饮管理者首先就应该动起来，摆脱原有的管理思维，亲自深入经营现场，去观察、了解。其作用包括以下几个方面：

（一）收集最真实的第一手资料

由于餐饮业是最具动态的一个行业，也就要求餐饮管理者的管理更具动态。走动式管理就是一种全新的管理理念，它使管理者在走动中完成发现、观察和了解问题这一些重要工作，尤其能够掌握最真实的第一手资料，滤除以往层层汇报中人为的主观因素和加工成分，使信息来源更真实、更具体。肯德基将主管们的凳子背统统锯掉，让他们不停地进行现场走动管理，就是希望能获得更多的原始信息反馈。尤其是一些不真实的，具有误导性的信息，需要管理者通过走动式管理，深入一线，进行信息的鉴别与筛选，从而减少工作中的失误。

（二）拉近管理者与宾客、员工的距离

常规的管理在宾客和员工的印象中，管理者总是高高在上，离自己很远，看不见、摸不着，而走动式管理需要管理者亲临经营一线，工作在宾客与员工面前，甚至是零距离接触，使他们感觉很真实，在感情上也容易亲近。由于这种距离上的缩短，使得管理者在处理问题时也容易被接受和采纳。对客人而言，管理者亲临消费现场，会使其感到受尊重、被重视；对员工而言，管理者出现在其工作现场，使其工作更有信心，更愿意将最佳的工作状态展示在管理者面前。

（三）启发管理者的思路

走动式管理这种管理者的现场工作法，使管理者在全面、真实了解经营实际的同时，

容易拓展自己的思维，转变传统的观念，使现有的管理更切合实际，更具有针对性。管理者的思路转变可以通过各种途径完成，如客人的一个闲谈或者一个信息，一线人员的请示或者困难的反馈，都可能启发管理者的思维，而走动式管理是一个最好的途径。

（四）便于短时间内现场解决问题

在餐饮经营的现场常常出现随机性的、应急性的无法预测的问题，尤其是一些棘手问题，一线员工由于经验、能力、权限所致，往往无法立即处理，需要向上请示汇报。这时如果管理者在现场，就可以及时反馈、立即处理，缩短解决问题的时间，减轻一线员工的困难。如经营现场经常会遇到个别客人专点某一品牌的酒水，而本企业又没有，遇到这种情况，大多酒店都是建议客人点用本酒店已有的酒水，这样既方便又省事，如遇到执着的客人非要店外采购时，餐饮部或饭店就只能逐级申请，层层汇报，很难在短时间内实现客人的要求，最终的结果可想而知。而如果管理者在现场，则能特事特办、急事急办。

（五）为基层工作提供最有效的服务

走动式管理强调的是管理者深入基层，了解现实，服务一线，其管理效果是其他管理方式难以替代的，尤其是餐饮工作纷繁复杂，专业性很强，很多管理者并不完全熟悉和了解每一个环节和每一个工种，使常规管理与实际经营与需求产生矛盾。而走动式管理却能很好地解决管理与需求错位的问题，真正为基层提供有效的服务。如酒店人力资源部经常遇到的餐饮部人员定编与酒店的规定编制差异很大的问题，是定编不合理，还是基层管理不到位，这一问题坐在办公室里是搞不明白的，最好的办法就是人事部相关人员，在不同的时间段，经营的高峰与低谷时间，多次到餐厅各岗位去了解观察，取得真实的原始资料，合理的定员工作也就迎刃而解了。

当然，动态管理不仅仅单纯体现在走动式管理上，还要求对管理的内容和手段也呈现出动态来，如多项管理指标的建立、人员的轮岗动态制、一人多能制，以及计算机等一些现代化管理手段的不断更新与运用，都会使动态管理更具特色、更见实效。

二、经营指标分解

餐饮企业经营是在有目标的前提下进行的，这个目标就是企业的经营指标。它是企业经营的天平和指南针，可以随时衡量出经营的效果，并可起到及时调整经营策略的作用。这种指标分为长期（一年）、中期（季、月）、短期（周、日），餐饮企业的管理须在确定经营指标的前提下，将长期指标逐步分解和细化，以达到具体可操作的目的，这项工作对管理者来说是十分重要的，也是经营成败的一个关键因素，具体操作程序如下：

（一）分析影响因素

指标分解的首要工作是对确定指标的各种因素充分地考虑并仔细地分析，以确保经营指标制定的可行性。总的原则应是在可行的基础上适当提高，但必须具有完成的可能性。如分析同期或最近一段时间的经营状况是递增还是递减？原因是什么？在本目标期内经营的优势、劣势、机会、潜在威胁都有哪些？预测一些随机性的因素对餐饮经营的影响程度有多大（如黄金周的调整、公款消费的限制等）？在此基础上，科学地制定出可行的经营指标，如杭州某饭店2015年全年营业收入为1800万元，在确定2016年指标时，考虑到对全球影响比较大的G20峰会的召开，大量中外来宾及游客涌入杭州，及会后餐饮经济对本企业的刺激等一系列影响餐饮经营的有利因素，将指标确定为2000万元。这个指标的确定就比较合理可行，即在原有基础上，增加了10%，经过努力有实现的可能性。但是，如果将经营指标定到2700万元，增加50%，在没有确切保证的前提下则是一种盲目的做法，也是不切实际的。这种欲速则不达的做法，只能使基层部门或员工产生反感，丧失信心，造成员工的抵触情绪，反而影响、减弱了经营效果。

（二）初步分解指标

餐饮企业长期经营指标确定后，应进行一定的分解。如果是有多个餐厅经营的话，要参照上述中所说的因素分解的方法，将各餐厅的经营因素进行分析，当然这种分析要更为具体、细致。如各餐厅的经营特色、风格、技术水平、设施环境状况、经营的潜力、前期经营的状况都应当重点考虑，在此基础上，将总体经营指标分配到各餐厅，使各餐厅能够明确地知道自己的经营目标，以便有针对性地制定措施。

需要注意的是在此环节中，切忌将指标平均分解，此法达不到激励的作用，做不到奖优罚劣。例如，某饭店在对各种因素分析的基础上，确定全年的经营收入为4600万元。该饭店共有宴会、风味、零点三个餐厅，其中，宴会厅的厨师技术力量最强，但客源不够稳定，且较为集中；风味餐厅特色明显，环境好，但营业面积有限，餐厅座位数有限；零点餐厅客源充足，但消费额度不高。通过一系列的分析，最终分配全年营业指标分别为宴会餐厅1300万元，风味餐厅1800万元，零点餐厅1500万元。由于分解得比较合理，各餐厅也比较认同和接受，最终都能够超额完成任务。

（三）进行指标细化

指标细化是指餐饮经营企业或部门将整体指标进行有效分解，并具体细化为下属餐厅及二级部门的初步目标，使之在此基础上进行细化。

餐饮各餐厅经营由于受多种因素的影响，因而在经营中也表现出不均衡。即经营的淡旺季、高低峰表现得极为明显。在进行具体的指标分解中也应寻找出变化的内在规律，力争将指标分解额与经营的变化同步，以达到指标虽在变，经营可实现的目的。

在细化的过程中应将影响经营效果的个性因素进行透彻分析，通盘考虑，以确保指标在细化过程中的准确。指标分解可以细化到月、周甚至日。例如每年的1、2、3月份，会议、婚宴较少，人们外出消费的欲望不是很高，大多是淡季。此时，分解的指标应少些，而夏季是人们外出消费的高峰季节，所以在指标额上，可能是前者的几倍。当然，这种细化最好的办好是能够计算出各种影响因素在经营中的影响程度，在指标细化时就会更为科学。在细化时应周全地考虑各种变化因素（季节、气候、节庆日与预订消费的比例、额度等），并力争做到可定量的直接定量，对一些难以量化的岗位，也应根据实际，尽量选择一些显性指标进行量化。

（四）及时跟踪调整

餐饮经营指标进行分解后，并不是一劳永逸、固定不变的。它需要在经营过程中随时对照、及时反馈，发现问题、立即调整，以保证其有效性。俗话说"计划没有变化快"，如果说细化的经营指标是计划的话，那么，再好的计划也难以保证不出偏差，因为在制定与分解指标时，基本上考虑的是常规的影响因素。一些变化的个性甚至是不可控的因素，常使人难以预测，更不可能把不可测的因素或罕见的因素都融入具体的指标细化中。因而，在具体的经营中，常出现一些始料不及的问题，打乱甚至完全改变事先既定的指标，例如地震、"非典"、金融危机等不可抗力造成的餐饮经营毁灭性的打击，是事先谁也无法预料的；再如在接待会议、宾客宴请等临时消费所带来的营业额的上升等。为此，在具体经营中，管理者应每日核对经营任务的完成情况（根据财务的日报表），对这种变化做出及时、快速的反应，寻找产生变化的因素，准确地找出主要原因，并调整相应的策略，制定具体的措施以保证餐饮经营的有序、持续发展。

总之，餐饮经营指标的分解和细化是管理中必需的一个环节，也是考核管理者管理水平的一个重要内容。它是在科学分析基础上的一种对经营形式的超前分析与预测，也是反映企业经营业绩的一个核心指标，经营指标确定得是否合理，细分得是否准确，对餐饮经营直接起着导向的作用。当然，对经营指标的分解应采取上下交流式的分解方法，即摒弃以往传统的、生硬的、自上而下的命令或摊派式，而换之以沟通探讨式，上下级之间从不同的角度、不同的方法、不同的信息等方面进行指标的细化分析，对完成指标的可能性、有利及不利因素、最高及最低目标、影响目标实现的不确定因素等诸多方面进行探讨，且这种探讨可以反复多次进行，由最初的分歧到最终的统一，由最初的不可行到最后的可能，这实际上也是下级参与决策，员工参与经营的一种民主管理形式，当上下级达成目标的一致共识后，其进行起来就会很默契、很畅通，最终形成合力。

三、绩效工资含量

所谓的绩效工资含量就是对每一部门及每一员工的工作业绩和效果，进行评价和估算，并将评估的结果与其利益的所得进行挂钩，以达到公平、真实、准确地反映工作业绩，从而激励员工的目的。

绩效工资含量在管理手段中并不是最新的手段，此方法已被广泛运用。但是，它比较适合于进行量化考核的部门和岗位，因为在量化的前提下，考核的目标和标准便于确定和操作，故使用起来比较简便。但对餐饮管理来说，由于不确定的因素太多（如客源的多少、销售额的高低、员工工作潜力的发挥等），故很少有运用此法进行管理的，从而造成了目前餐饮中的宏观、笼统、模糊管理较多，只是将经营任务与部门挂钩，很少将经营业绩与个人进行联系与评价，缺少微观、具体、可运用的直接管理方法，尤其在人们的思维定式中，认为餐饮经营中的弹性因素太多，故无法对个人进行准确的绩效评估，即使已有的绩效考核也只是进行到部门或班组的层面，从而导致员工个人能力发挥的好坏、贡献的大小、积极性的高低与个人的利益没有更好地联系在一起，管理的激励作用没有更好地体现出来。

其实只要餐饮管理者肯于琢磨，善于动脑，大胆尝试，将绩效评估与员工的个人表现挂钩也不是不可行的。当然这里有一个反复总结、不断调整的过程。较为有效的方法为百元工资含量制。

（一）百元工资含量的意义

1. 民主管理

采取民主管理的形式，即上下级之间采取参与沟通考核的方法进行交流与沟通，容易减轻员工的思想压力，易于员工接受。

2. 目标明确

在各自掌握相应信息的基础上，对未来将要实现的经营目标和绩效进行可能性的探讨，并且对可实现的途径进行研究，对最高及最低实现标准进行预测，经过协商后达成目标，这必将得到各方的认可。尤其与基层员工沟通工资含量标准，使员工更为准确地了解自己的努力与个人的收入之间的关系，目标更明确。

3. 内容具体

实行百元工资含量的绩效评估方法，在开始之初需要投入一定的时间和精力进行观察和测试，并根据现实问题不断地进行工资含量比例的调整。这个过程可能很复杂，但是一经确定后，运用起来就会感到很方便、简单，更为主要的是其良好的激励作用会使有潜力可挖、有能力的员工尽情发挥，并在工作的同时能够即时地知道自己的所得，准确地找出自己的优劣，起到公平、公开的作用。工作中的价值转换更为具体和现实，这种管理手段可以说是餐饮管理手段的创新。

4. 利于激励

大部分餐饮管理者往往把服务员和厨师只看成是整个工作流程中某个环节的执行者，认为无法将这些细节的工作与最终结果进行量化对应，而百元工资含量则使指标分解更为具体，与个人的绩效联系更为紧密，从根本上解决了一味强调员工觉悟、奉献，无法具体考核、评价这一现实问题，有利于激励员工高水平的发挥，取得超期望的结果。

5. 科学公正

实行百元工资含量的绩效评估方法，显示出管理的科学性和公正性。应该看到员工的自身努力需要企业的评价和充分的肯定。百元工资含量解决了目前很多餐饮企业将员工评价的权力下放于基层管理者,并由此产生评价的随意性和主观性的问题,在一定程度上也解决了基层管理者权力过大,作风霸道的问题,杜绝了员工消极的工作态度和工作责任心不强的问题,其根本原因就在于绩效与个人利益的挂钩。

(二)百元工资含量应遵循的原则

(1) 经营条件相对差的岗位提取率应高于环境好的岗位。
(2) 低峰时段的提取率高于高峰时段的提取率。
(3) 菜肴的提取率高于酒水的提取率。
(4) 散客的提取率高于宴会的提取率。
(5) 后台的提取率应随着前台的平均提取率变化。

(三)百元工资含量实施步骤

(1) 进行餐饮指标的分解与细化。具体落实到部门和班组的经营指标层面。
(2) 部门和班组将经营指标与个人进行联系。初步确定个人在一定时间段内的销售额。如每月、每周或每日的销售额。
(3) 合理确定提取工资比例。这是决定百元工资含量实施成功与否的关键的问题。在具体实施中,应考虑各种因素的差别性,以确定不同的提取比例,如在给前台服务人员定标准时,应考虑包间与散台的经营环境与消费水平差异、高峰与低谷的不同消费时段消费额的差异、菜肴与酒水的利润率的不同、宴会与散客的利润差异等。
(4) 将销售业绩与个人收入按比例挂钩。在百元工资含量中,以百元销售量为基数,在此基础上确定每百元销售收入中提取员工收入的比例,并实行上不封顶的政策,即员工的个人收入与其销售业绩直接挂钩,鼓励员工多销售餐饮产品,达到企业与员工共赢的目的。
(5) 不断总结与调整。由于餐饮员工的人数较多,工种复杂且岗位繁多,要想将此项工作做好需要有一个过程,可以先在一两个岗位搞试点,不断总结、及时调整积累经验后再予以推广。

这种方法从根本上解决了经营目标只能落实到部门、班组这个层面,难以落实到对经营起着决定作用的基层员工这个层面的问题。

四、现代技术的运用

现代企业管理应与现代的管理技术相结合,尤其是像餐饮这种历史悠久、比较传统的行业,更需要及时引用那些新的技术为管理所用,这本身也是一个管理观念转变的问题,如计算机的管理信息储存肯定会比手工记载有优势。在客史档案、采购信息、库存统计等方面,计算机有着无可比拟的优点。除此之外,因特网的广泛普及,可为餐饮经营提供更为便利的条件,宾客可以在线预订、模拟设计产品等。此外,现代通信设备为餐饮宣传营销起到了推进作用,提高了效率和覆盖面。

五、集中配送，专业外包

随着餐饮经营内容的不断丰富与发展，尤其一些连锁店、品牌店等非个体餐饮企业，由于其经营内容相似，经营风格相同，产品标准统一，应转变传统的"麻雀虽小五脏俱全"的经营理念，对一些原材料的粗加工，如切配等，可采用集中加工配送的经营方式，这既节约了人力成本，又保证了产品的质量，而且由于集中配送加工的数量较大，原料的剩余量较小，配送中心也是调配中心，可以及时地在各店之间进行需求的调配，这些都可以保证产品的新鲜度。此外，对一些专业化程度较高或较为简单的工作也可以采用外包的形式，如棉织品的洗涤、卫生保洁、安全保卫等都可进行外包。

第三节　经营创新

一、经营理念的变革

餐饮经营的创新依赖于经营理念的变革和产品创新体系的建立。餐饮企业要想发展，在竞争中处于优势地位，就必须加强经营理念的转换力度，注重创新，突出个性化经营。对餐饮而言，不断的变化与发展就是其永恒的追求，也就是创新。

我国的餐饮业由于受体制、技术、历史、菜系、服务、经营环境等多种因素限制，大多数的产品还停留在几十年前的水平，处于一个不够成熟的阶段。由饭店定菜肴组合、定烹制方法、定配量、定价格、定服务，似乎变成了亘古不变的做法，餐饮企业墨守成规，在由卖方市场向买方市场的转换过程中，传统的经营理念和模式与市场需求的发展极不匹配。特别是面对当今人们消费需求更新频率的加快、更新周期的缩短、消费经验的丰富、市场潜力的巨大这一现状，在感到危机的同时应抓住机遇，乘势而上，以变应变，以新对新，只有如此才能保住企业，获得成功。其前提就是在对顾客需求愿望的准确诊断与把握的基础上从转变观念、变革创新开始。

当今的消费者越来越趋于成熟。由于社会活动的频繁，社会角色的增强，社交面的扩大，促使消费者有更多的机会和条件进行餐饮消费。而社会活动餐饮化的趋势，使消费者有更多的消费经历和消费体验，更理智地进行消费比较，从而也提出了更为现实和个性的要求。在日常经营中不但会遇到不完全遵循饭店既定的菜单点菜，提出一些个性要求甚至是不可思议要求的客人出现，也经常会遇到将本餐厅的菜肴与其他餐厅制作的同一菜肴进行评头论足的客人。其实在客人这一系列的表面现象中蕴含着一个消费信息，即迫切希望餐饮企业进行创新。如果我们的经营管理者仍旧以传统的观念看待此类问题，仍认为这是客人的挑剔或是个别现象，仍顽固地进行传统经营，那只能走入死胡同。

经营者的经营理念也需与时俱进，既要坚持传统经营，又要赋予时代特色。以创新的姿态迎接需求的变化，如有的取消菜单，发挥客人想象；有的从体制上变化，实行股份制；有的从管理模式上进行创新，实行绩效考核；还有从厨房的现代化入手，使烹饪技术更加开拓创新；有的从服务个性化为突破口，以增加餐饮经营的魅力；更为时尚的则是从文化入手，增加品牌文化的竞争力，可喜的是有的餐饮企业在创新过程中得到了收益，尝到了甜头，从而坚定了信心，加快了创新的步伐，并提出了自己的理念为："可以被模仿，从未被超越。"这种以强势的状态进入市场，参与竞争的餐饮企业一定会取得成功。这不能不说是理念的变革所带来的企业的活力。

总的来看，餐饮业的发展越来越受制于理念的影响，而目前我国餐饮业由于创新速度与程度的欠缺，使大量单一、雷同的产品过度充斥着市场，更多的消费需求没有被重视，更多的消费潜力有待于深度的挖掘，再加之产品生命周期的缩短，生产技术变化速度的加快，导致了市场迫切需求创新，呼唤个性化、定制化、多样化的产品出现，而且这种创新应是全面的、多元的。

对待顾客的时尚需求和越来越苛刻的要求，只有能顺应变化，具有足够的柔性和弹性，能迅速进行变革的餐饮企业才是真正具有明显竞争优势的企业。走出"人无我有，人有我新"的发展之路，为保持长久的竞争优势，加快产品的更新节奏，以不断推出的新产品冲击市场的餐饮企业才有生命力。例如，传统餐饮企业认为点菜服务一定是供需之间面对面的交流，但是否想到为了减少等待时间提供网上订餐业务？再如店客双方都感到等餐期间是个比较难熬的问题，餐饮企业是否从如何将客人这段时间进行有效利用这一角度进行思考？

众所周知，最佳饮食标准为"早吃好，午吃饱，晚吃少"，但中国人很难做到，原因是多方面的。与国人长期不重视早餐的质量，不舍得在早晨把宝贵的时间用在做饭上的因素有关，但也不能排除餐饮企业不屑于早餐经营，没为人们创造一个便利的早餐消费环境有关。如果餐饮企业能够转变自己的理念，调整经营的思路，及早占领国人早餐这个巨大的市场，何愁无利可得？所以说，观念变革，意义非凡。

二、经营形式的创新

创新是酒店进步的灵魂。餐饮创新的所有努力，最终都是通过各种各样的形式创新从不同的侧面予以体现并展示出来的。主要包括厨房前台化、服务创新、主题创新、设计创新、环境创新、布局创新等内容。

（一）厨房前台化

常规餐饮经营形式是，客人在前台点菜，然后厨师在厨房加工。厨房处于封闭、隐蔽的状态，闲人是免进的，连服务人员都难得一入。从对其传统的称呼"后厨房"中可见，一个"后"字把厨房的位置及厨房的地位揭示无疑。这种不见面的厨房管理，使就餐者总是对厨房的加工有一种猜疑，如卫生状况如何？投料是否按标准？加工环节是否有省略？有的实施挂牌点厨的饭店，客人还担心是不是自己所希望的厨师在为自己做菜，尤其是在点食鲜活的产品时，在消费者中都有一种心照不宣的担忧，即怕在厨房加工中被替换了或被减量了。应该说，宾客的这种担忧无可厚非，这既是消费权利的一种维护，也是消费者需求的一种表现，产生这种情况的原因主要是厨房加工的不透明。为此，很多餐饮企业在进行经营创新的同时，将厨房由后面推向前台，将厨师由隐蔽式加工请到客人面前现场展示，这种经营形式的推出，得到了一致好评，并有日渐流行的趋势。

厨房前台化，不仅仅是简单的厨房的位置变化，它也反映了一种经营理念的变革，可为客人带来意外的收获，具有非凡的意义：

1. 有利于厨师技艺的展示

众所周知，厨师水平的高低直接决定了菜肴质量。精湛的厨艺，会给人带来极大的艺术享受，尤其是中餐的厨师。那挥洒自如，翻锅把勺的表演具有很强的观赏性，使人眼花缭乱，目不暇接。看此表演，自然会对其加工的菜肴产生了欣赏之情。当然，结果定是食欲大开。

2. 有利于解除客人的担忧

由于是明堂亮灶，所有的加工内容都在客人面前一展无遗，使客人的所有担心和忧虑都一扫无余，扭转了人们过去对厨房脏、乱、差的不良印象。这远胜于口头的保证，无力的承诺。此外，对后厨房管理也是一种促进和监督。

3. 有利于展示厨房现代化

现代餐饮业的厨房加工一改千百年来厨房加工完全手工化的局面，很多现代化的加工设备和具有特殊用途的"新式武器"已被广泛使用，而厨房前台化，可以使这些设备和用具由神秘状态进入消费者的视野中，以更好地展示厨房的现代化与餐厅的档次。这可谓是很好的宣传手段。

4. 增长了客人的知识

现代消费者的一个特点就是客人在消费中知识面得到拓展，尤其是随着人们对饮食消费的重视和饮食质量的提高，很多客人在品尝到可口的菜肴时，还有一种想知道这道菜是如何做出来的求知欲，甚至想亲自尝试的愿望，而厨房前台化就解决了客人想了解菜肴制作的愿望。

5. 弱化了客人的等待心理

客人在点完菜等待菜肴上桌期间，总有一种等待时间太长的心理感觉，尤其是在着急的情况下，这种感觉更为强烈，而厨房前台化式的制作，使客人在欣赏学习中，不自觉地就降低了等待的心理，这也是心理学在餐饮经营中的应用。

总之，厨房由后台走向前台，由封闭走向开放，由传统的手工化到现代化和科学化，反映出餐饮企业经营创新的思路和走向，代表了其未来的趋势，值得推广。

（二）主题创新

随着餐饮经营的细化和深入，以往那种千篇一律、毫无特色的经营模式渐渐失去吸引力，在就餐者的印象中停留的时间越来越短。餐饮的经营也悄然发生了变化，很多的餐饮企业逐渐转入主题餐饮，以彰显其个性和特色，吸引其特定的客源和消费群体，以另类的姿态立足于餐饮竞争的潮头。

当然由于主题不同，表现的形式也不同，最终形成餐饮业斑斓的市场。例如针对异国餐饮的魅力，开设巴西烤肉、泰国餐厅；针对快节奏、省时的消费者开设麦当劳、肯德基；针对韩剧风靡，人们对韩餐的向往而开设韩式料理；再如有表现文化主题的餐厅，如以《红楼梦》为主题的"大观园"；有显示历史的主题餐厅，如广东番禺的一些农庄中，有许多以人民公社时代为背景的"知青餐厅"，生意异常火爆，许多中老年人特别是当年的老知青慕名而来，店内男女服务生，身着绿军装，腰扎武装带，模仿当年红卫兵的打扮，在店中"站岗放哨"式地迎来送往，端茶送餐，饭店餐厅以"第×生产大队"命名。

这种主题餐厅让许多没有经历"文化大革命"的年轻人感到新鲜，让许多"过来人"又找回了曾经拥有的记忆，过了一把怀旧瘾。如此开设的主题餐厅，服务者从服饰到语言，以至于菜肴的命名基本上都与主题相关，以达到唤起就餐者的回忆或强化其体验的目的，而且主题餐厅的创意，大多从客人的某一个消费欲望入手，触动着客人情感需求的热点，最终带来的效果往往是印象深刻、回味持久。

（三）设计创新

随着时代的进步，现代人越来越张扬着个性投入到餐饮消费市场，促使餐厅的设计者将自己的个性淋漓尽致地表现出来，与此同时，经营者也会根据客人和自己的爱好提出相应的见解和看法。其中有些设计以奇异的姿态达到创新的目的，可使客人眼前一亮，直呼新奇。实际上新就是创新，奇就是奇特。

当然，设计创新要注意切合实际，达到让人接受和喜爱的目的，使这种设计达到亮点的效果，并起到吸引其重复消费的目的，而不应是为创新而创新，甚至走入创新的误区。如大连曾开设一家黑暗餐厅，让就餐者从一进入餐厅开始就在黑暗中进行一切就餐活动。开业伊始，以其别样的方式吸引着人们前去消费，有时还达到等座的程度，但半年后门庭冷落，一年后闭店转产。究其原因，是因为这种餐厅仅能使顾客体验一次而已，因为在黑暗中就餐毕竟很不方便，也很不舒服，这种创新就是失败的。设计创新可以从不同的侧面进行。

1. 风格时尚

在新潮的设计中，设计风格多趋于时尚化，充分反映当代人生活中的个性追求，且体现在不同的地方。时尚的装修、时尚的摆设、时尚的餐具等充分地将时尚元素予以尽情地展示并引入到设计的创新中,例如,当"味道决定一切"不再是评判餐厅的唯一价值取向,用"双眼来品味"似乎更能赢得感官时代的广泛认同。比如外婆家上海华润时代店,重拾了20世纪60年代太空时代的设计风潮,打破了空间中缺少采光的沉闷,将平淡无奇的餐厅,塑造成怀旧且具未来感的趣味"幻想世界"。餐厅的入口非常具有魔幻感,以穿孔铁板包覆整个入口区域,LED灯光通过稀密相间且分布不均的镂空孔洞透射出来,恰若空中点点繁星,照亮这个内外空间的转换区域,同时将空间影像映显于光滑闪亮的铁板表面,虚实相融,温存却又略带神秘感,触动等候用餐的食客内心隐隐的好奇感。大面积的就餐区域自走道尽端展开,然而碍于建筑本身的限制,餐位的排布只能在迂转的"回"字形区域内进行。因此,除了在沿墙的地方布置方桌外,在餐区的中间地带还适时地插入了一组组圆形的卡座,以连续的弧线削减空间的棱角,柔和流畅的线条带动了空间走势。半球形的遮罩极具戏剧感,虽不是房间,却也围合出独具私密感的就餐空间,让人如同置身于太空舱式的"第三空间"中一般,可以暂时逃离现实的纷扰,舒服地放松自我;亮银色的皮革软包,依照六边几何形状的块面进行拼合,丰富了空间肌理的表象。涂鸦、暴力熊等流行时尚文化更是增添了餐厅的摩登趣味,唤醒了食客们的各种情绪和食欲。时尚的未来感、温暖的怀旧氛围、无限的想象力,平衡着表象的审美形式与精神内涵的和谐关系,设计就是有着能唤醒前所未有的冲动,让人产生无论如何都想要拥有的"欲望"的魔力!

2. 布局巧妙

巧妙的布局体现了创新的思维和良好的构思,也是餐饮吸引客人的一个亮点。在个性消费日渐凸现的当今,只有令人耳目一新的布局,才会带来宾客视觉和感觉的享受,从而达到增强吸引力的目的。当然,很多消费也是在此因素的吸引下而完成的。餐饮经营者应该认识到,创新应是通过多元素、多渠道完成与体现出来的,而布局是否巧妙、是否有新意则是一个很好的创新载体,个性的布局会满足个性的需求,因为"唯此满足"是客人的追求。

(四)环境创新

环境是就餐者选择消费场所必须考虑的一个因素,甚至是主要因素。在人们越来越满足于物质需求的前提下,对环境这种带来精神享受程度的评价也逐渐升温,且成为择地消费的主导因素,这就难怪为什么有的餐饮企业菜肴特色虽不够突出,服务也不称一流,但却食客如云,络绎不绝,仔细观察恐怕与其环境的幽雅或独特有着直接的关系。在当前餐饮消费中客人对环境的要求越来越高,且与其消费档次有着直接的联系。越是讲究的、消费水平高的客人对环境要求越高。作为经营者对环境的塑造或改变可以通过以下两种途径实现。

一是借装修改造之机,对原有环境彻底改变,如原先是古典式餐厅,装修后变成欧式风格或现代风格。这样既可使回头客有着耳目一新、出乎意料的感觉,充分地调动其对比的心理前来消费，又可将喜欢新装修风格的人吸引到此就餐。当然，这种对环境的改变和创新办法，需要有一定的资金投入，有时投入的额度较大，在前期应做好充分的调查与预测，应进行可行性分析。

　　二是完全打破人们对就餐环境的固有思维模式，以一种全新的姿态，完全创造出一种独特新颖的就餐环境。塑造出独此一家的特色，激发客人求异的心理，以别具一格的特点打动、吸引就餐者。做得好的话，也可称为餐饮的一大特色。如辽南某地的鲜花农庄饭店，在准确把握绿色餐饮这一餐饮业发展未来趋势的同时，在绿色环境、绿色餐饮上下足了功夫。饭店选址在城乡交界处，接近农村，整个饭店就餐环境就是一个带顶的大庄稼院，餐厅四壁不是用砖瓦，而是用完全透明的玻璃将室内的庄稼院落与室外的田园风光紧密相连、通透直视，各个包间之间是用直接埋在土里的农家作物芸豆架、黄瓜架进行隔离，餐厅的地面就是土地，各类农作物在餐厅各处随处种植。在这里可见柴火烧火、大锅做饭、炖菜，当然排风、排气设施一定要好，屋顶是玻璃的，可直观蓝天白云，桌椅用加工比较粗糙的实木制成，这种独具匠心的设计，使流连于豪华餐厅的客人感到新奇、另类，尤其是已经厌烦城市喧闹环境的现代人，在此就餐能使之得到短暂的清静，产生回归田园的感觉，形成天、地、人的融合。由于就餐环境创造的新颖使这个与同类饭店相比租金不多，投入较少的饭店，能够获得较为理想的利润。也正是由于这种创造性的环境构思，使这个交通不够便利的饭店能够吸引众多驾车族携带亲友前来就餐，最终成为了固定客源。由此可见，环境的创新可以独辟蹊径，开辟经营的新思路。

（五）布局创新

　　想要经营一间餐厅，应设法制造适应经营范围和经营方式的气氛和情调。经营外国风味的餐厅，如法式餐厅、意大利餐厅、日本餐厅等，要制造出"异国情调"的氛围来，在"异国情调"的设计上，要布置各个国家在会客、就餐时的家具。有时，还要在桌上摆放各国的国旗，周围陈列各国的民族工艺品，在餐厅中播放各国的名曲与民歌。例如日式餐厅可以铺上榻榻米，使用整套日式餐具，供应日本菜，播放日本民谣，服务员应该身穿和服，常用的简单的礼貌性的语言可用日语表达等。

　　对于经营风味特色菜的餐厅，也要通过环境来制造气氛和情调。例如迪拜卓美亚帆船酒店的 AL MAHARA 海鲜餐厅，以牡蛎壳为原型设计餐厅，在餐厅中央放置一个巨大的水族箱，里面游弋着漂亮的鱼、虾和贝壳生物，在灯光照耀下，使客人感到犹如走进了海底龙宫。

　　在我国台湾，一些儿童餐厅以动画片和著名的童话故事为背景来装饰餐厅。例如以匹诺曹、白雪公主的背景来布置；将餐厅装潢成太空世界，超现代的宇宙飞船也很吸引人；餐厅中放一些儿童的游乐器械，如木马、电子游戏机，对吸引小顾客也很有效。

　　餐厅的气氛和情调由多种成分组成，它们是通过餐厅的装潢和布局，家具与陈列品，照明与颜色，餐厅中的人和音乐等烘托出来的。

第四节　菜肴创新

一、菜肴创新的原则

菜肴创新是指餐饮企业为满足消费者求新求异的需求和自我发展的需要，对菜肴进行的独创与更替。

由于餐饮消费与人们生活的密切性，决定了消费者外出消费的经常性和长期性，有的人一日几餐都在外，也有的人一餐吃几处，当其在某一餐饮企业消费到一定程度时，便会产生"消费疲劳"。这种疲劳不是身体的"疲劳"，而是口感的疲劳与麻木。试想一下，即便是再有特色的餐厅，再正宗的菜肴，当宾客在消费过程中总是面对从无变化的"老面孔式"菜单难免会产生厌烦，又怎能唤起食欲？

餐饮经营者应该清楚地认识到餐饮消费中的"喜新厌旧"是客人的时尚追求，也是经营者无法改变的事实，成功的经营者最巧妙的办法就是"投其所好"、超前行动，将菜肴创新与宾客需求进行最佳链接，并以需求指导创新。当然菜肴创新不能盲目随意地进行，它需要遵循一定的原则，运用不同的方法进行。

（一）迎合客人的需求

菜肴创新要迎合客人。随着餐饮业的发展，人们餐饮消费机会的增多，餐饮消费比例的增长，使消费者在频繁消费中出现了"求新求异"的消费走势，并呈现出时尚餐饮的趋势。餐饮企业应关注这种广泛的流行态势，捕捉时尚需求，研发出具有时尚特色的菜肴，如关注保健、健康食品，追求特色食品等已成为目前餐饮消费的热点。针对这些需求，餐饮企业就应该以此为突破口，进行菜肴的创新，推出一系列既能满足就餐者需要，又能刺激其需求的新菜肴，这也符合了餐饮发展的规律，反映了时代的特色，从而也推动了行业的发展。

（二）坚持大众化原则

餐饮消费的主体应是大众百姓，他们是推动餐饮业发展的主力军，也是餐饮创收的主要来源。菜肴创新就应以大众为目标，以大众需求为导向，以满足大众需求为己任，坚持大众化原则。餐饮企业应该深刻地认识到菜肴创新不应是满足极少数人的个别需求，而应是满足大多数人的共同需求，唯有如此，才能给餐饮业带来市场，带来客源。当然，企业的利益也就从中实现。

随着餐饮消费社会化、大众化的形式，大众的需求反映出餐饮市场的主流需求，这也是一种共性的需求，餐饮企业如果在共性趋势的引导下，进行菜肴的创新，必将给企业带来活力和持续性的发展，为大众化服务是菜肴创新的方向。

（三）紧跟主旋律

餐饮消费的发展随着时代的进步、人们消费水平的提高，呈现出不同阶段、不同需求特征，而餐饮的时代特色能够反映出即时餐饮发展的主旋律，是最具发展潜力和空间的，这恰是菜肴创新的最佳切入点和突破口，从此入手，容易取得成功。

当今餐饮需求的主旋律就是以健康、绿色、生态餐饮为主，尤其应看到人们对健康的追求远大于对温饱的需求，绿色的、天然的、健康的养生菜逐渐成为消费者所需。保健菜肴（减肥、降压、降血脂、营养），五轻菜肴（轻盐、轻油、轻脂肪、轻糖、轻调味品）越来越为消费者所爱。菜肴创新就应围绕消费者这一需求，多从开发此类菜肴入手，这样就容易形成新的卖点和亮点。谁做得早、做得好、做得细，谁就占领了餐饮竞争的制高点。当然，竞争的优势和企业的魅力就显露无遗，紧跟餐饮发展的主旋律进行菜肴创新是餐饮业未来发展的中心工作，因为这种菜肴创新既能反映出企业敏锐的观察力和灵活的应变力，又能在一定程度上起到引导餐饮消费潮流导向的作用。

（四）力求普通原料且简单易制

菜肴创新应立足于广泛使用大众化、低成本的原料，走制作简捷的创新之路。应在家常菜肴、大众菜肴、特色菜肴上多开辟思路，多使用接近于百姓日常食用的普通材料，并在此基础上开发出别样的特色菜肴，这是菜肴创新的主要内容。如此创新出的菜肴既使就餐者感到亲切、亲近又容易接受，在价格上也不会使之咂舌，从中也培养出厨师平民化的创新思路和习惯。当然，这其中也存在着创新菜肴的普及问题。

此外，菜肴创新还应走出凡创新必使用高档原料，精雕细刻的误区，应该清楚地认识到创新重在内容、轻在形式；以食用价值为主、观赏价值为辅，创新菜不一定是大菜或工艺菜、造型菜，未必菜都要在工艺上创新，可走多元化的创新之路。如从口味、从原料、从烹制方法等进行创新。未必都要用烦琐的加工和复杂的工艺，这也是不现实的。

当今，随着人们生活节奏的加快，消费者越来越没有耐心在就餐时长时间等待，简单易做的菜肴不仅可以节省客人时间，也可以减轻厨房的压力。所以，使用普通原料采用简单便捷的加工方法创新出的菜肴才有更为长久的生命力。当然，在这方面进行普通菜肴创新的难度远大于山珍海味的创新难度，这也是餐饮创新的一个难点问题。

（五）借用民间与社会力量

菜肴创新可以借用他山之石，借用民间力量和社会力量，这是菜肴创新的一个捷径。因为民间蕴含着十分丰富的特色菜肴，每个家庭都有其用独特的烹制方法加工而成的拿手的家常菜，每个餐饮企业也有着不同于其他企业的制作菜肴的"绝活"，都有吸引宾客的"亮点"菜肴，在民间和社会中蕴含着丰富的新菜肴和特色菜肴，是菜肴创新的潜力所在，这些都是值得学习和借鉴的，运用得好，可以达到事半功倍的效果。菜肴创新走"取之于民，用之于民"之路，会使菜肴创新之路越走越宽广。

二、菜肴创新的方法

菜肴创新的方法主要是通过对原有菜肴的改革及新菜肴的开发两种途径来完成的。

(一) 原有菜肴的改革

餐厅已有的菜肴分为两种情况。一种是传统的、久盛不衰、经典的菜肴。对此类菜肴要强调正宗，不可轻易改变，要坚持已有的风格和特色，因为客人大多是因为其传统和正宗前来品尝的，这也是其魅力所在；另一种是可以进行适当调整或变化的菜肴，这类菜不一定是本餐厅的传统菜，这类菜在宾客心目中未必是不可动摇的，这种菜存在的原因或是其烹饪方法，或是其主料，或是其配料等有独特之处。总之，是在某一方面能够赢得客人的赞誉。客人喜爱此类菜未必是其全部，可能是某一个因素或环节。对待这样的菜，就可以抓住客人喜爱的主要因素予以坚持，而从其他方面进行菜肴创新，举一反三，广泛联想，大胆尝试，从而达到扩展菜肴的系列和品种的目的。如川菜中的鱼香肉丝，客人喜欢的是鱼香这种口味。有的川菜馆就将其开发成鱼香茄子、鱼香豆腐等新菜肴，这既满足了宾客的需求，又发展了创新菜肴，使客人百吃不厌，常吃常新。这可以是互赢的做法。

(二) 新菜肴的开发

1. 建立激励机制

菜肴创新的主体应是从事烹饪工作的一线厨师，他们对菜肴加工的内容最为熟知，加工技术最为熟练，这是菜肴创新的良好基础和前提条件。但面对目前厨师大多安于现状，缺乏危机意识和创新动力的问题，应从制度和奖励入手，对其进行要求和激励，从而激发出他们菜肴创新的主动性，并将其作为评价厨师的一个考核标准，从而培养出本企业厨师团队的创新意识和习惯。

在具体的经营中可采取定时定量创新的办法。如规定每位厨师一个月之内创新几款菜，并在推出前进行考评和可行性论证。在肯定确实可行的基础上及时向宾客推荐，推荐时要注意针对性，重点推荐此菜的优点和特色。此外，还可利用计算机等现代化设施对创新菜肴的销售状况进行统计与分析，对成功的菜肴重点推荐，对点用率低的菜肴适时淘汰。在此基础上，可确定对创新者的奖励比例，并进行公布，从而达到激励的效果。

具体的奖励办法可有区别地分类进行，对薄利多销的创新菜可按销售量进行奖励，对利润较大的菜可按销售额或利润额进行奖励。当然，这其中如何确定奖励的比例是个关键问题，应达到合理激励的目的。

总之，无法采用哪一种激励方法，都应本着有利于激发厨师的创新热情，有利于对创新效果显著，予以肯定和激励的原则进行。

2. 转变观念

现代饭店的厨师，除了应具备过硬的技术能力外，还必须具备创新思维和维新能力，应具有敏锐的市场观察力，很多厨师在创新菜肴时，冥思苦想终无结果。其实，他们未必是山穷水尽,无计可施,造成此现象的主要原因是其进入了一个思维的定式和固定的模式中,过于追求传统、正宗,过于局限于从固定菜单所提供的有限原料的种类和菜肴的固定做法中寻求答案,或是顽固地坚守菜系的分类观念,思维过于狭窄、过于陈旧。菜肴创新应首先打破观念的束缚,要有"敢为人先"的精神,大胆设想,敢于借鉴,勇于创新,只有如此才能在意想不到的创造中达到意料之中的效果。广东有一个饭店在经营中苦于客人在点菜时的举棋不定和就餐后的大量剩余,决心从根本上进行改变,把菜肴制作的所有权尽量下放给客人,该饭店没有固定的菜单,也没有菜品的陈列,只是将当日可制作菜肴的原料全部通过实物进行现场陈列,客人想怎么吃、吃多少、各原料组合比例等所有的自由权全部交给客人,如在超市选购一般,在家里烹制一样,若客人实在想不出来时服务人员可相应提出参考建议,予以协助。实践证明,这种经营思路的转变,给客人带来了新鲜感,很多客人将自己在别处吃的独特做法积极主动地介绍出来,更多的客人体验到的是自豪和满足,而饭店每日将制作过的菜肴进行登记和分析,将一些特殊做法的菜作为新菜向客人推荐。由此可见,转变观念会使菜肴创新进入一个新的境地。

3. 取之于宾客

宾客是来店消费的主体,是品评菜肴的主力军,在餐饮经营管理中,经营者更多关注的是就餐者的消费结果和消费评价,却忽视了消费者在就餐中的消费建议或消费信息,即对消费者品评菜肴的好、坏关注,对菜肴应该怎么做或曾在哪里"吃过××道特别的菜"这样的信息比较麻木,使餐饮经营中良好的资源白白浪费,这边是将有用的菜肴创新信息徒手扔掉,那边厨师又在为如何对菜肴创新费心竭力,而且容易出现厨师绞尽脑汁设计的新菜肴消费者并不接受,而消费者期望品尝到的菜又无处能做;这种供需之间错位产生的根源就是餐饮企业的观念没转变,应深刻地认识到菜肴创新既有阳春白雪,更有下里巴人。从某种角度上看,来自消费者需求中的菜肴创新往往更有市场,更有生命力。尽管消费者所提出的一些菜肴做法虽没有高深的理论、专业的知识,有时甚至是不可思议的做法,对一些正规的厨师来说恐怕难以接受,但客人讲究的是喜欢、是口感。经营者应对于一些家庭所独特的菜肴制作都可采取拿来主义,广为取用,借为己用或改为新用。菜肴创新对餐饮企业来说有时还可称为是一种无成本的投入,只需关注客人,收集信息,及时反馈就可实现。

如大连人都知道吃老板鱼最经典的吃法就是"老板鱼炖豆腐",鲜活的老板鱼加入水豆腐慢火微炖以后,撒入香菜末,再倒入点胡椒面,吃起来可谓"赛过活神仙"。但是有一饭店突遇一个客人要求老板鱼炖西红柿,厨师犯难了,常规做法是西红柿炖牛腩或炒鸡蛋,没听说鱼和蔬菜相结合,尤其是像与西红柿这种蔬菜相炖,能好吃吗?在客人的请求下,厨师无奈地按客人要求将此菜做出,上菜时还心存胆怯,可是,当看到客人吃这道菜时的享受之情,该饭店的厨师感悟了,这不就是菜肴创新吗?原来这么容易,当然,这道菜也就成了该饭店的创新菜。

4. 敢于借鉴

菜肴创新要抛弃顾虑,改变传统做法,有敢为人先的精神。要寻找恰当的切入点、恰当的时机进行创新,要与消费需求相吻合,甚至可以采取借鉴的方式进行,这不失为菜肴创新的一个有效途径。

菜肴创新主要应在"挖掘、引进、组合、原料、时令、技法"六大环节进行,但在具体实施中如果都从头开始进行尝试性创新,未免过程太长,有时甚至可能面临失败的打击,如果能够以开放的胸怀敢于大胆地引进、借鉴,"古为今用、洋为中用",就会加大成功的概率。

美国的肯德基在北京落户后,根据中国人尤其是北京人的需求,走了融合之路,推出了中西合璧的"老北京鸡肉卷",这种创新的聪明之处就在于在创新中找准了产品的市场,具有很高的销售量,曾一度风靡北京。这种土洋结合、洋为中用的借鉴与创新,容易为餐饮企业拓展更多的经营空间。

再如,香港一些大酒店将"铁板烧"改为带有古代遗风并具有时代特色的"石板烧",选用瑞士产的花岗石板做灶具,在特制的石板上加热,通过油煎、烧烤将原料烹熟,进而通过"石板烧"的启发又创新出"石板菜",即将烤烫的鹅卵石放入耐高温的盆中,将新鲜的原料投入其中烹饪而成。这种由铁板烧所引发的"石板系列"菜肴创新可谓成功至极,令人称赞。

5. 巧用组合

菜肴的创新可以充分利用餐饮产品的可组合性来完成,可以利用菜肴产品的各种因素进行组合使创新成为可能。菜肴创新组合的方式和途径可谓"争奇斗艳、百花齐放",多数的菜肴通过原料、调味料及烹饪方法的组合来完成创新的。此外,装盘方法、盛器与菜肴的组合,都可为菜肴创新带来新的收获。如2016年6月14日,德国总理默克尔在沈阳香格里拉大酒店享用午餐。为了能让总理品尝到沈阳最具代表性且符合外宾饮食口味的美食,酒店精心准备了一份以沈阳本地特色食品作为主要原料入菜的"总统菜单"。既有东北接地气的大锅炖菜,又有用辽宁特产珍贵海陆食材特制的各式特色菜,如"老边口味蒸饺""辉山姜汁双皮奶""克拉古斯红肠""抚顺口蘑"等,这种菜肴创新的绝佳运用,融合了东西方的餐饮文化特色,值得推广和发扬。

第五节 服务创新

创新是给企业和消费者带来价值的新事物,是一种商业行为,而创新成败的标准是市场的接受程度,即客人的认可度,它是随着客人的变化而变化的。

一、服务创新的意义

随着社会竞争的日趋激烈,餐饮企业想要长久的生存和发展,就必须对已有的服务进行创新发展。餐饮服务创新是指餐饮企业要在激烈的市场竞争中处于不败之地,必须在符合经营策略的同时,将创新当作一种经营决策在餐饮服务中加以重视、研究并且运用。餐饮服务创新是餐饮业发展的关键因素,服务创新不仅给广大消费者带来实惠、美食,即物质与精神的双重享受,而且还能给饭店带来丰厚的利润和可持续发展的机遇。

首先,服务产品的性质决定了必须进行服务创新。产品生命周期理论指出,没有一种产品是永远畅销的,都有一定的时间期限。饭店服务产品也不例外,它是为满足市场上消费者的需求而产生的,不同的消费者在不同的时期有着不同的消费倾向,过时的、不能满足消费者需求的服务产品,自然而然会被市场所淘汰。市场竞争是残酷的,消费者也越来越成熟、越来越挑剔,因此只有创造出适应消费者的新服务,才会在社会竞争中占有一席之地。

其次,餐饮服务创新能够满足日益变化的市场需求。创新是为了适应消费者需求和消费环境的改变而进行的。随着全球化经济发展的趋势,人们生活水平提高,消费也开始越显多样化和个性化。体验消费是现代消费者日益追求的消费时尚,在这种新的消费背景下,餐饮服务的内容和目的都发生了变化。所以餐饮服务创新,是让客人在享受服务的过程中,体验其难忘的用餐经历,这样才能满足日益变化的客源消费市场。

二、服务创新的内容

服务工作是具体的、烦琐的。服务员每天所面对的宾客是变化的,每一天接待的都是不同的客人,就是同一个客人在每一次的消费中也都是有所变化的,甚至在一天的不同消费中也会体现出其消费的不同需求。而餐饮业的服务却是缺少变化,大多强调的是规范与标准,没有在固定因素中注入变动因素。优质的服务应是处在一个动态的变化状态中,好的服务应是因人而异、因需不同,从中显出经营者的用心与新意。

服务创新应主要从以下几个环节进行:

(一)方法创新

服务创新的核心内容是紧盯客人需求,用心创造精妙绝伦的方法。由于服务方法千变万化,从此角度进行创新,可变换出千姿百态新颖的服务方式。如某酒店在日常服务中,发现客人在就餐消费前对消费价格的了解和掌握,基本上都处于一种模糊状态,仅局限在对每道菜和酒水价格的大致了解上,对整体消费价格缺少准确掌握。为此,该酒店从服务方法上进行创新,要求每位服务员在客人点完菜报菜名的同时,一并将每道菜及每种酒的价格以及总消费额也报给客人,使客人在价格透明的前提下进行消费。这种服务方式的变化、服务内容的改进，使客人感觉受到重视，很满足，这本身也反映出酒店对客人公平消费愿望的尊重。使就餐的客人情不自禁地发出赞赏，同时留下了深刻的印象。

（二）内容创新

服务方法创新要重视客人随时会出现的需求，将餐饮的服务工作由传统的"标准化、程序化、规范化"向"感情化、个性化、细微化"转变，就是服务层次的一种提高和创新，其核心是把握不同阶段、不同层次的服务需求。服务方法创新要善于观察、用心琢磨客人的需求，从中寻找创新的突破口，越是客人感到为难之处、需要服务之处、需变化之处往往就是创新之处。

如面对频繁的消费，客人在就餐中感到最棘手、最不愿做的事就是点菜，常见就餐者相互推来让去，点菜者将菜单翻来覆去，面对饭店数百种菜肴，想点一桌称心如意的菜有如大海捞针，更令点菜者尴尬的是，往往苦费心思点的菜并不对其他人的胃口。其实点菜是一件很麻烦也是很专业的事，面对客人的困惑与需求，很多饭店增设职业点菜师，从导吃的角度，在饭店与客人间牵线搭桥，力争使客人与饭店得到了双赢。这种服务岗位的创新设立、服务内容的创新，成了酒店的招牌和魅力，赢得了客人的信任与赞赏，由此可见，服务创新永无止境，只要经营者用心经营，定会在为客服务中使服务升华。

（三）地点创新

服务地点创新就是留心可能为客人提供消费的场所，将餐饮服务由店内向店外延伸与扩展，如送餐服务、露天酒会、店外宴会、野餐服务等，如南京某饭店，充分利用独特的地理优势营造特色就餐地点。借举办"粤色，淮情"美食节之际，充分利用自身优越的自然环境，将部分活动移至草坪和湖中举行，从而让宾客在享受美食的同时，还充分地感受到湖光山色的秀美，心情得到极大的放松。这种灵活的餐饮服务形式，可以把握市场盲点，创造和占领市场。

（四）时机创新

任何服务都不是固定不变的，它需要因人、因事进行不断的变化，但这种变化并不是无原则、无条件地随意变化，应该说选择最佳时机运用最佳方法为客人提供服务是服务变化的宗旨和核心。服务员在服务工作中，捕捉为客服务的最佳时机是使服务工作锦上添花、展示服务水平的最有效手段。有时这种时机稍纵即逝，它需要服务人员具有敏锐的观察力和灵活的处事能力。如当客人打电话，重复电话号码时就是递上笔纸的最佳时机；当客人对服务员说不需要其总待在包间里，有需要再叫其时就是服务员需要回避的最佳时期。

（五）技巧创新

服务技巧是服务工作中特殊的本领和能力。餐饮服务技巧有待于服务人员因人、因时的即兴发挥和灵活运用，它反映了服务者的应变能力和综合素质。服务技巧创新就是将每一次技巧的运用与客人的需求相结合，达到完美的程度。一位港商到某酒店餐厅请客，客人点了一道"沙嗲鸡翅"，上菜时服务员却当众说这道菜的名字叫"飞黄腾达"，这种创新式的因人而异称呼菜名，正符合了港商的心理，令其大喜。餐后，接着又订了两桌酒席，头道菜就是"飞黄腾达"。由此可见，这种创新式的服务技巧运用，功效非同一般。

第六节　营销创新

一、网络营销

餐饮网络营销就是建立一个以营销产品为目的的网站，在开展各项销售业务的基础上，搭建起信息应用平台，将餐饮企业、宾客、供应商、合作伙伴等各方联合成为一个共同体，以实现跨地区、跨行业、即时在线的无缝交换的业务协作，最终是面向宾客提供的满足其需求的产品，其目的是提升企业形象，改善产品服务，拓展销售渠道，扩大销售成果。随着信息化社会的发展，网络营销应成为营销方式的新宠并予以广泛使用。中国餐饮业的网络营销目前还处于起始阶段，真正能够成功运用这种先进营销手段的餐饮企业还为数不多。即使是酒店业中的网络营销也大多侧重在客房营销上，对餐饮的营销或是空白，或是浅尝辄止，这应该说是餐饮营销中的欠缺和失误，有待于改进和提高。

餐饮网络营销之所以目前使用率比较高，并逐渐成为消费者首选的消费模式，其原因在于这种营销具有独特的优势。

（一）范围广、速度快、无时间地域限制

网络营销与传统营销相比，无时间地域约束、无论在何时何地，只要有网络，客人就可以随时了解餐饮企业的最新营销内容。

（二）网络营销成本低

众所周知，任何一个餐饮企业无论大小，都期望对自己的产品进行宣传和介绍，但由于传统营销需要有相应的人员和成本投入，有时这种投入需要占用很大的资金，没有强大经济后盾的企业往往难以承担，而网络营销却从根本上解决并减轻了这种负担或困惑，这对目前的信息社会而言，网络营销应成为餐饮企业首选的营销方式。如目前流行的扫二维码、发朋友圈等方式推广度很高，但成本很低，几乎为零。

（三）营销内容详尽真实，可以立体展示

在传统的营销手段中，宾客在购买餐饮产品时，或是无法看到实物，或无法将自己的愿望真实地表达出来并得以实现，而网络营销却可以满足宾客的各种需求。餐饮企业完全可以用这种高科技手段进行产品展示，让就餐者可以预先对其欲消费的产品有一个全面、准确的了解，如人们在团聚宴请时，常点全家福这道菜，一是菜名比较有寓意，二是较为有档次。但以往人们在点这道菜之前，对菜量的大小，各种原料的投料标准及成品菜形态的了解基本上处于模糊的猜测之中，若询问服务员，尽管服务员会告诉你是几寸盘盛装或投料多少克，但就餐者毕竟不是专业人士，如此的介绍仍是十分含糊。但是如果是使用网络营销这些问题便迎刃而解了。网上直观的产品展示使消费者一目了然，毫无半点疑惑。

不但如此，网络营销还给消费者提供了最大限度的发挥空间。当宾客对某道菜肴有特殊需求时，完全可以在网上进行"虚拟产品"的设计。如餐后果盘，想要哪些水果、各种水果需要量是多少、以怎样的样式相拼而成等完全可以自己设计，并在网上寻找能够满足其要求的餐饮企业。而餐饮企业在明确了宾客的具体要求后便于提供供需完全吻合的产品。

（四）营销定位明确

由于网络内容浩瀚无穷，网络营销时，餐饮企业都进行了定位与分类，使消费者可以根据自己的需求，进入相应的类别，快速地查找到与自己需要相接近的，乃至于一致的餐饮企业与产品。如消费者需要外卖，则进入"饿了么""美团外卖"等网络平台；需要价格优惠，则进入"大众点评""美团"等团购网站。

（五）对餐饮产品正确评价

餐饮企业在网络营销时，网络平台都要求必须有消费者打分和点评这一内容，这一环节对企业和消费者而言都是有益的。打分的高低和点评的好坏，对企业而言，可以真实地了解自己产品是否满足消费者的需求，同时也是对自己最有效的监督；对消费者而言，可以在未消费之前，准确地了解该企业和产品的真实情况，为自己的消费决策提供依据，这是一种无成本投入的决策。

总之，网络营销对餐饮企业来说是一个有待于深度开发的营销手段。

二、体验营销

体验营销是在产品生产与服务中，通过一定手段激发宾客参与其过程中，以切身的体验和真实的感受达到消费的目的，从而得到愉悦的感受。

体验营销是近几年旅游饭店业中比较时尚的一种营销手段，它打破了以往传统营销中的宾客被动消费这一处境。从体验的角度，激发宾客主动参与消费的热情，是一种营销观念的变革，也反映了未来营销发展的趋势。

餐饮业推行体验营销有着极为便利的条件和优势。第一，接受度高。由于餐饮业与人们生活密切相关，成为人们一日三餐的必需，这样容易被接受。第二，容易产生共鸣。餐饮生产过程就是人们日常生活的再现，只不过餐饮企业更为专业罢了，由于过于熟悉就容易产生共鸣。第三，是新的消费吸引点。餐饮企业的体验营销，带有相应的指导性和吸引力，逐渐成为餐饮消费的一项内容。第四，不需要额外的成本付出。餐饮体验营销只是在营销环节中加入客人亲自参与制作环节，基本上是将原先厨师制作的某些环节分解，为客人操作，没有更多额外的成本增加。第五，增长技艺，印象深刻。客人在厨师指导下亲自操作学习某道菜的制作，既增长了其菜肴烹饪技艺，又留下了难忘的印象，甚至会多次前来消费。如一些企业为吸引消费者更多地了解本企业产品并进行消费，定期举办菜肴制作培训班或在客人前来消费时，亲自参与自己所点菜肴的制作。

为此，餐饮企业应充分利用好其便利条件，巧妙地运用体验营销，以达到更好地销售餐饮产品的目的。体验营销可以通过餐饮生产的过程来设计和完成：

（一）产品设计阶段

在菜肴设计时，就可以充分调动宾客的参与热情，让其充分想象、大胆创意，把产品设计的权利交给宾客，既体现出对其尊重，又充分挖掘其自身潜力，由宾客自己设计的菜肴，经厨师加工而成后，满意率远大于餐饮企业自身设计的菜肴，而且在这种创意中，宾客真正体验到主人的感觉，提高了餐饮产品的销售效果。那些无菜单、无成品展台的餐厅大都采用的是此种体验营销。

（二）原料选择阶段

就是原先由厨师选配料变为由宾客来进行，这种看似对厨师的解脱，实际上是对餐饮企业提出了更高的要求，它要求为宾客提供更为便利、更具特色的选料条件。这样才容易激发宾客的参与热情，使之乐于进行，愿意消费。如一些农庄利用自身所具有的养殖、种植条件，请宾客自己钓鱼、自采果蔬，然后加工。这种营销方式常常使就餐者乐此不疲，甚至连吃带买，产生了连带消费。

（三）产品加工阶段

在加工的某些环节，吸引就餐者参与，以便让其充分体验加工的乐趣，从中学到一定的烹饪常识与技巧，使其在就餐之余得到意外的收获。当然，这一环节的体验要有要求、有条件地进行，如一些关键环节或带有危险性的环节不可让宾客参与，对宾客的卫生要求极为严格。此环节在让宾客体验时应适时、适度地进行并予以专业人士的指导。

三、服务营销

服务营销就是通过细致的个性化服务，以独具特色的服务形式来感动和打动宾客，使其产生深刻的感受和良好的印象，从而吸引其再次消费。

服务营销重在创新，它所留给宾客的深刻印象就是在不同寻常、别具特色的服务中来实现完成的。为此，餐饮企业应从服务创新角度满足宾客的新需求，应立足于给宾客带来的新感受。

如上海某一酒店餐厅在经营中面对菜肴上桌后,时间一长口感降低,尤其是冬季天冷,汤羹、蒸菜更是大打折扣的现实问题,创新性地推出了菜肴回热制度。即每当遇到这种情况,服务员会主动征询客人意见询问要不要回热,当然,需说明的是,在该餐厅回热不是简单地加温,而是在加温的同时,通过添加调料,重新排菜、装盘、围边等技术处理,达到新鲜出菜的效果。如此的特色服务,怎么不令客人感动?又何愁宾客不再次光临?这是多么巧妙的营销,又是多么令宾客难忘的服务,服务的内涵得以深刻地诠释。

四、环境营销

餐饮环境的营销主要包含建筑风格、设施、情调、文化、音乐、卫生等方面的内容。环境塑造得如何直接影响着就餐者的消费选择。独特的环境会使客人产生并留下深刻的印象,吸引其前来消费,达到营销的目的,从某种程度上讲,环境就是营销的一种方式。

例如以怀旧主题塑造的主题餐厅可以摆放老式收音机、钟表、秤盘、电话、缝纫机等物件,吸引着经历过那个年代的人们,选择在此消费,因为在这里似乎找到了自己过去的影子和生活的足迹。同时,也使一些年轻人产生了前来消费的欲望。因为这样的环境,这样的场景在父母的口中不知讲述过多少遍,但百闻不如一见,使他们身临其中感到新奇。

五、文化营销

为客人提供烹制精良的美味佳肴,是旅游饭店业的重要的服务职能,也是构成饭店服务产品的重要内容,各饭店在营建服务产品文化氛围中,十分重视饮食文化。中国的饮食文化有着悠久的历史,挖掘和继承弘扬中国传统的饮食文化,同时营造具有现代新鲜内容的饭店餐饮文化是饭店饮食文化氛围的核心。

饭店饮食的功能,不仅仅是让客人填饱肚子,而是通过营造饮食文化氛围,使客人得到感观和精神上的享受。不少饭店为了吸引客源,激励客人在饭店消费,把营造饭店饮食文化当成大事来抓,他们不仅在餐厅装饰、艺术品陈设、灯光运用、挂件寓意上大做文章,显示独具风格,而且对各类菜肴制作、造型、调味、命名上别出心裁,招致客人喜欢。如客人点用龙虾和三文鱼,餐厅可用船形的餐具,将生鱼片放在冰块上;婚庆喜宴,冷盘最好雕上龙和凤的造型;在经典的菜名中"全家福""合家欢""锦上添花""花好月圆"等名菜符合中国人的文化习惯和消费心理。文化营销在中餐经营中无所不在,具有独特的优势,大有文章可做。如仅以菜品的命名例,将竹笋炒排骨取名"步步高升",发菜炖猪手取名"发财就手",冬菇摆在青菜上,取名"金钱满地";有的菜名直接套用成语,如将鱿鱼炒鸡片,取名"游龙戏凤",菠菜炒番茄,取名"翠柳啼红",

白萝卜丝上放鲜红辣椒,取名"跳雪寻梅"。还有不少饭店的点菜菜单上,有以数字命名的菜,有"一品豆腐""二度梅开""三鲜水饺""四喜丸子""八宝烤鸭"等;有以历史典故命名的,有"桃园三结义""佛跳墙""霸王别姬""草船借箭""日月星辰"等,这些都是餐饮文化的具体展示和深度挖掘。尤其是在当今以文化取胜的竞争时代,其根本就是文化竞争,从文化的角度进行深度与广度的营销挖掘,是目前餐饮营销的一个重要内容。大清花是中国一家经营传统正宗满族特色菜的酒楼,以始创于清朝乾隆年间的"大清花饺子"著称,具有浓郁的民族特色,装修布置很有清朝满族特色,墙壁上挂有清太祖努尔哈赤像,包间名字以皇帝年号命名,衬显皇族气息;各处摆放着青花瓷盘、八旗旗帜;服务员身穿满族"格格"服装和旗鞋,服务员以"格格"相称,使宾客仿佛置身于宫廷之中,感受质朴无华和独有的浓重的满族特点。

总之,餐饮创新对餐饮企业来说最关键的应是从观念上自我更新,以兼容并蓄、广博开放的视角密切地关注餐饮市场的动态,捕捉发展的主流,并有跟随引领的信心和勇气。此外,还要强化居安思危的意识。今天的创新可能就是明天的落伍,今天的成绩有可能变成明天的羁绊,暂时的成功不等于永远的成功。产品创新是餐饮企业的生命线,由于餐饮产品本身相对较低的技术门槛,易被模仿和跟风,决定了餐饮企业不能过分地依赖于产品工艺或原材料的独特性,而必须走"人无我有,人有我特,常换常新"的持续研发路子,以此来加快产品更新节奏,以不断推陈出新的产品持续冲击市场,而不是过于期待某些拳头产品的长久优势。餐饮创新永无止境,应以动态的观点进行创新。

案例分析1

肯德基看人下菜

百胜中国上了市,肯德基更大张旗鼓地在中国尝试各种高科技,誓要继续引领餐饮业的创新。

这次,肯德基玩的是人脸识别,合作的对象是百度。肯德基在北京金融街开出"KFC Original+"概念店,说是能用人脸识别技术,为消费者进行个性化点餐服务。

靠"刷脸"就能吃饭

由于当天下午概念店正处于媒体活动期间因此没有顾客,往下走十几级楼梯,主角"人脸识别点餐机"便赫然出现在眼前,大屏幕前此刻正站着位雪白瓜子脸、打扮时髦的20多岁女性。3秒后,系统显示标签,这是一位"乐辣女神",同时向这位"女神"推荐了一份由香辣鸡腿堡、烤翅、可乐组成的套餐。"如果是一位50多岁的女性客户站在点餐机前,系统应该会向她推荐粥和豆浆作为早餐。"肯德基的工作人员介绍道。

肯德基与百度合作的这套"人脸识别点餐"服务,当消费者到店后,通过拍照、借助对性别、穿着、面部特征等进行详细分析，向消费者推荐个性化的套餐。这套系统所能识别出的标签包括"个性少女、闪靓才女、乐辣女神、明朗御姐、优雅女王、酷帅少年、阳光新青年、爽朗型男、热血硬汉、温情暖男"等，不同的标签对应 5 种不同的套餐。

而当消费者再次进店时，系统会再次推荐顾客上一次点过的东西，并推荐新品尝鲜，在提升点餐效率的同时更加精准地满足老顾客的需求。

AR（增强现实技术）是新亮点

除了"人脸识别点餐"，这家"KFC Original+"概念店的亮点还在于应用了由百度提供的基于桌贴的"AR 互动游戏""AR 互动表情装置"。在 AR 表情互动体验区中，顾客可以先来一套"心情开胃操"热身脸部肌肉：只需选择心仪的肯德基老爷爷或是百度熊表情包，AR 技术就会根据五官特征匹配表情，生成专属心情照片，用户还可扫描二维码把照片收藏到手机，将快乐分享给好友。

需要强调的是，目前仅有基于桌贴的"AR 互动游戏"是在北京 300 多家 KFC 门店上线，而"人脸识别点餐""AR 互动表情装置"仅能在金融街的概念店体验到。

其实，这并不是肯德基第一次和百度合作。在今年 4 月份，两家企业就已经在上海国家会展中心开了首家智能概念店，百度推出了人工智能机器人"度秘"，听得懂顾客下达的简单的订餐指令。

智能餐厅为什么成为连锁快餐必选项目

从不久前德克士宣布推出"舒食+"店型，到麦当劳推出"定制汉堡"业务，并将深圳光华店升级为"未来 2.0"餐厅，再到肯德基已经两度开出智能概念店，这些迹象都表明，智慧餐厅成了连锁快餐企业的兵家必争之地。智能化中，其实孕育着餐饮行业的危与机。

以标准化取胜的连锁快餐，近两年，它们的消费者需求越来越多元化、个性化、难以取悦。更让它们体会到危机感的是，连锁餐饮的竞争对手已经不在仅限于行业内，更多的是来自未知的前沿领域。几年前，有谁会想到支撑起外卖送餐的东风居然是移动支付系统，而终结交友软件的居然是共享拼车平台。

对于连锁餐厅来说，更多新兴技术的广泛尝试，将餐厅的外延无限扩展，已经成了在时下的餐饮连锁竞争中立于不败之地的必然选择。

未来连锁快餐的竞争，最终将取决于将新技术与餐饮实际场景应用更好地结合。

来源：http://mp.weixin.qq.com/s/JLnzRG8erHLW0owa17YstA

案例讨论题

1. 以上案例包含哪几种餐饮创新？
2. 由以上案例的启发，请大胆设想未来餐饮企业还会有哪些创新？

老话题　新思维

创新的一大前提

烹饪业要创新，前提是烹饪业员工素质的提高。从浅层讲，素质指基本功。无论是何种流派，对基本功的要求都很高，选料、初步熟处理、挂料、上浆、勾芡等基本操作技能上并无大区别，不同之处在于口味。因此没有基本功，创新便是空话。从深层次讲，素质指文化素养。烹饪是文化早已为人们所承认，"生产"文化的人自己不懂这种文化，创新便无基础。京菜有京味，川菜有川味，那么"海派"菜之味是什么呢？这一争论与其说是技术问题，不如说是文化问题。正如行家所指出的：从业队伍整体文化水平不高是阻止烹饪业创新发展的重要原因。

创新二是层次

什么是创新？或许可以从两个方面去理解，一是改良性的创新。这种创新只是在原有菜系的基础上稍作改进，以适应就餐者的需要。如川菜的辣味减少，使人们更加乐于接受，这是一种创新。广式馄饨有特色，传到上海后，温汤变成了热汤，切肉馅变成了摇肉馅，汤中韭黄变成了香菜，这也算是一种创新。二是改革性创新，新烹饪流派的形式或新菜肴的推出当数此类。红楼宴从无到有算是创新，港式广东菜亦为创新产物，近年在内地走红，也颇受外宾欢迎，用料精、花样多和适用性强三大特色，是港式粤菜能独树一帜的主要原因。当然，这两种创新之间的联系或许可以用量变与质变的关系来概括。

创新中的三个"误区"

其一是片面强调正宗。其实任何菜系的正宗，都是不断创新不断修正的结果。昔日"八珍"为宴席上品，而今为保护动物，还值得提倡吗？正宗川菜之辣，能受用者未必很多。而一些菜系如徽菜、上海本帮菜的所谓正宗特色"重油"也早已不符合当今烹饪"五轻"（轻盐、轻糖、轻脂肪、轻添加剂、轻调味品）的新潮流了。所以烹饪业要发展，不应该也不可能彻底"正宗"。其二是丢弃了传统、乱改一气，片面强调"好吃即好菜"。每种菜系的形成，皆有各自的地理、历史、民族、民俗、物产等原因，在这些因素的综合作用下，形成特色，如川菜"七味"，淮扬菜"三原"（原色、原味、原汤），广东菜"生猛"，这些特色犹如京剧中的板眼，失去则不能演出有声有色的活剧来。因为创新只能是在特定菜系传统基础上的创新，而不是另起炉灶。其三是创新中的庸俗化倾向。表现为不讲特色只求时尚，蜂拥而上。满街火锅、到处烤鸭，再不就是生猛海鲜遍地开花。雕花造型不管有无必要，到处应用。如水晶虾仁的出名，使得效仿者无数，以致鱼目混珠。只搞模仿、拼凑而不讲特色，使餐馆趋于一个模式，一个味道。

设想有一天，粤菜无粤菜味，川菜无川菜味，就像流行音乐取代京剧、越剧一样，不能不说是一大悲剧。难怪专家们称这种庸俗化倾向为"烹饪业潜伏危机"了。

创新要讲四性

首先是继承性。听起来似乎与创新矛盾，其实不然。扬弃传统文化中的糟粕，本身就是一种创新。上海菜以重油、出赤宽汤为特色，徽菜以重油，重酱色，重火候为特色，其中有些特色已经不适于今日之潮流，这种情况下改革即创新。发掘传统，使古为今用，何尝又不视为一种创新？近年来各地纷纷发掘仿古菜系，如仿汉、仿宋、仿唐等，且不论是否成功，这种做法都应视为创新。

其次是借鉴性。"拿来主义"并非绝对不是创新。某菜在甲地是传统，在乙地或许就是创新。将西餐引进中国的始作俑者应该视为创新者。布丁、蛋挞、烟鲳鱼本来自西方，却成了今日粤菜中的传统菜。川菜中"干烧明虾""锅巴海参"有名，但四川身居内陆，不产明虾海参，不借鉴从何而来。

再次是科学性。烹饪之道，"色香味形营（营养）"缺一不可。做菜要讲配伍，豆腐花样多，但烧成糖醋豆腐就成笑话了，而鲜鱼被加工成咖喱鱼则是实实在在的事实，鱼味之鲜为咖喱之辛辣所抑，极显其不合理。又如人的味觉辨别能力，如同视觉一样，也有极限。有的地方举办饺子宴，一席之中大大小小十几种饺子，试问谁能品尝出其中每一饺子的滋味？

最后是特色性。特色是创新的灵魂。借此应用对文化的评述——越是民族的便越是世界的，烹饪亦如此。越是有个性，就越是能被人所接受。所谓特色应有两层含义，一是注重整体特色。所括环境在内，皆要烘托特色。有的餐馆，标榜为粤菜，餐桌上却无"三色酱"（辣椒酱、海鲜酱、芥末酱），令人难以置信。八小碟冷盆家家大同小异，留不下回味。二是要创出拳头产品特色菜。

案例讨论题

1. 谈谈你对上文中关于创新观点的看法。
2. 你有过餐饮创新的体验吗？谈谈你的感受。
3. 你认为餐饮创新还可以从哪些方面入手？

案例分析3

这两个"小能手"能帮你提高翻台率

真正的互联网餐厅不应该聚焦在线上，而应该聚焦在线下。互联网再怎么发展，也不能让人们在线上吃饭。既然是线下服务，如何利用互联网技术提升就餐效率，减少无效就餐时间，从而加快翻台，提升门店营收，优化用户体验，才是餐饮老板真正应该关心的问题。

商业演化的历史往往由企业和企业家的焦虑来创造：或者彻底退出江湖，或者拥抱"风口"。然而，互联网的风口，风向也经常变。

互联网的真正效用，不在于你能"忽悠"到多少客人（流量），而是在一定客流规模（流量）的基础上，如何通过互联网的技术，提升餐厅的服务品质和管理效率。我们以美味不用等旗下两款主打产品为例，来解读互联网是如何深入渗透到餐厅经营，从而提高经营效率的。

小能手一：秒点+秒付

"秒点"点菜下单到指定桌台后，后厨自动出单，无须服务员餐边等待，很大程度上避免了错单、漏单的发生。用餐过程中，用户还可随时在线全自助加菜。

"秒付"则可以让顾客在用餐完毕后，无须服务员介入，无须额外下载APP，无须绑定注册，直接扫描二维码，自动完成桌号绑定、账单确认、会员身份识别、计算会员价、扣减积分、使用优惠券、返还积分、开具发票、服务评价等步骤，实现买单和会员权益的一体化操作。

顾客完成支付后，商家收银系统即刻收到支付信息，完成自动清台，服务员无须再查看顾客手机确认支付，真正做到即吃即走，在用餐高峰期有效疏导大客流，用户体验也节节提升。使用"秒点"和"秒付"功能的餐厅，服务员普遍表示，效率真的提升了很多，现在等待客人点菜、支付的时间被节省下来，可以把其他服务做得更好。顾客也普遍觉得这样非常便捷、体验很好。据悉，通过"秒付"买单的用户普遍对门店服务的五星评价率高达95%，大大高于同期其他渠道70%的好评率。

案例一：桂满陇：单日单店净利提升1000元

以桂满陇上海合生汇店为例，单店单日排队取号超过600桌，店内服务强度大。使用秒点秒付自助点菜买单方案后，平均单日秒点秒付订单合计超过200单，每桌可以节省10分钟人力，翻台率提升9.26%，单日单店净利润增长超过1000元。

案例二：西贝：双12，零客诉

西贝莜面村支付条线相关负责人表示，双12活动期间，西贝共使用"秒付"功能成交50097单，节省服务员人力4175个小时，给商户创造价值954000元，实现大客流0投诉！美味不用等"秒付"流水数据也创下2016年新高，达到3600万元。

小能手二：软件升级，桌码布置

美味不用等的互联网餐厅升级，只需要10分钟——利用"秒点"+"秒付"，通过软件改造与接口对接，可以很快完成升级，员工也无须额外培训便可理解。

点菜支付的操作流程完全由用户自己完成，商户只需要做好软件升级、桌码布置即可。若同时结合美味不用等"智能餐厅云收银系统"的其他产品，如服务员餐边点菜收银会员一站式设备"美小二"、营业数据智能分析"云报表"、集团与门店的营业设置及权限服务"集团管理"等,可以实现效率、数据、管理的全面升级,实现互联网餐厅的深度改造。

美味不用等通过简单两步("秒点"+"秒付"),在升级基本点菜收银功能的同时,创新地将会员识别、积分优惠、服务评价等多种功能有机结合,充分利用互联网的思维与产品连接和打通位、钱、人、菜各环节,提升运营效率和就餐体验。怎样快速、高效地完成互联网餐厅升级改造,美味不用等用他们的实践给了餐饮经营者和行业一个示范——完成互联网餐厅升级,原来那么简单!

案例讨论题

1. 你认为上述案例的创新适用于哪些群体?为什么?体现了餐饮企业怎样的观念?
2. 结合日常生活,你认为互联网还能运用到餐饮经营的哪些环节之中?

案例分析 4

归属感需求

传统的熟人社会正在演变成陌生人社交,陌生人社交最重要的就是打破拘谨感,找到归属感。

对于有着 10 个品牌的 57 度湘创始人汪峥嵘来说,一直在通过精心的场景设计解决这问题。在 57 度湘,厨师叫炒手,上铁板时有专门的"上板仪式":用白兰地点火,做菜的间隙留有固定时间拿着铲子出来跳舞,把现场氛围调动起来。主打无餐具的水货餐厅,强调顾客戴围兜的环节,表示要开始动手操作美食了;上菜的时候服务员一定要吆喝一声:货来了。这些仪式感加强了顾客对美味的期待,还有助于初次约会的人打破拘谨。

在"吃饭皇帝大"餐厅,除了"五色五味、挑着担子送菜、现场手撕鸡"等地道湘西土家族风情之外,餐厅花几十万元制作的"皇帝跳舞"AR 动画,更让顾客见证了"黑科技+民族风"的创新感官体验,很多年轻人因为这个好玩的内容发朋友圈,还会呼朋引伴再来。

而在可兰牛排自助餐厅,除了一份高品质牛排+几十种小吃之外,厨师长会在中场为每一桌(根据人数)现场制作火焰寿司,晚餐时为每一位离开的顾客送上"4 片吐司面包+1 盒牛奶"的第二日早餐,被顾客称为"最有温度的惊喜"。

来源:http://mp.weixin.qq.com/s/bcTIH3VeBoHST54p9bif-A

案例讨论题

1. 此案例在哪些方面使你感觉别具一格?
2. 你在消费过程中有过类似的体验吗?请介绍给同学们。

思考与练习

1. 餐饮企业的创新可以通过哪些方面来实现？
2. 餐饮创新的关键在于什么？请将你的观点表述出来。
3. 观念创新的主要内容有哪些？
4. 树立团队意识的主要内容有哪些？
5. 如何加强服务意识培训？
6. 根据你的了解，餐饮企业可以在哪些方面实行量化管理？
7. 解释预见性管理并举例说明。
8. 什么是授权管理？试举几个例子说明。
9. 授权管理的意义是什么？
10. 推行体验工作法有什么意义？
11. 走动式管理的作用有哪些？
12. 经营指标分解的具体操作程序有哪些？
13. 解释绩效工资含量。
14. 百元工资含量的意义有哪些？
15. 试述百元工资含量的具体操作步骤及应遵循的原则。
16. 你认为哪些餐饮企业可以实行集中配送，专业外包？
17. 你认为餐饮经营观念变革有哪些作用？
18. 简述厨房前台化的意义。
19. 说说你在餐饮消费中发现的服务创新实例。
20. 试述菜肴创新的概念及原则。
21. 开发新菜肴的措施有哪些？
22. 谈谈你在现实生活中遇到的菜肴创新实例。
23. 服务创新的内容有哪些？
24. 简述营销创新的主要内容。
25. 网络营销的优势有哪些？
26. 你接触过网络营销吗？谈谈你的体验并进行评价。
27. 什么是体验营销，你有过体验营销的餐饮消费经历吗？请将它介绍给同学们。
28. 以一次餐饮消费为例，对其服务营销进行分析。

第十一章 绿色餐饮

【学习目标】

通过本章的学习,了解绿色餐饮的内涵及特点,掌握应遵循的原则,了解绿色餐饮在实施中存在的问题,重点掌握绿色管理实施的具体内容。

【内容结构】

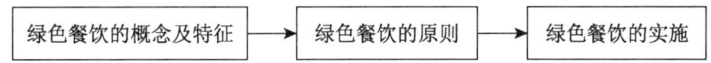

【重要概念】

绿色管理　绿色采购　绿色加工　绿色服务　绿色营销

第一节 绿色餐饮的概念及特征

一、绿色餐饮的内涵

绿色餐饮是指餐饮企业从保护资源、维护环境、有益安全健康、持续发展的角度出发,对产品在生产、加工过程中予以控制,为消费者提供安全、健康的餐饮食品。

绿色餐饮是伴随着近年来绿色饭店的兴起而产生的,它与传统餐饮的最大区别就在于餐饮企业在整个经营活动中,除了关注自己的企业之外,也融入了社会因素,即有着更强的社会责任感。强调在其生产与服务的过程中,更多地关注节约资源、注重环保、极大地尊重就餐者的利益与健康,并从经营的各个环节全方位、全过程地予以体现,从而达到经营的最佳效果,最终实现经济、生态、社会的和谐统一。它是目前具有社会责任感、新型的餐饮经营管理方式,是一种先进经营理念的体现,也是未来餐饮企业经营的核心与目的。

二、绿色餐饮的特点

(一)树立正确的绿色理念

理念是企业经营管理的核心,是餐饮企业实施绿色管理的前提条件和基本保证,也是餐饮经营活动的指导思想,绿色理念即是"崇尚自然、减少消耗、促进可持续发展"。

餐饮企业是一个高消耗的行业,无论是在加工过程还是在能源、材料的使用上都可能存在高消耗现象。提倡绿色餐饮的根本目的就是将餐饮企业的经营管理更加规范化、科学化,尽可能以最少的消耗为代价,生产出高附加值的、能满足并有益于就餐者需要的产品。

绿色餐饮并不是以绿颜色的多少来评价其好坏,而是借助于"绿色"这一充满生机、能为人类带来希望和健康的词语来表明绿色餐饮的宗旨和目标,尤其在具体的实施过程中,有些绿色措施的实施需要有较大的投入,但有时高额的投入又会造成绿色产品的价格偏高,使企业应得到的收益在短暂时间内无法得到,所以说如果没有树立一个坚定、正确的绿色理念的话,很难支撑餐饮企业能够一直走下去。为此,树立绿色理念对企业和消费者都是必需的,是双方利益的共同结合点。在这种理念的指导下,企业进行绿色产品的选择、研究、开发、生产,消费者进行检验、体验与享受,并在双方互动、互促的条件下,达到相应的和谐与默契,最终实现互惠互利共赢式的持续发展。

总之,绿色餐饮的实现,完全打破了常规餐饮的经营理念和经营思想,它是从一个全新的角度唤醒并强调企业和消费者的自我保护意识和社会责任感,从长远看,促进了社会的文明与进步。

(二) 提倡多方利益的统一

实施绿色餐饮理念的企业，打破了传统狭隘的仅关注本企业自身的经济利益为目标的经营意识，将视野放在维护整个社会和人类发展的大环境中，从尊重消费者营养、健康的饮食需求出发；从爱护节约各类资源的角度出发；从减少餐饮产品对环境危害、自然危害的角度出发，以绿色需求—绿色开发—绿色采购—绿色产品—绿色价格—绿色消费—绿色服务—绿色效益为主线进行绿色餐饮活动。倡导的是企业利益、消费者利益、社会利益、环境利益的多利益统一，在具体的实施中，这多者之间的利益有时会出现矛盾，尤其是在追求后三者利益时，企业的利益常常受到损害。这就需要各方以绿色餐饮理念为指导，在此基础上达到一种统一和默契。

(三) 具有鲜明的绿色主题

即企业在生产管理的过程中，时时紧扣保护环境、节约资源，提高人们的生活质量这一主题，树立有社会责任感的绿色企业形象，并将其贯穿于整个生产活动的全过程。且以真实的绿色行为予以展示和解析，而不仅仅是套用"绿色""环保""生态"等简单的词汇概括。如采用清洁生产工艺，减少产品制作过程中的污染物排放，在原材料的使用上做到安全、卫生、无公害，降低原材料的损耗等。即在满足客人饮食需求的前提下，尽可能减少资源和能源的消耗，提供更多健康的产品，以最合理的资源配置来保证良好的产品质量和经营效益，最终实现餐饮企业的可持续发展。

(四) 体现社会责任感

"绿色"一词会给人带来生机与希望，将它应用于餐饮业中，强调的是凡是绿色餐饮企业应具有高度的社会责任感和对未来后代负责的态度，因为餐饮企业对资源的需求量大，对资源和环境损害和破坏的程度都很大，有责任的企业会从保护资源、造福后代、贡献社会的角度进行经营而不是一时的为达到自身的利益不择手段的去追求效益，承担的是更多的社会责任。如有的餐饮企业在非服务岗位大量使用下岗工人、残疾人等就是企业具有社会责任感的最好体现。

第二节 绿色餐饮的原则

一、绿色餐饮应遵循的原则

绿色餐饮企业在经营管理过程中要遵循一定的原则，进行有序的经营活动，即是绿色饭店的原则在餐饮经营生产中的具体运用：

(一) 减量化原则

就是在不影响餐饮产品生产质量和消费者需求的前提下，从厉行节约、减少浪费的角度出发，适当减少餐饮生产原材料的使用及成品量。通过减少产品体积、减轻产品重量、简化产品包装，达到降低成本、减少浪费、满足需求的目的。如麦当劳的汉堡对消费者来说由于口感独特、快捷便利成为众人喜爱的食品，但由于其脂肪含量太高，很多人吃了以后发胖。为此，国外推出给麦当劳瘦身的计划。即在按比例进行产品组合的基础上减少原料用料总量，实践证明效果很好；再如饭店推的半份菜，按分量点菜，主食按个数点用，都是遵循了减量化的原则。当然，减量的同时价格也应按比例降低。

减量化原则在餐饮产品生产过程中既有巨大的潜力可以挖掘，也在某种程度上考验着餐饮企业的职业道德。减量是在总量上减少，这种减少是按比例减少，并不是让经营者在产品制作过程中随意减少原材料，甚至不按投料标准无原则地减少，尤其是将影响菜价的主要原料或高成本原材料随意减少，这种做法既是对消费者利益的侵害，也是对绿色餐饮的歪曲，是与其理念背道而驰的做法。

（二）再使用原则

餐饮生产是一种特殊的产品制作过程。在制作中，往往为了获取某一特定的原材料会造成其他原材料的浪费和扔弃。如糖醋鱼块这道菜，为了得到鱼块就会产生大量的鱼杂；再如葱油螺片这道菜，是用海螺头做成的，但海螺头之外的其他部位的原料基本扔掉了，鲜有再利用的做法。这种扔弃和浪费在饭店似乎是司空见惯、习以为常了，当然在这其中也浪费了大量的成本。这种做法与绿色餐饮的原则背道而驰。为此，绿色餐饮提出再利用原则，即将餐饮生产过程中的原材料最大限度地利用，以减少浪费和降低成本，从而真正实现绿色餐饮的经营宗旨。

再使用原则也要求在不降低标准的前提下，对各种物品尽可能地变一次使用为多次使用或调剂使用，不要轻易扔弃，尽最大限度提高原料的利用率。如客人在消费过程中也会留下各种剩余物品，客人剩余的酒可以用来清洁台面，啤酒可以浇花，把破损的大台布改成小台布，把无法使用的废台布做成抹布、拖布，这些做法值得提倡。这些做法值得提倡。此外，用消毒循环使用的餐筷取代一次性的木制筷子都是绿色餐饮的具体体现。

（三）再循环原则

餐饮企业的再循环原则主要体现在原材料包装上的再循环。每天面对着无定数的各种原料的采购，大量的物品是带着包装购入的，如米、面、调味料等。由于使用种类繁多，使用量较大，这就存在着再循环包装的问题，即餐饮企业可以将一些包装材料予以保留，进行再利用，循环使用。如米面袋、啤酒瓶、调味瓶、罐装、纸箱、桶装食品的容器等。这在很大程度上既节约了资源、减少了浪费，又为企业减少了成本，何乐而不为呢？再如餐饮生产的垃圾量极大，如果能将纸张、瓶罐、金属、有机物进行分类，也有利于其回收处理和循环利用，使其变成再生资源。

（四）替代性原则

为了减少污染、节约资源，饭店使用无污染的物品或再生物品作为某些物品的替代品。

餐饮企业维持生产发展的基础和前提条件是各种资源。餐饮产品的制作是在资源充足、原材料丰富的情况下进行的。而原材料的来源不同，其资源的潜在供应也不同，有的资源可以永续再生，如粮食、蔬菜；有些资源已变得越来越少，如野生动植物；还有的资源虽被消费者充分认识到过度使用会带来危害与不足，但人们却延续着传统的消费习惯难以改变，也就是说在短期内很难改变人们的消费心理，尤其是中国人在就餐中，常常讲究一个口感和美味，在某种程度上忽视了资源的未来存有量。在这种情况下需要观念的改变，需要挖掘发现新的资源和产品。在不影响餐饮产品质量的前提下，以更营养、更丰富的资源来替代濒临减少或绝迹的餐饮原材料。这种替代最终的结果是使餐饮原材料更丰富、更营养、更健康，如用食品的自然色素代替化学合成添加剂。

（五）技术先进原则

餐饮生产与管理存在着技术改进、手段更新的问题。随着餐饮业的发展，餐饮生产也逐步走向现代，由手工走向机械，加工的技术也随着社会的发展变得更为先进、科学，一些现代化设备也应运而生。如电磁炉、微波炉、切菜机、绞面机等设备的出现，使产品加工更为便捷和科学，从而也更加节约了成本，节省了人力，使劳动效率得到提高。

此外，餐饮管理也应与时代发展同步，更好地运用科技管理手段。如互联网和计算机，使餐厅管理更为科学化，它可以使宾客电脑点菜、模拟设菜、实际观菜等成为可能，以此强化体验，增加餐饮生产的透明度，也可以使企业能够更为准确及时地进行人、财、物管理与控制，了解市场信息、行业信息、政策法规、供需情况等。

二、绿色餐饮实施中存在的问题

虽然绿色餐饮在绿色饭店的发展过程中，取得了良好的开端和不断的发展，但从整体上来看，在具体的实施过程中，还存在着种种问题。这在某种程度上影响制约了其绿色化的进程，并产生了不利影响。我国绿色餐饮企业建设存在以下主要问题：

（一）过度追求经济效益

创建绿色企业是一种兼顾经济效益和社会效益的做法，其最终目的是为了实现企业、顾客和整个社会的长期利益。但在现实中，不少饭店经营者对经济效益的关注远远高于对社会效益的关注，有的甚至怀着单纯的经济思想，打着"绿色""生态"的幌子做名不副实的形象宣传和生意招揽。形式颇多，实际内容很少；对客人要求多，对自己改进少；在环保上也仅仅局限在"三废"排放达标这一单一标准；在营销上也仅把目标停留在刺激消费数量上，而对转变观念、改变消费方式却漠不关心。

很多餐饮企业并不是不赞成绿色餐饮，也同意其理念及宗旨，还有的企业也曾经推行过，但由于受传统经营理念和思想的影响，大多企业将经济利益作为其追求的主要目标，把经济杠杆作为唯一衡量标准，认为绿色餐饮必须要赢利。任何措施的实施都要以高回报率为前提，不能站在一定的社会高度和长远的角度进行经营与管理，尤其是对待投入后、短期内没有回报的具体做法上，常采取排斥或反对态度，甚至为了追求经济效益，采取与绿色餐饮背道而驰的做法。如有的饭店对使用价格稍高的环保、可降解打包饭盒反感；还有的饭店为了追求营业收入，不惜采取降低质量，恶性削价竞争的策略。这些应是绿色餐饮极力反对和坚决杜绝的。

（二）绿色产品尚未成为首选

由于绿色产业发展规模不大，这也就决定了我国绿色产品具有形式单一、规模较小的特征。从目前市场上产品特征来看，绿色产品与传统产品对比处于竞争劣势。由于我国消费者的绿色群体规模还没有发展到一定程度，所以极大地限制了绿色产品的发展。随着就餐者消费意识的觉醒和消费水平的提高，绿色产品将成为主要的消费产品。这也是未来餐饮消费的必然趋势。

绿色产品生产的前提条件应是满足使用绿色原材料的选择，如无公害产品的选择、天然食品的选择等。但由于这些产品的价格比普通产品的单位成本要高一些，而我国消费者收入水平差距比较大，多数消费者收入水平较低的现状使更多的人无法接受绿色产品的较高价格，从而使绿色产品的市场空间受到了很大限制。同时，由于消费者环保意识还没有发展到发达国家消费者应有的程度，因此，在对绿色产品和绿色消费的需求上也就有很大差异。此外，还存在着大量的餐饮企业拒绝选择绿色产品，甚至有个别企业还打着绿色产品的幌子使用非绿色的原料，以达到欺骗蒙蔽消费者的目的。如有些所谓的绿色饭店，以蛇、鱼翅、穿山甲等受保护的野生动物来招徕客人，这些都严重违反了餐饮业的职业道德。

（三）资源保护尚未引起重视

餐饮企业是一种资源消耗型企业。面对着当今世界资源日益受到破坏、减少的社会问题，如何从企业生产的角度对资源更加珍惜，还未列入餐饮企业的议事日程，更未引起重视。不但如此，还有很多餐饮企业存在着大量挥霍浪费的现象。尤其是一些餐饮企业，为了猎奇和吸引就餐者，不惜违法使用一些几乎灭绝的野生动物或国家保护动植物做餐饮原材料。如用白鳍豚红烧鱼仔等，这更加反映出经营者愚昧和无知，也反映出其法律意识的淡漠。

（四）市场秩序混乱，缺乏衡量标准

绿色餐饮的倡导与实施是一种超前的进步理念与行为。目前，敢于实施绿色餐饮的企业，大多对社会有着强烈的责任感和负责任的态度。这些企业敢为人先，率先在行业内进行绿色示范，起到了积极作用。但由于各企业对绿色餐饮的认识程度不统一，行为的力度不一致，再加之从国家行业角度内没有一个具体的要求，缺乏衡量的标准，从而使整个市场秩序比较混乱。做得好的企业只是凭借着自身的觉悟和态度，默默地进行

着,没有相应的鼓励措施和政策的支持。而有些企业则雷声大、雨点小,对绿色餐饮的实施浅尝辄止或只是进行了单一或简单的改变,却借机大肆造势或在不负责任的做法中误导了人们对绿色餐饮的理解。

为此,应当健全相关的法律法规,强化监督管理,使法律法规成为最有效的外部强制力量;进一步健全认定机构,完善认定指标体系,严格认定程序,扩大认定范围,建立起完整方便的认定网络。从根本上解决绿色餐饮无序发展和标准缺乏的问题,以规范和保证绿色餐饮健康持续发展。

(五)传统观念和习俗制约

绿色餐饮的宗旨和做法是打破常规的一种新的行为和尝试。在具体的实施过程中,最现实、最直接的问题就是与人们传统观念、习俗的碰撞和冲击。不可否认,在我国具有悠久发展历史的餐饮业中,行业内的传统观念和消费者固有的习俗往往是根深蒂固、难以改变的。尤其是在推行绿色餐饮过程中,往往要对这些观念习俗进行否定和改造,这其中所面临的阻碍是无法回避的,需要一个接受适应的过程。当然,这些传统的观念和习俗在某种程度上制约、限制了绿色餐饮的进行与发展。

应该看到在餐饮企业和消费者双方都存在着不合时宜的老观念、旧习俗的问题。如在点菜时,吃饭要有剩余,还美其名曰"富富有余";配菜时强调凉、热、水果、面点等面面俱到;烹制中常常过分强调口感而不是营养;餐后面对大量的剩余饭菜却羞于打包。这些不是根据需要,而是盲目强调习俗的做法,最终的结果必然是产生大量的浪费,这正是绿色餐饮所坚决反对的,应予以改变,树立"消费不浪费"的观念。

第三节 绿色餐饮的实施

一、绿色管理

绿色管理就是指饭店在日常管理中建立一套完整有效的使用绿色环保健康安全食品的监控体系,在管理中使客人的满意率和员工的满意率达到最佳状态的一种人性化管理方式。

绿色管理遵循以下原则:

(一)以保护环境和节约资源为核心

绿色管理应注重的是管理的效果,即能源的节约和企业的持续发展,尤其是以保护环境和节约资源为核心的"绿色管理"已成为全球饭店业共同关注的重点。而在这方面,餐饮企业最有文章可做,也最可能将绿色管理落到实处。如洲际酒店,在厨房和后台都安装了特制的扁嘴形节水装置,出水量从22升/分降到12升/分;将150瓦、100

瓦和60瓦的灯泡换成11瓦和15瓦节能日光灯。仅此一项，一年便可节约上万澳元。这种采取滴水成河、集腋成裘的做法，将利润和收益从成本中挤出来。当然，从长远发展的角度看，也为整个社会提供了可持续发展的良好环境条件，尤其是洲际酒店提出的不需要每位员工在实施绿色管理中做得十全十美，而要求每一位员工都有强烈的节约意识，这种绿色理念值得提倡。

此外，土耳其的奥而达俱乐部绿色管理的做法更是令人敬佩，该俱乐部在1997年便建立了先进的生化处理净化水系统，将净化系统产生的软水用于洗涤和餐厅厨房，节省了除污垢的用水和人工，对洗碗机的控制以减少滚动次数为主，达到洗净目的就停机。这些措施的实施，使水耗降低15%。难能可贵的是，"绿色精神"在该俱乐部判断员工是否能采用的关键要素中得以充分地体现，就是看他有没有以"绿色行为"来从事酒店的管理和服务。

（二）借鉴成功经验

绿色管理可借鉴国内外成功的经验和先进的方法。如国外很多饭店采用可伸缩的遮阳篷或可调节的百叶窗帘，既美观又减少了空调的使用量；再如有条件的饭店可以做屋顶绿化和垂直绿化，这样既美观又隔热且节能。据统计，屋顶绿化一般可以挡掉50%的太阳辐射；爬藤类植物可以使外墙温度下降4~5℃、室内温度下降2~3℃，相当于节省30%左右的空调耗电。

（三）措施具体有效

绿色管理体现在餐饮管理的各个环节，具体可采取以下措施：严格检查，杜绝跑冒、漏滴、长流水现象；杜绝用流水洗菜、解冻、清洁卫生；厨房灶具、灶台、容器定期清洗，以免影响热效率；不用火时及时关闭；电器不用时将电源插头拔下，减少待机状态，功力较大的通风机可装上变频调节器；选择较低或无污染、不危害人体健康的产品；在食品制造过程中，强调清洁生产；尽量避免使用有毒、有害的原料和中间产品；应用无废或少废的工艺和高效设备；产品在使用过程中及使用后不含危害人体健康和生态环境的物质；在产品包装上除了具有环保和美化产品的功能外，应选择可分解、无毒的材料来包装，使包装材料单纯化、标准化，避免过度化包装，用纸质的月饼盒代替木质、铁质包装盒；餐室空调定时开启；利用自然光，在不影响照明的前提下尽可能减少用电；洗手间安装节水阀；员工浴室安装节水感应器；控制灶台燃气消耗。这些做法都是绿色管理最有力的体现。

可持续发展的趋势迫使消费者越来越理性，越来越注重环保和绿色要求，向绿色、自然、和谐、健康的方向发展，它可以帮助企业巩固消费者的忠诚度，帮助消费者打开眼界，让消费者自发地去确定绿色消费方式，还可以强化企业的可持续发展力量，促使企业注意局部与全局的协调和目前与长远的平衡。在保持短期竞争力的同时，留足后劲，孕育持续竞争力，以获得持续竞争优势，以最经济的资源取得较大的目标市场。

如果说节能管理和环境管理是保证酒店具有绿色的机体的话，那么提供绿色产品和服务与社会经济环境效益这两点就是保证餐饮企业拥有绿色的精神和灵魂。这里所说的"绿色"，不是简单地多卖点绿色蔬菜、鱼、水果，而是重在每一个环节，包括原料采购、运输、储存、加工、消费都要注重"绿色概念"，而且在"绿"的同时，还要追求增加产值，并且服务于社会其他方面，这可理解为绿色管理的最终目的。

二、绿色采购

（一）绿色采购的内涵

绿色采购是指在购买商品和餐饮原料时，遵循可持续发展的原则，尽可能地选择那些经专业机构认定，具有绿色食品标志的无污染、安全、营养、优质的食品。

这里所说的绿色食品主要是指无污染、有助于人类健康、不施化肥的绿色食品原材料、国家禁止食用的禽畜等餐饮原材料。

（二）绿色采购的理解

餐饮生产每天需要采购大量的各类原材料，尤其是一些大型的或销售量大的餐饮企业。每天面对着大量采购的物品，就有一个选择问题。

绿色采购对采购员的要求更为严格和具体，不仅要选择原料的价格、性能、新鲜度，更要求从维护消费者安全、健康、营养的角度出发，尽可能地采购绿色环保产品。这里不但有个专业认可的问题，还有个观念问题。要求采购时既能从专业的角度对所选择的商品进行鉴定和验证，还要有一个超前的理念和意识。尤其是在现有阶段，绿色食品的价格大多高于一般商品价格的前提下，企业能否适当地牺牲自我的小利益来赢得社会、消费者的长远利益尤为重要，它显示了一个企业的大度和负责任的态度。

餐饮企业每天采购的原料大到粮、油、鱼、肉、蛋、菜等，小到偶用的调味品，都与消费者的饮食密切相关，所生产的物品直接入口。随着人们生活水平的提高，对自身健康的重视，人们关注自己首先从饮食开始。餐饮企业的大量采购几乎是在无消费者监督的状态下进行的，这就更需要企业以自律的态度严格要求自己，按标准采购，按承诺履行自己的责任，这也是对绿色原料供应商的一种鼓励和支持。

当然在采购中，采购员最担心的是随着绿色餐饮原材料价格的上升，从而导致原料成本的增加而造成的食品销售价格的提高，这个问题的产生是必然的，作为餐饮企业要做的主要工作是如何在成本提高的前提下，使产品销售价格在最低的限度内增长或不增长。

随着节约环保意识的加强，人们消费观念的转变与提高，营养健康已成为所有餐饮消费的追求，从而造成绿色原料市场的迅猛扩张，这就为绿色采购提供了前提条件和便利条件。为此，在政府不断健全政策法规建设和加强规范、监管与引导的同时，采购绿色食品及原料，严把质量关就显得尤为重要。

(三) 绿色采购的内容

1. 确定绿色原料采购标准

（1）原料的自然与安全。一是原料本身的营养价值。多选用鱼、肉、青菜、水果等蛋白质、维生素等含量较高的原材料，少选用高糖、高脂肪、高热量的三高食品。二是原料的种植与饲养的健康与安全。《中国绿色饭店实施细则100条》明确要求，实施餐饮食品清洁生产，杜绝用污染的原材料加工产品；积极采用绿色食品、有机食品和无公害的蔬菜。如采购农家散养的家禽下的蛋，用有机原料培育的粮食，不施化肥的果蔬，非人工养殖纯野生的食品，如压榨的食用油、天然水果等。按操作流程进行食品的采购、验收、储存、加工、烹制和服务，严禁采购已被列入国家保护的野生动植物。尽量多采购具有"绿色标准"的原材料。

（2）食品的采购数量与储备水平要与企业的生产和经营规模相适应，保证原料的新鲜与安全。如库房的存储量要与采购量相匹配，少量多次采购，尤其是针对本地产品，在价格差异不大的情况下应多采购鲜活产品，杜绝过度采购现象的出现。

（3）严禁采购野生动物作为吸引顾客的卖点。餐饮企业应承担保护野生动物的责任和义务，维护生态平衡。如有的餐饮企业将鲨鱼、飞禽等珍稀动物做菜且作为特色菜，既违法也违背绿色消费。

（4）采购运输中应采取相应的措施防止原料间的相互污染。

2. 制定绿色采购管理制度

制度是保障，是管理成功的有效手段。绿色采购作为一种时尚、新兴的采购方式，更需要良好的制度作为保证和监督，以促使其健康有序地发展。此外应在采购中做到阳光采购，防止暗箱操作。

3. 建立绿色采购的认可办法

绿色采购行为应得到肯定和鼓励，应有相应的办法予以确认，以保证其健康有序地进行。

三、绿色加工

(一) 绿色加工的内涵

绿色加工是指在餐饮食品生产加工过程中，通过烹饪方法的改进和相关设施的使用，使食品减少污染和损失，从而达到安全、营养、节约的目的。

餐饮企业生产每一道餐饮产品，都需要经历复杂的环节，既有烹饪程序的过程，如粗加工、切配、烹饪等，也有烹调方法的选择，如煎、炒、烹、炸、烧、煮、炖等，甚至有些菜肴的制作还需多种方法的混合使用。尤其是中式烹调格外讲究口感和口味的正宗，从而造成加工环节的复杂与多样，相比较而言绿色加工在这方面往往显得过于落后和原始，应改进传统的不健康的烹饪技法，在生产加工过程中多加改良，不断改进烹饪技法，采用绿色技术，从而达到真正为消费者提供绿色产品的目的。

餐饮产品加工过程环节多，程序复杂，需要餐饮企业有针对性地逐项研究、落实与检查在绿色加工过程中的遗漏点和可改进之处，从而真正将绿色加工落到实处。

绿色加工强调的是在参与生产过程中追求饮食上的"均衡膳食、合理营养、促进健康"。并在此理念的指导下，实现食物天然化、环保绿色化，从而促进人们对餐饮加工和高品质餐饮的追求，强调选用科学合理、经济简洁的加工生产方法，保护原材料自身的营养，减少杜绝对人体的污染、伤害，尽可能开展绿色品牌建设，形成品牌示范效应。

（二）实施绿色生产

在生产过程中采用无废技术和清洁卫生工艺，有益于民众健康，在产品使用后，考虑产品的易于回收和处理，如用紫外线消毒柜清洁餐具代替洗洁精或药物、蒸汽消毒，以减少污染和浪费。

（三）注重加工细节

1. 加工原料

减少原料损耗，提高出成率，加大原料的利用程度，力争一料多用，余料尽用。将原料的下脚料进行再利用，并创新菜肴以减少浪费、节约成本，如用取鱼块的边角料做成鱼杂，将蔬菜心之外的帮、叶做成馅食的原料等。在粗加工中用淡盐水洗菜，以减少原料的冲洗次数；用自然解冻代替流水解冻，以达到节约水资源的目的，减少加工环节。

2. 切割配份

从营养的角度进行合理的搭配，如荤素搭配，优良蛋白质与非优良蛋白质的搭配，最大限度地发挥食物的"互补作用"。

3. 烹调熟制

减少加热时间，注重营养保护，防止营养流失，用原料的自然色泽来调色或点缀，如用蔬菜汁为原料添色，以此取代色素；急火快炒菜代替长时间的炖、煮、炸的菜肴，以减少烹调方法对原料营养的影响。

4. 装盘美化

用盘饰增加美感，多用现成原材料的形状或色泽进行简单加工后用做盘饰，如生菜、胡萝卜等。

5. 冷菜点心制作

减少加工环节，成品色泽搭配尽量用食物本色进行调色，减少色素的使用，如制作点心时，要使用天然色素或食物本色来调配色，不用化学合成添加剂，不用珍稀动物和野生动物制作菜肴，尽量多使用具有"绿色标志"的原材料。

（四）开发绿色产品

绿色产品的研制加工是绿色餐饮的一个支撑点，在加工过程中应有所侧重，注重开发。

（1）利用丰富的绿色原料，开发出低糖、低脂、低热量的饮食产品，充分挖掘"医食同源"的内涵，推出具有食疗、食补、食养功能的保健菜品，引导消费者形成正确的消费观。

（2）提高对素食的关注程度，开发出营养价值高的新菜品。

（3）推行粗粮细做。

（4）遵循人体最佳营养结构的标准开发菜品（不同季节、不同年龄、不同性别的营养保健菜品）。

（5）遵循制作简单，上菜迅速，经济实惠的标准开发菜点，以此来满足现代消费者快节奏的生活需求。

（五）力争节能降耗

应实行清洁工艺生产，集中使用水、电、气，降低能耗；严格控制并做好污水、废气和垃圾的处理工作，做到达标排放；实行垃圾分类，有机垃圾无害化处理，建立低温、密闭垃圾房；要充分考虑利用自然能源，如利用太阳能采热系统。

四、绿色服务

（一）绿色服务的概念

所谓绿色服务就是在服务中以保护自然资源、生态环境和人类健康为宗旨，服务人员有意识地倡导绿色消费理念、引导客人在饮食消费中减少浪费，以适度的方式为客人提供恰当的服务，并能满足绿色消费者需求的服务。

（二）绿色服务的内涵

（1）制定绿色服务规范，倡导绿色消费。

（2）研究开发健康、营养的菜品。

（3）提示顾客适量点菜，合理膳食。

（4）推行小份菜量。

（5）提供打包、存酒等服务。

（6）杜绝使用一次性方便筷子。

（7）使用安全、健康、环保的产品。

（8）送餐包装材料和打包材料应选择容易分解和循环的材质。

（9）尽量采用棉布等自然纤维制品，对台布、小方巾等棉织品和餐具实行专人管理，降低物品损耗率。

（10）选择健康、恰当的方式和尺度为客人服务。

（三）培养员工绿色服务意识

培养员工具有与客人"绿色"需求吻合的服务意识，这里所谓的"绿色"是指让宾客感到满意的同时还要满足，是在不打扰客人的前提下完成工作。我们常规中说到的优质服务未必是绿色服务，频繁服务未必是客人的最爱，近在身边的服务也未必让客人感到舒服，有时甚至有一种被监视的感觉，而绿色服务意识则是培养服务员"审视"你的顾客，能够准确揣摩宾客什么时候需要你出现或什么时候希望你离开。这种意识需要以一种真诚、纯洁的服务理念和服务精神来培养。

（四）绿色服务的理解与运用

服务伴随着客人消费的始终，在客人的消费过程中服务人员利用其优质的服务赢得客人的信任。而恰当地因势引导客人，会使之在消费中克服并杜绝奢侈浪费，改变一些不良习俗与做法，使消费者以最经济实惠的投入获得最大限度的满足。这是绿色服务的主要内容，也是服务人员义不容辞的责任，这也是未来一段时间内我国餐饮服务中一项艰巨的任务。

中国是个礼仪之邦，国人欢迎宾朋、迎来送往最隆重的形式就是以就餐的方式来表达，这本是无可厚非的。但是由于受千百年来的传统习俗的影响，在礼节上的过度讲究，造成了国人在餐桌上，无论从形式还是内容上过分地讲究，有时达到了过度，甚至可以称之为奢侈和浪费。如就餐时最讲究的是凉菜、热菜、汤、主食、水果各类菜肴一应俱全，煎、炒、烹、炸多种烹饪方法面面俱到。在饭桌上不是根据需要来选择菜肴，大多是顾及面子与礼节，宁可剩下也不能不够吃，还美其名曰"富富有余"。未尽的菜肴宁可扔了也不能拿走，那样会被别人瞧不起；宁点贵的也别点便宜的，不然显得档次不够。

如果服务人员在客人点菜时能多加引导，如"我们餐厅菜量较大，建议暂时先点这些，如不够可以再点，到时我会催促后厨房快点出菜"等类似的提示，对引导客人进行消费十分重要。再如客人就餐后快速帮客人打包；对客人喝剩的酒水免费提供代存酒业务；依情况建议客人点小份或少量的菜肴，建议客人多点加工环节少、制作快捷的菜肴等。这既显示出对客人负责的态度，又体现了绿色服务的宗旨。

此外，利用自己独特的地位及买方市场较多的选择机会，促使所有供应商增强环保意识，同时要求他们提供绿色产品和绿色服务，以自身行为的控制和供应商的配合来保证绿色服务的全面性和完整性。

绿色服务的内容不应单纯地理解为仅是引导客人减少浪费，这只可以称其为主要内容，还应注意到内容应该丰富多彩，并涵盖服务的各个环节和过程。如服务方式的选择和尺度的把握等。

服务中的绿色是指运用合法、健康、合理的方式为客人服务。对个别客人的不合理要求应委婉地拒绝或回避，如客人请服务人员陪吃、陪喝、陪跳等；再如目前在服务中普遍存在着的服务过度和与客人零距离服务的现象，这既是一种服务的浪费，也是令客人较为反感的一种服务，看似很规范、很严格，但服务人员有些只是盲目的例行公事的服务,根本不关心客人的需求。频频地撤换餐碟,站在客人餐桌旁盯桌式的服务,对情侣餐或商务餐客人来说必定不是最理想的服务方式,会让客人感到似乎有人在监视着自己的言谈举止,使自己无隐私和秘密可言,当然就餐中的愉快情趣和某种目的完成也就打了折扣。这种过度服务所达到的效果恰恰适得其反,这肯定不是绿色服务所提倡的。

由此可见,绿色服务的内容很多,有很多文章可做,需要我们用心去观察、去琢磨,尽可能为消费者提供简朴自然的餐饮服务。

(五)绿色价值观

传统的定价策略误将绿色产品定价等同于高档次定价,或者采用一些不正当的定价策略,如高价策略、提价经营等。绿色营销的发展,开拓了绿色定价的新形式,丰富了绿色定价的艺术内涵,在新的绿色定价形式中,不再简单地通过高档次定价来标志绿色产品,而是重点通过向消费者传递绿色产品的价值(如营养、养颜、瘦身),来使消费者接受绿色定价。在价格市场上,绿色定价通过树立绿色产品优质高价的形象,迎合消费者求新、求异、崇尚自然、寻求健康的心理。

绿色价值观的发展,要求企业改变其传统的资源使用观念,树立可持续使用资源的观念,在实际营销和生产过程中,有效地将经济利益与环境利益紧密地结合起来。

五、绿色营销

绿色营销是侧重营销多要素之间利益的统一及最大化,并在此基础上形成的相互之间可持续发展的一种销售方式。

我国大部分企业营销理念仍停留在刺激消费者需求阶段,以围绕着提高消费者的消费数量而展开的具体营销行为,这种单纯的刺激消费,鼓励增加消费数量的营销理念与强调持续发展、和谐统一的绿色营销理念是不一致的,同时许多企业在营销理念上很难把握绿色营销的高投入和可持续发展的思想,从而不愿加大投入开发绿色产品。

从根本上说绿色营销是在传统营销基础上的一种拓展式营销,是社会保护意识与市场营销观念有机结合后而产生的一种现代营销观念,它是将营销的视角由单纯的"企业—顾客"扩大到"企业—顾客—社会—自然"新的范围,从营销的角度,推动并促进可持续发展,是绿色文明价值目标在餐饮企业中现代市场营销活动中的具体体现,是社会意识、环保意识与市场营销的有机结合。

绿色营销观的进一步发展使人们在运用绿色营销的过程中,更加注重挖掘绿色价值观的内涵。绿色价值观的发展,明确了从环境资源、人口、社会、经济等诸多方面的协调发展中确保消费者的长远利益,并强调以此为基础实现企业自身利益与消费者利益和社会利益的统一。它强调将社会责任化为企业的营销价值观,进而将经济效益与社会效益统一起来。绿色价值观的发展对绿色营销的实施、指导意义越来越重大,从绿色目标的明确到绿色战略的确定,再到绿色产品的生产、定价、绿色通道的开拓等,绿色价值观贯彻的可持续发展思想始终起着主导作用。

绿色营销的特征：

（一）服务对象具有社会因素

绿色营销是人本营销时代可持续发展的必然要求，是新概念营销的一种新兴营销模式，具有较大的应用空间。传统营销所强调的服务对象基本上都是前来就餐的消费者个体，而绿色营销则是在此前提下又包容和兼顾了社会利益和自然环境的保护，有了更为强烈的社会责任感，其营销的最终目的就是消费者、企业、自然、社会共同受益，且对环保的关注远胜于其他营销。

（二）强调长远利益、各方利益

绿色营销倡导的消费者需求、企业经济利益、社会利益及环境保护等方面利益的协调与统一，这是绿色营销的宗旨和追求的目标。但在试运行中，这些利益常呈现出矛盾状态，如强调消费者的利益时，企业的利益常常受损，为了实现社会利益或环境保护时，企业可能付出很大的经济投入或减少赢利。这对餐饮企业来说，既是一种考验也是一种验证，这就需要企业从长远观点出发，正确处理眼前利益与长远利益，企业利益与消费者利益等多方利益之间的关系，并通过有效健康的营销措施，使企业的损失减少到最低，并在最大限度内促使企业利润的最大化，如：企业开展社会公益活动，显然在短期内投入后无收益，但从长远的树立企业形象的角度来看，这种营销活动却可为企业带来潜在的客源。

（三）结果重在持续性

绿色营销强调的是结果的持续不断发展，而不是临时性的、应急性的举措。其策划、准备、实施的各个过程，都是以企业的长期发展和良好形象的树立为目的，这种营销是在自然状态下，让对方顺理成章、水到渠成地接受，而不是生硬地刺激和灌输，甚至使对方反感。它强调的是多次合作、长期合作，最终实现可持续发展，而不是有限的短期合作。如在服务中以个性服务、特色服务感动并影响客人，以此吸引其主动地前来消费，远比打折、赠品等营销活动更具有吸引力和长久性，且这种营销对客人的影响是无形的，因为消费者更看重的是自身的感受和体验。

（四）绿色效益明显

绿色产品的推行虽然在价格上有的比较高，但产品却代表了消费者的要求和追求，有着无限的发展前景，这也是目前餐饮消费的时尚。从企业经营角度上看，推行和销售绿色产品，有利于企业经济效益的提高，这也是推行绿色营销必然性的表现。如现榨果汁的价格与同容积的饮料相比是罐装的3~5倍。推出绿色餐饮产品既是企业的觉醒，也是消费者的呼唤和餐饮业发展的必然趋势，在此前提下，扣除各种成本因素，其利润还是要大于其他产品，这不失为企业创利的新途径，且消费者也乐此不疲，于各方都有益的事，何乐而不为呢？此外，酒店在生产开发绿色产品时，必然要投入包括设计、生产、包装、服务在内的各种内在化的成本,从而也导致绿色产品价格高于一般产品价格,但为消费者提供的却是安全、无害、无污染的消费品,所以随着人们绿色意识、绿色需求的增强,绿色价格也一定会被普遍接受。

(五) 增加竞争力的有效手段

绿色产品已成为人们消费的共识,带有绿色内容和绿色标志的产品会使消费者得到信任和认可,增强了企业的竞争力和市场占有率,并在面对激烈的竞争、强大的对手时不断保持着优势和潜力。未来酒店业最大的竞争热点将是围绕着绿色市场、绿色消费而展开,从某种程度上讲,酒店的发展是由其在绿色市场上的份额来决定的。

绿色营销能够多元化地开拓绿色通道,树立企业的绿色形象,提升企业品牌的可信度,丰富了企业的文化内涵,增强了企业的凝聚力,有效地将绿色产品和消费者的绿色需求相统一,尤其是绿色营销所佩戴的"绿色护照"使产品能够畅行于国内外市场舞台,开拓了企业发展的空间,通过实施绿色营销策略,能够强化企业可持续发展力量。

目前,绿色消费已成为一种新的时尚,人们不再以消耗大量资源和能源求得生活上的舒适和饮食上的奢侈,而是在追求美味的同时,更加注重资源和环境的保护。当代消费者越来越注重可持续发展、环保、生态平衡等,其消费心理和消费行为也朝着绿色消费的方向快速发展着。消费倾向直接影响着企业的发展方向,绿色消费的兴起在某种程度上改变了人本营销时代企业竞争的主体内容,这就要求餐饮企业要把握绿色消费的发展趋势,积极实施绿色营销,树立绿色品牌形象,缔造绿色竞争新优势。餐饮企业在激烈的竞争中脱颖而出,无不得益于对绿色消费的精准把握,通过积极实施绿色营销,努力追求绿色设计、绿色包装、绿色引导,积极树立绿色形象,尽力满足消费者的绿色消费需求。

案例分析1

安全感的需求

"明厨亮灶"和"食材公开"已经成为大势所趋,所以"健康"和"现吃"就成了近年餐饮业的主流。比如这两年特别流行的潮汕牛肉火锅,多主打"一天一头牛",现杀的牛肉挂在一眼可视的明档口,是潜在用户"可视可达"的活广告,更传递给顾客"健康放心"的安全感。

再比如万达广场河南旗舰店开业时,巴奴毛肚火锅在店门口搞起了食材展,把一顿毛肚火锅可能涉及的食材彻底公开给消费者看,四川石柱红辣椒、茂汶花椒、青阳青花椒、云南牛肝菌、福建绣球菌、原产地红土豆……成为当日商场35万客流关注的焦点之一。

在深圳海岸城,探鱼旗下子品牌"撒椒"江湖菜,为了做到食材只食用一次,为顾客提供餐后剩余辣椒和花椒加工成辣椒酱的服务,并且会在打包瓶上备注食用方法和保鲜期;还有一道菜用的是现场水培豆苗,直接端上来让顾客自己剪下来放进菜里。

人们成为回头客,排在好吃之前的因素是"食材放心",要的正是上面这些餐饮企业所带来的安全感。

案例讨论题

1. 本案例中各个餐厅是如何满足客人绿色消费需求的?
2. 寻找你周围类似的餐厅并予以介绍。

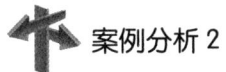案例分析2

与时俱进:顺应绿色健康的餐饮潮流

苏州某餐饮企业餐饮的质量品位、接待功能在当地首屈一指,其接待业务主要是本地政府公务活动、外商公司活动、民营企业商务活动中的高档宴请以及市民的中高档婚宴,其高档市场的餐饮定位十分明确。然而近年来,酒店在餐饮接待中常常遇到这样的新情况:政府官员、外商白领和企业老板等对鱼翅、鲍鱼一类高蛋白名贵菜已不太感兴趣,往往喜欢吃贴近自然的农家菜、乡土菜,且对菜肴原料比较挑剔。总经理从中敏锐地看到餐饮市场的变化动向和发展趋势:客人追求绿色、生态、健康餐饮的时尚潮流。市场变,跟着变,一向把以市场为导向当作餐饮经营最高原则的总经理,带领管理层以快速反应对酒店餐饮经营从采购系统到产品开发做出了相应调整。

为了采购到客人需要的农家蔬菜、绿色植物,以及野生禽类、鱼鲜,酒店餐饮部改变了传统的采购渠道,深入苏州周边的农村集镇,浙江、安徽乃至黑龙江等地进行挖掘采购,收获颇丰。他们经常清晨赶到西山、兴福一带,从农家挑担出门的笋筐里选购各种鲜绿、野生的蔬菜,像荠菜、马兰头、香椿头、文文头、四叶菜、小竹笋等。又如在浙江吉安有一种"绿谷山鸡",是一位大学生专业开发饲养的农家土鸡。这种鸡在海拔300多米的竹林山坡上放养,平时多吃虫子等纯天然食料,并喂食特殊中草药,其抵抗力特别强,且肉质异香可口。尽管"绿谷山鸡"一斤要卖到20多元,餐饮部仍乐意批量购进。

餐饮部还通过精心研发,调整餐饮产品。一是充分体现农家菜的乡土特点。菜肴强调口味清淡,突出原汁原味,湖鲜以冬山、太湖一带的"三白"——白虾、白鱼、银鱼为代表,江鲜多选长江刀鱼、鲥鱼等菜肴烹制,追求还原自然本色;野生河鳗、甲鱼,无论是红烧还是清蒸,都力求保留其肉紧、有弹性、香醇的野味;另有一种大河虾,或白灼,或油爆,无不彰显其特有的原汁原味。二是粗菜细做。酒店开发农家菜,既不是把乡村的农家菜原封不动地搬到酒店餐桌上,也不是对传统的"宾馆菜"简单地全盘否定,实际上一方面保持了酒店菜肴原有的风格特色,一桌菜至少配置三四种农家菜;另一方面,这种农家菜还按照酒店的做菜理念精工制作,加上造型、环境、器皿等的搭配,从而创制出一种"源于生活,高于生活"的改良农家菜。例如一道特别的蔬菜冷盘,有金黄的小玉米、碧绿的莴笋条、雪白的萝卜条和鲜红的泡椒,加上香菜的点缀,装在叶子状的盘子里,蘸着略甜的汁水,色彩缤纷,鲜嫩可口,俨然是一道充满乡土气息的精品蔬菜冷盘。此外,酒店在东山建立了碧螺春茶叶基地,为本店餐桌提供自己的碧螺春茶水,使餐桌发出更加纯正的农家风味。

为了确保酒店餐饮高端市场定位,餐饮部在推出农家菜的同时,也特别注意对产品结构做出合理的调整。比如,有的高端客户不吃鱼翅、鲍鱼了,经营者就换上野生甲鱼,同样价格不菲。这样,让高端客户打心眼里感到酒店农家菜新品物有所值。

酒店以市场为导向,开发绿色健康的农家菜,受到客人的欢迎和青睐。有的老客人想换换口味,到苏州餐饮市场转了一圈后,又回来了,心悦诚服地感叹道:"吃来吃去还是你们酒店好。"

案例讨论题

1. 该餐饮企业在新形势下是如何开展绿色采购的?
2. 针对客人绿色、健康的需求,餐饮部是怎样调整餐饮产品的?
3. 请将你品尝过的绿色菜肴列举出来。

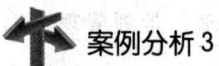
案例分析3

科学调配菜肴孕育商机

河南新乡某宾馆尊重顾客需求和市场变化,在对妇女美容养颜、寿宴、儿童生日宴的制作上,尤其重视营养成分的科学调配,创新出具有特色的餐饮食品,受到了广大消费者的喜爱。像该宾馆的丝瓜瘦肉汤,就是以绿色农场生产的丝瓜、肉类为原料,做成的菜品不仅味道鲜美,而且还具有清热、凉血解毒的功效。其中含有丰富的维生素A、B_1、C,而维生素B_1可防止皮肤老化,维生素C可使皮肤洁白细嫩,维生素A和C是延缓和防止皮肤上皮细胞老化的必需品。苦瓜营养丰富,特别是苦瓜含有丰富的维生素C,常食可使面容变得细嫩;胡萝卜含有大量维生素A和C。此菜做成后不仅色香味俱佳,而且还有很好的美容功效。兔肉红枣汤也是一道具有良好美容功效的菜品,由于兔肉有补中益气的作用,而且含有丰富的蛋白质及维生素、卵磷脂,有利人体的皮肤黏膜的新陈代谢,故有"美容肉"之称,经常食用可以使人的肌肤变得细腻润滑,皮肤显得红润健康。其他如香拌核桃仁、酸奶芦荟、蛋黄芦荟、水晶虾仁、西湖春天、糯米龙眼肉、美极酸豆羹等菜肴,不仅让宾客吃出了营养,还吃出了健康和美丽。

案例讨论题

1. 该宾馆的做法有哪些值得餐饮企业借鉴?
2. 通过此案例,谈谈餐饮企业在面对消费者的时尚需求应做哪些工作。

 思考与练习

1. 绿色餐饮的内涵及特点是什么?
2. 绿色餐饮应遵循的原则有哪些?
3. 绿色餐饮在实施中存在的问题是什么?应如何改进?
4. 绿色管理应遵循的原则有哪些?
5. 为什么要进行绿色采购?你是怎样理解的?
6. 绿色采购包含哪些内容?
7. 什么是绿色加工?主要内容是什么?
8. 在菜肴烹制中,绿色加工是通过哪些细节体现出来的?
9. 什么样的食品属于绿色餐饮产品?应如何开发?
10. 解释绿色服务概念及内涵。
11. 谈谈你对绿色服务的理解。
12. 绿色营销及其主要特征是什么?

第十二章 餐饮文化

【学习目标】

通过本章学习,了解餐饮文化的内涵、作用及特征,掌握餐饮物质文化的内容,重点掌握餐饮精神文化的具体内容。

【内容结构】

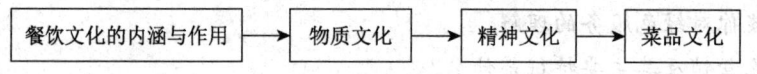

【重要概念】

餐饮文化 环境文化 主题文化 品牌文化 服务文化 细节文化 菜品文化 烹饪文化 典故文化

第一节 餐饮文化的内涵

一、餐饮文化的内涵

餐饮文化是指在餐饮生产与消费的各个环节中,运用文化因素,发挥文化的潜能,从而达到餐饮与文化的有机结合,它是带有独特饭店特征的餐饮经营哲学。餐饮文化应贯穿于餐饮经营的全过程。

由于餐饮生产过程复杂、环节较多,餐饮文化所涵盖的内容也较为广泛,分为物质文化与精神文化两大类。具体包括建筑文化、设施文化、环境文化、主题文化、服务文化、烹饪文化、饮品文化、典故文化等。

在知识经济时代,随着人们的素质修养越来越高,对精神享受的要求也越来越强烈,饭店可以通过组织和策划各种文化活动增加餐饮产品的文化含量;或通过改良就餐环境提高餐饮的文化特色;或通过菜点创新实现文化兴店的目的;或通过餐饮娱乐、休闲、信息等的有机结合扩大餐饮文化的内涵。

二、餐饮文化的作用

文化的底蕴是餐饮生存的资本,丰富的文化是餐饮业生存的生命,深厚的文化内涵是餐饮业发展的灵魂。在餐饮业竞争日益白热化的今天,餐饮产品在参与市场竞争时,除了要具备色、香、味、价格、服务等基础条件外,当基础竞争因素被开发殆尽,优势弹性越来越小时,在竞争中尚有开发潜力的当数文化因素了,文化含量和文化底蕴将是未来竞争中最值得开发的一个因素,餐饮产品的文化含量将成为餐饮企业竞争成败的决定性因素。挖掘和利用好餐饮文化资源,尽可能地增加餐饮产品的文化含量,将成为餐饮经营成败的关键因素。

文化是企业的灵魂,文化的差异性和独特性是企业竞争的优势。越是有竞争实力的企业,其产品的文化内涵越丰富,尤其是文化资源作为一种广义的资源以其丰富的内涵底蕴与包容特质,在饭店开发与经营中备受推崇,并得到广泛的运用,尤其中国餐饮文化不仅在世界餐饮文化中独树一帜,而且也是中国传统文化的一个重要组成部分。文化作为饭店内在的精神力量是餐饮企业的灵魂,也是其追求的目标所在,在未来竞争中越来越显示其强有力的后劲。餐饮文化在经营中的作用主要表现在以下几方面:

(一) 餐饮文化是永恒的主题

餐饮业的发展经过激烈的竞争,使竞争内容和竞争形式发生了根本性的变化。如果说在竞争的前期更多的是菜肴、环境、设施等有形产品的竞争的话,随着竞争的加剧,这种竞争内容的弹性越来越小了,竞争的优势也越来越弱了,而代其产生的新的竞争热点则是更高层次、更高品位的文化竞争。

这种无形产品的竞争,迎合了宾客在餐饮消费中由消费产品到品味文化、消费文化的需求。由于文化具有博大精深的特点,使餐饮文化这种需求没有周期性、时效性,不仅如此,餐饮文化大多具有成本低、利润高、生命周期长、一经形成不易改变的优势,这应是餐饮企业追求的最高境界。所以餐饮文化应是餐饮业发展的永恒主题,文化厚度将在竞争中起着举足轻重的作用。

（二）餐饮文化是无形资产

企业资产分为有形资产与无形资产。由于文化本身的无形性,具有价值不可估的特点,所以,餐饮文化对于餐饮企业来说所起的作用、所带来的效益是无形的、不具体的。一款菜肴的创新,一个设施的改造都可以计算出为企业带来的增值效应。而文化内涵的无限性,餐饮文化体现的多样性,使其产生的影响较为久远,给客人的感受较为广泛与持续,难以对其功效进行估量。有时文化的影响是在无形中完成对餐饮经营企业的宣传与促销,从根本上支撑着餐饮企业的发展并成为企业经营的灵魂,这种无形资产的效应是有形资产所无法比拟和抗衡的。最具典型的就是我国餐饮业中的一些传统老店,有着上百年的悠久历史,承载着厚重的文化特色,让中外宾客流连回味,这其中传统产品固然重要,但更具魅力的,能够吸引宾客的因素只能归结为其文化的底蕴。老舍茶馆、全聚德、东来顺都是最好的诠释。

（三）餐饮文化是个性魅力的展示

文化内涵博大精深,餐饮文化异彩纷呈。正如同每个人的长相与特征不尽相同一样,每个餐饮企业的文化也是各具特征,个性明显。只有符合企业经营的文化才可称为个性文化,才会具有强烈的反差力和吸引力,从而扩大企业的知名度,提高产品和服务的附加值,为企业带来更大的效益,使企业具有更为顽强的生命力和长久的活力。

餐饮企业竞争的根本就在于是否有深厚的文化底蕴做后盾。尤其是中国的餐饮企业,更需要中国餐饮文化的助推,每个成功的餐饮企业都具有反映自己特色、个性和精神面貌的餐饮文化。如青岛某一酒店餐厅,将转台上的鲜花改成了可供观赏的海鲜鱼类,在台面上增加上青岛富有特色的"栈桥""五月的风""海水浴场"等模型,既装饰了台面又烘托了气氛,使宾客在体会酒店和青岛海天一色的美丽风光的同时,尽情品味各种海洋生物制作的菜肴,从而尽情展示了极具特色的海洋文化这一个性魅力。

（四）餐饮文化是企业的活广告

餐饮企业中成功餐饮文化的打造会使宾客产生深刻的体验和难忘的印象,并能够牢记于心。因为文化的感召力和渗透力远大于其他各种因素,且文化的影响力会更为持久、长远。出色的餐饮文化塑造会使就餐者从文化的角度牢牢记住餐饮企业,此时,就餐者可能对餐饮文化因素的重视程度远大于餐饮其他因素,且当其受感染产生共鸣时会以自己的切身感受传播、感染、带动其周围的人前来消费，而这种传播是最为可信也是最有效的广告宣传，所以说餐饮文化是餐饮企业的活广告，客人的口口相传则是一个流动的宣传站。为此，餐饮企业也会焕发出无限的活力和勃勃生机。

三、餐饮文化的特征

（一）形式多样、异彩纷呈

餐饮文化如同餐饮品种一样，呈现出异彩纷呈的局面，通过不同的形式，表现不同的文化内容，是餐饮文化的一个显著特征。即使相同的主题，表现的形式也会呈现出不同，从而出现琳琅满目、丰富多彩的餐饮文化。

由于地域的不同，气候与农业生产的差异，形成了我国餐饮典型的菜系格局和"南甜北咸，东辣西酸"的饮食风格。同样是以辣为主，但四川人的辣与湖南人的辣有所不同，四川菜是辣中带麻，麻中带辣，川菜中的"一菜一格，百菜百味"构成了其独具特色的"川菜文化"；而湖南菜是辣中带酸鲜；粤菜中的"敢为人先"的用料精神也不能不说是"粤菜文化"的代表；北京仿膳饭庄的宫廷式建筑风格使中外来宾领略到在古代宫廷内就餐的享受非同一般。仅从中国人所用的就餐工具——筷子中可见餐饮文化的魅力所在，这种唯中国所发源的独特餐具，虽只有简单的两根小棍，却具有夹、拌、扒、拨、挑、扎等功能，并成为中餐文化中不可分割的一部分，多少外国人吃中餐时必用筷子，尽管使用起来不是很熟练，但这种独特的文化享受是其他餐具无法比拟的。又如某饭店用"才子""佳人"来代替传统对客人先生女士的称呼，这是多么美好的文化展示，使人感到愉快。

（二）饮食与文化有机交融

饮食与文化的结合自然地渗透在菜品加工与服务设计每一个具体的环节中。这种结合不但没有任何的生硬与勉强，有时反而变成了加工设计者的自觉行动，甚至变成一种约定俗成的规矩。如宴会菜肴一般分为冷菜、热菜、荤菜、素菜等几大类，而每一类的具体运用又孕育着文化的氛围。一桌菜肴的设计中，既要考虑到每一款菜的色、形、味的变化与组合，又要兼顾到整桌菜的和谐。就色而言，每桌菜不但颜色要丰富多彩、富于变化，而且要协调美观、不显杂乱；就形而言，各菜形状要有变化，有条有块、有方有圆、有大有小、有短有长、有碎有全，既错落有致又形态各异；就味而言，整套菜应诸味尽全，酸甜苦辣咸各有所归，浓淡相宜。

仅从一个上菜顺序的排序中，就可深刻体会到文化的内涵。清朝袁枚曾在《随园食单》中谈到上菜之法："咸者宜先，淡者宜后；浓者宜先，薄者宜后；无汤者宜先，有汤者宜后。且天下原有五味，不可以咸之一味概之。度客食饱，则脾困矣，须用辛辣以振动之；虑客酒多，则胃疲矣，须用酸甘以提醒之。"在这里，餐饮完全被艺术化了。

如此种种的饮食与文化交融既是两者结合的最佳境界，也是对中国饮食文化精髓的不断传承与发扬。

(三) 艺术性强，追求美感

中国居于烹饪大国之首，这与中国餐饮中艺术性强，追求美感有着密切的关系，这种文化的表现形式是中国餐饮中的极致，也是人们对饮食追求的最高境界。

中国餐饮素以色美、味美、形美、器美而著称于世，色、香、味、器、形的协调统一是中餐文化中不可分割的五个方面。颜色美强调在烹饪中运用不同色泽的搭配，使人产生视觉上的变化；烹饪中强调酸、甜、苦、辣、咸五味运用，红、黄、蓝、白、黑五色调剂；味道美是餐饮的根本，就餐者的最需，品美味佳肴会使品者回味无穷，唇齿留香；器皿美强调的是"美食配美器"，以此烘托菜肴、美化宴席，这种菜器的巧妙搭配，会产生画龙点睛效果，倍感享受之功效，使菜肴香气逼人，难以放弃；形状美是菜品造型的千变万化，或花草鸟鱼、或山川树木、或珍禽异兽，各种逼真的、各异的造型菜常使就餐者不忍下箸，这不能不说是饮食文化的最美表现；这都可称为餐饮文化的精雕细刻。

总之，餐饮中追求巧妙的搭配，美的组合，使饮食产品展示在就餐者面前是一种完整的美，这种做法是对餐饮文化全面的展示，也是餐饮发展追求的目标。

(四) 多角度立体展示

饮食与文化的有机融合是中餐最具魅力的特色所在。饮食与文化相互渗透，紧密结合。饮食中有文化，文化中有饮食，并从不同的侧面、不同的角度、不同的细节予以诠释，使人们在品尝美味佳肴的同时得到了文化的普及与美的享受和精神的愉悦。这也是一个"饮食大国"的过人之处。

中餐中饮食与文化的结合随处可见，信手拈来。仅从平淡的菜名中便可领略一番。如炸佛手卷、扇面划水、游龙戏凤、龙虎斗，仿佛使人看到菜肴动起来了，有一种立体菜单的感觉；白云猪手、红棉虾团、金边白菜、五彩牛百叶，使人欣赏到了一幅精美的菜肴图画，有一种美的感觉；油焖春笋、香酥肥肠、麻婆豆腐、油焖大虾，使人领略到多样的烹调方法，各有特色，无以替代；樟茶鸭子、九转大肠、红煨鱼翅、虾仁锅巴又使人品尝到各个菜系的经典名菜，为菜肴的魅力所征服；佛跳墙、霸王别姬、过桥米线、西湖醋鱼等菜肴典故赋予了饮食传统文化特色。

第二节　物质文化

一、环境文化

环境，作为一项独特的"餐饮产品"，在宾客的"就餐经历"中越来越成为确定外部条件的首要因素和先决条件。餐厅营造一个良好的、赏心悦目的外部环境，本身就是对消费者的尊重。

随着人们消费品位的提高，对环境的选择与重视程度比以往任何时候都更为严格。

当今，在人们社会交往不断扩大，餐饮消费的社会功能不断加强的前提下，人们外出就餐大多超越了满足饮食这一生理需求，往往以谈生意、会朋友、通感情、得信息等社会内容为主，因而在就餐环境方面更为讲究。而作为餐饮企业，最为明智的做法就是适应需求，塑造独特的就餐环境，以此来感染、打动宾客，并将环境的塑造做成企业的品牌。

环境在餐饮文化中的作用是十分重要的，因为它往往充当着文化载体的角色。饭店独有的环境不仅使客人直接感受到独特的文化魅力，而且也逐渐成为饭店的品牌和象征。有特色的环境及氛围的营造也成为餐饮文化营销的一个重要手段。餐饮企业环境文化主要包括饭店的实体形象、建筑装潢、规模、设施设备以及内部空间环境的组成等。

这种环境的塑造应以文化作为突破口，以文化作为主线，因为唯有文化最具有感染力，最有内涵，有大文章可做，也最能体现企业的特色。合肥某食府是一个可以容纳1000人就餐的大型宴会厅，其环境的装饰布置不仅金碧辉煌、雍容华贵，而且充盈着一种以"福"字为主题灵魂的浓厚的中国传统文化氛围。在大厅的舞台背景板、墙面装饰布、羊皮顶灯外饰面以及餐桌座椅中国红椅套等处，全方位镶嵌、印制和点缀着成千上万个变化多端的"福"字，十分夺人眼球。福字意味祝福，蕴含吉祥，象征喜庆，在中国传统文化中占有特殊的地位。从"天官赐福"的民间传说，到逢年过节家家户户门口张贴倒立的"福"字，再到中国奥运会吉祥物五个福娃的诞生与普及，无不凝聚着历代中国老百姓对"福"字深厚的感情和深刻的理解，体现了中国福文化源远流长的根脉底蕴。

餐厅环境文化气氛营造要善于、精于运用各种独有的文化符号，以此来表现出设计者的思路和创作风格，从而展现出餐饮独具个性的环境文化。如北京天伦王朝饭店中餐厅侧墙运用了江南园林的四廊柱式传统的扇形窗户，加上红色的砖墙、背景漫射灯光的处理加强了回廊的气氛，表现了中国园林的精髓，体现了中国传统文化中的曲径通幽的园林艺术，这种独具个性的餐饮环境的塑造，可谓匠心独运。由此可见，环境建设和氛围营造对于展现饭店文化基调起到关键作用，甚至还能在无形中引导客人自觉地认可和接纳饭店的文化理念，并成为经营中的一个亮点。

二、设施设备文化

文化因素具有很强的渗透力和展示力，在餐饮设施中可见一斑。设施虽是餐饮生产与消费的附属品，但却是不可缺少、无以替代的。有些设施设备具有较高的使用率，而这些设施用品中的文化因素会对就餐者产生频繁的强烈刺激，尤其是与餐饮文化中其他文化因素相辅相成、相得益彰的设施用品文化，在加强餐饮文化的展示力方面，起到画龙点睛的作用。

很多饭店在古典餐厅里摆放的是红木材质的镂花桌椅，使用的是银质餐具，服务员传菜用的是古代皇宫中的膳食盒，这种设施文化与宫殿式环境文化相互组合，展现出一种厚重与历史的追寻，体现出古典文化之美。如西藏有一个雪神宫藏式餐馆，无论是装潢设计还是设备用品，无一不体现出浓郁的藏族特色。那绘着花纹的藏式"狗蹄"木桌、铁皮火炉、"八瑞"瓷碗、藏式蒲团，有着藏族文化特色的各种吉祥图以及壁画等，都让人领略到藏地风情的无限魅力，浓香的酥油茶、甘甜的青稞酒；藏族姑娘热情奔放的歌舞，洁白的哈达，这些独具特色的藏式服务将给顾客留下美好的回忆。

　　餐饮设施用品文化的表现形式是多种多样、姿态万千的。餐厅中独特的文化环境，富于个性的情调，餐饮文化所带来的品味和享受是就餐者在家里无法享受到的，也是唯一从餐厅里带不走的产品，所以餐饮设施设备的文化塑造尤为重要。餐饮企业在设计创意时，常利用这些巧妙的设计将餐饮文化的内涵表现得淋漓尽致，当然带给就餐者的视觉冲击力和迫切的享受欲也是强烈的，这种感觉甚至会终生难忘。有的设计是强调整体效果，有的则是在点滴之间，如上海的拉丁餐厅，吧台的吧椅是模仿各类动物的下半身的形状与色彩制作的，使人既感到另类又欣赏其个性；再如有的饭店用象形的容器和器皿盛装果汁和面点，将文化的内涵进行了巧妙的展示；有的饭店在卫生间里下足了功夫，用异形洗手盆来表现文化的因素。

第三节　精神文化

　　随着人们生活水平的提高和文明程度的提升，人们对餐饮文化的追求已由浅入深、由物质文化进入精神文化，把就餐升华为一种精神的享受，要吃出品位、吃出享受。由于在饮食中赋予了文化的内涵，使人们消费餐饮产品的过程已变为购买文化、消费文化、享受文化的过程，而餐饮企业则是在生产文化、经营文化、销售文化，所以餐饮企业是一个文化创新的基地，文化经营是其经久不衰的主体，而精神文化又作为一个载体推动着餐饮业的发展，只有追求精神文化的享受才是餐饮经营的最高境界。餐饮精神文化主要包括主题文化、品牌文化、服务文化、细节文化。

一、主题文化

　　主题文化是指在餐饮经营中，通过主题的确立与塑造，从多角度展示餐饮独特的文化内涵，从而达到吸引宾客的目的。

　　文化是有主题的，餐饮文化也不例外。每个餐厅在展示其各类文化的同时都要突出一个明确的主题。所有的餐饮文化因素都是为一个特定的主题而服务的。有个性、有特色的鲜明的文化主题会使餐饮企业具有独特的魅力。

　　主题文化在餐饮经营中最突出的表现形式就是主题餐厅的不断涌现。主题餐厅从装潢设计、功能布局、风格展示、特色菜肴等多方面抓住文化这一卖点，将餐饮文化的理念发挥到极致，使餐饮产品具有长久的生命力。

主题创新的核心本质并不仅仅在于其主题概念，更在于其特色文化的创新。特色文化是主题创新必不可少的个性特征，其赋予了主题外显及内在的品质内涵，决定了主题与众不同的差异性，可以说是主题的灵魂，而决定餐饮企业主题特色的过程就是一个寻找差异、寻找特色文化的创新过程。主题文化塑造要点主要有：

（一）主题明确

主题餐厅设计的原则是餐饮企业在主题设计与塑造时应注意主题要明确，尽量不要多主题，以免杂乱，重点不突出。餐饮经营中好的主题文化可以永续不变，延续几百年，也可适时调整，更换主题。但应当考虑若原先主题在宾客心目中已有了确定的位置，尤其是原先主题对人们产生较深影响时，新换的主题很难立即在其印象中产生替代。为此，作为餐饮企业在确定主题时，应做好调查与预测，在更换主题时要慎重，切忌频繁更换主题，以免产生负面影响。

（二）提倡"人本"精神

餐饮文化中的主题文化设计应满足人的精神需求，提倡"人本"精神，在此基础上，围绕着人们感兴趣的问题塑造个性鲜明、独特的主题。鲜明个性的主题文化能够触及人们的心灵，引起震动和共鸣，会使就餐者产生难以忘怀的感情。在餐饮企业发展的过程中，唯有丰蕴的文化是餐饮企业生存的资本和生命，而富有深厚的文化内涵则是餐饮业发展的灵魂。尤其是人们精神需求不断提高的今天，追求多样化、个性化的消费不但是一种时尚更是一种趋势，而各餐饮企业所塑造的不同的主题文化正是迎合了这一市场需求，寻找到了发展的动力。例如目前多地出现的具有浪漫格调、小资风格的情侣餐厅和婚宴餐厅都充分体现了经营者对消费者的充分尊重和对"人本"精神的积极追求。

（三）寻求突破口

寻求文化的多样性、独特性、差异性是饭店企业的一个突破口，也是中国单体饭店在全球化包围中的一个突围之径。在实现产品差异化的基础上，注重更深层次的文化独特性的培育，使之成为饭店的一个卖点。以文化架起店客之间利益的桥梁，会得到就餐者的赏识，能为企业带来客观的效益。成功的主题塑造有着强大的魅力，把人们的思维凝固在某一时间段、某一个地方，讲述着某一个令人难以忘怀的故事，回忆着某一个生活的片段，在就餐中不断得以体会与回味。

例如上海东海小鲜纯真年代怀旧餐厅为了满足就餐者对20世纪二三十年代老上海风情的追忆，在环境布置上寻求突破口。整体布置采用怀旧的老克勒氛围。一楼大厅有红砖墙、高背古朴的木椅、壁炉和古玩架；二楼的店面不小，布置得较为宽松舒适，砖墙上衬托着彩色的玻璃，使用铜质吊灯和壁灯，间隔处做成古玩架，上面有瓷器、西式小摆件和旧时用品，采用木地板，大大的蓝紫色沙发椅配木桌，很有味道。

有个性的主题文化餐厅，是餐饮企业的生命，也是其"独树一帜"的资本。主题文化的塑造，可贵之处就在于与众不同，切忌千篇一律。因为人们的消费心理就是希望在不同的环境中感受到不同的文化,而缺乏风格和个性,没有文化的餐饮企业很难吸引高品位的人前去消费。所以主题文化设计应该在"独特"上下功夫,去琢磨,使就餐者一走入就会被主题深深地感染并陶醉其中。

餐饮主题文化一经形成,就应不断地巩固和补充,赋予其新的活力和内涵。即在主题上可以不变,在形式上要有所变化,以此满足人们"喜新厌旧"的心理。以防止人们感到枯燥、乏味、厌倦。而当一个环境失去了它的文化魅力的时候,这个餐饮企业也就会随之走入低谷,甚至最终销声匿迹。

二、品牌文化

品牌文化是餐饮企业在长期经营中形成的具有独特影响力且能深入人心的无可替代的形象、标志、信誉等。

成功的餐饮经营应该有自己的品牌。品牌的表现形式是多种多样的,表现的途径也不是单一的。有的品牌是通过菜品表现出来的,如一道菜做得地道、正宗,仅此一家,别家无法相比,像西安的饺子宴;有的是通过服务表现出来的,如某市的都市绿洲饭店的服务员都穿着溜冰鞋进行服务,且自如到位。

品牌标志着一个企业的成功,代表了企业的实力,是企业的无形资产,更体现了一个企业的文化层次,而支撑品牌的一个有利因素则是其文化内涵,有文化内涵的品牌具有更持久的生命力。

众所周知的"麦当劳"以其庞大的连锁著称于世,并成为餐饮品牌的典范,创造了餐饮经营的神话。究其原因,其独特的品牌文化起到了灵魂的作用,其优雅清洁的用餐环境、严格统一的管理、永恒不变的质量、深入人心的标志,已牢牢地根植在就餐者心里;其良好的品牌文化深入人们眼中所能涉及的任何一个地方。它永远充满朝气,向敢于挑战自我的年轻人和儿童敞开大门,且注重对员工的培训和鼓励。

餐饮企业在经营中应认识到品牌的重要性,它就如同人的最有代表性的特征一样。人与人相识能让别人记住你通过最显著的特征而完成记忆的。而品牌就是餐饮企业的特征,是企业的生命线。没有特色的餐饮是不成功的餐饮,也是没有品牌的餐饮。品牌会使人产生无限的联想,一提起麦当劳人们马上就会想起那酥黄、软香、可口的"汉堡包";一提起肯德基就会想起那金黄爽口、回味无穷的炸鸡腿。这就是消费者对餐饮品牌的联想度。联想度越高,回头率就越高。所以说餐饮企业应着力塑造其具有个性的品牌,以品牌带动经营,没有品牌产品的经营就如同没有个性的长相一样,平平淡淡。就餐者可能在你的企业里消费过,但产生的印象可能是平平的,在大脑中只是留下了淡淡的痕迹,很难唤醒其记忆,更无法吸引其再次消费,这对餐饮企业来说是最致命的。因为经营的更大市场是来自固定的客源和客人频繁的回头。在品牌塑造中,如果塑造了诸如文化因素,会使品牌更具魅力。

品牌文化建设没有捷径。只有适合自己企业的才是有生命力的。此外在品牌文化建设中，还要有耐心和信心，要能耐得住寂寞，有信心取胜。因为一个新的品牌文化的出现人们有可能不接受，有误解，甚至产生排斥行为，作为餐饮经营者，应允许人们有一个了解、接受的过程，有一个观念转变的过程，所以应肯于等待。只要能设计出好的品牌文化，最终一定会成功。

品牌不但是一种多样标记、图案和形象，更是一种承诺，是对社会、顾客、合作伙伴乃至企业内部的一种承诺，是诚信最具体的体现。同时品牌更是一种文化、一种价值。

品牌文化建设也需不断创新，正如同做任何一件事不可能一劳永逸一样。品牌文化建设也不是一成不变，终生有效。它需要不断地调整、变化，尤其是具有了文化内涵的品牌，更应如此。因为文化因素具有动态的特征，人们对文化的理解也在不断地加深与拓展，所以品牌文化也需要不断地创新，成功塑造品牌文化的餐饮企业都是在变化中求发展，在创新中求生存。

三、服务文化

服务文化就是在餐饮服务中，通过内容、形式、细节的变化与创新赋予服务深刻的文化内涵。

以往人们对于服务的理解，大多局限于简单的体力劳动这一层面上。随着餐饮业的发展、服务技术的精湛、服务创新的不断涌现、服务内容的丰富，为更多的餐饮服务赋予了文化的内涵。就餐者在消费过程中，已由被动地接受服务到主动地欣赏服务。而欣赏的核心内容就是服务中的文化因素。由此可见，服务也是一种文化，只不过表现和理解不同对人们产生的效果不同罢了。

潍坊东方大酒店在接待中国鲁菜大师王义军先生时，餐饮部的员工通过摆台这一环节，将服务文化演绎得淋漓尽致。刚进餐厅，王老对台面的设计产生了兴趣，因为那不是一盆花而是一个鱼缸，是员工根据宴会主题设计的一个"举杯邀明月"的台面，一块软绸，一套古典雅致的酒壶、酒杯、酒瓶、自制的明月、几条柳枝、几个蝉蜕，不花分文就将一个"有朋自远方来，不亦乐乎"的淡雅场景表达得恰到好处，给人以耳目一新的感觉，令王老赞叹不已。

餐饮部员工在日常服务中，根据不同的主题设计出不同的台面文化，如针对寿宴、婚宴、生日宴、团聚宴、送行宴、庆贺宴、庆功宴，都通过不同的手段和方式，进行主题服务的设计。当然这种服务主要是围绕文化这一脉络进行的。此时，就餐者对服务文化的欣赏远大于对菜肴的品尝。由此可见，服务文化大有文章可做。

服务文化的创新，需要经营者打破传统的观念束缚，不要为服务而服务，那只能是机械地重复和熟练程度的提高，而是需要将服务工作进行重新认识，更新陈旧观念，赋予服务文化新的内涵。文化内涵越丰富，餐饮服务就越能打动宾客，越有可能成为品牌。

服务文化会使就餐者产生愉悦的心情，刺激消费，提升消费品位，是消费者"花钱买享受"的最好体现，也是餐饮服务应追求的最终目标。

四、细节文化

细节文化是指在餐饮经营中，在细节之中、细小之处进行构思和设计，体现深刻的文化内涵，从而起到吸引、感动就餐者的作用，达到以小见大的目的。

文化的创造不一定需要动大手笔，有时"略施小计"，在点滴的细节中，稍加点缀也能渗透出文化的韵味，使人于微小之处见品位。餐饮文化中的细节文化虽然不是大场面构造，但是在一个小小的局部设计中稍加用心就可能产生让人们难以忘怀的效果。这种小手笔的运用或是一幅壁画、或是一个器皿、或是一张照片、或是一个动作、或是一个设备、或是一段音乐、或是一份菜肴、或是一句话语，总之，细节文化的塑造是在细微之处见真情，在细小之处见功底。

餐饮管理者应该充分地认识到最能打动感染人们的就是细节，而细节中若体现出文化的因素则会使就餐者在感动之中得到享受。如台湾中通豪大饭店在为我国台湾棒球手张志豪举办婚宴时，巧妙地将棒球队队员、队中新人名字以及棒球术语用于菜式的命名，赢得了"**棒球界世纪婚礼**"的美誉。

餐饮细节文化的塑造，需要精于观察，善于琢磨，需要超前服务，提前预料到客人的各种需求，并在其还未意识到自己有这种需求时，餐饮企业就从不同的细节中予以考虑，从而带给客人意外之喜。当然，从中也显示出了企业的档次和为客服务的态度。

前中国国民党主席连战一行到大陆参观访问时，入住北京饭店。在宴请时，饭店厨师在设计菜谱时，充分考虑了营养、口味、色彩、硬度等。鉴于他们的年纪较大，食物的软、烂是第一大原则，无论是南瓜鱼翅，还是罐焖牛肉，都是因此入选的。考虑到连战有国外生活经历，芝士烤鳕鱼和罐焖牛肉属于中西合璧的菜；罐焖牛肉只有两块牛肉，用番茄汁调汤，爽口不腻；龙井鲍鱼则是借助了龙井茶的清淡；干贝盖菜则有去火功效，有点苦味；北京烤鸭是地道的北京风味。为保证卫生，午餐采用了分餐制，但精心设计的八道大菜和四种主食，无论在数字还是风格上都表达了深深的祝福。这些细致的考虑、精心的琢磨、文化的融合等一系列经典设计，令人叫绝和折服，对餐饮文化的传播起到了推动作用，细节文化，由小见大。

第四节 菜品文化

菜品文化是指菜肴在生产制作和消费过程中，各个环节、各个因素与文化的交融与结合。主要包括烹饪文化和饮品文化。菜品文化是饮食文化的载体，是饮食文化的物质平台。

一、烹饪文化

烹饪文化是指在烹饪生产中,通过各种文化因素,表达出深刻的寓意和文化的品位,并由此带来愉悦的审美和享受。

人类烹饪具有悠久的历史,在这漫长的几十万年的历史长卷中,中国的烹饪以其绚丽多彩的文化内涵成为最亮丽的一部分。它独树一帜、内涵丰富,不但有形还要有意,不但可餐还要可观,不但解决了人们物质需求,还要满足人们精神享受,即在烹饪过程中将饮食的品质、审美的体验、深刻的寓意、完美的艺术创造等文化功能尽展无遗,将中国的饮食文化与传统文化融为一体,将饮食文化的审美特征贯彻在每一个具体的环节之中。因此,欣赏中国烹饪的过程就如同品尝一次文化大餐,使人们在审美愉悦的同时,得到了精神享受,在内容与形式的统一中,给人带来奇妙的美的感受。这种美不仅表现在"味"这一核心因素上,而且在表现形式、菜肴搭配、刀法技艺、颜色协调、菜品命名、器具选择等诸方面都让人感到一种强烈的冲击和无尽的享受,蕴含于烹饪每一个环节中的文化因素是中华饮食的魅力所在,可称之为国之瑰宝。

(一)烹饪原料文化

中国烹饪原料丰富多彩、成千上万、无以穷尽、无可比拟,在世界上,没有一个烹饪原料体系能与之相提并论。

中国烹饪原料不仅品种多,而且来源广泛、种类齐全,具有浓郁的民族特色和典型的地域特色。海、陆、空无一空缺,新、鲜、活眼花缭乱。天上飞的、地上跑的、土里生的、水里游的、天然长的、人工造的,无所不取,无所不用,只要可食,尽入食谱。不仅如此,中国烹饪在原料的取用上还具有典型的地域差异,如有东辣、西酸、南甜、北咸的口味嗜好;东南待客重水鲜,西北迎客多羊馔,均与就地取料的原料供应相吻合,而这正是民间风味和各种菜肴形成的主要原因。

选料奇、用料精是中餐烹饪原料文化的一个重要内容,很多烹饪原料唯我独有,还有很多原料用料奇特、精确,如用鲜花入菜,用鱼唇制肴。以用肉为例,"软炸肉"需用里脊、通脊或上脑部位的肉,"清蒸"及"红烧肉"需用五花肋肉,"回锅肉"需用臀部肉,这种精细的选料,使每一款菜肴的选料都有严格的要求,唯此所用,无以替代。

此外,原料文化的最直接的表现形式就是与历史文化的有机结合,很多原料就是一首诗歌、一个故事、一幅图画。唐诗"葡萄美酒夜光杯",使人引发对古人的追思,"月儿像柠檬"这优美的词句又使人产生浪漫的联想。

(二)烹饪生产工艺文化

中国烹饪生产加工过程,程序复杂、流程严格、方法多种。厨师在生产加工中,在锅碗瓢盆交响曲中完成了一次次绝妙的表演,令外国人咋舌,被称为中国餐饮的杂技与魔术。现在已成为我国重要的旅游资源,在弘扬中国文化、推广中式菜肴方面起到了积极的作用，以至于很多的西方人来到中国吃中餐时，不仅要品其味、观其色、看其形、知其意，还要亲自欣赏其生产过程，这对他们来说是一次绝好的艺术享受和奇异的文化体验。

1. 刀工文化

中国烹饪中对刀工的运用可谓达到了极致。其特点主要体现在以下方面：

（1）种类繁多。烹饪中的刀具种类繁多、用途不一。有切刀、片刀、砍刀、剔刀、尖刀、刮刀、圆口刀、方头刀、雕刻刀等。可以根据不同原材料的造型要求，选用不同的刀具。

（2）刀法多样。刀工成形是烹制菜肴的很重要的环节，刀工在加工时讲究大小、粗细、厚薄的一致，不粘不连，以保证原料在烹调时受热均匀、成熟度一样、入味一致。刀工运用主要在刀法上。我国厨师在刀法运用上创造出直刀法、平刀法、斜刀法、花刀以及其他辅助性刀法。可切、可片、可削、可抹、可剁，不同的刀法加工出的原材料是不同的。

（3）形态多变。刀工可使原料呈现多种形态。有丝、有片、有丁、有段、有块、有条、有泥、有末，经受热后卷曲成各种形态，如鱿鱼切花，便于入味和成熟，呈现了各种美观的形状。厨师在用刀技术上可谓随心所欲，游刃有余。

（4）技术精湛。中餐厨师在用刀技巧上可谓登峰造极、无与伦比。将豆腐切成丝，在人背上切肉不伤人之肌肤是何等的绝妙，人们再也不会将厨师手中的刀看成是一件简单的加工工具，却会认为那刀具有魔力，是一件艺术品。在刀工的技艺上，也体现出对艺术境界的追求、对文化的执着。川菜中的"灯影牛肉"是将原料切成薄如蝉翼般的片，以达到"透明发亮薄如纸"的境地，这种巧夺天工、出神入化的技艺展示，让人叹为观止。《庄子·养生主》中记载庖丁的运刀，"莫不中音，合于桑林之舞，乃中经首之会"，达到了生活、艺术浑然一体的境界。

（5）精于雕刻。食品雕刻又称看果，它具有独特的作用。可使整个席面具有浓厚的文化气氛。因为用各种原料雕刻成的看品，都有一定的文化寓意，如仙鹤象征着长寿，帆船象征着顺利，在餐饮设计中起到点睛之笔的作用。

雕刻这种刀工技术，在中餐中的运用可谓淋漓尽致。一个普通的冬瓜、萝卜、西瓜，在雕刻师手中左削右刻，转瞬间就变成了一件精美的艺术品，或是游龙戏珠，或是鸟兽花木，或是大鹏展翅，或是鲤鱼跳龙门。千姿百态，惟妙惟肖，即便是厨师三两刀的用刀，也使简单的盘花显得大方美观。

2. 组配文化

要烹制好一个菜肴，除主料选料精细、刀工成形细腻外，还要注意配料的质地、形状，色泽的合理搭配，以起到衬托、突出主料色、形的作用，使菜肴的主、配料搭配后色彩多样相映、营养全面、滋味调和，不仅使菜肴具有食用价值，而且还要具有极高的艺术欣赏价值。

组配环节就是烹饪中的原料搭配过程，这里主要是指围绕主料进行各种辅料的搭配，中餐烹饪的组配最能体现出文化的意境，厨师在约定俗成的日复一日的操作中，已形成相应的搭配规律，从中也能领略到饮食文化的巧妙运用。

（1）原料搭配。色浓配色淡（香椿豆腐）、荤配素（芹菜炒肉丝）、硬配软（小鸡炖蘑菇）、味浓配味淡（鲜虾萝卜汤）。

（2）形状搭配。丝配丝（京酱肉丝）、块配块（鸡块炖土豆块）、片配片（肉片炒黄瓜片）、丁配丁（炒三丁）、末配末（肉末橄榄菜）。在形状搭配时，强调的是统一，主要是考虑到加热时受热均匀的问题。

（3）色彩搭配。有顺色搭配（白菜配豆腐），有异色搭配（尖椒炒鸡蛋）。色彩变化，感觉亮丽。

组配文化的内涵包含在每道菜肴的搭配之中，需在琢磨与体验中品味出来。

我国台湾美食家张起钧在做炒饭的时候，用菠菜末（绿色）、蛋黄（黄色）、番茄丁与火腿丁（红色）、蛋白与鸡丝（白色）、豆豉（黑色）分别炒饭，然后再组合拼成一盘"青、黄、红、白、黑"五色炒饭，使人在吃五色炒饭时会自然联想到北京中山公园社稷坛的五色土，使"吃"有了艺术境界和文化内涵。

3. 调味文化

调味是中国烹饪的核心，也是就餐者消费的基础，烹饪环节的所有工序的努力，最终都体现在"味美"上，调味是一种技巧，更是一种艺术，可称为中国烹饪艺术精髓之所在。

中餐讲究五味调和。五味主要是指酸、甜、苦、辣、咸。在这五味的基础上，又调和出很多口味，在烹饪中要巧妙运用。

调味具有除异味、增美味、定口味、丰富口感的作用。

调味是有味使之出、无味使之入、味淡使之厚、味异使之正、味浮使之定，通过相乘、消杀、互渗、扩散、收敛等方式使之发挥作用。由于各类原料的味道不一，浓厚不均，在烹饪上讲究根据原料的特征、就餐者的口味、季节的变化等因素灵活地对菜肴口味进行调配，以达到饮食的最大功效，给人们带来生理、心理的满足以及味觉艺术的体味。如牛肉与土豆相调，使牛肉的特殊味道渗入到无味的土豆中，二者中和，味感极佳。海鱼腥味极大，烹饪时略加入点醋与酒，既去腥又调味。

（1）除去异味。有些原料如牛、羊、水产品等，往往带有较重的腥膻气味，不太适合人们的口味要求，应予以消除。故应加入一些调味品，如葱、姜、蒜、料酒、精盐、花椒、大料、白糖等方能除尽。

（2）增进美味。有些原料淡而无味，难以引起人们的食欲。为了加重这些原料的滋味，必须加入调味品或其他味重的原料相配合来解决，使之成为佳肴。如豆腐、粉皮、萝卜等，加热时，适时适量地加入葱、姜、蒜、白糖、醋、酱油、鲜汤等调味品，或与鱼、肉等味浓的原料配合，就可使之美味可口。再如鱼翅、海参、蹄筋等本身基本无味，如不与鲜汤或其他味浓原料一起烹制，就不能成为滋味鲜醇的珍馐。

（3）确定口味。一款好的菜肴的口味是通过调味来确定的。同是一条鱼，用豆瓣辣酱烹制，则是咸鲜辣略甜的干烧鱼，用酱油焖制则是酱焖鱼。不同的调味方法会使菜肴形成不同的风格和口味。

（4）丰富色彩。在原料加热时放入调味品，还可以增进菜肴的色彩，使之色泽浓淡相宜，鲜艳美观。如酱油可使菜肴呈现酱红色、咖喱可使菜肴呈现金黄色、番茄酱可使菜肴呈现鲜红色、红腐乳汁能使菜肴呈现玫瑰红色。

4. 火候文化

烹制热菜时，火候的运用对菜肴制作的成败起着决定性的作用。中餐强调用火之本，重在变化。即根据不同菜品的质地、形状、色泽、口感、烹调方法来巧妙运用火候。块，多用慢火长时间的炖、焖；丝，多用急火快炒。爆炒螺片，眨眼工夫，瞬间完成，而福建名菜佛跳墙却需要炖煨几个小时。在具体运用中要根据原料的质地、数量的多少来确定火力的大小、时间的长短。

在热菜的烹调方法中，有煎、炒、炸、烧、煮、炖等，每一种方法的运用，都与火候的使用有着直接关系，即火候决定着菜品的质量和口感。如"熬"这种方法，是将原料煸炒或煎后，添汤、加调料用旺火烧沸，再用慢火熬熟的一种烹调方法。

在用火时，不仅强调变化，还要强调时机的选择。炒菜要在旺火油沸时将原料入锅，入锅时机需要厨师根据经验予以判断，过早炒不出效果，过晚原料就会炒煳。

中国烹饪在火候运用上世界最精、千变万化、复杂多端、炉火纯青，堪称经典。在不断地变化中体现着中国饮食的博大精深，在运用中展示了餐饮文化的丰富多彩，成为中国餐饮文化中一道亮丽的风景线。

5. 器皿文化

美食与美器的搭配可谓饮食文化的点睛之笔。如果说有些饮食文化还有点含蓄与内敛的话，器皿文化则是将餐饮文化直白无掩地尽情展示，而"美食不如美器"，则是对器皿使用在文化展示中的作用，给予了最为形象与准确的评价。从代表中餐核心五要素"色、香、味、器、形"中也可见器皿在餐饮中的重要地位。

美食与美器的关系可称之为相辅相成、相得益彰。中国人将美食与美器的结合做到了极致，仅从"煎炒宜盘、汤羹宜碗、参错其间、方觉生色"这一经典的总结中就可见其功底、内涵之美。面对盘碗结合、形状各异、高低不等、色彩和谐的器皿组合，审美情趣油然而生，美的享受无以言表。这种器皿之美成为饮食文化中一颗耀眼的明星。

器皿文化主要体现在菜肴与器皿的完美结合上，应从以下几方面予以体现：

（1）菜肴与器皿的色彩要和谐。菜肴的冷热与烹制的季节应与器皿的选择相一致。冷菜、夏令菜最好选择白、浅蓝、浅绿等冷色或透明的盛器，如将凉拌四爽放在浅绿色的盘中，显得清爽宜人。热菜、冬令菜则宜选择黄、红、橙、紫等暖色盛器。如云南的汽锅鸡放在紫砂汽锅中，从视觉上就给人带来浓浓的暖意。

菜肴与器皿搭配切忌"顺色"和"靠色"，因为没有色彩的变化与对比，容易使人产生视觉疲劳，容易成为菜器组合中的败笔。如将绿色的炒莴笋放在绿色的盘子中，制作者想要表现莴笋的清爽作用也就降低了。可是如果放在白色餐盘中，效果就完全不一样了，赏心悦目的感觉油然而生。

（2）菜肴与器皿的形状要和谐。菜肴的丰富多彩决定了盛器的千姿百态，菜肴的类别不同，器皿的种类相异。有盛汤的鼓、盛菜的盘、炖菜的锅仔、装料的碗与碟、装面食的筐、装生菜的篮。仅盘子而言，有圆形、方形、菱形、扇形、椭圆形、多边形、象形盘等，这为菜肴的盛装提供了充分的选择空间。这种选择需要从菜肴与器皿的形状上进行搭配，最终取得和谐的效果。如整条的鱼放在椭圆形的鱼池中，形状吻合，相映生辉。将各类生吃的蔬菜放在筐中，给人一种原生态的感觉，既时尚又自然。但反之，如果放在汤鼓里，显然达不到美的效果。所以说，菜肴与器皿的匹配，既是一种相互衬托，也是一种艺术和文化。"菜装篮、鱼装船、虾装篓、果装盘"就是美的体现。

（3）菜肴与器皿的图案要和谐。中国是一个文化大国，具有悠久的历史，灿烂的文化。体现在餐饮中最具代表性的就是一些传统的特色菜肴，具有经典的故事与传说。而器皿的图案之美与菜肴和典故的巧妙结合，会使人自然地展开联想，产生美好的感觉。如老舍茶馆将北京特色小吃茶花酥盛在装饰有京剧脸谱的盘中，将点心餐盘与老北京的茶馆场景——盖碗花茶、宫灯、八仙桌、着大褂的服务员、京剧表演融为一体，使就餐活动更为丰富。

（4）菜肴与器皿在空间上要和谐。食物与器皿在空间上的搭配，如同人们常说的"量体裁衣"一般，即大小要均衡，从而产生美的感受。器皿过大，菜肴过少，使人感到小气、乏色，对菜量产生了怀疑，这也是目前餐饮业中常出现的一个问题；器皿过小，使所盛之物漫至边缘，又使人产生粗糙之感，破坏了就餐的情趣，影响了餐饮文化的展示。一般而言，盘中的凹凸线是食与器的最佳组合线，盛汤的器皿以八分满为最佳。

（5）整席菜器皿搭配要和谐。这里所说的和谐不是统一，而是变化。即在器皿运用上要丰富多彩，避免雷同。既要色彩缤纷又要千姿百态；既要图案相异，又要错落有致。如果一桌菜能够做到每道菜的盛器都不一样，在佳肴夺目、美器生辉的同时，美轮美奂的席面艺术便会呈现在人们的眼前，器皿艺术之美得到了充分的展示。

6. 饮食习俗文化

我国的餐饮文化之所以能够千百年兴盛不衰、发扬光大，其中一个主要的原因就是将饮食文化的内容融入到日常生活之中，在寻常家族喜事、大事的庆贺中，无论庆贺的内容如何，都离不开食物，且大多以餐饮的形式来完成。

家里生子添丁，只要孩子一生下来，亲友就要吃红蛋，取"蛋"和"诞"之谐音，以示对生命的延续和家族兴旺的渴望；北方人在结婚时，给新娘压床的物品大多是大枣、花生、桂圆、莲子之物，取其字音，喻为期望"早生贵子"；婚宴上要吃喜面，借用面条造型以示喜事不断；同样寿宴时要吃寿面，以示对生命长久的期盼；有人远行外出时流行的做法是"上行的饺子下行的面"，即送行时要吃饺子，接风时要吃面；吃鱼时，将鱼翻过来不能叫"翻"而应叫"划"，因为"翻"字不吉利；将餐具打碎了要说"碎碎平安"，取"碎"与"岁"之同音；蒸馒头时，面发过了，馒头裂开了，造型不好看时不能说"坏了"，而要说"挣了"；吃饺子、面条时要喝汤，这叫"原汤化原食"；正月十五、八月十五等十五月圆之日，要吃元宵、月饼、葡萄、苹果等造型为圆的食品，以示团圆；除夕之夜要吃年夜饭，而且要有剩余，以表示"年年有余"。这种以"吃"为载体所表现的丰富斑斓的文化内涵，已远远超越了"吃"的最初生理功能，深度展示我国饮食文化的博大精深及与中国传统文化的巧妙结合。更为可喜的是饮食文化已渗入到百姓的日常生活之中，显示出其广泛的普及力与长久的生命力，并随着时代的发展不断发扬光大。

二、饮品文化

（一）茶文化

中国是茶叶的故乡，是茶叶的发源地。作为一种天然的绿色饮料、特殊饮料，茶叶越来越受到人们的喜爱和热捧。茶叶具有美容保健、沟通关系、以茶会友、修炼情操、对外交往、表情达意等多种功能。具有独特魅力的中国茶文化在世界上被看成是一道优雅的风景线。

1. 品茶

所谓品茶是以茶为对象的品饮活动，是物质享受和精神享受的高度统一的生活艺术，人们将品茶与品人生结合在一起，使品茶活动更有意味。品茶能净心、提神，有助于陶冶情操、去除杂念，这与提倡"清净、恬淡"的东方哲学思想相吻合，也符合儒、道、佛的"内省修身"的思想。

饮茶的最美妙之处在于一个"品"字，我们把饮茶叫"品茶"，就是将这一活动上升到一个文化活动的层面，作为一种享受去体验。品茶重在意境，把茶看作是一种艺术的欣赏、精神的享受。主要是通过观其形、察其色、闻其香、尝其味，使饮者在美妙的色、香、味中情操得到陶冶，这种重在"精神"的饮茶方法，其妙趣虽难以言传，却可意会。

品茶的最讲究的形式就是"茶道"，这也是一种修身养性的方式，它通过沏茶、赏茶、品茶来修炼身心，并作为中国传统文化的经典在世界各地广为传播与普及。

2. 茶俗

（1）日常茶俗。茶俗是民间风俗的一种延伸，是传统文化的积淀。白族人的"三道茶"（头苦、二甜、三回味）不仅向人们叙述着一种"茶道"，更把人生哲理融入其中，喻指人在年轻时应吃苦，中年时便可享受到生活的甜蜜，到了老年时再回味一生中走过的漫漫人生路。广东人的"工夫茶"具有十分讲究的习俗，小巧玲珑的茶具，绯绛色陶土特制的茶壶加以井水、泉水泡茶，冲泡时"高冲""低洒""括沫""淋盖""烧杯热罐""澄清"等要领，使中国文化的独特魅力得以真实地展现，如此品茶，怎会不令人陶醉？人们常说开门七件事：柴、米、油、盐、酱、醋、茶。饮茶是日常生活中不可缺少的一部分，并占有重要地位。客人来时，第一件事就是泡茶献客，在餐饮服务中这也是首要环节。"茶余饭后"一词，充分地说明了饮食与喝茶的并驾齐驱，"以茶代酒"说明酒桌上茶的替代作用，既有饮酒之豪爽，又有喝茶之真诚。由于我国地域辽阔，民族众多，各民族在茶俗中表现的特色也较为明显与各异，形成了丰富多彩的茶文化。宁夏回族的奉客佳品是"盖碗茶"——由茶碗、掌盘和盖子组成，并与炸馓子这种特色面点相配饮用。盖碗茶内泡由"三香茶"（冰糖、桂圆、茶叶）或八宝茶（红枣、红糖、枸杞、桃仁、葡萄干、桂圆肉、芝麻、果干等）沏成，尤为独特。新疆大部分地区气候干燥，食肉多，食菜少，喝茶既可以助消化，也可以补充蔬菜中的一些营养，所以饮茶对居住在此人来说尤为重要。

（2）婚庆茶俗。茶的习俗在婚礼等重大喜庆活动中也有表现，在婚礼中喜用茶不但是普遍的习俗，还在于茶叶的深刻喻意。"茶不移本""植必生子"象征着孝顺、子孙繁盛。

（3）祭祀茶俗。茶俗在祭祀活动中也有展示，在江西的一些地区，每当中元节、春节等都有用茶代酒，祭祀祖先的风俗。

茶俗是我国的一种民间习俗，是我国传统文化的积淀，茶事活动贯穿于人们的日常生活及重大活动中，并不断丰富与发展且已成为生活中不可缺少的一部分，异彩纷呈的茶俗是饮品文化中的一笔浓墨。

（二）酒文化

中国白酒起源于遥远的古代，自古至今，酒被视为圣洁之物、尊贵之品，在庄严之事、祭祀之日、佳朋相聚时而用。在漫长的发展过程中，在人们不尽的享用中，赋予了它丰富的文化内涵，人们日常生活中的一系列活动只要有饮食就有饮酒，"无酒不成礼、无节没有酒、无酒不成席"，都是酒与人们生活关系的真实写照。

饮酒赋诗是文人墨客追求的最佳情趣，"对酒当歌，人生几何""明月几时有，把酒问青天"都是酒与诗歌有机结合的最佳体现。

1. 饮酒礼仪

中国人饮酒讲究礼仪，由于酒被广泛用于礼尚往来，在饮酒时，礼仪习俗更为严格。千百年来，规范的饮酒礼仪不断成为人们约定俗成、恪守不变的规律，尤其是正式宴会上，这种礼仪更为严格讲究。喝酒时，主人先敬酒后，客人才能回敬主人；客人回敬酒时，以地位高、年龄大的人先回敬；敬酒时要有敬酒辞，敬酒的人与被敬的人都要避席起立；普通敬酒以三杯为度，最诚意的表示方法是连喝三杯；敬酒中主人常用语言"先干为敬"表明主人的待客诚意；碰杯时，酒杯要略低于主人、年长、地位高者的酒杯；喝酒时，即使不胜酒力也不能倒扣酒杯，这是对主人的不敬；也不可在别人给自己倒酒时，用手捂酒杯或推挡酒瓶，要用手轻敲桌面，以示感谢。这些都是饮酒礼仪的日常体现。

2. 酒德

适量的饮酒可以助兴，过量的饮酒可以乱性，所以说，饮酒者要有酒德。"酒德"二字最早见于《尚书》和《诗经》，如"颠覆厥德，荒湛于酒"说的就是不能像商纣王那样，饮酒无德。

关于酒德，在古人已有深刻的认识，古人认为用酒祭神、敬神、养老奉宾，都是德行，但饮酒应有酒德。《尚书·酒诰》中就明确地提出"饮惟祀"（只有祭祀时才能饮酒）；"无彝酒"（平常少饮酒，只有在有疾病时才宜饮酒，以节约粮食）；"执群饮"（禁止聚众饮酒）；"禁沉湎"（禁止饮酒过度），典型地体现了儒家的酒德。饮酒作为一种饮食文化，从遥远的古代开始就形成了一系列约定俗成的礼仪习俗。

3. 饮酒习俗

中国人的饮酒习俗可谓丰富多彩，千变万化。一年中的重大节日和一生中的重要事件都要有相应的酒事活动。从古至今，饮酒已成为经久不衰的淳朴风俗。饮酒不但成为庆贺的主要手段，而且不同节庆的饮酒也具有独特的文化内涵和深刻的寓意，这不可不称其为中国酒文化的个性魅力所在。

4. 饮酒辞

就是在饮酒时为了助兴、调节气氛、加深印象、增进感情，常在喝酒时辅助相应的劝酒辞令。这些辞令大多简单易懂，富有幽默感，具有地域特点，这也是具有中国特色的饮酒习俗，是中国文化的浓缩与积淀。如东北人在饮酒时，大多比较豪爽，强调一饮而尽，以示讲义气、够朋友，最时尚的饮酒辞就是"感情深，一口闷（喝干）；感情浅，舔一舔"。在斟酒时，常以"满杯酒，半杯茶"来表示热情、大度。

G20 峰会国宴餐具：图案取自西湖实景

二十国集团领导人第十一次峰会于 2016 年 9 月 4 日至 5 日在浙江杭州举行。4 日晚间举行欢迎晚宴。"西湖盛宴"G20 国宴餐具系列的设计创作灵感来源于水和自然景观。整套餐瓷体现出"西湖元素、杭州特色、江南韵味、中国气派、世界大国"的 G20 国宴布置基调。

国宴餐具的图案，采用富有传统文化审美元素的"青绿山水"工笔带写意的笔触创造，布局含蓄谨严，意境清新。而所有图案设计均取自西湖实景。比如茶和咖啡瓷器用具系列，设计灵感来源于西湖的荷花、莲蓬造型，壶盖提揪酷似水滴。漫步西子湖畔，最让人难忘的那些大大小小的桥。本届 G20 峰会会标图案用 20 根线条，描绘出一个桥型轮廓。桥，在这套国宴餐具中不仅体现在图案上，在器具的造型上，也融入了桥的元素。

餐具的主题设计也紧紧围绕整体摆台布置效果。第一道冷菜拼盘半球形的尊顶盖是最引人注目的器具。尊顶盖顶端提揪设计源自西湖十景之一的三潭印月，提揪高 5.5 厘米，为了真实还原三潭印月的造型，工匠们需要在直径 1.5 厘米的提揪上刻出 6 个窗户。据这套"西湖盛宴"餐具的总设计师赵春阳介绍，匠人们用小刀在泥胚上刻出了 0.3 厘米的小窗。尊顶盖上半部图案创意则来源于"满陇桂雨"，以杭州市花桂花与江南翠竹自然相互依偎展开。尊顶盖下半部分则是以国画写意手法绘制的西湖美景。

汤盅采用双层恒温方式，确保热汤能保持温度。汤盅的外形设计灵感来源于海上丝绸之路的宝船，汤盅盖的提揪则是简约的桥孔造型。本次国宴餐瓷都是采用含 45% 天然骨粉的高级骨瓷所制。

案例讨论题

1. 该案例从哪些角度体现了餐饮的文化因素？
2. 你对该案例中哪种餐饮文化展示体验最深？谈谈你的感受。

案例分析 2

全聚德的文化塑造

1864 年，在北京前门肉市街上经营干鲜果品店的"德聚全"因经营不善濒临倒闭，以贩卖鸡、鸭为业的杨全仁倾其所有盘下这家店铺，并请来一位风水先生商议。这位先生绕地两圈，对这块风水宝地大为夸奖，但认为这家店铺甚为倒运，除非将"德聚全"三字倒过来，以"全聚德"立为新字号，方能冲其晦气，踏上坦途。杨全仁听后甚为欢喜，一来"聚德"二字有聚拢德行的吉祥蕴意；二来其中还含有他名字中的"全"字。于是他请来一个叫钱子龙的秀才写下遒劲有力的"全聚德"三个大字，制成金匾悬挂门楣。此后，杨全仁又重金聘请当年皇宫御膳房的师傅专营"挂炉烤鸭"，在他的苦心经营下，全聚德一天天兴旺起来。

新中国成立后，全聚德在党和政府的关怀下逐步繁荣，并成为国家外交宴请的重要饭店。敬爱的周总理生前 27 次光临全聚德宴请外宾，并对全聚德的事业发展给予了特别关注。有一次周总理在宴请外宾时，一位外宾好奇地问起"全聚德"三个字的含义，周总理机智而精辟地解释为"全而无缺、聚而不散、仁德至上"。宴会后，周总理还来到门前，望着牌匾，对周围的员工说："你们是个百年老店，有一块很吸引人的招牌，要爱护你们的金字招牌,把生意做好,为国家多做贡献。"

周总理对"全聚德"三字的诠释,精辟地概括了百年全聚德一贯追求和秉承的经营思想。"全而不缺"意味着全聚德广纳鲁、川、淮、粤之味,菜品丰富,质量上乘无缺憾;"聚而不散"意味着天下宾客在此聚情聚力,情谊深厚;"仁德至上"则集中体现了全聚德以仁德之心真诚为宾客服务,为社会服务的企业精神,这也正是全聚德商魂所在。正是因为中国传统思想与全聚德老字号的经营理念有着自然的契合点,全聚德集团成立后,明确提出了"全而无缺、聚而不散、仁德至上"的企业理念,并以现代企业制度规范经营和管理,在员工的价值观念、行为取向、服务准则中大力强化"仁德至上"的理念教育。在全聚德140多年的经营中,积淀了深厚的文化底蕴,形成了全聚德特有的企业文化体系。

一、海纳百川的菜品文化

"全聚德"不仅以烤鸭而饮誉海内外,而且以全鸭宴、特色菜、创新菜、名人宴为代表的系列精品菜肴形成了全聚德海纳百川的菜品文化。

在全聚德厨师的手中,鸭子全身都是宝贝。历代厨师在制作烤鸭的同时,利用鸭掌、鸭心、鸭肝、鸭胗等原料,精心创制了各种美味的冷热菜肴。经过多年的积累,形成了以芥末鸭掌、火燎鸭心、烩鸭四宝、芙蓉梅花鸭舌等为代表的"全聚德全鸭席"。颇有意思的是有一次王光英副委员长在全聚德用餐时说:"全鸭席各种鸭原料都全了,唯独缺少一种菜。"大家都想不出是什么,他哈哈一笑:"是鸭蛋啊!"大家恍然大悟。经过细心研究,全聚德的菜单中又多了一道新菜——"水晶鸭宝",填补了"全鸭席"的空白。

为了保证全聚德菜品质量和风味的统一,达到实质性的连锁,探索中餐标准化和规模化的实现形式,集团组成了专门的技术攻关小组,由具有丰富实践经验的老技师和具有现代科技知识的技术人员组成,进行全聚德传统特色菜品的量化定标工作。通过反复试验和精密测试,对菜品的主料、辅料、调料进行了具体到毫克的量化,制定了精确的投料标准,现已完成了含烤鸭、冷菜、热菜、面点在内的49个传统特色菜品,为质量统一、品质一致提供了保证。对菜式繁多的中餐进行量化,在中餐发展史上具有"吃螃蟹"的首创意义。

没有创新就不会有发展,不会有活力。多年来"全聚德"以传统特色菜品为基础,根据市场环境、顾客消费习惯不断地推出创新菜品,满足宾客不同的需求,如今分布在全国各地的全聚德连锁企业在经营中以全聚德特色菜为主打菜品,同时结合当地饮食习惯、民俗民风,引进当地特色菜,形成了北京名吃与当地特色的经典结合,成为全聚德中式正餐连锁的独有特色。

二、意境深远的环境文化

全聚德的环境文化定位,充分体现了全聚德文化的多样性和丰富内涵。

全聚德和平门店是宴请国内外政要首脑的重要场所,因此该店以"名人""名店"

效应为出发点，环境风格以高雅祥和为特色。其中，"名人苑"的设计思想以新中国三代领导人为主题，描写龙凤呈祥、群贤毕至的意境，寓意中华民族振兴，"全聚德"事业兴旺；由众多国家元首在全聚德用餐时留下的珍贵照片组成的"名人墙"以及一百多个国家的大使签名留言组成的"百名大使签名墙"更是引得顾客驻足观赏，赞叹全聚德独特的人文景观；金碧辉煌的四楼"金色大厅"运用现代多媒体技术和舞台灯光效果，融演出、会议、聚餐等功能为一体，更显名店风范。

全聚德前门店是"全聚德"的起源店。由于该店的特殊意义，建店初期的"全聚德"铺面老墙后面依照旧式摆设恢复了"老铺"风貌，同时采用京味跑堂服务方式，传统的八仙桌、青色地砖、木质阁楼、老式的留声机、黑漆柜台，伴随着青衣小帽的伙计们热情的吆喝，传统怀旧的文化风貌尽收眼底。前门店的老墙、老铺、燕京八景、帝王间，构成了独特的"老店文化"，体现了"全聚德"品牌价值与文化品位的完美统一。

全聚德王府井店新建的萃锦园则融合"王府"特色，取"集萃锦绣"之意，仿清王府建筑之风格，摘皇宫王府的亭、阁、轩、堂之名，萃锦园内雕梁画栋，紫木回廊环绕，厅堂内的诗文画墨，风格迥异，更显王府华贵文儒的风采。

全聚德亚运村店体现出"时尚品位、王者风范、人文奥运"的主题特色，是全聚德集团服务于"新北京、新奥运"而倾力打造的餐饮文化的现代经典。

不难看出，老店文化是名人文化、王府文化的根源：名人文化反映了老店文化的时代特征；王府文化、奥运文化则是一种融合文化，它是在老店文化的基础上融合了京城独有的宫廷文化、西方文化而衍生出来的。全聚德文化牌的有机结合与交融，使"全聚德"的环境文化得到了升华和延续。

三、格调高雅的营销文化

现代市场竞争中的营销策略不仅仅是一种产品的推广和销售，更多的是营销这种产品背后的企业文化，而这种文化的形成不是与生俱来的，是需要精心塑造。

1999年，全聚德集团举行的全聚德建店135周年庆典活动因成功策划了"全聚德第1亿只烤鸭出炉仪式""《全聚德今昔》首发式"等活动而获得当年中国国际公关协会第四届国际公关案例大赛金奖；2000年，全聚德集团与北京邮政速递局联手开拓速递市场，开发了EMS速递烤鸭业务，使广大顾客足不出户就可享受到全聚德的上门服务；集团公司还积极推行"全聚德会员制"，通过对会员进行信息跟踪、寄生日卡以及消费回馈等活动吸引宾客，了解和调查消费市场；通过开展网上订餐业务，探索现代网络信息服务。

2004年，集团公司营销文化更是达到了一个新的高度。一是借32集电视连续剧《天下第一楼》在中央电视台热播之机，大力开展营销活动：举办《天下第一楼》剧首映式新闻发布会、举办《天下第一楼》剧促销抽奖互动、配合《天下第一楼》剧推出六款新菜品、开展有奖征集观后感活动、开通《天下第一楼》剧网上论坛等活动；二是为庆祝全聚德创建140周年暨亚运村店开业庆典之际，举行全聚德烤鸭第1.15亿只烤鸭出炉、全聚德烤鸭实行身份证、全聚德为奥运冠军设立金牌宴等活动；三是举办第三届六朝古都饮食文化研讨暨技术交流活动，邀请西安饭庄、杭州楼外楼、南京金都集团、洛阳真不同、开封第一楼等在国内有一定影响力的餐饮企业参加，不但使菜品技艺得到了相互交流，也使全聚德在全国餐饮业的影响力进一步增强。一次次令人激动的场面，一个个成功的策划案例，全聚德的文化影响力有时是超乎想象的，它带给每一位全聚德人巨大的挑战和压力，同样也带来了无限希望和机遇。

四、科学独特的品牌文化

为了营造全聚德独特的文化氛围，集团公司搭建文化平台，建设传播载体，开展了丰富的文化建设活动。聘请中央民族乐团著名词、曲作家创作了具有浓郁民族风格、京腔京韵的全聚德集团团歌《一炉百年的火》，成立了由合唱队、小乐队、舞蹈队组成的全聚德艺术团。1999年"全国企业之歌大赛"中，由全聚德合唱团演唱的集团歌一举夺得大赛金奖。同时，创办了《全聚德》集团报作为宣传和教育载体，开展广泛的企业文化建设工程，先后编辑出版了《全聚德史话》《全聚德今昔》《品味全聚德》《全聚德故事》《媒体话说全聚德》（第一、第二辑）《全聚德与天下第一楼》多本企业文化力作，还编印了《全聚德特色菜谱》《全聚德名菜名点集锦》《全聚德与国际名人》大型画册等。全聚德人因文化而自豪，全聚德因文化而得到影、视、剧界的特别青睐，因此全聚德也拥有了别人无法拥有的一笔精神财富：话剧《天下第一楼》上演近500场而誉满华夏；电影《老店》获得金鸡奖、百花奖和华表奖。2004年3月，全聚德集团与中央电视台影视部、北京紫禁城影业公司共同投资的32集电视连续剧《天下第一楼》在中央电视台首播，著名演员濮存昕、王姬、巍子领衔主演，《天下第一楼》在2004年央视电视剧收视排名列第一名，获得了巨大的宣传效应。

为了展示老字号全聚德的历史文化和社会价值，全聚德展览馆于2005年5月20日在全聚德集团成立12周年之际顺利开馆了，这是全聚德发展史上可以载入史册的一件大事。全聚德展览馆面积近500平方米，分为"烤鸭溯源""百年老店""现代集团"和"文化制胜"四个部分，馆内运用大量翔实、珍贵的文献、照片和实物等近500多件展品以及栩栩如生、形态各异以全聚德历史人物为原型的雕像群，将全聚德的历史和现实有机地结合起来，不仅展示了全聚德百余年风云变迁的发展历程，更传承与弘扬了中华民族源远流长、博大精深的餐饮文化。全聚德展览馆并非单纯的历史再现、荣誉展示，它将成为传播北京餐饮文化发展史的一个基地，同时，也搭建了对内对外进行交流的平台，是全聚德人热爱企业、爱岗敬业、增强凝聚力、向心力的教育基地；广大顾客通过参观全聚德展览品尝全聚德烤鸭，会更加增强对全聚德的了解，对首都餐饮的了解，对中华美食的了解。这为培育忠诚顾客，推动集团的经济效应和社会效应不断攀升，为企业搞活经营、增加服务内涵提供了新的途径。

全聚德集团将"全而不缺、聚而不散、仁德至上"作为企业理念，始终信守职业道德,崇尚仁德精神。同时,注重加强对全聚德无形资产的保护,促进品牌形象的提升。2004年6月28日,在由世界品牌实验室、世界经济论坛主办召开的世界品牌大会上,全聚德荣获中国500最具价值品牌,排名第56位,评估价值为8458亿元,为1994年的30多倍。"全聚德"在北京乃至全国餐饮市场的地位日益显现,全聚德集团作为中国餐饮实力最强企业之一的形象已逐步树立起来。在中国餐饮业500强座次排定中,全聚德与麦当劳被评为正餐、快餐之首,并成为首旅集团六大板块中的第一大板块——"餐饮板块",形成品牌化、专业化经营的集团公司,标志着全聚德从过去的烤鸭品牌扩展到餐饮品牌,从单一品牌经营扩展到多品牌经营,全聚德将代表着北京古老和新生的餐饮文化、历史文化概念的餐饮品牌,成为可以充分扩展全聚德历史文化内涵的符号。

案例讨论题

1. 全聚德的餐饮文化是从哪些方面体现出来的?
2. 全聚德的经营理念与中国传统文化是如何结合的?
3. 分别谈谈你对全聚德菜品文化,环境文化,营销文化等多种文化的理解与感受。

案例分析3

以三国文化为背景

某宾馆根据三国文化主题来设计开发酒店的餐饮产品,把三国文化与巴蜀餐饮文化结合起来,将三国典故融汇到菜肴制作当中,创制出地方风味浓厚且富含历史文化寓意的精品川菜系列。如蜀宫宴、三国宴、龙凤呈祥主题宴、关公赐福团年宴及三国风味等,其中蜀宫宴更是宾馆精心设计的主打餐饮产品。它演绎三国蜀汉宫廷宴,选用三珍、河鲜、生态健康养生食品为主要原料,尤其在菜肴制作上,从配色、造型到寓意,均鲜明体现了三国文化与巴蜀饮食文化相结合的菜品特色,每道菜都有缘由,不但一菜一格,而且一菜一典故,诸如蜀都玄鸟、桃园结义、三顾茅庐、三足鼎立、群贤聚会、舌战群儒、草船借箭、空城操琴、古堰渔歌、诸葛馒头、蜀汉江山等。

(1)蜀都玄鸟。玄鸟是古蜀汉人民崇拜的图腾,此菜以川味乳鸽比喻玄鸟,敬祝宾客健康长寿、吉祥如意。

(2)三顾茅庐。此菜以"三种菇"切梳子刀——菌丝如"茅",谐"三顾茅庐"之音,喻刘备三次亲临卧龙岗拜请诸葛亮出山相助的感人故事。

(3)桃园结义。此菜把三色三料组合在一起,喻刘、关、张桃园生死结拜,共图大业、同酬壮志。

(4)古堰渔歌。此菜形象展示了蜀汉丞相诸葛亮继承秦代李冰治水伟业,首设都江堰工程治水专官,造福于民,为"天府之国"立下汗马功劳。

(5) 诸葛馒头。平常馒头，蕴含深意：诸葛亮平定南中凯旋，为纪念阵亡将士，用白面制成馒头，祭祀英灵以振奋军心。

(6) 蜀汉江山。精选蜀中各样鲜果配制而成，象征蜀汉大地物产丰富、人杰地灵、山清水秀、四季如春，堪称蜀宫宴川菜的压轴戏。

宾馆又在蜀宫宴的基础上，把它丰富和提升为蜀宫乐宴。蜀宫乐宴增加和扩充了文化娱乐元素，将歌舞表演与宫廷筵席相结合，生动形象地再现了历史悠久的以歌舞佐餐的蜀汉宫廷乐宴形式，使之成为酒店三国文化餐饮产品的经典之作。为此宾馆特邀著名音乐家、舞蹈家和文化学者倾力指导，谱写词曲，编排舞蹈，并组建蜀宫宴艺术团排练演出。整台演出以蜀汉三国文化艺术为背景，融音乐、舞蹈、百戏为一体，既典雅又抒情。那幽婉的箫声，低回的埙吟，欢快的踏歌、盘鼓、击缶，那玉珠落盘的琵琶、古筝演奏，让身临其境者如聆高山流水，似观汉宫秋月；君臣欢宴、歌舞升平的热烈场面，也把蜀汉宫廷的皇家气派和盛世美景展现得淋漓尽致。"盘鼓舞"是蜀宫乐宴的一个亮点。它是一种将杂技与武术结合在一起的古代民间乐舞，带有其本色的民间色彩和气息，表演者将盘和鼓放在地上，或回旋于盘鼓之间，或飞腾于盘鼓之上，跳盘踏舞，挥袖折腰，形成了婀娜多姿、敏捷刚劲、动作流畅、韵味高雅的舞蹈风格。"盘鼓舞"的独特魅力给蜀宫乐宴带来一片异彩，也让宾客更好地领略蜀汉本土文化的绚丽多彩。

此外，宾馆会议室有以"群英厅"（接待）、"广益门"（议事）、"致远厅"（会议）、"明志厅"（教学）命名，加上相关书画配置，同样充满了三国文化的气息。

案例讨论题

1. 该案例表现了哪些文化内容？
2. 结合此案例，谈谈你对菜名与典故文化相结合的理解。

案例分析4

餐桌上审美的第二亮点——餐具

餐具不仅具有盛装美食佳肴、排铺餐桌、功能各异的实用价值，而且有着陪衬、烘托饮食、诱人胃口、促进消化的审美玩味的价值。相比饮食来说，餐具自然是餐桌上审美玩味的第二亮点。

餐桌上的餐具在清洁和完好的基础上，一看色泽，二看线条，三看图案，四看造型。聪明的美食家在菜谱设计、制作中有时也把餐具列在其中，或以餐具来代称，只具形式，淡化内容。从拼盘、冷盘、四小碟，到竹节鸽盅、当朝一品攒盘、益气小笼等，均寓此意。餐具在不断使用中，会出现各种破损情况。一遇到缺边、缺角的餐具，应及时更换。把它们送到餐桌上，实际上是对顾客和美食家的不尊重。同样，我们在村野小店看到，竟用尚未完全消毒的餐巾纸来擦拭餐具，连起码的清洁度都无法保证，还有什么审美玩味呢？

餐具作为餐桌上审美玩味的第二亮点，归纳起来，有三种类型：

一是通用型。一般选青花瓷，碗盘盆匙，基本成套。精明的餐厅酒家，直接到厂家定制，打上自家宝号，更给人专利性、上档次的感受。

二是特异型。有些菜肴，因烹制的要求不同，餐具的色泽和造型也不相同。比如，佛跳墙原来上桌，用小酒坛来分盛给大家，现改为一家一份，色泽深沉形似小坛。又如铁板烧，在一块木板上放着一块烧烫的似砚台的铁板，将半熟的菜肴倒在上面，一阵热气和吱响，带来特有的视觉和听觉享受。

三是专用型。几次到鹭江大厦吃药膳，一律紫砂餐具，形态各异，很有意味。新加坡同乐鱼翅酒家的彩色广告，也把餐具做成半个蚌壳、半条鱼形等，连盘子四周的图案，也饰以鱼鳞花纹。这在别的酒家，是很难看到的。

餐具，虽不能满足味觉，但在享用美味佳肴的味觉满足的过程中，提供了视觉、听觉、温觉、触觉的不同程度的感受和认同，有着丰富而又深邃的审美意味。

案例讨论题

1. 通过以上案例，你对餐具文化有何感想？
2. 结合一次消费经历，举例说明餐具文化是怎样体现出来的。

思考与练习

1. 简述餐饮文化的内涵及作用。
2. 举例说明餐饮文化的特征。
3. 你有过餐饮环境文化的体验吗？谈谈你的感受。
4. 解释餐饮主题文化内涵并说明其塑造要点有哪些。
5. 什么是餐饮品牌文化？你是如何理解的？
6. 如何理解餐饮服务文化？寻找一个具体的餐饮服务文化案例，并加以分析。
7. 举例说明什么是餐饮细节文化。
8. 结合你每日所食菜肴，谈谈对烹饪原料文化多样性的理解。
9. 刀工文化具有哪些特点？请从你的饮食经历中寻找答案。
10. 结合某一道菜谈谈组配文化是如何体现的。
11. 器皿文化的主要内容有哪些？结合消费实例谈谈你的理解。
12. 寻找你身边的饮食文化并介绍出来。
13. 简述酒文化的内涵，寻找并收集你身边的酒俗文化。

主要参考文献

[1] 邵万宽. 中国烹饪概论 [M]. 北京：旅游教育出版社，2016.

[2] 王天佑. 饭店餐饮管理 [M]. 3版. 北京：北京交通大学出版社，2015.

[3] 姜长云，洪群联，邱灵. 服务业大趋势 [M]. 杭州：浙江大学出版社，2015.

[4] 叶伯平，宴会概论 [M]. 北京：清华大学出版社，2015.

[5] 蔡万坤. 餐饮管理 [M]. 4版. 北京：高等教育出版社，2014.

[6] 马开良，叶伯平，葛焱. 酒店餐饮管理 [M]. 北京：清华大学出版社，2013.

[7] 田广利. 舌尖上的生意：餐饮旺店经营一本通 [M]. 北京：人民邮电出版社，2013.

[8] 薛永刚. 餐饮企业精细化管理全案 [M]. 北京：化学工业出版社，2013.

[9] 叶罗平. 宴会设计与管理 [M]. 北京：清华大学出版社，2013.

[10] 罗振鹏. 酒店服务营销 [M]. 北京：机械工业出版社，2012.

[11] 李晓云. 酒店宴会与会议业务统筹实训 [M]. 北京：中国旅游出版社，2012.

[12] 孙长颢. 营养与食品卫生学 [M]. 7版. 北京：人民卫生出版社，2012.

[13] 肖晓. 餐饮管理：原理与实践 [M]. 北京：经济管理出版社，2011.

[14] 李勇平. 酒店餐饮业务管理 [M]. 北京：旅游教育出版社，2011.

[15] 宇琦. 中国式饭局：宴请细节全知道 [M]. 北京：中国华侨出版社，2011.

[16] （美）Rocco M. Angelo，（美）Andrew N. Vladimir. 当今饭店业 [M]. 李昕，主译. 北京：中国旅游出版社，2011.

[17] 罗旭华，王文慧. 餐饮企业品牌经营管理 [M]. 北京：高等教育出版社，2010.

[18] 黄浏英. 主题餐厅设计与管理 [M]. 沈阳：辽宁科学技术出版社，2001.

[19] 陈觉，何贤满. 餐饮管理经典案例及点评 [M]. 沈阳：辽宁科学技术出版社，2003.

[20] 陈觉，黄波. 餐饮管理核心技能及训练 [M]. 沈阳：辽宁科学技术出版社，2005.

[21] 鲍威尔. 组织管理决策 [M]. 上海：上海远东出版社，1998.

[22] 金锡万. 管理创新与应用 [M]. 北京：经济管理出版社，2003.

[23] 张宗道．现代饭店管理知识大全［M］．广州：广东旅游出版社，2000．

[24] 郭琰．餐饮管理［M］．郑州：郑州大学出版社，2006．

[25] 沈建龙．餐饮经营与管理实务［M］．北京：中国人民大学出版社，2003．

[26] （美）Jack D. Ninemeier．餐饮经营管理［M］．3版．张俐俐，纪俊超，主译．北京：中国旅游出版社，2002．

[27] 蔡万坤，靳星．餐饮企业行政总厨管理［M］．北京：北京大学出版社，2007．

[28] 潘宝明．厨房管理［M］．北京：中国旅游出版社，2005．

[29] 杨国堂．中国烹调工艺学［M］．上海：上海交通大学出版社，2008．

[30] （美）Jack E. Miller，等．餐饮成本控制［M］．黄文汲，孙超，主译．天津：南开大学出版社，2004．

[31] 饶勇．现代饭店餐饮管理创新［M］．北京：旅游教育出版社，2007．

[32] 宋雪鸿．饭店创新经营与策略［M］．北京：中国旅游出版社，2004．

[33] 李虹．论现代酒店管理中的领导艺术［M］．长春：吉林人民出版社，2002．

[34] 魏星．饭店文化建设案例解析［M］．北京：旅游教育出版社，2007．

[35] 王仁湘．饮食与中国文化［M］．北京：人民出版社，1999．

[36] 戴斌等．饭店品牌建设［M］．北京：旅游教育出版社，2005．

[37] 袁国宏．现代饭店可持续发展的战略与对策［M］．广州：广东旅游出版社，2000．

[38] 刘蔓．餐饮文化空间设计［M］．重庆：西南师范大学出版社，2004．

[39] 胡春梅，王欣．我国饭店对客信息服务存在的问题及对策研究［J］．特区经济，2007（3）．

[40] 张志宏．饭店顾客意见信息的收集渠道及其优劣分析［J］．旅游学刊，2000，15（1）．

[41] 李相五．中国餐饮业老字号的民族文化研究［D］．北京：中央民族大学，2006．

[42] 职业餐饮网，http：//www.canyin168.com/Index.html．

[43] 迈点旅游及大住宿业门户网站，http：//www.meadin.com．

后 记

感谢中国旅游出版社和谢彦君教授为本教材编写的各位作者提供了一个团队合作的机会，使大家能够相识、合作、学习、提高，这是本教材编写中的一个意外收获，也是一笔难得的财富。

在教材的编写中，各位作者达成共识，力争将餐饮管理最新的、最具专业特色的理论和知识介绍给读者，使读者掌握其规律、内容和方法，力求使教材有所突破和创新。但由于能力和水平有限，难免会出现错误和疏漏，恳请同行专家及读者不吝赐教、批评指正！这是对编写工作的最大支持与厚爱。

教材参考和借鉴了大量其他作者的精华内容，得到很多同行的支持，在此表示诚挚的谢意！本教材由两位作者编写。辽宁师范大学历史文化旅游学院李虹副教授编写了第一章、第五章、第六章、第十章、第十一章、第十二章的内容；辽东学院旅游管理学院王焕宇副教授编写了第二章、第三章、第四章、第七章、第八章、第九章。全书由李虹老师负责统稿。

李虹

2017 年 1 月 22 日

项目策划：段向民
责任编辑：孙妍峰
责任印制：谢　雨
封面设计：何　杰

图书在版编目（CIP）数据

餐饮管理 / 李虹，王焕宇编著. -- 2版. -- 北京：中国旅游出版社，2017.6（2025.7重印）

（旅游管理专业新视野教材丛书 / 谢彦君主编）

ISBN 978-7-5032-5842-8

Ⅰ．①餐… Ⅱ．①李… ②王… Ⅲ．①饮食业—经济管理—高等学校—教材 Ⅳ．①F719.3

中国版本图书馆CIP数据核字(2017)第132185号

书　　名：	餐饮管理（第二版）
作　　者：	李虹　王焕宇编著
出版发行：	中国旅游出版社
	（北京静安东里6号　邮编：100028）
	http://www.cttp.net.cn　E-mail:cttp@mct.gov.cn
	营销中心电话：010-57377103，010-57377106
	读者服务部电话：010-57377107
排　　版：	北京旅教文化传播有限公司
经　　销：	全国各地新华书店
印　　刷：	北京明恒达印务有限公司
版　　次：	2017年6月第2版　2025年7月第3次印刷
开　　本：	787毫米×1092毫米　1/16
印　　张：	21.25
字　　数：	450千
定　　价：	32.00元
ISBN	978-7-5032-5842-8

版权所有　翻印必究

如发现质量问题，请直接与营销中心联系调换